Horizonte

Gymnasium Rheinland-Pfalz

Jahrgangsstufe 9

Herausgegeben von
Prof. Dr. Ulrich Baumgärtner, Dr. Wolfgang Woelk

Erarbeitet von
Daniela Arnold, Prof. Dr. Ulrich Baumgärtner,
Dr. Linda Brüggemann, Prof. Dr. Christian Bunnenberg,
Christine Eckl, Dr. Verena Espach, Klaus Fieberg,
Klaus-Michael Guse, Hans-Martin Kühl, Dr. Gregor Pelger,
Dr. Jelko Peters, Dr. Frank Schweppenstette, Dr. Wolfgang Woelk

Mit Beiträgen von
Rainer Brieske, Anna Katharina Frings,
Dr. Gabriele Kersting, Dr. Uwe Lagatz, Gregor Mundt,
Jochen Pahl, Dr. Herbert Rogger, Ina Schenk, Dr. Frank Skorsetz,
Giuseppe Vazzana, Dr. Wolf Weigand

westermann

💻 Dies ist das Zeichen für einen Webcode. Webcodes enthalten zusätzliche Unterrichtsmaterialien, die der Verlag in eigener Verantwortung zur Verfügung stellt. Um Webcodes zu nutzen, muss im Internet auf der Seite des Verlages (www.westermann.de/webcode) der entsprechende Mediencode in das Suchfenster eingegeben werden, z. B. WES-115460-101. Auf diese Weise gelangt man zu interessanten Angeboten wie Filmclips oder Hörszenen.

westermann GRUPPE

© 2022 Westermann Bildungsmedien Verlag GmbH, Georg-Westermann-Allee 66, 38104 Braunschweig
www.westermann.de

Druck A[1] / Jahr 2022
Alle Drucke der Serie A sind im Unterricht parallel verwendbar.

Redaktion: Christoph Meyer
Druck und Bindung: Westermann Druck GmbH, Georg-Westermann-Allee 66, 38104 Braunschweig

ISBN 978-3-14-**115460-3**

01 DIE WELTWEITE AUSEINANDERSETZUNG UM POLITISCHE ORDNUNGEN 1871 – 1945: DEMOKRATIE – SOZIALISMUS – NATIONALSOZIALISMUS 6

Orientierung: Die weltweite Auseinandersetzung um politische Ordnungen 1871 – 1945: Demokratie – Sozialismus – Nationalsozialismus 8

DAS DEUTSCHE KAISERREICH – EINE MONARCHISCHE ORDNUNG

Die politische Ordnung des Kaiserreiches 10
Die Innenpolitik im Zeitalter Bismarcks 14
Das Deutsche Reich unter Wilhelm II. 18
Erweiterung: Gesellschaft im Kaiserreich zwischen Veränderung und Beharrung 21
Deutsches Judentum im „langen" 19. Jahrhundert 28
Das Reiterstandbild am Deutschen Eck in Koblenz 30
Selbsteinschätzung 31

IMPERIALISMUS UND ERSTER WELTKRIEG

Das Zeitalter des Imperialismus 32
Deutschland als Kolonialmacht 34
Der deutsche Kolonialismus in Südwestafrika 38
Umgang mit kolonialen Relikten – Das Humboldt-Forum 42
Training: Eine Website erschließen und prüfen 45
Der „neue Kurs" in der deutschen Außenpolitik 46
Auf dem Weg zum Ersten Weltkrieg 48
Der Ausbruch des Ersten Weltkrieges 50
Krieg in Europa und in der Welt 54
Training: Erschließung von Geschichtskarten 56
Erweiterung: Wandel zum modernen Krieg 58
Eine Gesellschaft im Krieg 62
Das Epochenjahr 1917 – Wendejahr des Krieges 66
Die Sowjetunion unter Stalin 72
Das Ende des Ersten Weltkrieges 76
Erinnerung an den Ersten Weltkrieg 78
Selbsteinschätzung 81

DIE WEIMARER REPUBLIK

Orientierung: Die politisch-territoriale Entwicklung in Deutschland von 1918 bis 1933 82
Die Deutsche Revolution 84
Die Gründung der Weimarer Republik 88
Vertiefung: Die Pariser Vorort-Verträge – Absichten und Folgen 90

Training: Umgang mit schriftlichen Quellen 93
Parteien und Wahlen in der Weimarer Republik 94
Die schwierigen Anfänge: Kapp-Putsch und Attentate 98
Die Hyperinflation 1923 100
Der Hitlerputsch 1923 102
Die Außenpolitik der Weimarer Republik (1919–1929) 104
Die Innenpolitik der Weimarer Republik nach 1923 108
Die „Goldenen Zwanziger" 110
Die Gesellschaft der Weimarer Republik 114
Gleichberechtigung zwischen Männern und Frauen –
Anspruch und Wirklichkeit in der Weimarer Republik 118
Jugendliche in der Zeit der Weimarer Republik 122
Der „Schwarze Donnerstag" 124
Die Auswirkungen der Weltwirtschaftskrise in Deutschland 126
Training: Umgang mit Fotografien 127
Der Aufstieg der NSDAP 130
Die Weimarer Republik zerfällt 134
Training: Umgang mit politischen Plakaten 139
Ursachen für das Scheitern der Republik 140
Selbsteinschätzung 143

NATIONALSOZIALISMUS – IDEOLOGIE UND POLITIK BIS 1939

Orientierung: Die politisch-territoriale Entwicklung
in Deutschland von 1933 bis 1945 144
Die Nationalsozialisten kommen an die Macht 146
Erste Schritte in die NS-Diktatur 148
Training: Umgang mit politischen Reden 151
„Gleichschaltung" – Ausbau der NS-Diktatur 152
Die Weltanschauung der Nationalsozialisten 156
Die Gesellschaft zwischen „Volksgemeinschaft"
und Ausgrenzung 160
„Der Kampf gegen die Arbeitslosigkeit" –
Eine Legende aufzeigen 164
Vertiefung: Orte und Gelegenheiten der Ideologievermittlung .. 168
Jugend im NS-Staat 170
Ausgrenzung und Entrechtung der jüdischen Bevölkerung 174
Nationalsozialistische Außenpolitik 1933–1939 178
Selbsteinschätzung 182

NATIONALSOZIALISMUS – ZWEITER WELTKRIEG UND HOLOCAUST

Der Beginn des Zweiten Weltkrieges 184
Kriegswende und Vernichtungskrieg 188
Gesellschaft im Krieg – Kriegsalltag in Deutschland 194
Verfolgung und Massenmord 198

Widerstand gegen den Nationalsozialismus 206
Training: Umgang mit einer Darstellung 207
Formen des Widerstandes gegen die NS-Herrschaft 208
Das Ende des Zweiten Weltkrieges 214
Selbsteinschätzung 216

Längsschnitt: Vom „Erzfeind" zum Partner –
Frankreich und Deutschland 218

Grundbegriffe 226
Register 228
Bildnachweis 232

TRAININGSSEITEN IM ÜBERBLICK

Eine Website erschließen und prüfen 45
Erschließung von Geschichtskarten 56
Umgang mit schriftlichen Quellen 93
Umgang mit Fotografien 127
Umgang mit politischen Plakaten 139
Umgang mit politischen Reden 151
Umgang mit einer Darstellung 207

OPERATORENTRAINING IM ÜBERBLICK

Untersuchen 37
Beschreiben 49
Beurteilen 65
Erläutern 77
Analysieren 97
Diskutieren / Erörtern 147
Wiedergeben 167
Bewerten 177

ERWEITERUNGEN UND VERTIEFUNGEN IM ÜBERBLICK

Erweiterung: Gesellschaft im Kaiserreich zwischen
Veränderung und Beharrung 21
Erweiterung: Wandel zum modernen Krieg 58
Vertiefung: Die Pariser Vorort-Verträge –
Absichten und Folgen 90
Vertiefung: Orte und Gelegenheiten der Ideologievermittlung .. 168

01

DIE WELTWEITE AUSEINANDERSETZUNG UM POLITISCHE ORDNUNGEN

Demokratie – Sozialismus – Nationalsozialismus

M 1   „The World's Plunderers", US-Amerikanische Karikatur, 1885
M 2   **Deutsche Soldaten an der Westfront,** Foto, 1916
M 3   **Rüstungsproduktion in Berlin,** Foto, 1916
M 4   **Novemberrevolution,** Foto, 9. November 1918
M 5   **„Ich suche Arbeit jeder Art!",** Foto, um 1931
M 6   **Adolf Hitler auf dem Reichsparteitag,** Foto, 1938
M 7   **„Lenin auf der Tribüne",** Gemälde von A. M. Gerassimow, 1930
M 8   **Zuschauer beim Judenmord,** vermutlich Ukraine, Foto, 1941
M 9   **Häftlinge beim Zählappell im Konzentrationslager Dachau,** Foto, 1936
M 10   **Denkmal für die ermordeten Juden Europas,** Foto, 2010

Die weltweite Auseinandersetzung um politische Ordnungen 1871 – 1945: Demokratie – Sozialismus – Nationalsozialismus

Das Zeitalter der Ideologien

Der Begriff der Ideologie ist für den Zeitraum von der Gründung des zweiten Deutschen Kaiserreichs in Versailles 1871 bis zur Kapitulation des nationalsozialistischen Deutschen Reiches im Mai 1945 eine hilfreiche Orientierung.

M 1   „Ideologie"

Ein Lexikon definiert „Ideologie" folgendermaßen:

Ideologie ist (im neutralen Sinne) die Lehre von den Ideen, d. h. der wissenschaftliche Versuch, die unterschiedlichen Vorstellungen über Sinn und Zweck des Lebens, die Bedingungen und Ziele des Zusammenlebens etc. zu ordnen. Aus diesen Bemühungen entstanden historisch unterschiedliche Denkschulen. Im politischen Sinne dienen Ideologien zur Begründung und Rechtfertigung politischen Handelns. Ideologien sind daher immer eine Kombination von a) bestimmten Weltanschau-
5 ungen (Kommunismus, Konservatismus, Liberalismus, Sozialismus), die jeweils eine spezifische Art des Denkens und des Wertsetzens bedingen, und b) eine Kombination von bestimmten Interessen und Absichten, die i. d. R. eigenen (selten: uneigennützigen) Zielen dienen, d. h. neben der Idee und Weltanschauung auch den Wunsch (und die Kraft) zur konkreten politischen und sozialen Umsetzung ausdrücken. Ideologien sind wesentlicher Teil politischer Orientierung; sie sind sowohl Notwendigkeit als auch Begrenzung politischen Handelns.

Klaus Schubert und Martina Klein, Das Politiklexikon, Bonn: Verlag J. H. W. Dietz Nachf., 5., aktualisierte und erweiterte Auflage 2011, S. 40.

M 2   Europa vor dem Ersten Weltkrieg (1914)

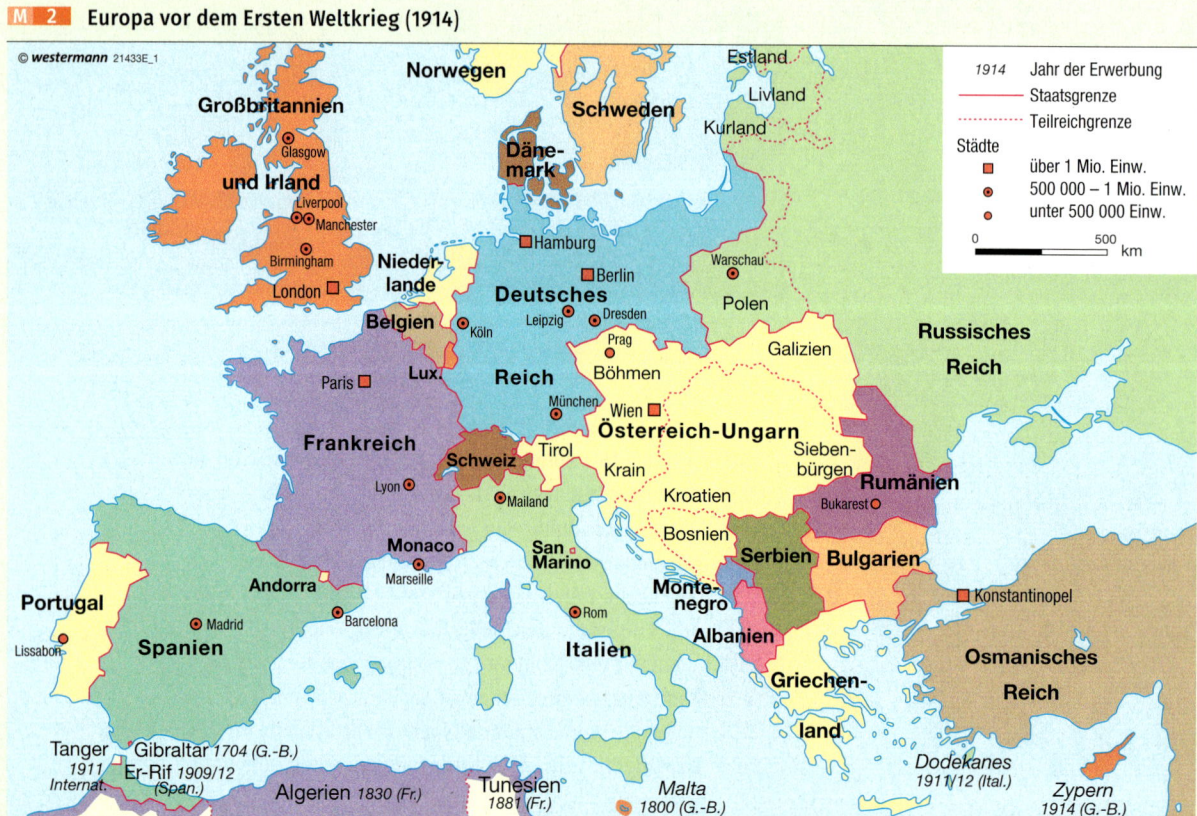

Obwohl Ideologien schon so lange existieren, wie die Menschen über ihr Zusammenleben nachdenken und ihre Gemeinschaft bewusst gestalten, wurden in kaum einer Zeitspanne politische Ideologien intensiver umgesetzt als in den Jahren zwischen 1871 und 1945. Besonders wichtig ist dabei die Frage, auf welche
5 Weise Ideologien umgesetzt wurden und werden: Wie geht eine herrschende Ideologie mit abweichenden politischen Meinungen um, werden gar ganze Menschengruppen z. B. aufgrund ethnischer oder religiöser Kriterien aus der Gemeinschaft ausgeschlossen und zu Feinden erklärt? Wie sieht es mit der Achtung der universalen Menschenrechte aus und wie erfolgt die gesellschaftliche Gewichtung zwi-
10 schen Freiheit und Gerechtigkeit bzw. Gleichheit? In all diesen Fragen gibt es große Unterschiede zwischen der liberalen Demokratie, dem Sozialismus/Kommunismus und dem Nationalsozialismus.

Die politisch-territoriale Entwicklung in Deutschland 1871–1918

15 *Das Deutsche Kaiserreich 1817–1918:* Das Deutsche Kaiserreich, das nach dem Deutsch-Französischen Krieg im Januar 1871 in Versailles proklamiert wurde, durchlief in der Außenpolitik einen deutlichen Wandel von der „Ära Bismarck" (1871–1890) bis hin zum „persönlichen Regiment" des Kaisers Wilhelm II. Der Reichskanzler Bismarck hatte nach der Reichsgründung ein kompliziertes Bünd-
20 nissystem errichtet, das Deutschland bei Konflikten absichern sollte, indem es das Land mit den europäischen Großmächten vernetzte. Nach 1890 isolierte Kaiser Wilhelm II., der das Bismarck'sche Bündnissystem schrittweise wieder auflöste, Deutschland international immer stärker. Vor dem Ausbruch des Ersten Weltkrieges 1914 blieb dem Kaiserreich nur noch ein Verbündeter, die bereits in ihren
25 Grundfesten erschütterte Monarchie Österreich-Ungarn. Das Ende des Ersten Weltkrieges 1918 und die damit verbundene deutsche Kriegsniederlage bedeuteten zugleich auch das Ende der beiden verbündeten Monarchien in ihrer bisherigen Form: Österreich-Ungarn zerfiel in zahlreiche Einzelstaaten, der deutsche Kaiser Wilhelm II. ging ins niederländische Exil und Deutschland wurde zur Republik.
30 *Der Erste Weltkrieg 1914–1918:* Für das aufstrebende und wirtschaftlich zur Weltmacht gewordene Deutsche Reich war die Niederlage im Ersten Weltkrieg verheerend. Von 1914 bis 1918 hatten sich die Staaten auf zuvor noch nicht gekannte Art und Weise bekämpft, sodass dieser Krieg von einigen Historikerinnen und Historikern auch als „Urkatastrophe des 20. Jahrhunderts" bezeichnet wird.
35 Auch wenn sie heute mehr von der Verantwortung für den Kriegsausbruch als über die Schuld am Kriegsausbruch sprechen, bleibt in der Öffentlichkeit die Frage immer noch aktuell. War es der deutsche „Griff nach der Weltmacht" (Fritz Fischer), oder wandelten die europäischen Staaten vielleicht alle wie „Schlafwandler" (Christopher Clark) in diesen Krieg hinein?
40 Der Erste Weltkrieg stellte aufgrund seiner Opfer, seiner Millionenheere, seiner Ausdehnung, seiner neuartigen Waffen (Giftgas, Panzer, Flugzeuge) und seiner gesellschaftlichen Folgen (Kriegswirtschaft) eine völlig neue Art des Krieges dar. Die Materialschlachten und das Grauen des Stellungskrieges haben sich tief ins Gedächtnis der Menschen eingegraben. Auch die Zivilbevölkerung aller beteiligten
45 Länder war in großem Umfang durch Kampfhandlungen und Versorgungsschwierigkeiten betroffen. Der „Steckrübenwinter" 1916/17 gilt als Höhepunkt der Hungersnot im Deutschen Reich. Wie geschwächt die europäischen Gesellschaften am Ende des Ersten Weltkrieges waren, zeigt der Verlauf der Spanischen Grippe, eine Pandemie, die nach Schätzungen 25 bis 50 Millionen Menschen das Leben kostete.

M 3 **Die Proklamierung des deutschen Kaiserreiches 1871**
Historiengemälde von Anton von Werner, 1885

Aufgaben

1. **Das Zeitalter der Ideologien**
   a) Erkläre – ausgehend von der Definition im Lexikon (M1) – mit eigenen Worten den Begriff „Ideologie".
   b) Informiert euch über die in der Definition erwähnten Weltanschauungen und erstellt hierzu kurze Infokästen für das Schulbuch.
   c) Sammelt Informationen und erstellt ein Lernplakat zur „Spanischen Grippe".
   d) Vergleicht die Maßnahmen und Folgen dieser Pandemie mit der Corona-Pandemie seit 2020.

⌐ M1, M2, Text auf den Seiten 9 und 10, Lexikon der Grundbegriffe im Anhang, Internet

Die politische Ordnung des Kaiserreiches

Das Deutsche Reich war eine konstitutionelle Monarchie: Die Macht des Monarchen war an eine Verfassung gebunden, sodass dieser nicht mehr uneingeschränkt regieren konnte. Haben sich mit der Gründung des Kaiserreiches die Forderungen der Revolution von 1848/49 nach „Einigkeit und Recht und Freiheit" erfüllt?

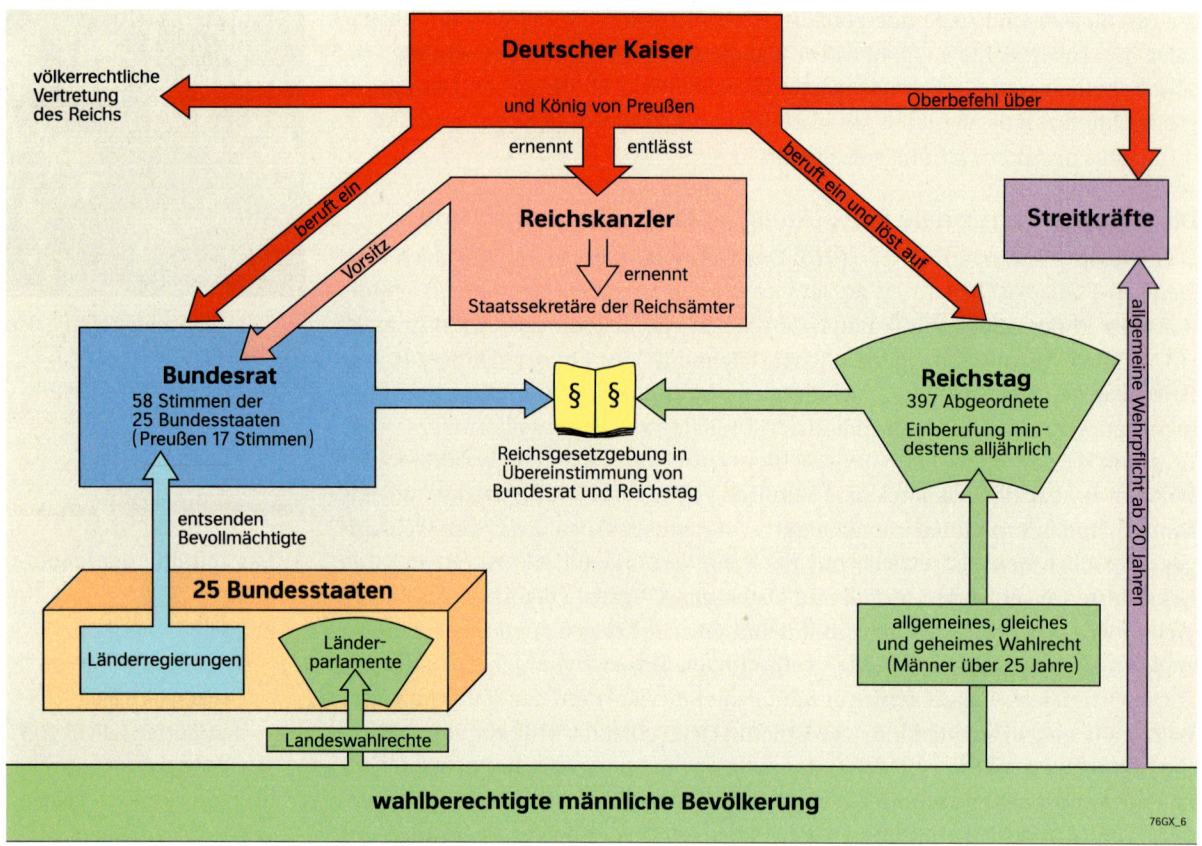

M 1 Die Verfassung des Deutschen Reiches
Schaubild

Aufgaben

1. Das deutsche Kaiserreich – Mit einem Verfassungsschaubild arbeiten

a) Nenne anhand von M1 die Befugnisse von Kaiser, Reichskanzler, Reichstag und Bundesrat.

b) Erläutere die demokratischen Elemente der Verfassung.

c) Erstelle einen Informationstext, der das Wahlrecht erklärt.

d) Der Historiker Heinrich von Sybel schrieb 1871: „Wir haben eine konstitutionelle Monarchie, aber keine parlamentarische Regierung." Erläutere diese Aussage.

↱ M1

Die Reichsverfassung

Das 1871 im Spiegelsaal des Versailler Schlosses gegründete deutsche Kaiserreich war der erste deutsche Nationalstaat mit einer Verfassung. Die Basis bildete aber nicht der Verfassungsentwurf der Paulskirche von 1848/49, sondern die Verfas-
5 sung des 1866 errichteten Norddeutschen Bundes. Der neue Staat galt als Bündnis der Fürsten der Einzelstaaten und nicht – wie 1848/49 gefordert – als Ausdruck des Volkswillens. Die Bundesstaaten des neuen Reiches besaßen eine große Selbst-ständigkeit. Preußen, das rund zwei Drittel der Bevölkerung und des Gebiets des neuen Reiches stellte, hatte dabei eine Sonderstellung inne: Der preußische König
10 war zugleich deutscher Kaiser, der preußische Ministerpräsident meist auch gleichzeitig Reichskanzler, und im Bundesrat, der Vertretung der Einzelstaaten, konnte Preußen wichtige Entscheidungen blockieren.

Der Reichstag

15 Der Reichstag bildete innerhalb der Reichsverfassung die Vertretung des Volkes. Seine Abgeordneten wurden in freier, gleicher und geheimer Wahl von allen Män-nern ab 25 Jahren gewählt. Dies war im europäischen Vergleich fortschrittlich. Gewählt wurde nach dem Mehrheitswahlrecht: Als gewählt galt derjenige, der die Mehrheit der Stimmen in einem Wahlkreis auf sich vereinte. Die Stimmen der
20 unterlegenen Kandidaten spielten für die Zusammensetzung des Reichstags keine Rolle.

Nach der Reichsgründung wurde das Reichsgebiet in annähernd gleich große Wahlkreise eingeteilt. Dass diese, trotz erheblicher Bevölkerungsverschiebungen, bis 1912 unverändert blieben, hatte zur Folge, dass die städtischen Ballungsräume
25 mit überwiegend sozialdemokratischer Wählerschaft im Parlament unterrepräsen-tiert waren. In diesen Gegenden verloren die einzelnen Stimmen also von Wahl zu Wahl immer mehr an Gewicht.

Auf die Regierungsbildung hatte der Reichstag keinen Einfluss, da der Reichs-kanzler allein vom Kaiser berufen oder entlassen wurde und nur ihm verantwort-
30 lich war. Außerdem konnte der Kaiser den Reichstag jederzeit auflösen und Neu-wahlen anberaumen.

Der Reichstag besaß allerdings das Recht der Gesetzesinitiative und musste jedem Reichsgesetz zustimmen, insbesondere dem für die Regierung wichtigen Haushalt. Als beschlossen galt ein Gesetz aber nur, wenn der Bundesrat – die Ver-
35 tretung der Einzelstaaten – ebenfalls zugestimmt hatte. Um Gesetze verabschie-den zu können, war der Reichskanzler auf die Mehrheit des Reichstags angewiesen, die er sich immer wieder neu suchen musste. Die öffentlichen Debatten im Reichstag wurden für die politische Meinungsbildung in Deutschland immer wichtiger.

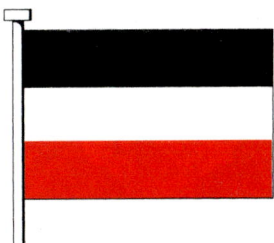

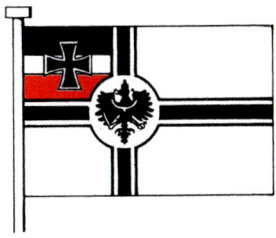

M 2 **Nationalflagge und Reichskriegsflagge**

Die Nationalflagge des Kaiser-reichs bestand aus den Farben Preußens (Schwarz-Weiß) und der alten Reichsstädte (Rot), beson-ders der Hansestädte. Im Kriegsfall wehte die Reichskriegsflagge mit Eisernem Kreuz und Reichsadler.

M 3 **Das Reichstags-gebäude in Berlin**

Architekt: Paul Wallot, errichtet 1884 bis 1894, Foto, um 1895

M 4 Reichsadler

Das Wappen des Deutschen Reichs war der Reichsadler mit preußischem Wappenschild und der Krone des Heiligen Römischen Reiches Deutscher Nation.

Die politischen Parteien

In den Parlamenten der Bundesstaaten schlossen sich Abgeordnete gleicher politischer Meinung zu Gruppen zusammen. Es handelte sich dabei um lockere Verbindungen einflussreicher und in der Bevölkerung angesehener Persönlichkeiten – sogenannter „Honoratioren". Diese Honoratiorenparteien besaßen noch keine Parteiorganisation. Erst nach und nach kam es zu einer intensiveren Zusammenarbeit über die Grenzen der Einzelstaaten hinweg, da die Notwendigkeit bestand, reichsweit aufzutreten, um bei Reichstagswahlen Erfolg zu haben. So entwickelten sich allmählich im gesamten Deutschen Reich einheitliche Parteien. Vier politische Richtungen waren für das Kaiserreich prägend:

- Die Liberalen forderten den Schutz der Bürgerrechte, politische Mitsprache der Bevölkerung sowie möglichst große Freiheit im wirtschaftlichen Bereich. Unter dem Eindruck von Bismarcks Reichseinigung spaltete sich die liberale Bewegung aber in zwei Richtungen. Während den Linksliberalen die demokratischen Rechte des Volkes besonders am Herzen lagen und sie Bismarck eher ablehnend gegenüberstanden, rückte bei den Nationalliberalen die Forderung nach nationaler Größe in den Mittelpunkt. Sie waren zu einer Zusammenarbeit mit dem Reichskanzler bereit. Die liberalen Parteien fanden vor allem im Bildungs- und Besitzbürgertum Anhänger.

- Die Konservativen organisierten sich nur notgedrungen als Partei, da sie der Demokratie skeptisch gegenüberstanden und demokratisch legitimierte Parlamente als Entscheidungsorgane ablehnten. Sie setzten auf die alleinige Regierungsgewalt des Monarchen. Ihre Wähler waren Adlige, aber auch andere traditionell königstreu eingestellte Bevölkerungsschichten.

- Das Zentrum war die Partei der Katholiken. Es verdankte seine Gründung den konfessionellen Verhältnissen im Kaiserreich, da die Katholiken nach dem Ausschluss Österreichs nur etwa ein Drittel der deutschen Bevölkerung bildeten. Zudem war Preußen als führender Einzelstaat protestantisch geprägt. Das Zentrum vereinte Katholiken aus allen Schichten, um für deren Rechte und Überzeugungen und gegen den anscheinend übermächtigen Protestantismus einzutreten.

- Die Sozialdemokraten vertraten die im Zuge der Industrialisierung immer größer werdende Arbeiterschicht. Seit 1891 verfolgte die Sozialdemokratische Partei Deutschlands (SPD) das Ziel, die soziale Situation der Arbeiterschaft zu verbessern und dem Volk eine größere demokratische Mitsprache zu sichern. In Anknüpfung an die Theorien von Marx und Engels lehnten die Sozialdemokraten die Gesellschaftsordnung des Kaiserreiches grundsätzlich ab und setzten auf eine revolutionäre Veränderung der Gesellschafts- und Wirtschaftsordnung.

Der „Obrigkeitsstaat"

Ein zentraler Unterschied zwischen dem Kaiserreich und dem heutigen Deutschland bestand in der Einstellung der Bevölkerung zum Staat. Das Kaiserreich war ein Obrigkeitsstaat: Die „Obrigkeit" – d. h. die Repräsentanten des Staates – galt für viele als Autorität, deren Entscheidungen man hinzunehmen hatte. Hohe Wertschätzung besaß auch das Militär, das in der preußischen Geschichte und bei der deutschen Einigung eine wichtige Rolle gespielt hatte. Disziplin, Ordnung und Gehorsam galten daher als wichtige Werte. Kritiklose Unterordnung unter die staatliche Autorität bestimmte das politische Klima.

M 5 Obrigkeitsstaat

Ein ostelbischer Junker zu seinen Dorfbewohnern nach der Wahl: „Es ist eine liberale Stimme abgegeben worden. Der Schulmeister kriegt von heute ab keine Kartoffeln mehr." Undatierte Zeichnung von Eduard Thöny (1866–1950).

Zusatzmaterial: Ergebnisse der Reichstagswahlen – Arbeit mit einer Statistik

M 6   **Wahlen zum Reichstag 1871 bis 1912**

Wahl	Wahlbe-teiligung (in %)	Konservative		Liberale		Zentrum		Sozialdemokraten	
		Stimmen-anteil (in %)	Anzahl der Sitze	Stimmen-anteil (in %)	Anzahl der Sitze	Stimmen-anteil (in %)	Anzahl der Sitze	Stimmen-anteil (in %)	Anzahl der Sitze
1871	50,78	23,0	94	46,6	202	18,6	63	3,2	2
1874	60,89	14,1	55	39,7	208	27,9	91	6,8	9
1877	60,39	17,6	78	38,2	180	24,8	93	9,1	12
1878	63,14	26,6	116	33,6	138	23,1	94	7,6	9
1881	56,08	23,7	78	37,8	162	23,2	100	6,1	12
1884	60,35	22,1	106	36,9	125	22,6	99	9,7	24
1887	77,19	25,0	121	36,4	131	20,1	98	10,1	11
1890	71,25	19,1	93	34,3	118	18,8	106	19,8	35
1893	72,20	19,2	100	27,8	101	19,1	96	23,3	44
1898	67,76	15,5	79	23,6	95	18,8	102	27,2	56
1903	75,78	13,5	75	23,2	87	19,8	100	31,7	81
1907	84,35	13,6	84	25,4	103	19,4	105	28,9	43
1912	84,53	12,2	57	26,1	87	16,4	91	34,8	110

Nach: Gerhard A. Ritter (Hg.), Das Deutsche Kaiserreich 1871–1914. Ein historisches Lesebuch, Göttingen: Vandenhoeck und Ruprecht 1977 (3. Aufl.), S. 78.

Aufgaben

1. Die politische Ordnung des Kaiserreiches

a) Erstelle eine Tabelle mit den jeweiligen Parteien, ihren Zielen und ihrer Wählerschaft.

b) Ordne die Parteien den politischen Strömungen Sozialismus, Katholizismus, Liberalismus und Konservatismus zu.

c) Erläutere mithilfe der Karikatur M5 den Begriff „Obrigkeitsstaat".

d) **Medienbildung:** Informiere dich im Internet, welche Funktionen Parteien heute haben (z. B. https://www.hanisauland.de, hier unter: Lexikon) und vergleiche sie mit der Funktion von Parteien im Kaiserreich.

⌐ Text auf den Seiten 11–12, M5, Internet

2. Ergebnisse der Reichstagswahlen: Arbeit mit einer Statistik – Zusatzaufgabe

a) Erläutere die Bedeutung des Begriffs „Wahlbeteiligung".

b) Untersuche die sich verändernde Wahlbeteiligung. Stelle Vermutungen über die Gründe für die Veränderungen an.

c) Erstelle ein Diagramm, in das du die Wahlergebnisse der einzelnen politischen Richtungen einträgst. Trage auf der x-Achse die Jahreszahlen ein und auf der y-Achse den Prozentanteil der Stimmen.

d) Erstelle ein weiteres Diagramm, in das du auf der y-Achse die Anzahl der Sitze einträgst.

e) Verfasse einen kurzen Sachtext zu den wesentlichen Ergebnissen deiner erstellten Diagramme.

⌐ M6

Die Innenpolitik im Zeitalter Bismarcks

Krankenversicherung, Unfallversicherung, Rentenversicherung – jeder Arbeitende kennt diese Einrichtungen, die ihn im Krankheitsfall, bei Unfall und im Alter absichern sollen. Sie bilden heute die Grundlage unseres staatlichen sozialen Sicherungssystems. Ihre Ursprünge haben sie in den 1880er-Jahren. Neben wichtigen Weichenstellungen auf dem Weg zum modernen Sozialstaat gab es in dieser Zeit jedoch auch Repression gegen die Arbeiterbewegung und gegen die katholische Kirche. Welche Rolle spielte dabei Bismarck und welche Ziele verfolgte er?

M 1 Reichsgesetzblatt
Faksimile (Ausschnitt), 1878

M 2 Das Sozialistengesetz

August Bebel berichtet in seinen Memoiren über die Auswirkungen des Sozialistengesetzes:

Sobald das Gesetz verkündet und in Kraft getreten war, fielen die Schläge hageldicht. Binnen wenigen Tagen war die gesamte Parteipresse mit Ausnahme des Offenbacher Tageblatts und der Fränkischen Tagespost in Nürnberg un-
5 terdrückt. [...] Auch war der Verband der Buchdrucker, abgesehen von den Hirsch-Dunckerschen Vereinen, die einzige Gewerkschaftsorganisation, die von der Auflösung verschont blieb. Alle übrigen fielen dem Gesetz zum Opfer. Ebenso verfielen der Auflösung die zahlreichen lokalen so-
10 zialdemokratischen Arbeitervereine, nicht minder die Bildungs-, Gesang- und Turnvereine, an deren Spitze Sozialdemokraten standen [...].
Das Trümmerfeld des Zerstörten wurde erweitert durch die Verbote der nicht periodisch erscheinenden Literatur. [...]
15 Während wir so in voller Tätigkeit waren, aus den Trümmern, die das Sozialistengesetz uns bis dahin geschaffen hatte, zu retten, was zu retten möglich war, wurden wir am 29. November mit der Nachricht überrascht, dass am Abend zuvor der „Reichsanzeiger" eine Proklamation des Ministe-
20 riums veröffentlichte, wonach der kleine Belagerungszu-
stand über Berlin verhängt wurde. Dieser Hiobsbotschaft folgte am nächsten Tage die Mitteilung, dass 67 unserer bekanntesten Parteigenossen, [...] bis auf einen sämtliche Familienväter, ausgewiesen worden seien. Einige mussten binnen 24 Stunden die Stadt verlassen [...].
25 Damals gingen die Gerichte noch nicht so weit, Sammlungen für die Ausgewiesenen zu bestrafen, später aber, als die Behörden solche Sammlungen ausdrücklich auf Grund des Sozialistengesetzes verboten, wurde die Rechtsprechung eine andere. Wir mussten jetzt die Sammlungen aus-
30 schließlich für die Familien der Ausgewiesenen vornehmen [...]. Die fortgesetzten Ausweisungen und die Schikanierung der Ausgewiesenen durch die Polizei hatten aber einen Erfolg, den unsere Staatsretter nicht vorausgesehen. Durch die Verfolgungen aufs Äußerste erbittert, zogen sie von
35 Stadt zu Stadt, suchten überall die Parteigenossen auf, die sie mit offenen Armen aufnahmen, und übertrugen jetzt ihren Zorn und ihre Erbitterung auf ihre Gastgeber, die sie zum Zusammenschluss und zum Handeln anfeuerten. Dadurch wurde eine Menge örtlicher geheimer Verbindungen
40 geschaffen, die ohne die Agitation [politische Werbung] der Ausgewiesenen kaum entstanden wären.

August Bebel, Aus meinem Leben. Dritter Teil (herausgeg. v. Karl Kautsky), Stuttgart: J. H. W. Dietz Nachfahren 1914, S. 20 ff.

Die Rolle Bismarcks

Nach der Reichsgründung spielte Bismarck bis zum Jahr 1890 als Reichskanzler und preußischer Ministerpräsident in der deutschen Politik die entscheidende Rolle. Von Kaiser Wilhelm I. eingesetzt und nur diesem verantwortlich, besaß er
5 einen großen Entscheidungsspielraum. Allerdings brauchte er nach der Verfassung eine Mehrheit im Reichstag, um Gesetze und den wichtigen Haushalt beschließen zu können. In der täglichen Politik musste er also im Reichstag um die notwendigen Stimmen werben.

Bismarcks Strategie bestand darin, die Parteien einerseits mit lockenden An-
10 geboten zur Zusammenarbeit zu bewegen, ihnen aber andererseits auch mit Nachteilen zu drohen, wenn sie sich seiner Politik verweigerten. Diese Politik von „Zuckerbrot und Peitsche" erwies sich als sehr wirkungsvoll. Die Parteien, die sich einer Zusammenarbeit verweigerten, erklärte er zu „Reichsfeinden".

15 Der Kulturkampf gegen die Katholiken

Erste Opfer von Bismarcks Strategie wurden gleich nach der Reichsgründung die katholische Kirche und die Zentrumspartei, die politische Vertretung des deutschen Katholizismus. Bismarck unterstellte ihnen, im Zweifelsfall nicht loyal zum neuen Kaiserreich zu stehen, sondern sich an der Autorität des Papstes zu orien-
20 tieren („Ultramontanismus").

Angesichts der nationalen Begeisterung, die zur Zeit der Reichsgründung aufgeflammt war, war dies ein ungeheuerlicher Vorwurf. Zu beachten ist jedoch, dass die Kirchen damals tatsächlich großen Einfluss auf die Gläubigen ausübten und dass das Wort eines Pfarrers gerade in ländlichen Gebieten auch im politischen
25 Bereich viel galt. Die liberalen Abgeordneten im Reichstag unterstützten Bismarcks Politik, da sie für eine strikte Trennung von Kirche und Staat eintraten.

Als Bismarck versuchte, den Einfluss der katholischen Kirche durch eine Reihe von Maßnahmen einzuschränken, kam es zum sogenannten Kulturkampf. In Preußen wurde die Aufsicht über die Schulen den Kirchen entzogen und dem Staat
30 übertragen. Ab 1874 hatte im ganzen Reich nur noch die auf einem Standesamt geschlossene Ehe Gültigkeit; die kirchliche Ehe wurde damit zur Privatangelegenheit. Der sogenannte „Kanzelparagraf" verbot den Pfarrern, in Predigten staatliche Angelegenheiten „in einer den öffentlichen Frieden gefährdenden Weise" zu erörtern. Insbesondere Preußen legte diese Vorschrift sehr streng aus; zeitweise waren
35 alle katholischen Bischöfe Preußens entweder in Haft oder ins Ausland geflohen.

M 3 **Bismarck als Steuermann**
Karikatur aus der deutschen Satirezeitschrift „Kladderadatsch", 15. Juni 1879

WES-115460-101
Hörszene zum Kulturkampf

Aufgaben

1. **Das Sozialistengesetz**
   a) Erkläre den Titel „Gesetz gegen die gemeingefährlichen Bestrebungen der Sozialdemokratie" (M1).
   b) Analysiere anhand von M2 die Wirkung des Sozialistengesetzes.
   c) Bestimme die politische Position August Bebels.
   d) Gib die Ursache dafür an, dass trotz Verbots der Sozialdemokratie Sozialdemokraten im Reichstag saßen.
   ⌒ M1 – M2

2. **Bismarcks Innenpolitik**
   a) Fasse mit eigenen Worten das Verhältnis Bismarcks zu den Parteien zusammen.
   b) Erläutere den Begriff „Kulturkampf".
   c) Diskutiert, ob diese Auseinandersetzung als innenpolitische Niederlage Bismarcks zu beurteilen ist.
   d) Erläutere die Ursachen für den Rücktritt Bismarcks.
   e) Zusatzaufgabe: Erschließe die Karikaturen M3 und M4 und vergleiche die Karikaturen im Hinblick auf deren jeweilige Aussageabsicht.
   ⌒ Text auf den Seiten 15 – 16, M3, M4

Der als besonders gefährlich angesehene Jesuitenorden wurde vollständig verboten, seine Mitglieder wurden aus dem Reich ausgewiesen. Dennoch oder gerade deshalb wurde die Zentrumspartei bei den Reichstagswahlen immer stärker.

Die politische Trendwende 1878

Der nur begrenzte Erfolg des Kulturkampfes und wirtschaftspolitische Fragen führten 1878 zu einem politischen Kurswechsel. Zum Schutz der Landwirtschaft und der Industrie vor ausländischer Konkurrenz wurden Zölle eingeführt. In der Folge verteuerten sich ausländische Waren derart, dass deutsche Produkte konkurrenzfähig blieben. Gefordert hatten diese Schutzzölle vor allem die Konservativen, während die Liberalen für den freien Handel eintraten. Zwei Attentate auf Kaiser Wilhelm I., für die Bismarck die Sozialdemokraten verantwortlich machte, boten dem Reichskanzler die Gelegenheit, den Reichstag aufzulösen und Neuwahlen anzusetzen. Diese brachten ihm die gewünschte Mehrheit für seine neue Politik.

Aufgrund der neuen politischen Situation beendete Bismarck den Kulturkampf durch Zugeständnisse an die katholische Kirche. Die Zivilehe, der Kanzelparagraf und die staatliche Schulaufsicht blieben zwar erhalten, jedoch verzichtete Bismarck auf eine weitere Verfolgungen.

Der Kampf gegen die Sozialdemokraten und die Sozialgesetzgebung

Als neue „Reichsfeinde" galten nun die Sozialdemokraten. Zwar war deren Stimmanteil bei den Reichstagswahlen um 1870 noch gering, doch galten Funktionäre und Wähler dieser Partei als revolutionäre Staatsfeinde. Die Attentate auf Kaiser Wilhelm I. im Frühjahr 1878 boten einen Anlass für das „Gesetz wider die gemeingefährlichen Bestrebungen der Sozialdemokratie", das sogenannte Sozialistengesetz, das weitreichende Überwachungs- und Kontrollmaßnahmen einführte. Politische Versammlungen wurden verboten, Aktivisten wurden mit Repressionen und Ausbürgerungen verfolgt, sozialdemokratische Zeitungen und Zeitschriften wurden zensiert. Trotz dieses faktischen Parteiverbots konnten Sozialdemokraten aber weiter in den Reichstag gewählt werden, da die Kandidaten als Einzelpersonen zu den Wahlen antraten.

Neben der „Peitsche" der Sozialistengesetze bot der Reichskanzler den Arbeitern auch ein „Zuckerbrot": Um die soziale Lage der Arbeiter zu verbessern und sie von revolutionären Bestrebungen abzubringen, führte Bismarck eine neue Sozialgesetzgebung ein: 1883 wurde die Krankenversicherung der Arbeiter, 1884 die Unfallversicherung und 1889 die Alters- und Invaliditätsversicherung verabschiedet. Sowohl Arbeitgeber als auch Arbeitnehmer zahlten in die Sozialversicherungen ein. Obwohl die Leistungen dieser Versicherungen noch gering blieben, war eine derartige Absicherung der Arbeiter durch den Staat neu und beispielhaft. Bismarcks Ziel indes, die Arbeiter der Sozialdemokratischen Partei zu entfremden, misslang. Seit 1880 nahm der Stimmanteil der Sozialdemokraten ständig zu. 1890 wurde das Sozialistengesetz schließlich nicht mehr verlängert.

Der Rücktritt Bismarcks

Als Wilhelm I. 1888 starb, trat sein Sohn Friedrich die Nachfolge an. Nach dessen Tod noch im selben Jahr folgte Wilhelm II. Der junge Kaiser hatte nicht nur andere politische Vorstellungen als der alte Reichskanzler, er wollte die Politik auch viel stärker selbst bestimmen als seine Vorgänger. Der Konflikt zwischen Wilhelm und Bismarck führte 1890 zum Rücktritt des Reichskanzlers.

M 4 „Dropping the Pilot"
Karikatur aus der englischen Zeitschrift „Punch", 1890

Die Sozialgesetzgebung – Mit einem Plakat arbeiten

Die deutsche Sozialversicherung
steht in der ganzen Welt vorbildlich und unerreicht da.

Die Krankenversicherung

ist seit ihrer Einführung im Jahre 1885 rund 18 Millionen Menschen zugute gekommen. Seit der Reichsversicherungsordnung von 1913 erstreckt sie sich sogar auf etwa die doppelte Anzahl.

1885 1900 1913

Für ärztliche Hilfe und Medikamente wurden 1885 18 Mio. Mark aufgewendet, dagegen im Jahre 1913 171 Mio. Mark

Invaliden-Fürsorge

16 Millionen Invaliden der Arbeit wurde in den Jahren von 1893 bis 1913 eine Summe von 1805 Millionen Mark ausbezahlt.

Neben der Unterstützung im Invaliditätsfall hat Deutschland durch den Gewerbeschutz auch vorbeugend Grosses geleistet.

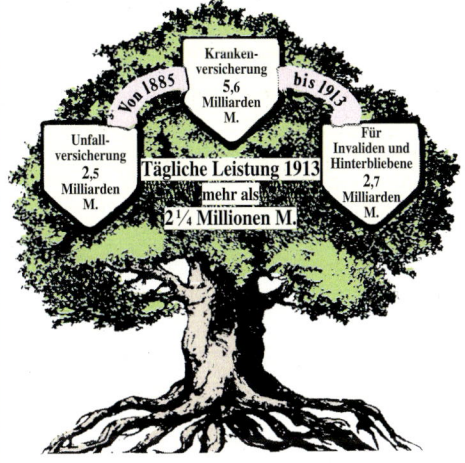

Von 1885 — Krankenversicherung 5,6 Milliarden M. — bis 1913

Unfallversicherung 2,5 Milliarden M.

Tägliche Leistung 1913 mehr als 2¼ Millionen M.

Für Invaliden und Hinterbliebene 2,7 Milliarden M.

11 Milliarden Mark
wurden in der deutschen Arbeiterversicherung-Sozialfürsorge - in der Zeit von 1885 bis 1913 aufgewendet.

Krankenversicherung 1912 in	Deutschland	England	Frankreich
Beiträge in Millionen Mark	464	besitzt	41
Leistungen in Millionen Mark	426	ähnliche	24
Verhältnis von Leistung		Einrich-	
zu Beitrag	92%	tungen	59%
Leistung pro Fall in Mark	65	erst seit 1912	40

Altersversicherung

Seit der Errichtung dieses Zweiges der Sozialversicherung hat das Alter auch für den besitzlosen Arbeiter seine Schrecken verloren.

480 1/2 Millionen Mark kamen in der Zeit von 1891 bis 1913 528 000 Altersrentnern zugute. Versichert sind 16 Millionen.

Hinterbliebenen-Fürsorge

ist ein neuer Zweig der Arbeiter- und Angestellten-Fürsorge Millionen Mark ausgezahlt.

Alle diese Massnahmen haben zu vermehrter Arbeitsfreudigkeit und Leistungsfähigkeit der deutschen Arbeiterschaft geführt.

L & P / 1013

M 5   **Die deutsche Sozialversicherung**
Plakat von 1913

Aufgaben

1. Die Sozialgesetzgebung

a) Liste anhand von M5 die Einzelversicherungen, die die Sozialversicherung umfasste, tabellarisch auf.

b) Sammelt Argumente für eine Diskussion hinsichtlich der Stärken und Schwächen der Sozialversicherung. Stichpunkte können hier sein: Zielgruppen, Leistungen der Versicherung, Reichweite.

c) Erstelle eine Tabelle über die Veränderungen in der deutschen Sozialversicherung seit ihrer Einführung.
⌒ M5, Lexikon, Internet

2. „Zuckerbrot und Peitsche"

Bismarcks Innenpolitik wird auch als Politik mit „Zuckerbrot und Peitsche" charakterisiert. Erläutere die Bedeutung dieser Redewendung und prüfe deren Angemessenheit.
⌒ Text auf den Seiten 15 – 16, M1 – M5

Das Deutsche Reich unter Wilhelm II.

Der britische König Edward VII., Onkel des deutschen Kaisers Wilhelm II., bezeichnete seinen Neffen einmal als „brillantesten Versager der Geschichte". War dies nur eine boshafte Bemerkung oder doch eine realistische Einschätzung? Unter Wilhelm II. trieb das deutsche Kaiserreich der „Urkatastrophe des 20. Jahrhunderts", dem Ersten Weltkrieg, zu. Angesichts einer sich abzeichnenden deutschen Niederlage wurde Wilhelm am Ende dieses Krieges 1918 zur Abdankung gezwungen. Zuvor hatte er jedoch einer ganzen Epoche auch seinen Stempel aufgedrückt, wovon zeitgenössische Karikaturen zeugen.

M 1 „…und dann müsst ihr bedenken, als Zivilisten seid ihr hergekommen und als Menschen geht ihr fort."
Karikatur von Olaf Gulbransson, in „Simplicissimus", 1910

M 2 „Im Bad"
„Herr Lieutenant tragen das Monocle im Bad?"
„Äh, befürchte, sonst für Civilisten gehalten zu werden."
Karikatur aus dem Simplicissimus, 1897

Aufgaben

1. **Karikaturen zum Deutschen Reich unter Wilhelm II.**
   a) Beschreibe die beiden Karikaturen M1 und M2.
   b) Erläutere die Grundaussagen der beiden Karikaturen.
   c) Erörtere mit Blick auf die beiden Karikaturen, inwiefern der berühmte Ausspruch, den der Graf von Mirabeau ein Jahrhundert zuvor über Preußen geprägt haben soll, auch für das deutsche Kaiserreich zutrifft: „Die preußische Monarchie ist nicht ein Land, das eine Armee hat, sondern eine Armee, die ein Land hat, in welchem sie gleichsam nur einquartiert steht".
   d) Erkläre den Begriff „Militarismus".

   ⌒ M1, M2, Text auf den Seiten 19–20

Wilhelm II. und der „Wilhelminismus"

Die zweite Hälfte der Zeit des Deutschen Kaiserreiches ab etwa 1890 wird oft als Zeit des Wilhelminismus bezeichnet. Mit diesem Begriff werden insbesondere die gesellschaftlichen Verhältnisse unter der Herrschaft des letzten deutschen Kaisers

5 charakterisiert. Wilhelm II. (1859–1941) war ein Sohn des Kronprinzen Friedrich und der Enkel Kaiser Wilhelms I. Im Drei-Kaiser-Jahr 1888, als kurz nacheinander sein Großvater und sein Vater starben, wurde er mit nur 29 Jahren deutscher Kaiser und König von Preußen. Er regierte etwa 30 Jahre bis zum Ende des Kaiserreiches 1918. Im Unterschied zu seinem Großvater, der Bismarck weitgehend freie Hand

10 gelassen hatte, beanspruchte Wilhelm II. die Entscheidungsgewalt für sich: Er wollte, wie es damals hieß, ein „persönliches Regiment" führen. Dies führte zum Konflikt mit Bismarck, der 1890 aufgrund dieser Meinungsverschiedenheiten um seine Entlassung bat.

Der Verantwortung dieses „persönlichen Regiments" war der Kaiser aber nur

15 bedingt gewachsen. Er bevorzugte persönliche Berater aus seiner Jugendzeit und aus der militärischen Führung, die eine Art Nebenregierung des Reiches bildeten. Trotz seines Anspruchs gelang es Wilhelm nicht, sich gegen die regulären Verfassungsorgane wie den Reichstag oder den Reichskanzler durchzusetzen. Viele innenpolitische Vorhaben des Kaisers schlugen daher fehl.

20 Das prunkvolle und herrische Auftreten des Kaisers blieb jedoch nicht ohne Wirkung. Seine Begeisterung für alles Militärische stieß in weiten Teilen der Bevölkerung auf Widerhall. Wilhelm II. gilt als Repräsentant der damaligen Verhältnisse; seine Regierungszeit ist bis heute als „wilhelminische Epoche" bekannt.

M 3 **Wilhelm II.**
Deutscher Kaiser (1888–1918), Farbfotografie, 1906

25 ## Die innenpolitische Entwicklung

Während der Herrschaft Wilhelms II. erreichte ein Prozess seinen Höhepunkt, der bereits unter Bismarck begonnen hatte: Immer mehr Menschen interessierten sich für politische Fragen. Die Debatten und Abstimmungen im Reichstag rückten in den Mittelpunkt des öffentlichen Interesses und es bildeten sich verschiedene

M 4 **Wilhelm II. (erste Reihe links) mit seinen sechs Söhnen**
Vor dem Berliner Schloss auf dem Weg zur Parade anlässlich des Geburtstages des Kaisers am 27. Januar 1913, Postkarte

M 5 Wilhelm II.
Gemälde von Ludwig Noster, 1900

Organisationen, die die politische Meinung der Bevöl- 30
kerung zu beeinflussen suchten. Bei den Wahlen verschoben sich die politischen Gewichte zugunsten der
SPD, die kontinuierlich anwuchs und schließlich die
meisten Abgeordneten im Reichstag stellte. Der Kaiser
und seine Regierung betrachteten das als Gefahr für 35
den Staat. Ähnlich wie zuvor mit dem Sozialistengesetz
reagierte man mit dem Versuch der Unterdrückung.
Dies scheiterte allerdings am Widerstand des Reichstags. Zwischen der Mehrheit des Parlaments und der
Regierung des Kaisers war eine Zusammenarbeit im- 40
mer weniger möglich.

Aufgrund dieser Gegensätze konnten selbst not-
wendige Reformen wie eine Demokratisierung der
Reichsverfassung nicht durchgeführt werden. Während Deutschland zu einer modernen Industriegesell- 45
schaft heranwuchs, wurde die staatliche Ordnung den
neuen Verhältnissen nicht angepasst. Manche Neuerungen gelangen dennoch. So wurde im Jahr 1900 das
bis heute gültige Bürgerliche Gesetzbuch (BGB) verabschiedet, das für Deutschland eine einheitliche Rechts- 50
grundlage schuf.

Militarismus und Nationalismus

In der Öffentlichkeit spielte das Militär eine immer größere Rolle, was zu einer generellen Militarisierung der 55
Gesellschaft führte. Die Ableistung des Wehrdienstes
und der Rang eines Reserveoffiziers waren für das berufliche und gesellschaftliche Fortkommen außerordentlich wichtig.

Große Bedeutung hatten auch entsprechende In- 60
teressenverbände. Im Alldeutschen Verband setzten
sich Lehrer, Professoren und Journalisten dafür ein, die
nationale Gesinnung der Bevölkerung zu heben. Mehr
als eine Million Mitglieder zählte der Flottenverein. Er
unterstützte das kaiserliche Ziel, eine große deutsche 65
Kriegsflotte zu bauen, die es mit der britischen Flotte
aufnehmen konnte. Noch größer war der Kyffhäuserbund: ein Zusammenschluss von 32 000 Kriegerverei-
nen mit 2,8 Millionen Mitgliedern. Militarismus und
Nationalismus waren im Reich also weit verbreitet. 70

Aufgaben

1. **Kaiser Wilhelm II. und der Wilheminismus**
   a) Beschreibe die Darstellung Wilhelms II. auf dem
      Gemälde M5 in seinen einzelnen Elementen.
   b) Erläutere den Gesamteindruck, den das Gemälde
      vermittelt.
   c) Fasse ausgehend von deinen Ergebnissen das
      Selbstverständnis Wilhelms II. zusammen.
   d) Erläutere den Begriff „Wilhelminismus".
      M5, Text auf den Seiten 19 – 20

M 1 **Potsdamer Platz in Berlin**

Südliche Randbebauung mit „Hotel Fürstenhof", „Haus Vaterland", Potsdamer Bahnhof und „Pschorr-Bräuhaus", Fotopostkarte, koloriert, um 1915

Gesellschaftlicher Wandel in Deutschland

Deutschland gehört heute zu den stärksten Wirtschaftsnationen weltweit. Bereits in der zweiten Hälfte des 19. Jahrhunderts entwickelte sich Deutschland durch die fortschreitende Industrialisierung und Modernisierung zu einer modernen Industriegesellschaft. Wie wirkte sich der wirtschaftliche Wandel auf die Gesellschaft des Kaiserreiches aus? Wie veränderten sich die einzelnen Gesellschaftsschichten und ihre Stellung zueinander?

M 2

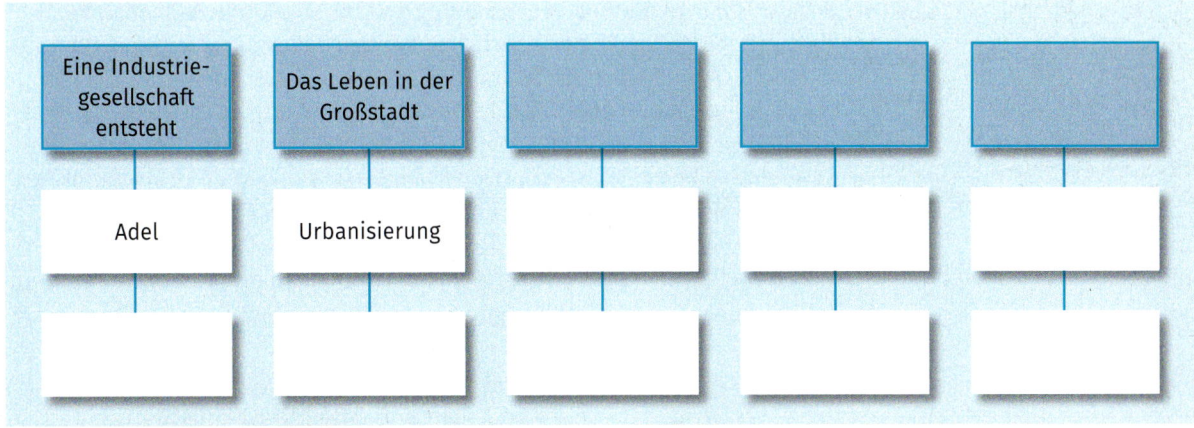

Eine Industrie-gesellschaft entsteht	Das Leben in der Großstadt			
Adel	Urbanisierung			

Aufgaben

1. Gesellschaftlicher Wandel in Deutschland

a) Erstelle aus den Informationen des Textes auf den Seiten 21–24 eine grafische Skizze zum gesellschaftlichen Wandel in Deutschland. Orientiere dich dabei an der Grafik M2.

b) Erläutere anhand deiner Grafik die wichtigsten gesellschaftlichen Veränderungen im Kaiserreich.

c) Stelle die wichtigsten gesellschaftlichen Gruppen im Kaiserreich zusammen und beschreibe deren soziale Stellung.

d) Setze dich kritisch mit der These auseinander, dass im Kaiserreich von einer „Gesellschaft der Unterschiede" gesprochen werden kann.

Text auf den Seiten 21–24, M2

M 3 Bürgerliche Familie in der „Guten Stube"
Zeitgenössische Fotografie

Eine Industriegesellschaft entsteht

Die Industrialisierung führte zu einem grundlegenden gesellschaftlichen Wandel: Deutschland entwickelte sich zu einer modernen Industriegesellschaft. Diese Entwicklung war mit einem starken Bevölkerungsanstieg verbunden. Von 1866 bis 1914 wuchs die Bevölkerung von rund 40 auf 68 Millionen Menschen. Aber auch die einzelnen Schichten der Gesellschaft und ihre Stellungen zueinander veränderten sich:

- Der Adel behauptete zunächst seine Vorherrschaft und besetzte auch weiterhin die führenden Stellen in Politik und Militär. Gesellschaftlicher Mittelpunkt war der Kaiser mit seinem Hof.
- Das Bürgertum untergliederte sich in zahlreiche Gruppen, die sich in Lebensweise und Einkommen stark voneinander unterschieden. Das sogenannte Bildungsbürgertum umfasste z. B. Ärzte, Juristen, Lehrer oder Professoren. Von größerer politischer und gesellschaftlicher Bedeutung war jedoch das sogenannte Besitzbürgertum, das durch die Industrialisierung reich geworden war: Fabrikanten, Bankiers und Großkaufleute. Im Unterschied zu den Arbeiterfamilien mussten die Frauen und Kinder des Bürgertums in der Regel kein Geld verdienen; sie standen lediglich dem oft aus zahlreichen Kindern und Dienstboten bestehenden Hauswesen vor. Auch wenn die Frauen das gesellschaftliche Leben der Familie organisierten, verblieb die letzte Entscheidungsgewalt bei den Männern. Weiterhin ist das Kleinbürgertum zu nennen, zu dem z. B. Handwerker, kleine Kaufleute, Beamte und Angestellte zählten. Diese orientierten sich an Idealen wie Pflichttreue, Pünktlichkeit, Unbestechlichkeit und Leistungsbereitschaft.
- Die Industrialisierung führte zur Entstehung einer neuen Bevölkerungsgruppe: der Arbeiterschaft, die vor allem aus Industriearbeitern bestand. Diese suchten ihr Auskommen in den ständig neu aus dem Boden schießenden Fabriken und lebten in den Arbeitersiedlungen der rasant wachsenden Industriestädte. Allmählich entstand bei den Arbeitern das Bewusstsein, zu einer durch gemeinsame Arbeits- und Lebensbedingungen geprägten Klasse zu gehören.
- Dass eine wachsende Zahl von Menschen in der Verwaltung tätig war, führte zur Herausbildung der Berufsgruppe der Angestellten. Deren typische Tätigkeitsfelder waren die Unternehmensverwaltung sowie der Dienstleistungssektor von Handel, Banken und Versicherungen. Während es 1882 in Deutschland etwa 610 000 Angestellte gab, waren es 1907 schon fast zwei Millionen.

M 4 Neuer Mittelstand
Technische Angestellte in einem Büro bei der Entwicklung von Maschinen, Foto, Nürnberg, um 1890

Das Leben in der Großstadt

Die Entstehung von schnell wachsenden Großstädten hatte beträchtliche Auswirkungen auf die soziale Struktur der Bevölkerung. Der Prozess der Verstädterung wird als Urbanisierung bezeichnet, abgeleitet von „urbs" (lat.) für „Stadt". Berlin war 1871 mit 827 000 Einwohnern bereits die drittgrößte Stadt Europas, 1905 wurde die Einwohnerzahl von zwei Millionen überschritten. Der soziale Zusammenhalt, wie ihn das Land und die Kleinstadt kannten, wich in den neuen Ballungszentren der Anonymität. Die Bedeutung familiärer und verwandtschaftlicher Beziehungen ging zurück und wurde durch lockere Kontakte im Stadtviertel oder im Betrieb ersetzt.

Zum Ende des 19. Jahrhunderts boten viele Großstädte bereits alles, was auch heutige Großstädte attraktiv macht: die Gleichzeitigkeit verschiedenster Lebensbereiche, die Simultanität und Vielfalt der Angebote, die aus der Anonymität erwachsende Freiheit und das Nebeneinander starker Gegensätze. Eine neu entstehende Kultur- und Freizeitindustrie bot mit Theatern und Ballsälen vielfältige Möglichkeiten der Zerstreuung und des Vergnügens. Die Wandlung der Stadt bedeutete auch eine Wandlung der Lebensweise und des Bewusstseins ihrer Bewohner.

Eine neue Familienform breitet sich aus

Die heute typische Familienform aus Eltern und Kindern, also aus nur zwei Generationen, hat sich als solche erst im Kaiserreich durchgesetzt. Die Angehörigen des Bürgertums lebten in den Städten zumeist in einer Drei-Generationen-Familie, welche sich erst im Laufe der Zeit immer mehr zur Klein- oder „Kernfamilie" entwickelte. Vor der Industrialisierung war auf dem Land die bäuerliche Großfamilie die Regel gewesen, zu der mehrere Generationen sowie die unverheirateten Geschwister des Hoferben gehörten. Durch die einsetzende Abwanderung vieler Menschen vom Land in die Städte lösten sich diese Großfamilien auf. In den unterbürgerlichen Schichten der Städte waren nicht-eheliche Kinder und Lebensgemeinschaften weit verbreitet.

Die veränderte Rolle der Frau

Den rechtlichen Status der Frau definierte das Kaiserreich als „Frau und Mutter". Auch die 1900 erfolgte Neufassung des Bürgerlichen Gesetzbuches kannte keine Gleichberechtigung der Frau, die weiterhin der Vormundschaft des Vaters bzw. des Ehemannes unterstand. Der Mann bestimmte, wo und wie die Familie lebte, wie das Geld verwendet wurde und ob die Frau berufstätig sein durfte oder nicht.

M 5 „Mittag bei Borsig"
Ehefrauen und Kinder bringen das Mittagessen an das Fabriktor, Gemälde, 1911.

M 6 Telefonistin
Fernsprechvermittlung im Deutschen Reich, um 1900

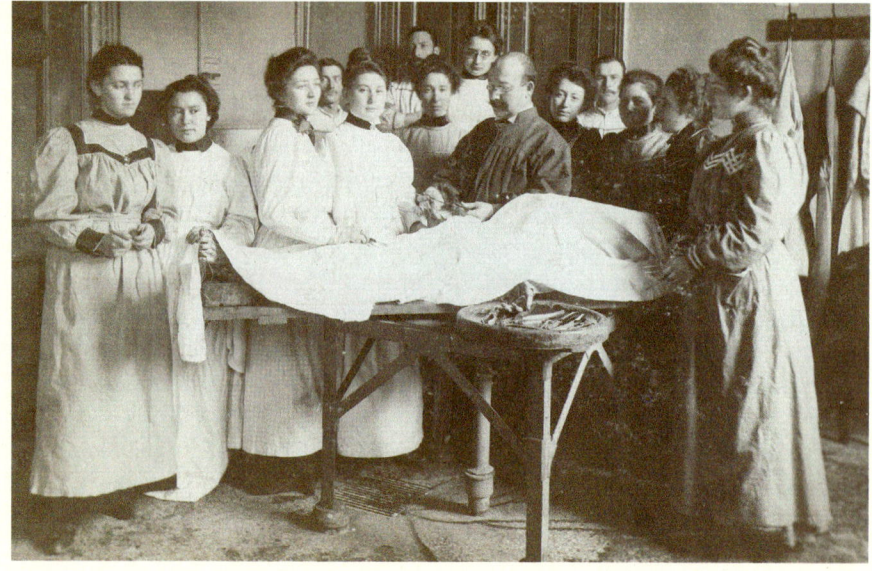

M 7 Ein Berliner Professor mit Medizinstudentinnen

Foto, 1910

M 8 Kaiser Wilhelm II. mit dem jüdischen Reeder Albert Ballin, dem Generaldirektor der Hamburg-Amerika-Linie

Foto, 1913

Da die Notwendigkeit einer standesgemäßen Beschäftigung stieg, machten sich junge Frauen bzw. deren Väter zunehmend Gedanken um eine gute Schulbildung. Ab 1900 durften Mädchen Gymnasien und schließlich auch Hochschulen 75 besuchen. Das Selbstbewusstsein der Frauen stieg und es entstanden verschiedene Frauenvereine, die sich 1894 im Bund Deutscher Frauenvereine zusammenschlossen. Der Bund forderte eine bessere Ausbildung für Mädchen, volle politische und bürgerliche Rechte – insbesondere das Wahlrecht – sowie Zugang zu allen Berufen. Ab 1908 durften Frauen politischen Vereinen und Parteien beitre- 80 ten, das Wahlrecht erhielten sie jedoch erst 1918.

Auch im Alltag zeigten sich Veränderungen. So war es für Frauen zunächst undenkbar, eine Badeanstalt oder ein Strandbad zu besuchen. Später gab es Badeabteilungen nur für Frauen, die durch hohe Wände von denen der Männer getrennt waren. Schließlich wurde das gemeinsame Baden von Männern und Frau- 85 en akzeptiert.

Die Stellung der Bürger jüdischen Glaubens

Im Verlauf des 19. Jahrhunderts erhielten Juden nach und nach staatsbürgerliche Rechte; allerdings wurden sie im Staatsdienst, an den Universitäten und in der 90 Armee auch weiterhin stark benachteiligt. Sie waren vor allem in freien Berufen, zum Beispiel als Ärzte oder Rechtsanwälte, im Handel- und Dienstleistungssektor oder im künstlerischen Bereich tätig. Viele Juden organisierten sich ab 1893 im „Centralverein deutscher Staatsbürger jüdischen Glaubens". Dieser Verein forderte in seinem Programm nicht nur die Gleichberechtigung, sondern bekannte sich 95 auch zum Ziel der Integration.

Trotz rechtlicher Gleichstellung und gesellschaftlicher Anpassung blieben Vorurteile gegenüber jüdischen Bürgern bestehen. Neu am Antisemitismus, also der Judenfeindschaft, im Kaiserreich war, dass Juden nicht mehr wie früher wegen ihrer Religion, sondern nun zusehends wegen angeblicher rassischer Unterschie- 100 de angegriffen wurden: Man behauptete, Juden wären „von Natur aus" betrügerisch, raffgierig und ohne Moral. Derartige Vorurteile waren weit verbreitet – bis in die höchsten Kreise. Der Antisemitismus der Nationalsozialisten lässt sich teilweise bis ins Kaiserreich zurückverfolgen.

Frauen im Kaiserreich – Mit zeitgenössischen Textquellen arbeiten

M 9 Dürfen Frauen Medizin studieren?

a) Theodor L. W. von Bischoff (1807–1882), Anatom und Physiologe, hat mit seinem Buch „Das Studium und die Ausübung der Medicin durch Frauen" von 1872 die zeitgenössische Diskussion nachhaltig beeinflusst:

Es fehlt dem weiblichen Geschlechte nach göttlicher und natürlicher Anordnung die Befähigung zur Pflege und Ausübung der Wissenschaften und vor allem der Naturwissenschaften und der Medicin. Die Beschäftigung mit dem Stu-
5 dium und der Ausübung der Medicin widerstreitet und verletzt die besten und edelsten Seiten der weiblichen Natur, die Sittsamkeit, die Schamhaftigkeit, Mitgefühl und Barmherzigkeit, durch welche sich dieselbe vor der männlichen auszeichnet.
10 Die Bildung weiblicher Ärzte lässt sich mit unseren staatlichen Einrichtungen auf Schulen und Universitäten nicht vereinigen. Ihre Teilnahme an dem an denselben erteilten Unterricht stört und hindert denselben in unerträglicher Weise und gefährdet das sittliche Wohl der männlichen
15 Teilnehmer auf das Allerschlimmste.
Die Überladung des ärztlichen Standes mit unbefähigten, halbgebildeten weiblichen Handwerkern, wie sie allein von dem weiblichen Geschlechte zu erziehen sind, hemmt und stört die Fortbildung der ärztlichen Wissenschaft und Kunst
20 auf das Schädlichste.
Diese Überladung mit weiblichen ärztlichen Handwerkern, unter gleichzeitiger unausbleiblicher Verdrängung männlicher Ärzte, gefährdet das sanitätliche Wohl des Staates im Frieden und Kriege auf die bedenklichste Art.

Zit. n.: Hadumod Bußmann (Hg), Stieftochter der Alma Mater? 90 Jahre Frauenstudium in Bayern am Beispiel der Universität München, München: Kunstmann 1993, S. 22 f.

b) Hedwig Dohm (1833–1919), Schriftstellerin, Theoretikerin des Feminismus, entgegnet in ihrem Buch „Die wissenschaftliche Emancipation der Frau":

Sie, Herr v. Bischoff, sind gewiss ein eminenter Anatom. Nun stellen Sie sich vor, Sie wären in einer Schule, dem Abbild einer gewöhnlichen Mädchenschule, erzogen worden. Mit

kaum sechzehn Jahren hätte man Sie dieser Bildungsan-
5 stalt enthoben, an den Nähtisch gesetzt, hinter das Plättbrett gestellt und in die Küche geschoben. Wie und wann, Herr v. Bischoff, glauben Sie nun wohl, wäre Ihr anatomischer Genius zum Durchbruch gekommen? Ob mit dem Bereiten eines Puddings der Verdauungsprozess des Pud-
10 dings in Ihrem Körper sich Ihrem ahnungsvollen Geiste physiologisch und anatomisch dargestellt hätte? [...] Ich möchte es bezweifeln; ich möchte eher glauben, dass Sie eine ebenso tüchtige Nähmamsell geworden wären, als Sie jetzt ein hervorragender Anatom sind.

Zit. n.: Hadumod Bußmann (Hg), Stieftochter der Alma Mater? 90 Jahre Frauenstudium in Bayern am Beispiel der Universität München, München: Kunstmann 1993, S. 22 f.

M 10 „Die moderne Frau"

Die deutsche Frauenrechtlerin Helene Stöcker (1869–1943) schreibt über die „moderne Frau" 1893:

Was Sie auch sagen mögen, ich weiß es ganz genau: die moderne Frau ist etwas, das noch nicht in dieses Jahrhundert hineingehört – für die es noch keinen Namen und keinen Mann gibt, keine Stellung in der Gesellschaft; denn
5 ihrem ganzen, innersten Wesen nach gehört sie in ein Zeitalter der Zukunft [...]. Sie denkt nicht, dem Manne absolut „gleich" zu werden – aber sie will ein glücklicher – und das bedeutet auch für sie: ein freier Mensch werden und sich zugleich in ihrer Weibart immer höher entwickeln. Sie be-
10 klagt es längst nicht mehr – wie sie das als Kind vielleicht getan –, dass sie kein Mann ist; im Gegenteil, sie ist bereits zu einem wohligen Gefühl ihrer Weib-Vorzüge gekommen. Dazu das Bewusstsein ihres Selbstmenschentums – ihr Zukunftsgefühl, da sie noch etwas Seltenes, Alleinstehendes
15 ist, das in keine der Kategorien mehr passt, das noch ganz die Wonne des Individuums empfinden darf. [...] Aber nun sie frei und unabhängig mitten im Herzen der Weltstadt lebt – nun ihr das, was sie glühend begehrte: Leben im Verkehr mit geistig ebenbürtigen Menschen – in reichem
20 Maße zuteil geworden [...].

Helene Stöcker, Die moderne Frau; in: Freie Bühne (Jg. 4), Berlin: S. Fischer 1893, S. 1215 ff.

Aufgaben

1. **Frauen im Kaiserreich**
   a) Arbeite die Argumente heraus, die in der Quelle M9 für und gegen das Medizinstudium von Frauen angeführt werden, und nimm dazu Stellung.

   b) Erläutere und bewerte die Argumentation von Helene Stöcker (M10).
   M9 – M10

Freizeit- und Konsumkultur – Besuch im Kaufhaus Wertheim in Berlin um 1900

M 11 **Kaufhaus Wertheim in Berlin-Mitte**
Leipziger Straße, 1896–1906 erbaut von Alfred Messel, im Zweiten Weltkrieg zerstört, Innenansicht, Fotopostkarte, 1899

M 12 **Besuch im Kaufhaus**

Bericht des Journalisten Fedor von Zobeltitz über einen Besuch im Berliner Kaufhaus Wertheim (1903):

Neulich habe ich Wertheim zum ersten Male besucht. […] Da habe ich den Berliner Louvre [großes und prächtiges Museum in Paris] kennen gelernt. Zuerst musste ich mir an einer der Hauptkassen ein „Sammelbuch" kaufen; die Kassen
5 waren umdrängt, aber nach einer kleinen halben Stunde hatte ich mein Buch und konnte nun losziehen. Doch ich zog nicht. Ich versuchte zunächst einmal, mich zu orientieren. Ich bin nicht ganz ohne Findigkeit; hier jedoch verließ mich jedwede topografische Begabung. Die strömende
10 Menschenmenge schob mich hin und her; ich wollte zu den Parfüms und geriet zu den Kurzwaren, und plötzlich stand ich vor einer Dame, die mir Taschentücher zeigte, und eine halbe Minute später war ich mitten unter das Emaillegeschirr geraten. Nun dachte ich, das Parfüm bis zuletzt zu
15 lassen und mich den Korbwaren zuzuwenden, wo ich einen Triumphstuhl als höchsten Triumph der Madonna della Sedia erstehen wollte. Da musste ich aber in den dritten Stock. Einer der offiziellen Führer, ein Herr, der wie ein Legationssekretär aussah, sagte mir, ich solle doch den Fahr-
20 stuhl benutzen oder die Rutschbahn. Der Gedanke an die Rutschbahn lockte mich; so etwas kannte ich eigentlich nur von Jahrmärkten oder aus der Hasenhaide [ein Volkspark in Berlin-Neukölln]; in den Berliner Geschäften war das Rutschen bisher nicht üblich […]. Das tat ich denn auch; aber
25 zu den Korbwaren gelangte ich doch nicht; ich weiß nicht, woher es kam – ich befand mich plötzlich in einer Gemäl-

deausstellung. Da gab es denn mancherlei Hübsches zu sehen, nur keinen Triumphstuhl. Jetzt fasste mich der Grimm; ich beschloss, die Korbwaren zu suchen, koste es was es wolle. Ich unternahm Gebirgspartien, stieg hinauf
30 in luftige Höhen, geriet unvermutet in einen Menschenknäuel hinein, der die photografischen Apparate umdrängte, und sah mich dann wieder von wallenden Schleiern, farbigen Bändern, von Spitzen und Rüschen umgeben. Ein Herr, der wie ein Geheimrat aus dem Kultusministerium
35 aussah, möchte meine Verlegenheit bemerken und fragte nach meinem Begehr. „Oben", meinte er lächelnd und wies auf den Lift. Aber ich hatte nicht aufgepasst: der Lift ging nicht hinauf, sondern hinunter – und als ich mich umschaute, weilte ich in einem prachtvollen Saale mit Lapis-
40 lazulisäulen und hörte eine Fontäne rauschen. Jetzt war ich wirklich schon müde. Ich schlenderte mit schweren Schritten weiter, kam in einen Palmengarten und an ein Büfett, wo ein niedliches Mädchen mir ein Glas Limonade kredenzte, kam dann in ein Gewirr von Kinderwäsche, von
45 Hemdchen, Höschen und Röckchen, hierauf zu den Phonographen und endlich zu den ersehnten Parfüms.
Gott sei dank – so weit war ich nun! Aber ich merkte doch, wir sind alle von des Tantalus Geschlecht. Ich spürte den Duft des Parfüms, sah auch die gelben, grünen, roten, ama-
50 rantfarbenen und safrangelben Flacons – aber heran kam ich nicht. Ganze Menschenringe umballten die Verkaufstische; ich berechnete, dass ungefähr fünfviertel Stunden verfließen würden, ehe ich an die Reihe käme.

Zit. n.: Gerhard A. Ritter/Jürgen Kocka, Deutsche Sozialgeschichte 1870–1914. Dokumente und Skizzen, München: C. H. Beck 1982 (3. Aufl.), S. 108 f.

Aufgaben

1. **Freizeit- und Konsumkultur**
   a) Untersuche den Bericht über den Besuch im Kaufhaus (M12). Analysiere die Haltung des Verfassers zum Kaufhaus. Belege mit Zitaten aus dem Text.
   b) Versuche, einige der im Text genannten Gegebenheiten auf dem Foto M11 zu finden.
   c) Erkundige dich, wann die großen Geschäfte in deinem Wohnort bzw. in deiner Umgebung entstanden sind. Finde den „ältesten" Laden.
   M11–M12, Recherche vor Ort und im Internet

Deutsches Judentum im „langen" 19. Jahrhundert

Die deutschen Juden, die in dem Zeitabschnitt lebten, der von Historikern als „langes" 19. Jahrhundert bezeichnet wird (von der Französischen Revolution 1789 bis zum Ausbruch des Ersten Weltkriegs 1914), waren keine in sich geschlossene, gleichbleibende Minderheit. Ihre rechtliche Stellung, politischen Mitbestimmungsmöglichkeiten und religiösen Vorstellungen veränderten sich stark.

Zeitstrahl

1789 – 1815
erste Schritte auf dem Weg zur Emanzipation

- 1791: Verleihung der uneingeschränkten Bürgerrechte durch die Französische Nationalversammlung
- 1812: Emanzipationsgesetz für das Königreich Preußen

1815 – 1848
rechtliche Rückschritte – kultureller Wandel

- 1819: „Hep-Hep-Unruhen"
- 1848/49: Grundrechtekatalog der Frankfurter Nationalversammlung

1848 – 1871
der Weg zur rechtlichen Gleichstellung

- 1869: Norddeutscher Bund: „Gesetz betreffend die Gleichberechtigung der Konfessionen in bürgerlicher und staatsbürgerlicher Beziehung"
- 1871: Reichsverfassung

1871 – 1914
gesellschaftlicher Aufstieg – wachsender Antisemitismus

- 1879 – 1881: „Berliner Antisemitismusstreit"
- Erster Weltkrieg: von ca. 550.000 deutschen Juden nahmen 100.000 Männer am Krieg teil

Blick in die Oranienburger Straße (in Berlin) mit der Synagoge. Gemälde, Öl auf Leinwand (1865), von Emile Pierre Joseph de Cauwer (1827 – 1873)

Das Gemälde der 1866 eingeweihten „Neuen Synagoge" in der Oranienburger Straße in Berlin zeigt auf den ersten Blick, dass die Juden in der bürgerlichen Gesellschaft angekommen waren. Der Schriftsteller Theodor Fontane hob in einem in der konservativen „Neuen Preußischen Zeitung" veröffentlichten Artikel anerkennend hervor, dass das „jüdische Gotteshaus" an „Pracht und Großartigkeit" die christlichen Kirchen der Stadt in den Schatten stelle. Der von der Berliner Gemeinde bewusst gewählte sogenannte „maurische Stil" sollte an das spanische Mittelalter erinnern. Diese Epoche galt als Beispiel eines einträchtigen Zusammenlebens der Juden mit ihrer Umwelt. Viele Synagogen in Deutschland wurden in diesem Stil erbaut, der auch auf die orientalische Herkunft der Juden anspielte. Im Kaiserreich wurden allerdings auch judenfeindliche Stimmen immer lauter. So beschwerte sich der Historiker Heinrich von Treitschke in einer öffentlichen Debatte im Jahr 1879, „dass das schönste und prächtigste Gotteshaus der deutschen Hauptstadt eine Synagoge ist".

Internet-Links zu den Daten der Zeitleiste

Friedrich Battenberg, Judenemanzipation im 18. und 19. Jahrhundert, in: Europäische Geschichte Online (EGO), hrsg. vom Institut für Europäische Geschichte (IEG), Mainz 2010:
http://ieg-ego.eu/de/threads/europaeische-netzwerke/juedische-netzwerke/friedrich-batten-berg-judenemanzipation-im-18-und-19-jahrhundert

Tobias Jaecker, Judenemanzipation und Antisemitismus im 19. Jahrhundert:
https://www.jaecker.com/2002/03/judenemanzipation-und-antisemitismus-im-19-jahrhundert/

Themen der Expertengruppen

1. Gabriel Riesser und der Kampf um die Gleichstellung der Juden – ein jüdischer Politiker in der ersten Hälfte des 19. Jahrhunderts
Freunde und Förderer des Leo Baeck Instituts e.V. (Hrsg.):
http://www.gabrielriesser.de/frameset_intro_01.html

3. Albert Ballin und das Wohlwollen des Kaisers. Geschichte eines gesellschaftlichen Aufstiegs nach der Reichsgründung
Johannes Gerhardt, Der Kaiser, die Honoratioren und die Presse zu Besuch bei Albert Ballin, in: Hamburger Schlüsseldokumente zur deutsch-jüdischen Geschichte, 22.09.2016:
https://juedische-geschichte-online.net/beitrag/jgo:article-17
Dirk Hempel, Albert Ballin. Der Mann, der die Hapag prägte, in: www.ndr.de, 13.8.2017:
https://www.ndr.de/geschichte/chronologie/Der-Mann-der-die-Hapag-war-Albert-Ballin,ballin116.html

letzter Zugriff auf alle Adressen: 15.12.2021

2. Antisemitismus im Kaiserreich und die Geschichte des Centralvereins deutscher Staatsbürger jüdischen Glaubens (gegründet 1893) – vergebliche Appelle an die Vernunft?
Katja Deinhardt, Central-Verein deutscher Staatsbürger jüdischen Glaubens, in: LeMO – Lebendiges Museum Online, 09.09.2015:
https://www.dhm.de/lemo/kapitel/kaiserreich/antisemitismus/centralverein.html

Centralverein.net (ohne Verfasserangabe), Otto-Friedrich-Universität Bamberg, Professur für Judaistik: https://centralverein.net/geschichte-des-c-v/

4. Rahel Hirsch und die Überwindung traditioneller Rollenmuster. Eine Jüdin als erste deutsche Medizinprofessorin.
Udo Schagen, Rahel Hirsch:
https://gedenkort.charite.de/menschen/rahel_hirsch/
Laura Seibert, Gedenktafel für die erste Medizin-Professorin Preußens, Rahel Hirsch. In: AVIVA-BERLIN.de (Online-Magazin für Frauen), Beitrag vom 09.06.2016:
https://www.aviva-berlin.de/aviva/content_Juedisches%20Leben.php?id=14191931

Aufgaben

1. **Deutsches Judentum im „langen" 19. Jahrhundert**
   a) Informiert euch in einem Lexikon über den Begriff „Emanzipation".
   b) Bearbeitet in Kleingruppen den Zeitstrahl auf Seite 28: Jede Gruppe wählt ein Datum aus. Sucht in den angegebenen Internetadressen gezielt nach Informationen zu eurem Datum und schreibt diese heraus.
   c) Stellt eure Ergebnisse in der Klasse vor.

2. **Deutsches Judentum im „langen" 19. Jahrhundert – Expertengruppen**
   Bildet vier Expertengruppen. Jede Gruppe wählt ein Spezialthema aus. Nutzt die angegebenen Internetadressen und erstellt ein Lernplakat.

Das Reiterstandbild am Deutschen Eck in Koblenz – Ein Denkmal im Kaiserreich

Das Denkmal am Deutschen Eck in Koblenz gibt nicht nur darüber Auskunft, wie die Gesellschaft im Deutschen Reich Ende des 19. Jahrhunderts über Wilhelm I. dachte bzw. ihn sehen wollte, sondern es zeigt auch auf, welche Vorstellungen über die Geschichte in der Gesellschaft verbreitet waren.

M 1   Das Reiterstandbild Kaiser Wilhelms I. am Deutschen Eck in Koblenz

Nach dem Tod Kaiser Wilhelms I. 1888 schlugen einige Koblenzer Bürger vor, dem verstorbenen Kaiser ein Denkmal zu errichten, hatte Wilhelm doch als preußischer Kronprinz für acht Jahre in Koblenz gelebt. Eine Geldsammlung unter den Bürgern der Stadt erbrachte aber „nur" 80 000 Reichsmark, was für den angedachten Bau niemals ausgereicht hätte. Doch auch der Landtag der Rheinprovinz unterstützte die Bürgeridee mit öffentlichen Mitteln von einer Million Reichsmark. Kaiser Wilhelm II. war es schließlich, der dem Projekt seine Zustimmung gab, das Deutsche Eck als Standort auswählte und zur Einweihung des von dem Architekten Bruno Schmitz geplanten Denkmals am 31. August 1897 Koblenz besuchte.

Am 16. März 1945 wurde das Denkmal von einer amerikanischen Granate zerstört. Die Spende eines Koblenzer Verlegers sicherte die Finanzierung der Wiederrichtung des alten Denkmals. Die von dem Düsseldorfer Bildhauer Raimund Kittl erstellte Nachbildung wurde dann ausgerechnet am 2. September 1993 auf den Sockel gehoben. Dies war im Kaiserreich der Tag von Sedan, der als Feiertag anlässlich des Sieges über Frankreich im Krieg von 1870/71 begangen wurde. Am 25. September 1993 konnte das Denkmal schließlich wieder eingeweiht werden.

M 2   „Träger der Geschichtskultur"

Die Historikerin Maria Würfel schreibt über die Funktion von Denkmälern des 19. und 20. Jahrhunderts:

Politische Denkmäler dieser Zeit haben mit allen anderen gemeinsam, dass sie Träger der Geschichtskultur einer Epoche sind. […] Gerade die Spiegelung des kollektiven Gedächtnisses – der Gesamtheit des gesellschaftlichen Den-
5 kens – ist ein verlässliches Kriterium für die Abgrenzung dieser gezielt errichteten Denkmäler von den Bau- und Kunstdenkmälern, die ohne eine solche Ausrichtung auf uns gekommen sind. […] Beim Denkmal wurde und wird nichts dem Zufall überlassen, weder das, was das Denkmal sagt, noch das, was es – verschweigt. Es kann sehr wortkarg, 10 ja nahezu stumm bleiben, wenn der Betrachter seine Sprache nicht versteht.

Maria Würfel, Denkmäler im Geschichtsunterricht, in: Geschichte für heute. Zeitschrift für historisch-politische Bildung, 2. Jg. 2009, Heft 1, Wochenschau Verlag, Frankfurt/M., S. 5 – 19, hier: S. 6 – 7.

Aufgaben

1. **Das Reiterstandbild in Koblenz – Ein Denkmal im Kaiserreich**

   a) Trage Informationen zum Denkmal am Deutschen Eck in Koblenz zusammen und fertige eine Zeitleiste zur Baugeschichte an.

   b) Erläutere folgende Aussage: Das Denkmal diente nicht nur zur Verherrlichung des „Einheitskaisers" von 1871, sondern es hatte in seiner Ausrichtung auch eine eindeutig antifranzösische Tendenz.

   c) Prüfe ausgehend von den Ausführungen der Historikerin Maria Würfel (M2), was das ursprüngliche Denkmal am Deutschen Eck über die „Geschichtskultur" im Kaiserreich aussagt.

   ⤷ M1 – M2, Internet

Das Deutsche Kaiserreich – eine monarchische Ordnung

Hinweis: Die folgende Tabelle dient der Selbsteinschätzung deiner erworbenen Kenntnisse und Kompetenzen. Die Auflistung erhebt nicht den Anspruch, vollständig zu sein. Es handelt sich um eine Auswahl, die ggf. erweitert werden kann. In der rechten Spalte findest du Hinweise, wie du eventuell vorhandene Lücken oder auch Unsicherheiten beseitigen kannst.

Ich kann …	Ich bin sicher. ☺	Ich bin ziemlich sicher. 😐	Ich bin noch unsicher. 🙂	Ich habe große Lücken. ☹	Auf diesen Seiten kannst du in HORIZONTE nachlesen	Empfehlungen zur Übung, Wiederholung und Festigung
… anhand eines Schaubildes die Reichsverfassung erläutern.					10 – 13	Stelle in einem Kurzvortrag die Verfassung des Deutschen Kaiserreiches vor.
… die politische Ordnung des Kaiserreiches im Hinblick auf den demokratischen Gehalt beurteilen.					10 – 13	Löse die Aufgabe 1 a) und b) auf Seite 13.
… das „Sozialistengesetz" und dessen gesellschaftliche Auswirkungen erläutern.					14 – 17	Nimm zu folgender Aussage Stellung: „Bismarck scheiterte mit seinem „Sozialistengesetz."
… die Entstehung des Sozialversicherungssystems erläutern.					14 – 17	Halte einen Kurzvortrag zum Thema: „Das deutsche Sozialversicherungssystem – eine Antwort auf die Soziale Frage?"
… die Ursachen für die Militarisierung des öffentlichen Lebens in Deutschland erläutern.					18 – 20	Beurteile die Stellung des Militärs in der deutschen Öffentlichkeit des Deutschen Kaiserreiches.
… den gesellschaftlichen Wandel im Kaiserreich an Beispielen erläutern und im Hinblick auf Fortschritt und Rückständigkeit beurteilen.					21 – 27	Wähle eine der folgenden Aufgaben aus, entweder Seite 21, Aufgabe 1 a) bis c) oder Seite 25, Aufgabe 1 a) und Seite 27, Aufgabe 1 a).
…						

ACHTUNG:

bitte nicht beschreiben!

Du findest eine Kopie dieser Seite zur Bearbeitung unter dem Webcode

💻 WES-115460-102

Das Zeitalter des Imperialismus

Im 19. Jahrhundert teilten die europäischen Mächte sowie die USA und Japan große Teile Afrikas und Asiens unter sich auf. Was machte diese Entwicklung möglich und welche Folgen hatte das für die Bevölkerungen der betroffenen Gebiete?

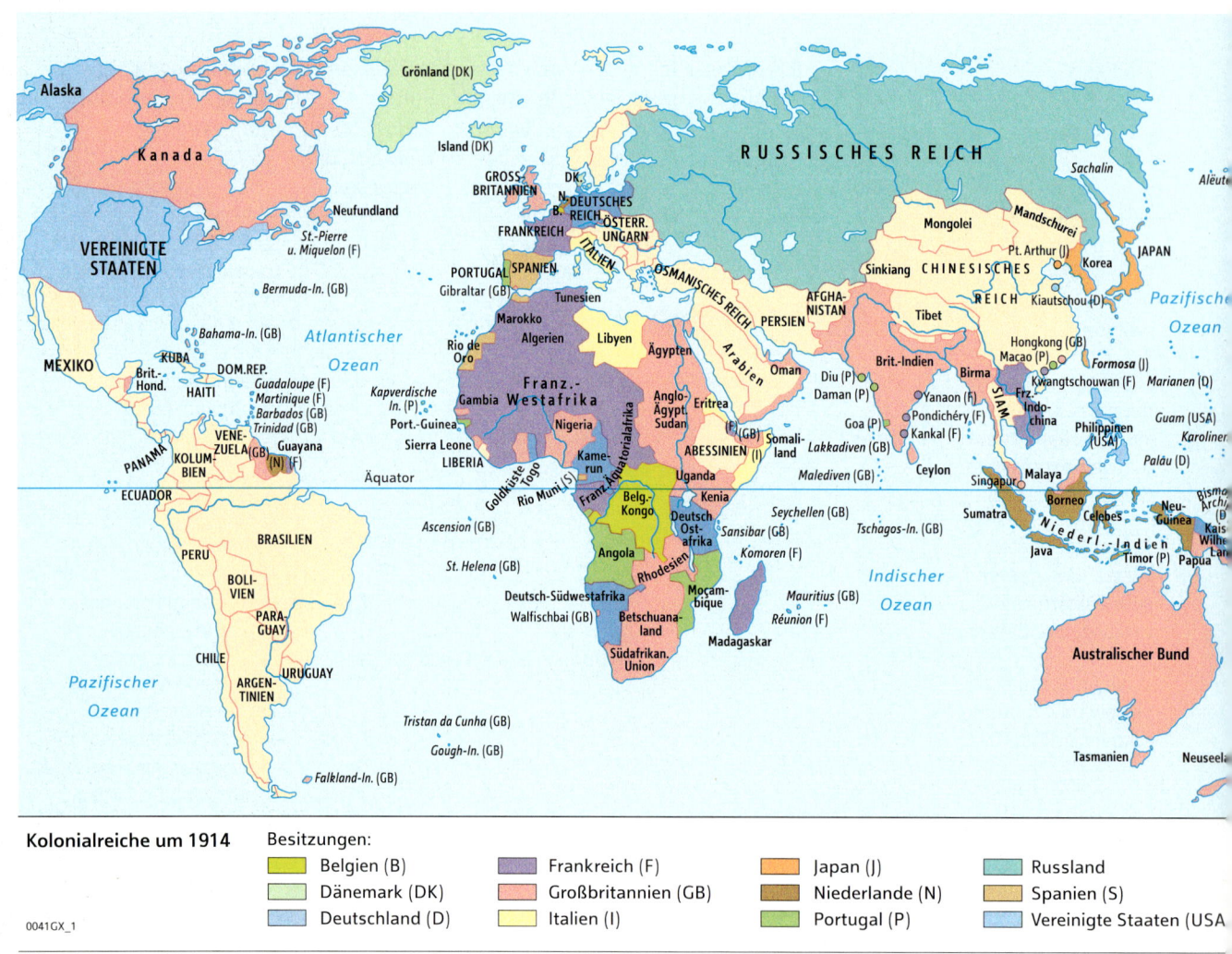

Kolonialreiche um 1914

Besitzungen:

Belgien (B)	Frankreich (F)	Japan (J)	Russland
Dänemark (DK)	Großbritannien (GB)	Niederlande (N)	Spanien (S)
Deutschland (D)	Italien (I)	Portugal (P)	Vereinigte Staaten (USA)

0041GX_1

M 1

1. Die koloniale Aufteilung der Welt um 1900

a) Erschließe die Karte M1. Verwende dafür den Trainingskasten „Umgang mit Geschichtskarten" auf Seite 56.

b) Bestimme die Lage der europäischen Kolonien.

c) Tauscht euch darüber aus, wo sich mögliche Konfliktherde entwickeln könnten.

d) Die Entstehung von Kolonialreichen wird auch als „Europäisierung der Welt" bezeichnet. Überprüfe, ob der Begriff zutreffend ist. Suche gegebenenfalls nach einer alternativen Bezeichnung.

⌢ M1, Text auf Seite 33

Vorgeschichte

Seit Beginn der Neuzeit hatten europäische Seefahrer immer mehr Regionen in Amerika, Afrika, Asien und Australien „entdeckt". Ihnen folgten Eroberer, Missionare und Kaufleute, die in den zuvor unbekannten Gebieten Handelsniederlas-
5 sungen und Missionsstationen errichteten. Aus dem Zusammenschluss dieser verschiedenartigen Besitzungen und Interessen in Übersee entstanden die Kolonialreiche Spaniens, Portugals, Großbritanniens und anderer europäischer Staaten. Damit hatte das Zeitalter der Kolonien begonnen, der Kolonialismus. Für fast alle Kolonialerwerbungen galt der Grundsatz: „The flag follows the trade – Die
10 Flagge folgt dem Handel". Häufig waren private Handelsgesellschaften Hauptträger der Kolonialpolitik. Die Regierungen der Mutterländer förderten diese Gesellschaften, übernahmen für deren Handlungen jedoch nicht die Verantwortung.

Historische Einordnung

15 Mit der Entstehung rivalisierender Nationalstaaten und der fortschreitenden Industrialisierung veränderte sich das Mächtesystem und der Kolonialismus erweiterte sich zum Imperialismus. Wie kam es dazu?

Getrieben durch Konkurrenz und übersteigerten Nationalismus begannen die großen Industrieländer am Ende des 19. Jahrhunderts damit, aktive Kolonialpoli-
20 tiken zu betreiben: Statt einzelne „Schutzgebiete" zu erwerben, suchten sie nun, möglichst umfangreiche Herrschaftsräume außerhalb der nationalen Grenzen zu gewinnen. Dieses Streben nach umfassender Beherrschung fremder Gebiete nennt man Imperialismus. Der Imperialismus erreichte sein Ziel, andere Gebiete zu erobern, zu unterwerfen und auszubeuten, indem er militärische Interventio-
25 nen (Eingriffe), Kapitalexport (Investitionen in den Kolonien) und kulturelle Beeinflussung einsetzte. So machte er die Länder und Bevölkerungen abhängig und schuf die Voraussetzungen zur kolonialen Ausbeutung. Zum einen wollte man aus den Kolonien Rohstoffe nach Europa importieren, zum anderen sah man in den kolonialisierten Ländern überseeische Absatzmärkte. Der Imperialismus umfass-
30 te also sowohl politische Machtinteressen als auch wirtschaftliche Ziele.

Die Europäer rechtfertigten ihre imperialistische Herrschaft mit einer angeblichen „Mission des weißen Mannes", die westliche Zivilisation in allen Teilen der Welt zu verbreiten. Dies ging einher mit der festen Überzeugung einer Überlegenheit der sogenannten „weißen Rasse". Diese Vorstellung steht im Zusammenhang
35 mit dem Sozialdarwinismus: Der Forscher Charles Darwin hatte herausgefunden, dass sich im Tierreich die am besten angepasste Art durchsetzt. Diese Erkenntnis wurde auf das menschliche Zusammenleben übertragen, um das Recht des Stärkeren auf Vorherrschaft zu begründen.

Die Aufteilung der Welt

40 Von den europäischen Staaten betrieb zuerst Großbritannien als früh entwickeltes Industrieland eine imperialistische Politik, Deutschland als spät entstandener Nationalstaat zuletzt. Daneben beteiligten sich vor allem Frankreich, Italien, Japan, Belgien sowie die USA und Russland am Wettlauf um die Aufteilung der Welt.
45 Aber auch die Politik Österreich-Ungarns auf dem Balkan kann als imperialistisch charakterisiert werden.

M 2 Speicherstadt in Hamburg

In der Hafenstadt Hamburg wurde ab 1884 die sogenannte Speicherstadt als Freihafen errichtet, um hier insbesondere sogenannte Kolonialwaren wie Kaffee und Tee zollfrei zwischenzulagern, aktuelle Fotografie.

M 3 Ostafrika

Ein deutscher Kolonialoffizier mit seinen „boys" in Daressalam, um 1905

Deutschland als Kolonialmacht

Deutschlands Rolle als Kolonialmacht begann spät. Ab 1884 wurden die ersten Gebiete in Afrika – Deutsch-Südwestafrika, Kamerun und Togo – unter den „Schutz" des Deutschen Reiches gestellt. Ein Jahr später folgte Deutsch-Ostafrika. 1884 bis 1889 kamen noch einige pazifische Inseln und 1897 Kiautschou als kleines Pachtgebiet in China hinzu. Warum erwarb Deutschland Kolonien? Und wie reagierte die lokale Bevölkerung in den Kolonien auf die neuen Machthaber?

M 1   Gründungsmanifest der Gesellschaft für Deutsche Kolonisation

Carl Peters (1856–1918) war einer der bekanntesten Verfechter der Kolonialpolitik im Deutschen Reich. 1884 war er Mitbegründer der Gesellschaft für Deutsche Kolonisation. Der Textauszug entstammt dem Gründungsmanifest vom 28. März 1884:

Die deutsche Nation ist bei der Verteilung der Erde, wie sie vom Ausgang des 15. Jahrhunderts bis auf unsere Tage hin stattgefunden hat, leer ausgegangen.
5 Alle übrigen Kulturvölker Europas besitzen auch außerhalb unseres Erdteils Stätten, wo ihre Sprache und Art feste Wurzel fassen und sich entfalten kann. Der deutsche Auswanderer, sobald er die Grenzen des Reiches hinter sich gelassen hat, ist ein Fremdling auf ausländischem Grund und Boden. Das Deutsche
10 Reich, groß und stark durch die mit Blut errungene Einheit, steht da als die führende Macht auf dem Kontinent von Europa: seine Söhne in der Fremde müssen sich überall Nationen einfügen, welche der unsrigen entweder gleichgültig oder geradezu feindlich gegen-
15 überstehen. Der große Strom deutscher Auswanderung taucht seit Jahrhunderten in fremde Rassen ein, um in ihnen zu verschwinden. Das Deutschtum außerhalb Europas verfällt fortdauernd nationalem Untergang.

Zit. nach: Wolfgang J. Mommsen, Imperialismus. Seine geistigen, politischen und wirtschaftlichen Grundlagen. Ein Quellen- und Arbeitsbuch, Hamburg: Hoffmann und Campe 1977, S. 124f.

M 2   Carl Peters
Foto, um 1895

M 3   Afrika den Afrikanern!

Hendrik Witbooi, Kapitän des den Nama verwandten Witbooi-Clans, in einem Brief an andere Nama-Chiefs (= Kapitäne) über die Verträge mit den Deutschen, 27.6.1892. Die Nama sind neben den Herero der bedeutendste Volksstamm im Südwesten Afrikas:

Ich bin sehr ungehalten über Euch und alle Kapitäne von Groß-Namaqualand, die Ihr deutschen Schutz angenommen habt und dadurch dem weißen Mann Rechte und Einfluss in unserem Land gebt. Die Sache
5 mit den Deutschen sehe ich mit ganz anderen Augen an. Sie geben vor, Euch vor anderen großen Nationen schützen zu wollen. Mir scheint aber, sie selbst sind die große Nation, die mit Gewalt in unser Land kommen will. Ich sehe sie mit Gewalt regieren und in un-
10 serem Land Verbote aufstellen. Ich wünsche deshalb nicht, dass Ihr in unserem Gebiet noch Plätze hergebt, auf denen diese Leute mit (ihren) Gesetzen wohnen, freie Rechte üben und Arbeiten ausführen können. Seid deshalb so gut, lieber Kapitän, und widerruft
15 diese Sache und lasst keine weißen Menschen auf Eure Plätze kommen. Wenn es sich um Eure eigenen roten Menschen handelt, so hätte ich nicht viel dagegen zu sagen, denn wir sind eins und sollen uns miteinander vertragen und uns verstehen. Mit der An-
20 kunft der Deutschen kann ich den Frieden nicht kommen sehen; denn sie rühmen sich ihrer Macht und ihrer Werke zu sehr.

Übers. zit. nach: Wolfgang Reinhard (Hg.), Hendrik Witbooi, Afrika den Afrikanern! Aufzeichnungen eines Nama-Häuptlings aus der Zeit der deutschen Eroberung Südwestafrikas 1884 bis 1894, Bonn/Berlin: Dietz 1982, S. 133.

M 4   Hendrik Witbooi
Foto, 1904

Die Anfänge als Kolonialmacht

Deutschland hat seine ersten Kolonien sehr spät erworben: 1884 hatten andere
europäische Länder, allen voran Großbritannien, bereits ein Weltreich errichtet.
Das lag zum einen daran, dass das Deutsche Reich erst 1871 gegründet wurde,
5 während sich viele andere Länder bereits in einem Wettlauf um die letzten „weißen Flecken" auf der Erdkarte befanden, also um die noch nicht kolonisierten
Territorien. Zum anderen lehnte Reichskanzler Otto von Bismarck den Erwerb von
Kolonien jedoch auch grundsätzlich ab: Ihm war die Stabilisierung des Deutschen
Reiches im europäischen Mächteverhältnis wichtiger als eine Expansion in Über-
10 see. Bismarck fürchtete, dass das Bündnissystem, das er aufbaute, um Deutschlands Position in der Mitte Europas zu sichern, durch ein außereuropäisches
Engagement des Reiches gefährdet werden könnte.

Ab 1880 aber wurde der Ruf im Reich immer lauter, dass Deutschland bei der
Aufteilung der Welt nicht länger zusehen dürfe. Bei diesen Stimmen handelte es
15 sich vornehmlich um nationalistische Kräfte, die davon träumten, dass das Deutsche Reich zu einer internationalen Großmacht anwachse. Aber auch Vertreter der
Großindustrie sowie deutsche Kaufleute, die schon seit dem 18. Jahrhundert vom
Dreieckshandel (u. a. mit Sklaven und Baumwolle) profitiert hatten, verlangten
den Erwerb von Kolonien. Sie versprachen sich davon vor allem billige Rohstoffe
20 für die Industrialisierung.

M 5   **Adolf Lüderitz**
Der Bremer Kaufmann spielte
beim Erwerb der Kolonie Deutsch-
Südwestafrika eine zentrale Rolle,
Zeichnung, um 1885.

💻 WES-115460-201
Hörszene zum Streben des
Kaiserreichs nach Kolonien

M 6   **Deutsche Kolonien vor 1914**

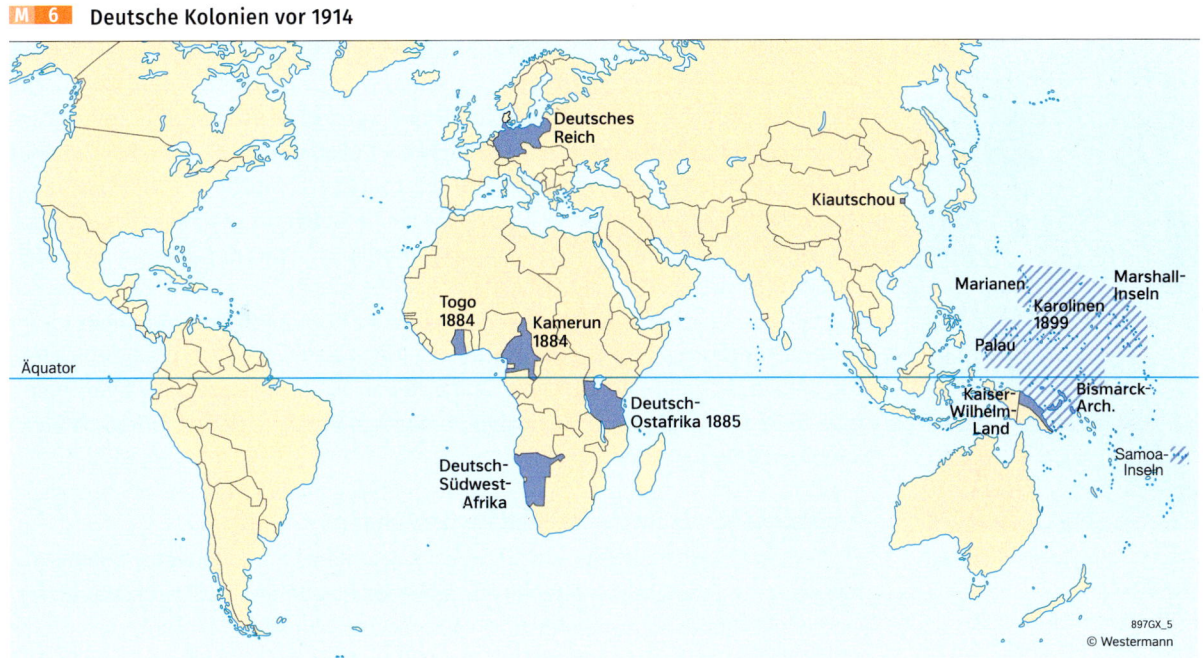

Deutsches Reich

Kiautschou

Marianen
Marshall-Inseln
Karolinen 1899
Palau

Togo 1884
Kamerun 1884

Äquator

Deutsch-Ostafrika 1885

Kaiser-Wilhelm-Land
Bismarck-Arch.

Samoa-Inseln

Deutsch-Südwest-Afrika

897GX_5
© Westermann

Aufgaben

1. **Deutschland als Kolonialmacht**
   a) Fasse die Argumente zusammen, die Carl Peters (M1)
      für den Aufbau eines deutschen Kolonialreiches
      nennt.
   b) Lege dar, wie Hendrik Witbooi (M3) das Vorgehen
      des Deutschen Reiches im Südwesten Afrikas be-
      urteilt.

   c) Arbeite heraus, welches Vorgehen Hendrik Witbooi
      den anderen Nama-Kapitänen empfiehlt.
   d) Beurteile die Erfolgsaussichten der Empfehlung von
      Hendrik Witbooi. Begründe deine Meinung.
      ↶ M1, M3

Der Erwerb von „Schutzgebieten"

1884 erwarb das Deutsche Reich die ersten Kolonien. In diesem Jahr fand in Berlin die sogenannte Kongokonferenz statt: Der belgische König Leopold II. hatte den deutschen Reichskanzler Otto von Bismarck gebeten, eine Konferenz einzuberufen, um die territorialen Interessen der Mächte in Afrika miteinander zu koordi- 25 nieren. Vertreter von 14 Staaten kamen nach Berlin, allen voran Großbritannien, Frankreich, die USA, Russland und das Osmanische Reich. Beschlossen wurde u. a. die Vermeidung von Streitigkeiten der Mächte um Kolonien und die Beschleunigung der Kolonialisierung Afrikas. Zudem sollte der Kongo eine Privatkolonie Leopolds II. werden. 30

Vorbereitung und Durchführung der Konferenz lösten im Deutsche Reich eine große Kolonial-Euphorie aus, der sich auch Bismarck nicht länger entziehen konnte. Die Konferenz und das Jahr 1884 markieren somit einen Wendepunkt in der deutschen Kolonialpolitik. Die ab 1884 erworbenen Kolonien wurden „Schutzgebiete" genannt, weil der Staat den Handel deutscher Kaufleute vor Ort schützen 35 sollte. Das Motto dafür lautete: „Die Flagge folgt dem Handel."

Die Bedeutung der Kolonien

Die deutschen Kaufleute erhofften vor allem, aus den Kolonien günstig Rohstoffe einführen zu können. Daneben sollten die Kolonien aber auch als neue Absatz- 40 märkte dienen. Ein begehrtes Einfuhrprodukt war zum Beispiel Palmöl aus Westafrika. Dieses war vielseitig einsetzbar, z. B. zur Herstellung von Margarine, der „Butter der Armen", oder als Schmiermittel für Maschinen. Hamburger Reeder wie Adolph Woermann profitierten vor allem vom Branntweinexport, der für die Menschen in Afrika gravierende gesundheitliche und wirtschaftliche Auswirkun- 45 gen hatte. Einfuhren von Elfenbein, Bananen, Kakao und Kaffee bereicherten das deutsche Warenangebot. Ende des 19. Jahrhunderts wurden in Hamburg zwei Drittel aller exotischen Waren für das Deutsche Reich umgeschlagen, und noch heute sind im Hamburger Stadtbild zahlreiche Spuren aus der Zeit der „Kolonialwaren" zu entdecken. 50

Für das Deutsche Reich insgesamt bleib der Kolonialhandel aber eher unbedeutend; er betrug 1914 gerade einmal 0,5 Prozent des gesamten Außenhandels. Die Bilanz der Kolonialpolitik war für das Reich also eher negativ, vor allem wenn man bedenkt, dass zahlreiche Kriege in den Kolonien nicht nur blutig, sondern auch kostspielig waren. 55

Deutschland als imperialistische Großmacht

Nach dem Rücktritt Bismarcks betrieb Deutschland ab 1890 unter Kaiser Wilhelm II. eine zunehmend offensivere imperialistische Politik. Deutschland verlangte, wie der Außenminister und spätere Reichskanzler Bernhard von Bülow 60 1897 erklärte, nun ebenfalls einen „Platz an der Sonne". Interessengruppen wie der Alldeutsche Verband und der Flottenverein unterstützten diese Politik lautstark und auf aggressive Art und Weise in der Öffentlichkeit. Die älteren Kolonialmachte waren jedoch entschlossen, ihre Positionen gegen den lästigen Konkurrenten und Störenfried Deutschland zu behaupten. Dadurch kam es einerseits zu 65 einem Wettrüsten zwischen den Großmächten, insbesondere durch den Aufbau von Schlachtflotten. Andererseits häuften sich die internationalen Konflikte, die schnell zu einem Krieg hätten führen können. Die wachsenden Spannungen zwischen den Großmächten waren schließlich ein entscheidender Grund für den Ausbruch des Ersten Weltkriegs 1914. 70

M 7 **Kakaoplantage in Kamerun**
Trockenhaus-Anlage einer Kakaoplantage Foto 1907

M 8 **Ein „Edeka" Kolonialwarenladen**
(Einkaufgenossenschaft der Kolonialwarenhändler: E. d. K.), eröffnet 1901

Imperialismus und Rassismus – Eine zeitgenössische Werbung untersuchen

M 9 „Steckenpferd Lilienmilch Seife –
Für zarte, weisse Haut"
Rassistische Werbung aus Deutschland, um 1900

M 10 Rassismus

Die Bundeszentrale für politische Bildung definiert den Begriff „Rassismus" wie folgt:

Der Rassismus behauptet, dass eine bestimmte Art von Menschen, zum Beispiel die Menschen mit weißer Hautfarbe, besser und zu größeren Leistungen fähig seien als andere Menschen. Meist versuchen Menschen mit solchen unsinnigen Aussagen, den eigenen Stellenwert zu erhöhen und andere, ihnen fremde Menschen und Völker abzuwerten, auf eine niedrigere Stufe zu stellen.

Gerd Schneider/Christiane Toyka-Seid: Das junge Politik-Lexikon von www.hanisauland.de, Bonn: Bundeszentrale für politische Bildung 2021. https://www.bpb.de/nachschlagen/lexika/das-junge-politik-lexikon/320996/rassismus [letzter Zugriff: 29.06.2021].

Training

Erklärung des Operators „Untersuchen"

Du sollst aus einem Material (Text, Bild, Statistik, Karte etc.) gezielt wichtige Informationen herausarbeiten. Der Arbeitsauftrag gibt dir genauere Hinweise dazu, welche Inhalte du aus dem Material herausarbeiten sollst. Anschließend musst du deine Untersuchungsergebnisse zusammenhängend und für andere nachvollziehbar formulieren. Das bedeutet, dass du die Inhalte aus dem Material in eigenen Worten erklären können musst. Dabei solltest du auch darauf achten, dass du die Stellen im Material (z. B. Textstelle bzw. Zeile oder Teil eines Bildes) benennst, aus denen du deine Ergebnisse herausgearbeitet hast.

Formulierungshilfen
Aus dem Bild (der Statistik, der Karte, dem Text) kann man entnehmen, dass …
Anhand der Aussage … ist zu erkennen, dass …
Es ist erkennbar, dass … Es wird deutlich, dass …
Das heißt, dass …
Damit ist gemeint, dass …

Aufgaben

1. Deutschland als Kolonialmacht
  a) Erläutere die Gründe dafür, dass Deutschland erst relativ spät Kolonialpolitik betrieb.
  b) Vergleiche die geografische Lage der deutschen Kolonien mit jener der Kolonien Großbritanniens und Frankreichs.
  ⌢ Text auf den Seiten 35–36, Karte M6 sowie Karte M1 auf Seite 32

2. Imperialismus und Rassismus
  a) Beschreibe die Quelle M9 und erläutere das hier zugrunde liegende Bild der indigenen Bevölkerung.
  b) Untersuche die Quelle M9 hinsichtlich des darin enthaltenen Rassismus. Verwende dazu die angegebene Kurzdefinition M10 und den Trainingskasten.
  c) Begründe, dass die Quelle M9 rassistisch ist.
  ⌢ M9, M10, Trainingskasten auf dieser Seite

Der deutsche Kolonialismus in Südwestafrika

Zwischen 1904 und 1908 fand in der Kolonie Deutsch-Südwestafrika, dem heutigen Namibia, ein grausamer Völkermord an den Herero und Nama statt, der bis heute Nachwirkungen hat. Denkmäler aus verschiedenen Zeiten geben Kunde von den Ereignissen.

M 1 **Denkmal von 1912 (links) und 2014 (rechts)**

Links: Das Standbild wurde 1912 eingeweiht. Es sollte an die Kolonialkriege des deutschen Kaiserreiches gegen die Herero und Nama von 1903 bis 1907 erinnern. Das Reiterdenkmal nach dem Entwurf des Berliner Bildhauers Adolf Kürle zeigte einen überlebensgroßen deutschen Schutztruppenreiter in Uniform. Die Statue war 4,5 Meter hoch, die Gesamthöhe betrug 9,5 Meter. In der Vorderseite des Sockels war eine Widmungstafel eingelassen, die die Opfer der Kolonialkriege auf deutscher Seite aufzählte. Das Reiterstandbild wurde 2013 entfernt.

Rechts: Das am 21. März 2014 eingeweihte „Genozid-Denkmal" vor der Alten Feste in Windhoek. Das „Genozid-Denkmal" (Genozid = Völkermord) erhebt sich dort, wo bis 2013 das Reiterdenkmal stand.

Aufgaben

1. **Völkermord an den Herero und Nama**
   a) Beschreibe die beiden Denkmäler (M1).
   b) Analysiere anhand der Denkmäler den Wandel im Umgang mit dem Völkermord.
   c) Formuliere ausgehend von den Denkmälern Fragen zum Thema „Der deutsche Kolonialismus in Südwestafrika".

   d) Arbeite mit dem Text auf den Seiten 39–40. Gibt er Antworten auf deine Fragen?
   e) Recherchiere zum aktuellen Stand der Verhandlungen um eine Aussöhnung zwischen Namibia und Deutschland.
   ⌒ M1, Text auf den Seiten 39–40, Internet

Der Südwesten Afrikas wird deutsche Kolonie

Der Südwesten Afrikas, das heutige Namibia, war schon immer und ist bis heute ausgesprochen dünn besiedelt. Namibia ist etwa zweieinhalb Mal so groß wie die Bundesrepublik und hat ca. zwei Millionen Einwohner. Große Teile Namibias sind
5 Wüsten – die Namib-Wüste erstreckt sich entlang der Küste, die Kalahari-Wüste liegt im Nordosten des Landes. Der Rest ist überwiegend Savanne. Zur Landwirtschaft ist Namibia weitgehend ungeeignet. Vor der Kolonialisierung lebten hier verschiedene Volksgruppen, sechs größere (San, Herero, Nama, Damara, Himba und Ovambo) und einige kleinere.

10 Für die Europäer war das karge Land lange Zeit uninteressant. 1883 erwarb jedoch der Bremer Kaufmann Adolf Lüderitz mit fragwürdigen Methoden einen Küstenstreifen südlich von Walfish Bay, die heute nach ihm benannte Lüderitzbucht. Kurze Zeit darauf bat er die deutsche Regierung um Schutz, weil er eine englische Intervention befürchtete. Ein Jahr später erfolgte eine Schutz-Zusage
15 durch die deutsche Reichsregierung. Dies war die Geburtsstunde des deutschen Kolonialismus.

Ab 1890 übernahm der deutsche Staat die Kolonialverwaltung und ließ Siedlungen sowie eine Eisenbahnlinie zur Erschließung des Landes bauen. Kurz darauf setzte auch der Zuzug von deutschen Kolonialbeamten, Farmern, Kaufleuten,
20 Handwerkern und Missionaren ein. Bis 1903 stieg die Zahl weißer Siedler auf 4700, bis 1914 auf 12 000.

Die Besiedlung führte zu erheblichen Konflikten mit den indigenen Völkern. Das Land war für die Viehzucht der weißen Siedler nicht geeignet: Die Savanne war schnell abgegrast und verwüstet, woraufhin die Viehzüchter immer mehr Land
25 benötigten. Dieses Land fehlte dann sowohl den Herero als auch den Nama. 1897 führte eine Rinderpest zur Eskalation der Lage: Die Herero verloren ihre Herden und damit ihre Lebensgrundlage, wodurch sie in Abhängigkeit von den Siedlern gerieten.

◆ Diamanten ◇ Gold
◆ Kupfer ✷ Bergbau
▪▪▪ Eisenbahn
── Diamantensperrgebiet der
Deutschen Kolonialgesellschaft
für Südwestafrika

 **M 2** „Deutsch-Südwestafrika"

M 3 Die Lüderitzbucht in Deutsch-Südwest

Foto, um 1910

Rassismus in der Sprache

Die Nama wurden von den Deutschen als „Hottentotten" bezeichnet. Der Begriff geht auf das Afrikaans (Sprache der Buren in Südafrika) zurück. Er bedeutet sinngemäß „Stotterer". Die Bezeichnung rührt daher, dass die Sprache der Nama sehr viele Schnalz- und Klicklaute enthält, die für europäische Ohren ungewohnt sind. Daher wurden die Nama entwürdigend als Stotterer bezeichnet.

Der Völkermord an den Herero und Nama

1904 lehnten sich die Herero unter der Führung von Samuel Maharero gegen die ³⁰ deutsche Kolonialmacht auf, kurz darauf auch die Nama unter Hendrik Witbooi. Sie griffen deutsche Farmen an und töteten ungefähr 125 deutsche Siedler. Da die deutschen „Schutztruppen" vor Ort zunächst nicht in der Lage waren, die Revolte niederzuschlagen, wurden 14 000 zusätzliche Soldaten unter dem Kommando des Generalleutnants Lothar von Trotha (1848 – 1920) aus Deutschland entsandt. ³⁵

Trotha setzte auf unbarmherzige Härte gegen die indigene Bevölkerung und bedingungslose Unterordnung. Unter seiner Führung besiegten die Kolonialtruppen die Herero und die mit diesen verbündeten Nama am 11. August 1904 in der Schlacht am Waterberg. In einem Ultimatum forderte Trotha die Herero auf, das Territorium zu verlassen. Die meisten Herero flüchteten daraufhin in die Kalahari- ⁴⁰ Wüste, wo Trotha ihnen die Nahrungs- und Wasserversorgung abschneiden ließ. Dies führte zu einem Massensterben durch Verhungern und Verdursten. Grobe Schätzungen belaufen sich auf 65 000 getötete Herero (80 Prozent des Volkes) und 10 000 getötete Nama (50 Prozent des Volkes). Die Ereignisse gelten heute als erster Völkermord im 20. Jahrhundert. Die Brutalität Trothas löste nicht nur im Deut- ⁴⁵ schen Reich allgemeines Entsetzen aus.

Die wenigen Überlebenden des Völkermordes wurden auf Atlantikinseln in umzäunte und bewachte Lager gesperrt. Hier setzte sich das Massensterben fort, auch weil die Inseln feucht und kalt waren, also ein völlig anderes Klima hatten, als die Nama und Herero gewohnt waren. Die übrigen Völker Namibias gerieten ⁵⁰ nunmehr in eine totale Abhängigkeit von den deutschen Kolonialbehörden.

1915 endete die deutsche Kolonialgeschichte in Südwestafrika mit der Kapitulation der deutschen Truppen vor südafrikanischen Einheiten. Völkerrechtlich wurde der Verlust der Kolonien durch den Versailler Vertrag (1919) besiegelt.

1. **Der Kolonialkrieg gegen die Herero und Nama**
   a) Stelle in eigenen Worten den Kolonialkrieg der Deutschen gegen die Nama und Herero dar.
   b) Fertige dazu eine Tabelle an, in der du Ursachen, Verlauf und Folgen des Krieges notierst.
   ⌒ Text auf den Seiten 39 – 40
2. **Völkermord an den Herero und Nama**
   a) Beschreibe anhand der Quellen M6–M8, wie das deutsche Militär gegen die Nama und Herero vorgegangen ist.

b) Trage aus den Quellen M6–M8 zusammen, was dafür spricht, bei dem Vorgehen der deutschen Truppen von einem Völkermord zu sprechen. Berücksichtige auch die Opferzahlen.
c) Beschreibe, wie der Krieg auf dem Sammelbildchen (M8) dargestellt wird. Tauscht euch darüber aus: Warum heißt es hier Aufstand und nicht Krieg (oder Völkermord)?
⌒ M6–M8, Text auf den Seiten 39 – 40

Völkermord an den Herero und Nama

M 6　**Drei Textquellen**

a) Proklamation des General von Trotha nach der Schlacht am Waterberg und der Flucht der Herero in die Omaheke-Wüste, 2.10.1904:

Die Hereros sind nicht mehr deutsche Untertanen. Sie haben gemordet und gestohlen, haben verwundeten Soldaten Ohren und Nasen und andere Körperteile abgeschnitten, und wollen jetzt aus Feigheit nicht mehr kämpfen. Ich
5 sage dem Volk: Jeder, der einen der Kapitäne an eine meiner Stationen als Gefangenen abliefert, erhält tausend Mark, wer Samuel Maharero bringt, erhält fünftausend Mark. Das Volk der Herero muss jedoch das Land verlassen. Wenn das Volk dies nicht tut, so werde ich es mit dem Groot
10 Rohr [= ein Geschütz] dazu zwingen. Innerhalb der deutschen Grenze wird jeder Herero mit oder ohne Gewehr, mit oder ohne Vieh erschossen, ich nehme keine Weiber und Kinder mehr auf, treibe sie zu ihrem Volk zurück, oder lasse auf sie schießen.

Zit. nach: Jürgen Zimmerer/Joachim Zeller (Hg.), Völkermord in Deutsch-Südwestafrika. Der Kolonialkrieg (1904–1908) in Namibia und seine Folgen, Berlin: Ch. Links 2003, S. 51.

b) Aus dem Bericht des deutschen Generalstabs 1907 zu den Folgen der Schlacht am Waterberg:

Diese kühne Unternehmung zeigt die rücksichtslose Energie der deutschen Führung bei der Verfolgung des geschlagenen Feindes in glänzendem Lichte. Keine Mühen, keine Entbehrungen wurden gescheut, um dem Feinde den letz-
5 ten Rest seiner Widerstandskraft zu rauben; wie ein halb zu Tode gehetztes Wild war er von Wasserstelle zu Wasserstelle gescheucht, bis er schließlich willenlos ein Opfer der Natur seines eigenen Landes wurde. Die wasserlose Omaheke sollte vollenden, was die deutschen Waffen begonnen
10 hatten: Die Vernichtung des Hererovolkes.

Zit. nach: Jürgen Zimmerer/Joachim Zeller (Hg.), Völkermord in Deutsch-Südwestafrika. Der Kolonialkrieg (1904–1908) in Namibia und seine Folgen, Berlin: Ch. Links 2003, S. 45.

c) Das Lied wurde vermutlich von den Nachfahren der Herero in Erinnerung an die Kolonialzeit gedichtet. Es lebt ganz deutlich von den Erinnerungen der Überlebenden an die Ereignisse von 1904:

Sie werden schießen […] bereitet euch vor, lass uns gehen Johana, lass uns gehen und aus den flachen Wasserstellen trinken. Seid bereit.

Lasst uns gehen, lass uns aus den Wasserstellen trinken.
Die Ochsen mit den weißen Streifen — Schüsse – 　5
Lass uns gehen, lass uns gehen […]
Johana nimm das Kind auf Deinen Rücken,
lass uns gehen. Das Kind, mein Kind, wo ist mein Kind?
Es ist gefallen, getötet.
Lass uns gehen, die Sonne geht schon unter, 　10
Du nimmst das Pferd, lass uns gehen!
Johana sagt, ich werde das Pferd nicht reiten, es wird mich abwerfen!
Komm zu meinem Pferd, es ist schwarz und weiß.
Samuel höre die Gewehre. Die Menschen sind verzweifelt, 　15
das Kind hat seine Mutter verloren, die Mutter hat ihren Ehemann verloren, die Lämmer säugen die Geißen.
Lass uns gehen, wir müssen gehen, wir müssen gehen.
Schüsse, sie schießen.

Übers. zit. nach: Jürgen Zimmerer/Joachim Zeller (Hg.), Völkermord in Deutsch-Südwestafrika. Der Kolonialkrieg (1904–1908) in Namibia und seine Folgen, Berlin: Ch. Links 2003, S. 142.

M 7　**Gefangene Herero in Ketten**
Foto, 1904

M 8　**„Herero-Aufstand in Deutsch-Südwest-Afrika"**
Sammelbildchen von „Aecht Franck Kaffeezusatz", um 1908

Umgang mit kolonialen Relikten – Das Humboldt-Forum

M 1   **Das Humboldt-Forum in Berlin-Mitte**

Foto, 2021

Die Erinnerungskultur zum Zeitalter des Imperialismus wird in den letzten Jahren in ganz Europa sehr kontrovers diskutiert. Sowohl regional, z. B. bei der Benennung von Straßen, als auch überregional gibt es viele Initiativen, die einen kritischeren Umgang mit der jeweiligen kolonialen Vergangenheit fordern. Das Humboldt-Forum in Berlin ist in Deutschland wohl das prominenteste Beispiel.

M 2   **Eine Kritik**

Die französische Kunsthistorikerin Bénédicte Savoy gehörte bis 2017 dem Expertenrat des Humboldt-Forums an. Sie trat u. a. wegen des Umgangs mit Relikten aus der Kolonialzeit von ihrer Tätigkeit zurück. 2017 äußert sie im Interview mit der Süddeutsche Zeitung (SZ) zur Frage der Herkunft der Ausstellungstücke ihre Kritik:

Es fängt bei der Rekonstruktion des Schlosses an: Die Architektur signalisiert, dass man Geschichte rückgängig machen kann. Doch den Leuten, die um Rückgabe gestohlener Objekte bitten, erklärt man, Geschichte lasse sich nicht
5 rückgängig machen. Das ist ein unlösbarer Widerspruch, mit dem sich das Humboldt-Forum ewig plagen wird. [...]

SZ: Was wäre am wichtigsten?
Die Aufklärung der Provenienzen [Provenienz = Herkunft].
10 Das kostet viel Geld, es ist ein undankbares Geschäft. Man arbeitet auch mal zehn Jahre lang an einer Sammlung und ist am Ende kaum schlauer. Aber ohne diese Forschung darf heute kein Humboldt-Forum und kein ethnologisches Museum eröffnet werden. Provenienzforschung müsste das Ding sein. Zweitens müssen diese Provenienzen in ver-
15 ständlicher Form dargestellt werden. Dass an Museumswänden nichts darüber steht, woher die Werke kommen, geht nicht mehr. Wenn man nichts findet, schreibt man: Wir haben getan, was wir konnten, wir haben alle Dokumente digitalisiert, für jeden zugänglich, das ist der Stand von
20 2019. Es ist auch eine Frage des Respekts den Leuten gegenüber, denen man diese Objekte weggenommen hat.

SZ: Es geht also vor allem um Aufklärung.
Für mich ist es weniger wichtig zu wissen, welche Funktion
25 ein Gegenstand in Namibia hatte, als zu erfahren, unter welchen Umständen er hierher gekommen ist.

Bénédicte Savoy/Jörg Häntzschel: „Das Humboldt-Forum ist wie Tschernobyl"; in: Süddeutsche Zeitung (20.07.2017) https://www.sueddeutsche.de/kultur/benedicte-savoy-ueber-das-humboldt-forum-das-humboldt-forum-ist-wie-tschernobyl-1.3596423-0?reduced=true [letzter Zugriff: 29.06.2021].

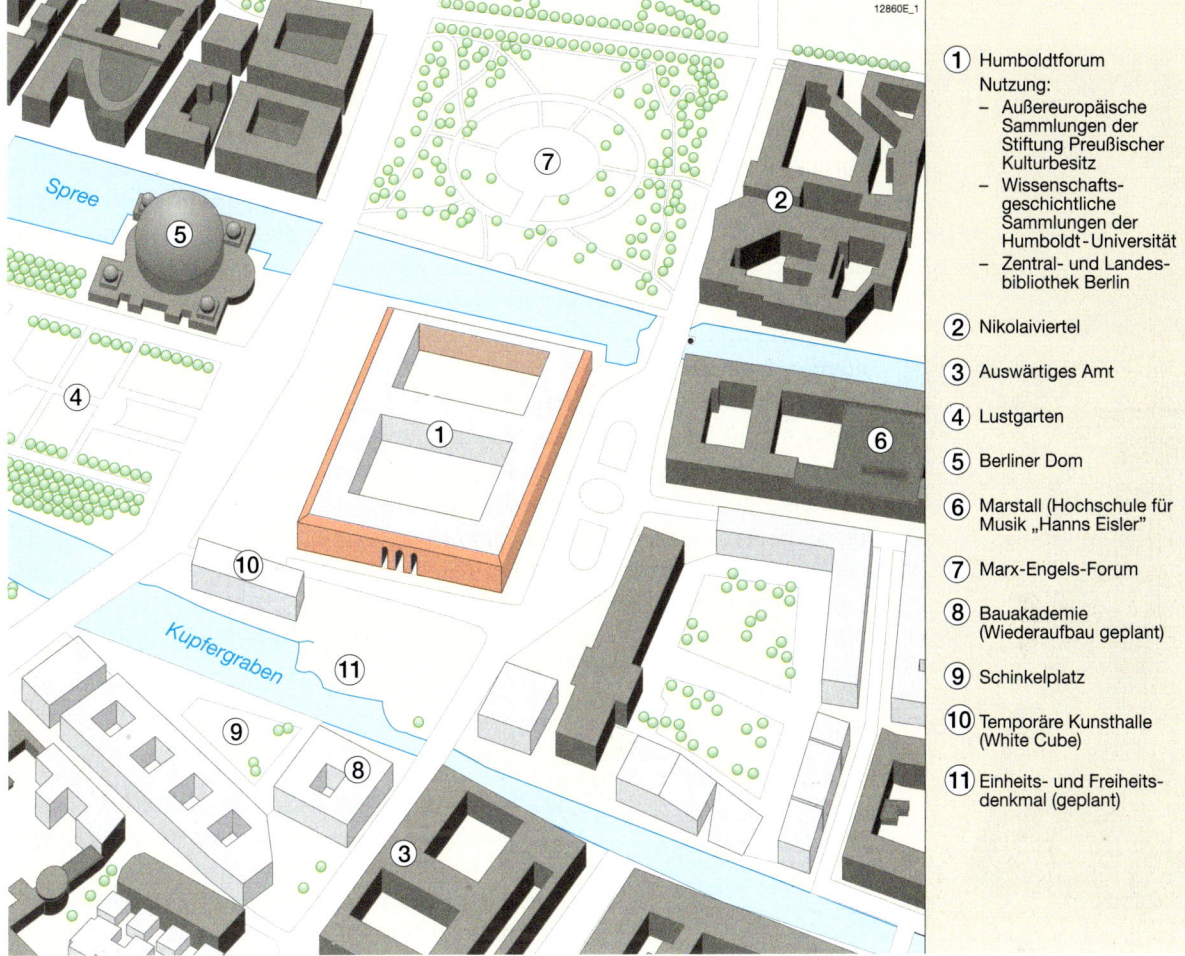

12860E_1

1 **Humboldtforum**
Nutzung:
- Außereuropäische Sammlungen der Stiftung Preußischer Kulturbesitz
- Wissenschaftsgeschichtliche Sammlungen der Humboldt-Universität
- Zentral- und Landesbibliothek Berlin

2 Nikolaiviertel

3 Auswärtiges Amt

4 Lustgarten

5 Berliner Dom

6 Marstall (Hochschule für Musik „Hanns Eisler")

7 Marx-Engels-Forum

8 Bauakademie (Wiederaufbau geplant)

9 Schinkelplatz

10 Temporäre Kunsthalle (White Cube)

11 Einheits- und Freiheitsdenkmal (geplant)

M 3

Die Eröffnung des Humboldt-Forums

Am 21. Dezember 2020 wurde in Berlin das Humboldt-Forum eröffnet. Es ist nach eigener Darstellung ein Ort für Kultur und Wissenschaft und beherbergt eine Vielzahl von Museen. Erbaut wurde es in der Mitte Berlins auf dem Gelände des
5 ehemaligen Stadtschlosses, das im Zweiten Weltkrieg zerstört wurde. Die äußere Fassade des Forums ist ein Nachbau des Schlosses, innen ist es sehr modern gestaltet. In unmittelbarer Umgebung befindet sich der Berliner Dom, die Humboldt-Universität, das Deutsche Historische Museum und die Museumsinsel mit vielen weiteren Museen. Benannt wurde das Forum nach den Humboldt-Brüdern:
10 Wilhelm von Humboldt (1767–1835), dem Schriftsteller, Staatsmann und preußischen Bildungsreformer, und Alexander von Humboldt (1769–1859), dem Universalgelehrtenund Forschungsreisenden.

Aufgaben

1. **Das Beispiel Humboldt-Forum – Eine Kritik**
   a) Gib die Kritik, die die Kunsthistorikerin Bénédicte Savoy (M2) äußert, mit eigenen Worten wieder.
   b) Formuliere Fragen, die sich aus den Kritikpunkten für dich ergeben.
   c) Versuche, die Fragen mithilfe der Texte und Materialien auf den Seiten 42–44 zu beantworten.
   M2, Text auf den Seiten 42–44

M 4 Gedenkkopf einer Königsmutter
Benin-Bronze im Ethnologischen Museum in Berlin, 16. Jahrhundert

Das Ethnologische Museum in der Kritik

Bereits der Bau des Forums war äußerst umstritten. Kritiker argumentierten, dass der Wiederaufbau des Schlosses als Versuch zu werten sei, das Rad der Geschichte zurückzudrehen. [15]

Das Konzept des Ethnologischen Museums, das das Forum beherbergt, hat aber noch schärfere Kritik auf sich gezogen. Die Sammlung des Museums besteht aus über 500 000 Objekten aus Afrika, Amerika, Asien, Australien und der Südsee. Etliche Ausstellungstücke stammen aus der Zeit des Kolonialismus, und in vielen [20] Fällen ist ihre Herkunft (= Provenienz) ungeklärt. Viele Exponate sind vermutlich aus den ehemaligen Kolonien geraubt worden; daher spricht man auch von Raubkunst. Besonders die sogenannten Benin-Bronzen, als Herzstück der Ausstellung geplant, sind hoch umstritten. Sie stammen aus dem Königreich Benin, einer vorkolonialen hoch entwickelten Monarchie, deren Hauptstadt im Südwesten des [25] heutigen Nigerias lag. Die Kolonialmacht Großbritannien hat das Reich vernichtet, als es als Konkurrenz in der Region zu mächtig wurde. Zuvor aber wurden die Paläste geplündert. Über Privatpersonen und Auktionshäuser gelangte die Raubkunst so in die europäischen Museen, u. a. auch in das Ethnologische Museum. Yusuf Tuggar, Nigerias Botschafter in Berlin, hat daher einen Tag vor der Eröffnung [30] des Humboldt-Forums 2020 deren Rückgabe gefordert.

Info

Exponate des Humboldt-Forums im Internet

Auf der folgenden Seite könnt ihr euch einen Überblick über die Exponate verschaffen:

https://www.smb.museum/museen-einrichtungen/humboldt-forum/home/

M 5 „Kolonialismus nicht ernst genommen"

Im Folgenden wird das Gespräch mit dem Historiker Jürgen Zimmerer, das die Redakteurin des Deutschlandfunks Gabi Wuttke 2020 führte, zusammengefasst:

„Ich denke, dass man diese Bronzen nicht hergeben will, weil auch lange Zeit kein Unrechtsbewusstsein da war, eine koloniale Amnesie in Deutschland herrschte. Das heißt, man hat den deutschen Kolonialismus nicht ernst genommen." Dabei seien die Benin-Bronzen „ein eindeutiger Fall, [5] wahrscheinlich der berühmteste Fall von kolonialer Beutekunst". Und dass man sie bis heute nicht zurückgeben habe, zeige auch, dass die politische Rhetorik mit der politischen Realität immer weiter auseinanderklaffe. „Die Schlussfolgerung ist, es fehlt der politische Wille, das zu [10] tun."
Vor Jahren schon habe der Historiker gesagt: „Wenn man das Humboldt-Forum eröffnet, ohne dass die Frage der Benin-Bronzen befriedigend geklärt wird, dann richtet man im Grunde die Suchscheinwerfer der Welt auf das Problem [15] koloniale Raubkunst und damit Deutschland in eine sehr wenig vorteilhafte Position." Das räche sich jetzt, weil das Humboldt-Forum jetzt „im Grunde von Anfang an nicht nur mit der Hypothek eines preußischen Disneylands, also dieses Schlosses, behaftet ist, sondern eben auch mit der Un- [20] fähigkeit, diesen großen Wurf zu vollbringen".
Man habe die Chance verpasst, radikal mit der Frage der Dekolonisation umzugehen und zu Beutekunst zurückzugeben. Zimmerer hätte sich gewünscht, „die Benin-Bronzen zu restituieren, dann als Leihgabe aus Nigeria auszustellen [25] und einen Teil des Humboldt-Forums dann Benin-Forum zu nennen". So hätte man das Historische mit einer kritischen Auseinandersetzung verbinden können.

Jürgen Zimmerer, Gabi Wuttke: „Eröffnung des Humboldt Forums: ‚Es fehlt der politische Wille, koloniale Raubkunst zu restituieren'"; in: Deutschlandradio, Köln, 15.12.2020, https://www.deutschlandfunkkultur.de/eroeffnung-des-humboldt-forums-es-fehlt-der-politische.1013.de.html?dram:article_id=489346 [letzter Zugriff: 29.06.2021].

Eine Website erschließen und prüfen

Begriffsklärungen:

Homepage: Eigentlich Bezeichnung für die Startseite einer Webpräsenz. Oft wird der Begriff aber für einen Webauftritt insgesamt verwendet.

Website: Bezeichnung für die gesamte Webpräsenz unter einer Adresse im Word Wide Web (WWW).

Webseite: spezielle Unterseite einer Website

Oft stellt sich erst beim Besuch eines Internetangebots heraus, ob die Website die gewünschte Information liefert oder nicht und ob sie auch seriös und vertrauenswürdig ist. Es gibt keine Kontrollinstanz für die Veröffentlichung von Inhalten im Internet, jeder darf hier seine Meinung kundtun. In vielen Fällen findet man seriöse, umfassende und hochaktuelle Inhalte, doch dafür gibt es keine Garantie. Oft trifft man auch auf unbewusste oder bewusste Fehlinformationen, z. T. auch auf Propaganda.

Folgende Aspekte und Kriterien können bei der Erschließung und Prüfung einer Website helfen:

Betreiber/Herausgeber/Verfasser
- Wer betreibt das Internetangebot? Wer ist für die Website verantwortlich? (Angaben hierzu finden sich im Impressum der Website.)
- Handelt es sich um ein Angebot einer öffentlichen Einrichtung (Behörde, Museum), eines privaten Unternehmens oder einer Privatperson?
- Wer hat den Text/die Seite verfasst?
- Ist der Verfasser vertrauenswürdig?
- Findet sich Werbung auf der Website oder ist sie frei von Werbung?

Adressaten/Zielpublikum
- Für wen/für welches Zielpublikum wurde die Seite geschrieben (z. B. Allgemeinheit, Schüler, Studierende, Wissenschaftler, …)?
- Gibt es Hinweise, die auf das Zielpublikum schließen lassen (Umfang, Schwierigkeitsgrad/Komplexität der Texte, Verwendung von Fachbegriffen und Fremdwörtern, …)?

Aufbau und Gestaltung
- Wie ist die Website aufgebaut und gestaltet?
- Ist der Aufbau übersichtlich und ansprechend?
- Findet man sich auf der Website und ihren Unterseiten zurecht?
- Sind die Texte fehlerfrei?
- Sind Links innerhalb der Website vorhanden? Sind sie sinnvoll angeordnet?

Ausrichtung und Qualität der Inhalte
- Welche Inhalte werden präsentiert?
- Wird nur eine einzige, ggf. einseitige Sichtweise vertreten?
- Werden unüberprüfbare Behauptungen (Stichwort: Verschwörungstheorien) aufgestellt?
- Führen externe Links auf weitere, ergiebige Informationsquellen oder auf eher zweifelhafte Angebote?

Glaubwürdigkeit/Seriosität
- Sind die Inhalte der Website glaubwürdig?
- Gibt es Quellenangaben?
- Wird von anderen Seiten auf die Website verwiesen?

Aktualität
- Von wann sind die Einträge?
- Ist ein Datum für die letzte Aktualisierung vorhanden?
- Sind die Informationen aktuell?

1. **Das Humboldt-Forum in der Kritik** – Medienbildung
   Recherchiert zu der Diskussion über die Ausstellung von Exponaten aus der Kolonialzeit im Humboldt-Forum. Konzentriert euch dabei vor allem auf den Stand der Diskussion um die Benin-Bronzen (M4). Verwendet dafür auch den Trainingskasten auf dieser Seite. Beginnt auf den folgenden Seiten:

   – https://www.humboldtforum.org/de/kolonialismus-und-kolonialitaet/
   – https://www.deutschlandfunkkultur.de/eroeffnung-des-humboldt-forums-es-fehlt-der-politische-100.html

   ↷ M4, M5, Text auf den Seiten 42–44, Trainingskasten auf dieser Seite, Internet

Der „neue Kurs" in der deutschen Außenpolitik

Nach dem Regierungsantritt Wilhelms II. versuchte dieser, auch angestachelt von seinen Beratern, die deutsche Machtpolitik durch seinen „Neuen Kurs" aggressiver zu betreiben. Wie sah dieses Bündnissystem vor dem Ersten Weltkrieg aus? Die folgende Geschichtskarte gibt Auskunft.

M 1 Das europäische Bündnissystem vor dem Ersten Weltkrieg

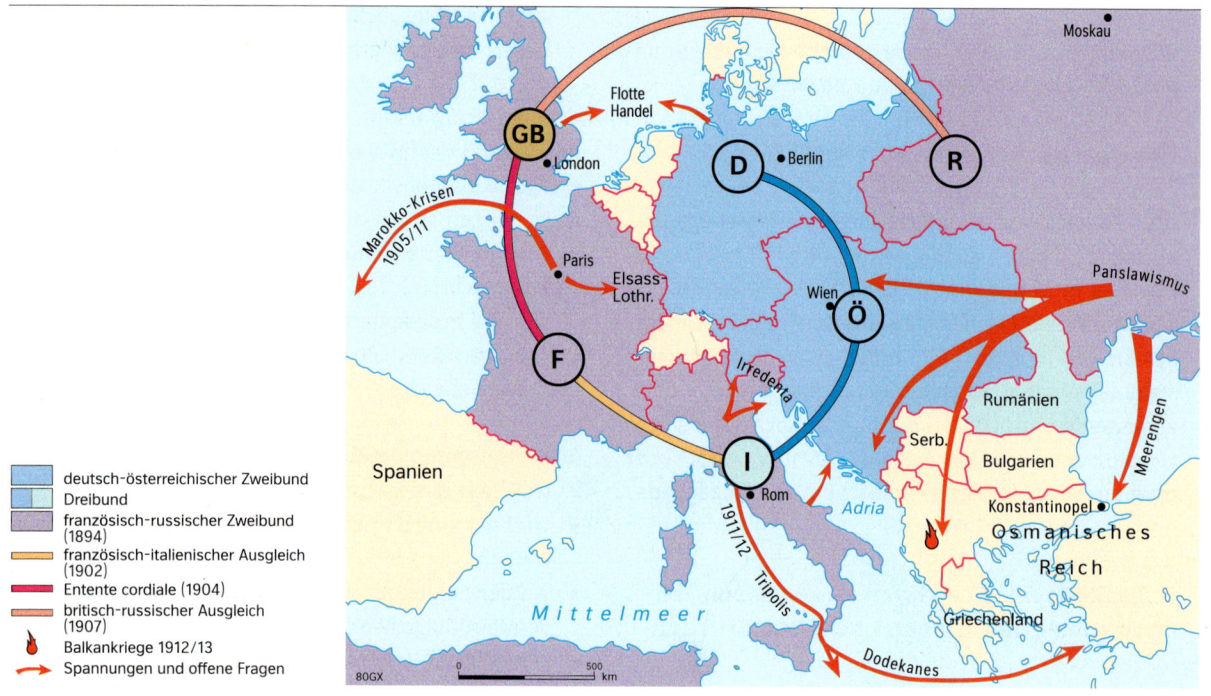

Legende:
- deutsch-österreichischer Zweibund
- Dreibund
- französisch-russischer Zweibund (1894)
- französisch-italienischer Ausgleich (1902)
- Entente cordiale (1904)
- britisch-russischer Ausgleich (1907)
- Balkankriege 1912/13
- Spannungen und offene Fragen

M 2 „Wie sollen wir uns da die Hand geben?"

Karikatur aus der deutschen Zeitschrift „Simplicissimus" zu den Verhandlungen zwischen Deutschland und Großbritannien, 1912

	Groß-britannien	Deutsch-land
1904/05	2	–
1905/06	2	–
1906/07	3	2
1907/08	3	3
1908/09	2	4
1909/10	10	4
1910/11	5	4
1911/12	5	4
1912/13	5	2
1913/14	5	3
Summe	42	26

M 3 Bau von Großkampfschiffen

Der Wechsel in der deutschen Außenpolitik nach 1890

Gemäß den politischen Zielen Wilhelms II. wurde die Kriegsflotte seit 1897 ständig vergrößert. Die neuen Großkampfschiffe sollten Großbritannien zu einem Bündnis mit dem Deutschen Reich oder wenigstens zur Neutralität veranlassen. Die
5 deutsch-britischen Gespräche scheiterten jedoch, da schnell deutlich wurde, dass Wilhelm II. und sein Flottenchef, Großadmiral Alfred von Tirpitz, vom Ausbau der deutschen Kriegsflotte nicht abgehen würden. Dies weckte in Großbritannien das Gefühl einer Bedrohung der eigenen Vorherrschaft zur See.

Zudem wurde der wichtige „Rückversicherungsvertrag" mit Russland nicht
10 verlängert, was den defensiven Charakter der deutschen Außenpolitik beendete. Auch mit der Heeresverstärkung 1913 auf 780 000 Mann machten die verantwortlichen Politiker des Deutschen Reiches klar, dass man bei einem allgemeinen Rüstungswettlauf nicht ins Hintertreffen geraten wollte.

M 4   **Kaiser Wilhelm II.**
Postkarte (Ausschnitt), 1900

15 Die Formierung von zwei Machtblöcken

Vor diesem Hintergrund kam es zu einer Annäherung zwischen Großbritannien und Frankreich. Beide Großmächte einigten sich über eine Abgrenzung ihrer Interessengebiete in Nordafrika und schlossen die sogenannte „Entente cordiale" („herzliche Übereinkunft"). Diese Vereinbarung machte deutlich, dass eine
20 Verständigung zwischen den rivalisierenden Kolonialmächten trotz aller Gegensätze möglich war.

Als schließlich England und Russland 1907 ihre Besitzansprüche in Asien abgrenzten und die „Entente cordiale" zur Triple-Entente erweiterten, wurde Bismarcks Alptraum Wirklichkeit: Deutschlands mögliche Gegner in Ost und West
25 hatten sich angenähert und verbündet.

Auf der anderen Seite waren Deutschland und Österreich-Ungarn Bündnispartner, sodass sich in Europa zwei zunehmend feindlich gesinnte Mächtegruppen gegenüberstanden. Während die Entente-Mächte eine deutsche Vorherrschaft in Europa fürchteten, fühlte sich das Deutsche Reich durch die Allianz
30 Englands, Frankreichs und Russlands eingekreist und bedroht. Die gegenseitigen Ängste führten zu einer immer stärkeren Aufrüstung der Großmächte.

Seit etwa 1890 hatte sich die internationale politische Lage grundlegend gewandelt. Sie war geprägt von verschärften Spannungen zwischen den Staaten Europas. Wegen seiner aggressiven Politik stellte das kaiserliche Deutschland ei-
35 nen für die anderen Mächte schwer einschätzbaren Unruhefaktor dar. Dieser bildete ein wichtiges Element auf dem Weg zum Ersten Weltkrieg, auch wenn an seinem endgültigen Beginn im Sommer 1914 noch andere Ursachen beteiligt waren.

M 5   **Französisch-britische Annäherung**
Britische Karikatur, 1904

Aufgaben

1. Das europäische Bündnissystem vor dem Ersten Weltkrieg – Mit einer Geschichtskarte arbeiten
  a) Erschließe die Geschichtskarte M1. Verwende dafür den Trainingskasten auf Seite 56.
  b) Beurteile die Bündnissituation im Hinblick auf die Stabilität der Beziehungen zwischen den Staaten.
  ⌐ M1, Trainingskasten Seite 56

2. Der Ausbau der deutschen Flotte
  a) Erläutere die Grundprinzipien der deutschen Außenpolitik nach 1890.
  b) Diskutiere mögliche, aus der deutschen Flottenpolitik resultierende Probleme. Berücksichtige dazu auch die Karikaturen M2 und M5.
  ⌐ Text auf dieser Seite, M2, M5

Auf dem Weg zum Ersten Weltkrieg

Aus heutiger Sicht haben die Ereignisse vor 1914 eine andere Bedeutung als für die Zeitgenossinnen und Zeitgenossen. Während diese nicht wussten, dass die weitere Entwicklung in einer militärischen Auseinandersetzung münden würde, erscheint uns heute vieles als Vorgeschichte des Ersten Weltkriegs. So ist im Rückblick auffallend, dass sich nach der Jahrhundertwende die internationalen Krisen häuften. Zum einen brachte die Aufteilung der Welt zwischen den imperialistischen Mächten Konflikte mit sich, wobei es insbesondere um Marokko Auseinandersetzungen gab. Zum anderen gab es innerhalb Europas Spannungen. Hier erwies sich die Situation am Balkan als besonders explosiv. Welche Bedeutung hatten diese Gebiete am Rande Europas?

M 1 „The Boiling Cauldron" („Der Dampfkessel")

Englische Karikatur aus „Punch", 2. Oktober 1912.

Auf dem Kessel steht: „Balkan Troubles" („Unruhen auf dem Balkan").

Dargestellte Personen auf dem Deckel (von links): russischer Zar, John Bull als Symbol Englands, Deutscher Kaiser, Soldat in französischer Uniform, Kaiser von Österreich-Ungarn

Der Krisenherd auf dem Balkan

Ebenso wie heute lebte damals auf dem Balkan eine Vielzahl von Völkern, z.B.
Kroaten, Serben, Bulgaren, Albaner, Mazedonier. Ihr Streben nach nationaler Unabhängigkeit bedrohte zwei Vielvölkerstaaten, die bis 1914 den Balkan beherrsch-
5 ten: Das Osmanische Reich und Österreich-Ungarn. Neben Rumänien, Montenegro und Bulgarien hatte auch Serbien die Unabhängigkeit vom Osmanischen
Reich erhalten. Die Forderungen reichten aber weiter: Die Sammlungsbewegung
des sogenannten Panslawismus wollte alle Slawen auf dem Balkan in einem eigenen Staat vereinen. Dies gefährdete den Bestand Österreich-Ungarns. Hinzu kam,
10 dass auch Russland Interessen auf dem Balkan besaß: Es sah sich als Schutzherr
der Sammlungsbewegung aller Slawen, wollte aber auch den Bosporus und die
Dardanellen, also die Verbindung zwischen Schwarzem Meer und Mittelmeer,
unter seine Kontrolle bringen. England befürchtete, dass der erstarkte russische
Einfluss auf dem Balkan seine Stellung im Mittelmeer und das europäische Gleich-
15 gewicht gefährdete.

M 2 Der Balkan 1913

Balkankrieg von 1912

1912 kam es zum offenen Krieg, als Serbien, Griechenland, Montenegro und Bulgarien das Osmanische Reich angriffen. Binnen kürzester Zeit verlor dieses fast
20 seine gesamten europäischen Besitzungen. Die Balkanstaaten stritten jedoch im
Anschluss über die Verteilung der eroberten Gebiete. Dies führte noch im selben
Jahr zum Zweiten Balkankrieg. Im Frieden von Bukarest, der den Krieg beendete,
verlor Bulgarien einen Großteil seiner Gewinne aus dem Ersten Balkankrieg. Aus
den Konflikten ging vor allem Serbien gestärkt hervor. Da Österreich-Ungarn 1908
25 Bosnien und Herzegowina annektiert hatte, empfand man sich von einer Fremdherrschaft bedrückt. Besonders serbische Nationalisten strebten nach deren Ab-
schüttelung. Die Konflikte auf dem Balkan wurden schließlich Auslöser für den
Ersten Weltkrieg.

Training

Erklärung des Operators „Beschreiben"

Du sollst die Einzelheiten eines Bildes oder einer Grafik
genau und ausführlich wiedergeben, sodass ein anderer
es verstehen und nachvollziehen kann.

Für die Orientierung auf dem Bild
*oben, unten, auf der rechten/linken Seite/Bildhälfte/
Bildrand, links/rechts von, neben, im Vordergrund/vorne,
im Hintergrund/hinten, im Zentrum/zentral, in der Mitte,
an der/auf der Oberfläche …*

Formulierungshilfen
*Ich sehe … /… nehme … wahr … / … erkenne …
Man sieht/erkennt …
Das Bild/Gemälde/Foto zeigt … / stellt dar … /
Auf dem Bild ist … zu sehen / wird … dargestellt /
ist … abgebildet / wird … gezeigt*

**Für die Verknüpfung deiner Aussage bei der Beschrei-
bung eines Bildes**
*zunächst, dann, außerdem, des Weiteren, weiterhin,
ebenfalls, zusätzlich, abschließend, zum Schluss …*

Aufgaben

1. **Der Krisenherd auf dem Balkan**
   a) Beschreibe die Karikatur M1. Achte insbesondere
   auf die Darstellung der einzelnen Staaten und verwende dafür den Trainingskasten auf dieser Seite.
   b) Stelle auf Grundlage der Karikatur M1 Vermutungen
   an über die politische Situation und das Handeln
   der dargestellten Mächte auf dem Balkan.

   c) Überprüfe deine Vermutungen mithilfe des Textes
   auf dieser Seite. Berücksichtige insbesondere die
   Interessen Russlands und Österreich-Ungarns in
   dieser Region.
   d) Weise nach, dass das Handeln der Großmächte die
   Situation auf dem Balkan verschärfte.
   M1, Text auf dieser Seite, M2

Der Ausbruch des Ersten Weltkrieges

Am 28. Juni 1914 erschoss ein serbischer Attentäter den österreichischen Thronfolger Franz Ferdinand und seine Frau Sophie während ihrer Fahrt durch die bosnische Hauptstadt Sarajewo. Dieses Gebiet war seit 1908 ein Teil von Österreich-Ungarn, was auf den Widerstand anderer Mächte und der serbischen Bevölkerung stieß. Der Plan Franz Ferdinands, den Slawen im Habsburgerreich mehr Selbstständigkeit zu gewähren, hatte unter den Nationalisten Serbiens Hass hervorgerufen: Sie träumten von einem eigenen Großreich und bekämpften den Vielvölkerstaat. Das Attentat von Sarajewo bot der österreichischen Regierung zwar einen Anlass gegen Serbien vorzugehen, doch schien sich zunächst nur eine der üblichen politischen Krisen anzubahnen. Im Juli 1914 verschärfte sich aber die politische Lage und im August 1914 befanden sich die Großmächte bereits im Krieg.

Um zu verstehen, warum es zum Krieg kam, ist es hilfreich, zwischen Anlass und Ursachen zu unterscheiden.

M 1 „Die Ermordung des österreich-ungarischen Thronfolgers Erzherzog Franz Ferdinand und seiner Gattin durch Gavrilo Princip (am 28. Juni 1914) in Sarajewo"

Titelblatt aus „Le Petit Journal", 12. Juli 1914

Die Julikrise

In Wien herrschte zunächst keine einheitliche Meinung über die weitere Vorgehensweise. Während die militärische Führung ein sofortiges gewaltsames Eingreifen befürwortete, befürchteten manche Politiker eine Einmischung Russlands,
5 das eigene Interessen auf dem Balkan verfolgte. Es unterstützte panslawistische (= alle Slawen umfassende) Bestrebungen mit dem Ziel, ein slawisches Großreich unter russischer Vorherrschaft zu errichten. Vieles hing davon ab, ob Österreich-Ungarn Rückendeckung von Deutschland erhalten würde.

Da das Deutsche Reich Russlands militärische Stärke fürchtete und ein Interesse
10 esse an der Erhaltung der Habsburger Monarchie als einzigem Bündnispartner hatte, sagte Wilhelm II. dem österreichischen Kaiser Franz Joseph am 6. Juli unbedingte Bündnistreue zu. Dieser sogenannte „Blankoscheck" ermutigte die Regierung in Wien, Serbien am 23. Juli ein Ultimatum zu überreichen, das auf 48 Stunden befristet war. Es forderte unter anderem, dass Österreich an der Verfolgung,
15 Verhaftung und Bestrafung der Attentäter beteiligt sein sollte. Dies hätte einen Eingriff in die inneren Angelegenheiten Serbiens und eine Verletzung seiner Souveränität bedeutet und war daher unannehmbar.

Großbritannien versuchte den Konflikt zu entschärfen, machte aber erst sehr spät deutlich, dass es im Kriegsfall an der Seite Russlands und Frankreichs stehen
20 würde. Trotz dieser Versuche bestanden die Spannungen fort und verschärften sich weiter. Schließlich erklärte Österreich-Ungarn am 28. Juli 1914 Serbien den Krieg.

Der Weltkrieg beginnt und die Frage nach der Schuld

Versuche der deutschen Regierung, den Bündnispartner Österreich-Ungarn zu
25 bremsen, kamen zu spät. Am 30. Juli begann Russland mit der Mobilmachung, d.h. mit der Vorbereitung der Streitkräfte auf den vermutlich bevorstehenden Krieg. Deutschland forderte mit einem Ultimatum die sofortige Einstellung und ordnete am 1. August (gleichzeitig mit Frankreich) ebenfalls die Mobilmachung an. Letzte Versuche Kaiser Wilhelms, durch persönliche Telegramme an die mit
30 ihm verwandten Herrscher Englands und Russlands eine Begrenzung des Kriegs zu erreichen, blieben erfolglos. Der Mechanismus der Bündnisse setzte sich in Bewegung und nach der deutschen Kriegserklärung an Frankreich am 3. August und dem deutschen Einmarsch in Belgien folgten gegenseitige Kriegserklärungen, die Militärmaschinerie rollte. Binnen weniger Tage, ja Stunden, befanden sich die
35 größten europäischen Mächte im Krieg.

Die Frage, wer für den Ausbruch des Ersten Weltkriegs verantwortlich sei, war bereits 1914 umstritten und erregte in der Folgezeit immer wieder die Gemüter. Die Antworten reichten von eindeutigen Schuldzuweisungen an einzelne Staaten bis hin zu der Aussage, alle Mächte seien mehr oder weniger unbeabsichtigt in den
40 Krieg hineingeraten. Viele Historikerinnen und Historiker gehen von einer besonderen Schuld Deutschlands und der Habsburger Monarchie aus. Entscheidend für eine Beurteilung ist, wie man das Verhalten der Staaten in der Julikrise bewertet.

M 2 „Ich habe den Krieg nicht gewollt!"
Deutsche Postkarte, 1914

Aufgaben

1. Der Beginn des Ersten Weltkrieges

a) Erläutere den Zusammenhang zwischen dem Attentat vom 28. Juni 1914 in Sarajewo und dem Ausbruch des Ersten Weltkrieges.

b) Stelle auf der Grundlage deiner Kenntnisse über den Imperialismus, über die deutsche Außenpolitik vor 1914 sowie über die Balkankrisen vor 1914 mögliche Ursachen für den Kriegsausbruch zusammen. Überprüfe diese anhand der Materialien auf den beiden folgenden Seiten.

⌒ M1, Text auf dieser Seite, folgende Doppelseite

Der Erste Weltkrieg – Anlass, Ursachen und das Handeln der Akteure

M 3   Grafik: Anlass und Ursachen des Ersten Weltkrieges

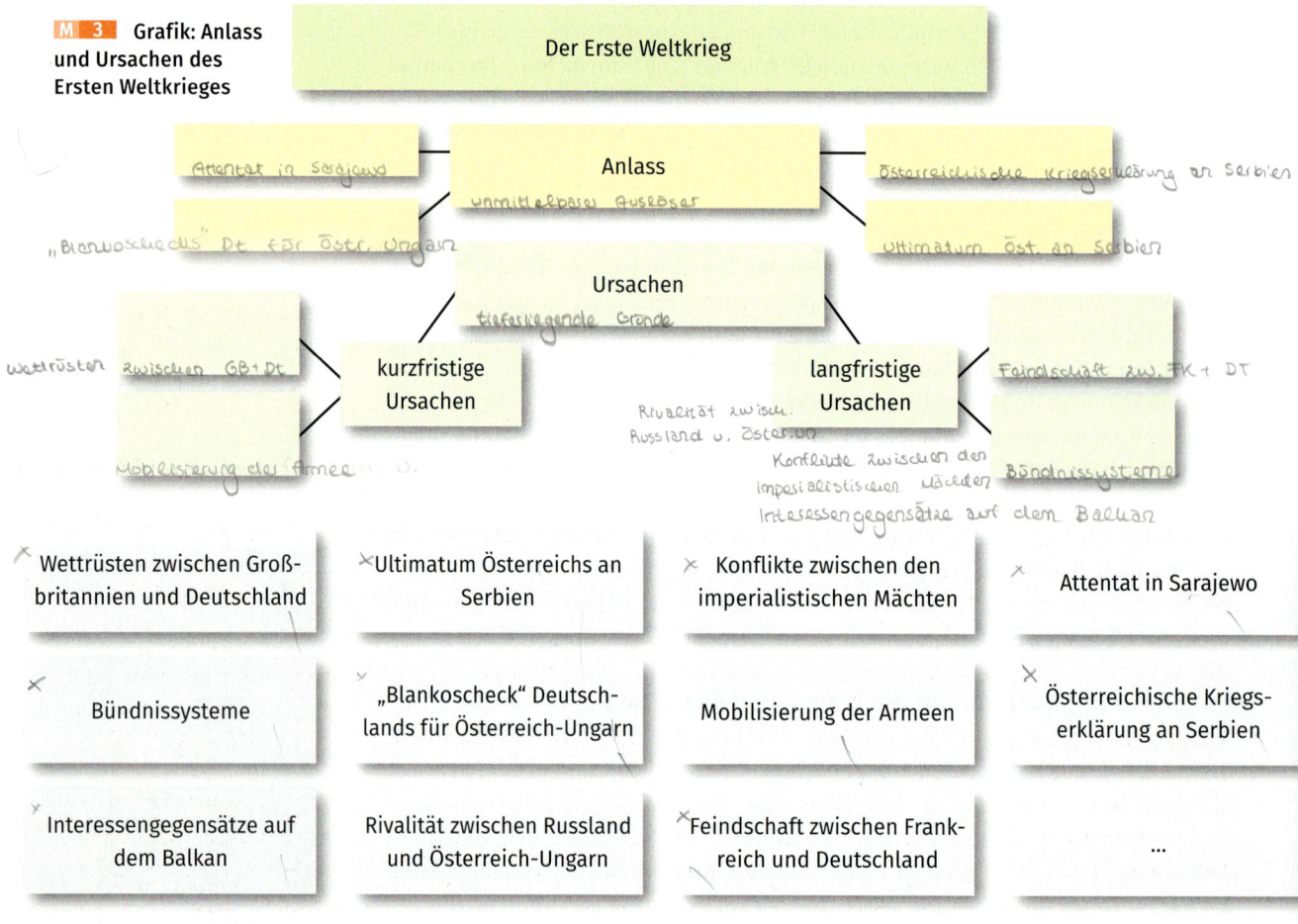

M 4   Eine Auswahl an möglichen Anlässen und Ursachen für den Ersten Weltkrieg

Aufgaben

1. Anlass und Ursachen des Ersten Weltkriegs

Es wird bei geschichtlichen Ereignissen oft zwischen dem Anlass, d. h. dem unmittelbaren Auslöser, und den Ursachen, d. h. den tiefer liegenden Gründen, unterschieden. Letztere lassen sich in kurzfristige, die erst seit kurzem bestehen, und langfristige, die weiter zurückreichen, unterscheiden.

a) Übertrage die Grafik M3 in dein Heft. (Lass unter dem Anlass und den kurzfristigen und langfristigen Ursachen Platz für Eintragungen.)

b) Ordne die genannten Ereignisse (M4) richtig zu.

c) Ergänze gegebenenfalls weitere Ereignisse.
   ⌒ M3, M4

2. Das Handeln der Akteure in der Julikrise

a) Fertige auf Grundlage des Textes auf Seite 51 eine Zeitleiste zur Julikrise an.

b) Die Darstellung von Gerhard Henke-Bockschatz (M5) skizziert das Handeln und wichtige Motive der beteiligten Staaten in der Julikrise 1914: Deutschland, Österreich-Ungarn, Serbien, Russland, Frankreich und Großbritannien. Notiere in deiner Zeitleiste das Handeln und die Motive der beteiligten Staaten.

c) Gib die Position von Christopher Clark (M6) mit eigenen Worten wieder.

d) In beiden Darstellungen geht es auch um die Verantwortung für den Ausbruch des Krieges. Formuliere die beiden Positionen jeweils in einem Satz: „Christopher Clark behauptet im Hinblick auf den Ausbruch des Krieges: …". „Gerhard Henke-Bockschatz behauptet im Hinblick auf den Ausbruch des Krieges: …"

e) Beurteile abschließend das Handeln der beteiligten Staaten im Hinblick auf beabsichtigte und unbeabsichtigte Folgen.
   ⌒ Text auf Seite 51, M5, M6

Das Handeln der Akteure – Historikertexte analysieren

M 5   **Die Julikrise**

Der Historiker Gerhard Henke-Bockschatz lehrte an der Universität in Frankfurt am Main. Er schreibt über das Handeln der beteiligten Staaten in der Julikrise (2014):

Mit Blick auf das unmittelbare Geschehen im Juli 1914 kommt gewiss der deutschen Politik entscheidende Bedeutung zu, weil Österreich-Ungarn ohne die Unterstützung und ohne das Drängen aus Berlin den Konflikt mit Serbien
5 höchstwahrscheinlich nicht derartig rücksichtslos gegen die russischen Interessen eskaliert hätte. Wie sich allerdings Frankreich und England auf das Geschehen bezogen, legt zumindest den Verdacht nahe, dass ein kontinentaleuropäischer Krieg auch ihnen in ihr außenpolitisches Kal-
10 kül [= Berechnung] passte. So hätte etwa ein frühzeitiges und unmissverständliches Signal aus England, dass man an der Seite Frankreichs und Russlands in den Krieg eintreten werde, das Deutsche Reich davon abbringen können, mit einer neutralen Haltung der Briten zu rechnen. Wenn sich
15 der Blick hingegen auf den schon lange schwelenden „Krisenherd" Balkan richtet, so tritt der von eigenen Machtinteressen bestimmte Umgang der beiden Großmächte Österreich-Ungarn und Russland mit den slawischen Völkern in den Vordergrund. Beide wollten von dem
20 Machtzerfall des Osmanischen Reiches auf dem Balkan profitieren, aus panslawistischen Erwägungen, aus Gründen territorialer Expansion oder zwecks Verhinderung zu großer neuer Staaten in ihrer Nachbarschaft. […]
Das Attentat von Sarajewo wurde von der deutschen Regie-
25 rung als eine Gelegenheit betrachtet, um sich zu einem von ihr noch als günstig betrachteten Zeitpunkt aus einer außenpolitischen Defensive zu befreien, in die sie in den Jahren und Jahrzehnten vorher geraten war. Theobald von Bethmann Hollweg, der Reichskanzler, und Gottlieb von Ja-
30 gow, der Staatssekretär des Äußeren, glaubten, das Attentat von Sarajewo benutzen zu können, um den Zusammenhalt der deutschen Gegner diplomatisch zu sprengen. Für den Fall eines Misslingens dieser Strategie gingen sie das Risiko eines Krieges bewusst ein. Hierin liegt „die initiierende
35 [=anfängliche] Verantwortung des Deutschen Reiches für den Verlauf der Julikrise und den Ausbruch des Ersten Weltkrieges" [Zitat des Historikers Klaus Hildebrandt].
Das politisch-strategische Denken in Berlin war von einer gewissen Jetzt-oder-nie-Mentalität bestimmt. Man hielt in
40 fatalistischer [= schicksalhaft unausweichlicher] Manier [=Art] einen großen Krieg zwischen den europäischen Kon-

tinentalmächten für unumgänglich und setzte sich selbst unter einen verhängnisvollen Zeitdruck, weil man den entscheidenden militärischen Erfolg durch ein möglichst schnelles und massives Losschlagen erzielen wollte. 45

Gerhard Henke-Bockschatz, Der Erste Weltkrieg. Eine kurze Geschichte, Stuttgart: Reclam 2014, S. 30 ff.

M 6   **„Die Schlafwandler"**

Der australische Historiker Christopher Clark (geb. 1960) lehrt Moderne Europäische Geschichte an der Universität Cambridge. Sein Buch „Die Schlafwandler" (2013) wurde in Deutschland ein Bestseller:

Der Kriegsausbruch von 1914 ist kein Agatha-Christie-Thriller, an dessen Ende wir den Schuldigen […] über einen Leichnam gebeugt auf frischer Tat ertappen. In dieser Geschichte gibt es keine Tatwaffe als unwiderlegbaren Beweis, oder genauer: Es gibt sie in der Hand jedes einzelnen 5 wichtigen Akteurs. So gesehen, war der Kriegsausbruch eine Tragödie, kein Verbrechen. Wenn man dies anerkennt, so heißt das keineswegs, dass wir die kriegerische und imperialistische Paranoia [Wahnvorstellungen] der österreichischen und deutschen Politiker kleinreden sollten […]. 10 Aber die Deutschen waren nicht die einzigen Imperialisten, geschweige denn die einzigen, die unter einer Art Paranoia litten. Die Krise, die im Jahr 1914 zum Krieg führte, war die Frucht einer gemeinsamen politischen Kultur. […]
So gesehen waren die Protagonisten von 1914 Schlafwand- 15 ler – wachsam, aber blind, von Albträumen geplagt, aber unfähig, die Realität der Gräuel zu erkennen, die sie in Kürze in die Welt setzen sollten.

Christopher Clark, Die Schlafwandler. Wie Europa in den Ersten Weltkrieg zog (übers. v. Norbert Juraschitz), München: DVA 2013, S. 715 – 718.

Krieg in Europa und in der Welt

🖥 WES-115460-202
Film über den Beginn des
Ersten Weltkriegs

Nach Kriegsausbruch erfasst eine Woge nationaler Begeisterung Teile der Bevölkerungen in den Staaten Europas. Jedoch gab es auch im deutschen Kaiserreich keine einheitliche und umfassende Kriegseuphorie, da viele Menschen auch mit Sorgen und Ängsten in die nahe Zukunft blickten. Auch war der Krieg nicht so schnell zu Ende wie erwartet. Je länger der Krieg andauerte, umso größer wurde die Kriegsmüdigkeit der Bevölkerung.

M 1   **Kriegsbegeisterte Jugendliche in Berlin,** Foto, 1. August 1914

M 2   **Reaktionen bei Kriegsbeginn**

a) Die Ausrufung des Kriegszustands führte in Deutschland zu unterschiedlichen Reaktionen. Die sozialdemokratische „Volkszeitung" aus Düsseldorf schreibt (31. Juli 1914):

In ganz ungeheuerlicher, unglaublicher Weise ist in den letzten Tagen die Bevölkerung planmäßig in eine Aufregung hineingehetzt worden, die zur Besinnungslosigkeit führt, führen soll, um die Volksmassen den Plänen gewisser Krei-
5 se gefügig zu machen. Mit gewissenlosen Hetzartikeln und erlogenen Nachrichten wird versucht, dem Volke die Meinung beizubringen, als ob es jeden Tag von Russland und Frankreich mit Krieg überzogen werden könnte. Dadurch soll die Bevölkerung hier in Deutschland in eine Kriegs-
10 stimmung hineingehetzt werden.

Volkszeitung Düsseldorf, 31.07.1914, S. 1.

b) Tagebuchnotiz eines Bremer Sozialdemokraten (1. August 1914):

Der ganze Bahnhof voll von Menschen. Die katzenjämmerlichste Stimmung herrschte, die ich je erlebt habe. Mütter, Frauen und Bräute und die übrigen Angehörigen bringen die jungen Männer zum Zuge und weinen. Alle haben das
5 Gefühl: es geht direkt zur Schlachtbank. […]

Auf dem Bahnhof spielen sich unangenehme Abschiedsszenen ab. Die alte Mutter umarmt ihren Sohn, und beide verharren lange Zeit in dieser Stellung. Abfahrt.

Zit. nach: Wilhelm Eildermann (Hg.), Jugend im ersten Weltkrieg. Tagebücher, Briefe, Erinnerungen, Berlin: Dietz 1972, S. 61f.

c) Die regierungsnahe Presse berichtet aus Berlin (6. August 1914):

Was sich vom 30. Juli bis heute [6. August] in Berlin abspielte, ist eine Offenbarung des starken nationalen Empfindens, das in unserem Volke lebt. […] Wer die Massen in den Straßen Berlins gesehen hat, wer fortgerissen mit ihnen marschierte, der wird Eindrücke bekommen haben, die sich 5 ihm bis an das Lebensende nicht verwischen werden. […] Welch ein großer Tag war das! Die Erregung stieg zu einer nicht beschreibbaren Höhe an. […]
Man war brüderlich; der Arbeiter, der in der Bluse barhäuptig die Fahne trug, der Akademiker, der neben ihm schritt, 10 Kaufleute, Wandervogelscharen [in Vereinen organisierte Jugendliche] , Studenten […], Soldaten, die, zum Teil schon in der grauen Felduniform, sich singend in die Reihen der Marschierenden eingegliedert hatten. Oft ging man Arm in Arm, in Reihen zu 30 und 40 Menschen. 15

Norddeutsche Allgemeine Zeitung, 06.08.1914, S. 1.

Kriegsbegeisterung und „Burgfrieden"

Bei Kriegsbeginn gab es in der Bevölkerung neben Kriegsbegeisterung auch Kriegsangst. Offiziell wurde die Auseinandersetzung als Verteidigungskrieg dargestellt: Das eigene Land trage keine Schuld am Krieg. Sogar die Arbeiterparteien, die die
5 Politik der Regierungen heftig kritisiert und Frieden sowie internationale Verständigung gefordert hatten, schlossen sich den nationalen Kriegsanstrengungen an. Auch die deutschen Sozialdemokraten stimmten im Reichstag der Bewilligung von Kriegskrediten zur Finanzierung des Krieges zu. Die Bereitschaft, angesichts der gefährlichen Lage auf innenpolitische Auseinandersetzungen zu verzichten,
10 wurde als „Burgfrieden" bezeichnet.

Krieg in Europa

Ein vom Generalfeldmarschall Schlieffen 1905 entwickelter Plan sah vor, Frankreich innerhalb weniger Wochen rasch zu besiegen, bevor englische Truppen zur
15 Unterstützung der französischen Armee eintreffen konnten. Nach Niederwerfung der Gegner im Westen sollten die Truppen die schwachen Kräfte an der Ostgrenze verstärken und gemeinsam mit der österreichischen Armee Russland in die Knie zwingen. Der russischen Armee unterstellte man in der deutschen Armeeführung, dass sie von der Mobilmachung bis zur Kampfbereitschaft mindestens sechs Wo-
20 chen Zeit bräuchte. Zur Durchführung des Schlieffenplans war es erforderlich, dass die deutschen Streitkräfte durch das neutrale Belgien und Luxemburg nach Frankreich vorstießen. Der deutsche Angriff im Westen kam nach Anfangserfolgen jedoch bereits in der Schlacht an der Marne Anfang September 1914, also schon nach vier Wochen, zum Stehen. Die Front erstarrte entlang einer Linie, die von der
25 Nordsee bis zur Schweizer Grenze verlief, und veränderte sich in den folgenden Jahren nicht wesentlich. Beide Seiten hatten sich in einem System von Schützengräben verschanzt, die jeden Vorstoß vereitelten. Der Bewegungskrieg war zum Stellungskrieg geworden.

Im Osten gelang es der deutschen Armee unter den Generälen Hindenburg
30 und Ludendorff, die russischen Truppen bei Tannenberg zu schlagen und die Front zu stabilisieren. Die österreichisch-ungarische Armee war jedoch durch Niederlagen so geschwächt, dass sie zunehmend deutscher Unterstützung bedurfte. Auch hier kam es in der Folgezeit zu keinen großen Veränderungen.

Der Seekrieg

35 Die überlegene britische Flotte sperrte den Ausgang der Nordsee und den Ärmelkanal und schnitt die Mittelmächte durch eine Blockade von überseeischem Nachschub ab. Die deutsche Hochseeflotte, in die man große Hoffnungen gesetzt

M 3 **Soldatenabschied**
Fotografie, Paris, August 1914

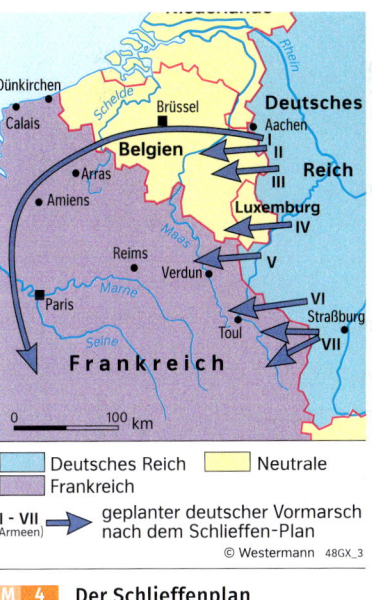

Deutsches Reich   Neutrale
Frankreich
I - VII   geplanter deutscher Vormarsch
(Armeen)   nach dem Schlieffen-Plan
© Westermann 48GX_3

M 4 **Der Schlieffenplan**

Aufgaben

1. **„Augusterlebnis" – Quellen vergleichen und Perspektiven erkennen**
   a) Untersuche die vier Quellen (M1 und M2) in Bezug auf Autorenschaft, Adressaten, Publikationsform, unmittelbaren historischen Kontext, Wirkungsabsicht.

   b) Erläutere, welche Haltung zum Kriegsausbruch in den drei schriftlichen Quellen (M2) jeweils eingenommen bzw. deutlich wird. Berücksichtige dabei insbesondere die sprachliche Gestaltung der Aussagen.

   c) Überprüfe die Aussage: „Im August 1914 herrschte in Deutschland eine allgemeine Kriegsbegeisterung."

⌒ M1–M2, Text auf dieser Seite

hatte, griff nur einmal, im Mai 1916, ins Kriegsgeschehen ein. In der Schlacht am Skagerrak vor der dänischen Küste fügte sie der englischen Flotte zwar erhebliche [40] Verluste zu, konnte die englische Blockade jedoch nicht durchbrechen. Die Hoffnung der deutschen Generäle ruhte nun trotz der damit verbundenen Gefahr eines Kriegseintritts der USA auf dem uneingeschränkten Einsatz von Unterseebooten.

[45]

Kriegserfahrung an der Front

Im August 1914 hatten sich viele junge Männer freiwillig zum „Dienst für das Vaterland" gemeldet. Als die Soldaten an die Front kamen, trugen hohe Verluste und das Grauen des Kriegs zur Ernüchterung bei. Die jeden Tag lauernde tödliche Bedrohung sowie Hunger und Erschöpfung bestimmten den Alltag des Frontsol- [50] daten.

Versuche, Bewegung in den Stellungskrieg der Westfront zu bringen, blieben erfolglos. Sie scheiterten unter großen Verlusten in Minensperren und Drahtverhauen und unter dem Maschinengewehrfeuer aus tief gestaffelten Grabensystemen. Auch der Einsatz immer stärkerer Artillerie brachte keine Entscheidung in [55] diesen Materialschlachten. In der Schlacht von Verdun Anfang 1916 versuchte die deutsche Heeresleitung, dem Krieg eine entscheidende Wende zu geben. Granaten aus Tausenden Geschützen verwandelten das Kampfgebiet in eine Mondlandschaft, über 300 000 Soldaten fanden den Tod. Doch führte die „Hölle von Verdun" zu keinem Ergebnis. [60]

Ein globaler Krieg

Die Ursprünge des Weltkrieges lagen in Europa, und hier fanden auch die verlustreichsten Schlachten des Krieges statt. Da viele der beteiligten europäischen Staaten imperiale Mächte waren, wurde der Krieg jedoch auch im Nahen Osten, in [65] Afrika und in Ostasien geführt.

M 5 **Deutscher Schützengraben bei Verdun**
Foto, 1916

Erschließung von Geschichtskarten

Geschichtskarten stellen Räume dar. Diese werden verkleinert abgebildet, worüber die Maßstabsleiste Aufschluss gibt. Sie stellt das Verhältnis zwischen den Entfernungen in der Realität und der Darstellung auf der Karte dar. Aus Geschichtskarten lassen sich, je nach Gestaltung, verschiedene Informationen entnehmen, z. B. politische, wirtschaftliche, soziale oder kulturelle.

Eine Karte besteht aus verschiedenen Elementen:
- dem Kartenausschnitt, der den Raum darstellt,
- dem Titel, der das Thema der Karte nennt,
- der Legende, die die Symbole erklärt und Angaben zum Maßstab enthält.

Bei der Erschließung von Karten kann man so vorgehen:

1. Das Thema der Karte erschließen.
Erläutere mithilfe des Titels, was auf der Karte dargestellt ist.
2. Die auf der Karte dargestellten Räume beschreiben.
Beschreibe, welche Gebiete auf der Karte dargestellt sind (Orte, Flüsse, Gebirge usw.).
3. Die Legende der Karte entschlüsseln.
Erkläre die in der Legende verwendeten Symbole, Linien und Farben.
4. Die in der Karte dargestellte Situation bzw. die Situationen zeitlich einordnen.
Bestimme, welche Zeitpunkte bzw. Zeiträume in der Karte dargestellt werden.
5. Die Informationen, die die Karte enthält, zusammenfassend erklären.

Krieg in Europa – Eine Geschichtskarte erschließen

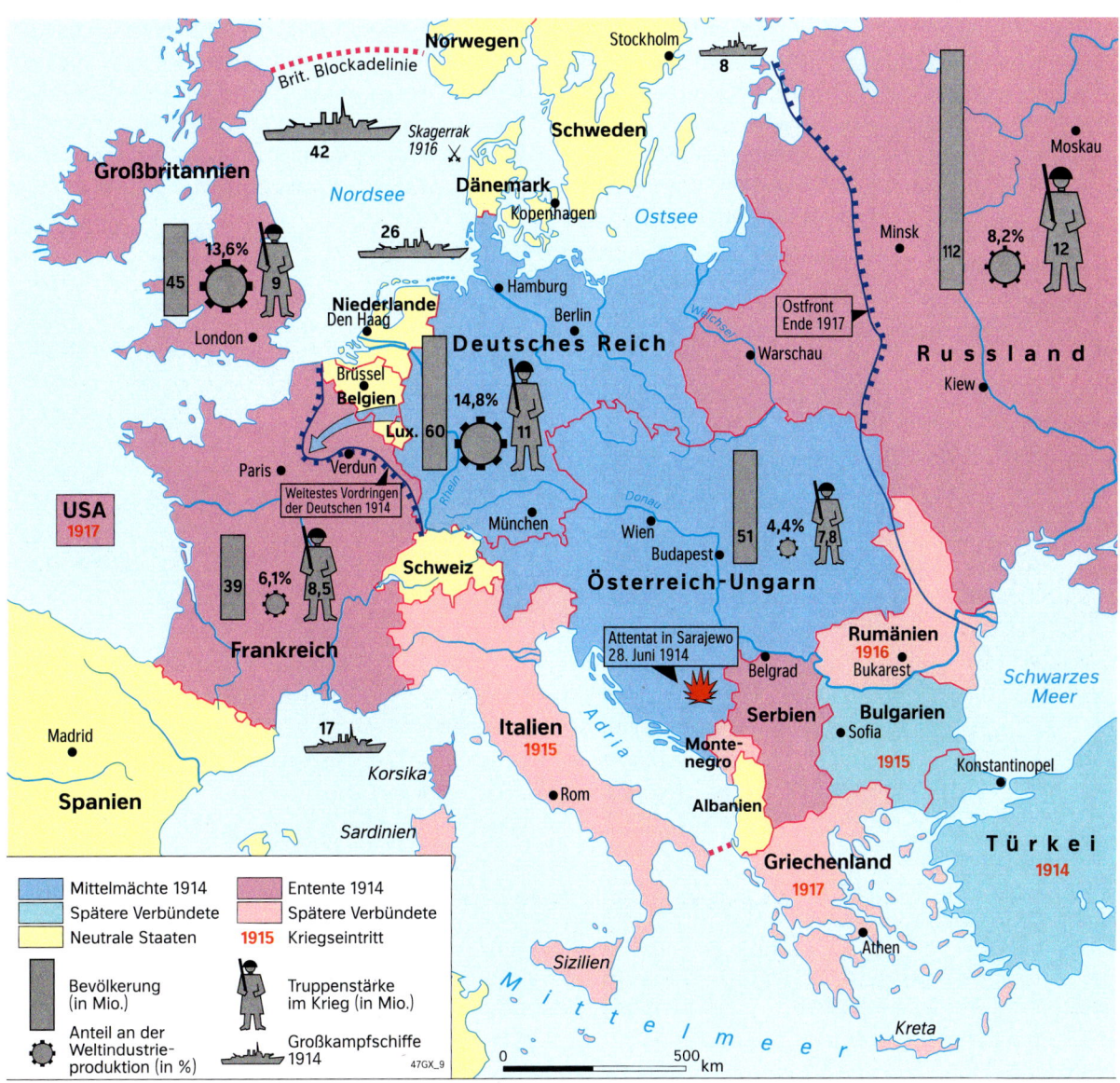

Norwegen
Stockholm
8
Brit. Blockadelinie

Schweden

42 · Skagerrak 1916

Großbritannien
Nordsee
Dänemark
Kopenhagen
Ostsee
Minsk
112 · 8,2%
Moskau
12

26
Hamburg
Berlin
Warschau
Ostfront Ende 1917
Russland
Kiew

45 · 13,6% · **9**
London

Niederlande
Den Haag
Brüssel
Belgien
Lux.
Deutsches Reich
60 · 14,8% · **11**

USA
1917
Paris · Verdun
Weitestes Vordringen der Deutschen 1914
München
Wien
Budapest
Österreich-Ungarn
51 · 4,4% · **7,8**

39 · 6,1% · **8,5**
Schweiz

Frankreich
Attentat in Sarajewo 28. Juni 1914
Belgrad
Rumänien
1916
Bukarest
Schwarzes Meer

17
Italien
1915
Montenegro
Serbien
Bulgarien
Sofia
1915
Konstantinopel

Madrid
Korsika
Rom
Albanien

Spanien
Sardinien
Griechenland
1917
Athen
Türkei
1914

Mittelmächte 1914		Entente 1914	
Spätere Verbündete		Spätere Verbündete	
Neutrale Staaten		**1915** Kriegseintritt	

Bevölkerung (in Mio.)
Anteil an der Weltindustrie-produktion (in %)
Truppenstärke im Krieg (in Mio.)
Großkampfschiffe 1914

47GX_9

0   500 km

Sizilien
Mittelmeer
Kreta

M 6   Europa im Ersten Weltkrieg

1. Krieg in Europa – Eine Geschichtskarte erschließen

a) Erschließe die Karte M6. Verwende dafür den Trainingskasten auf Seite 56.

b) Beurteile anhand der Karte M6 das militärische und wirtschaftliche Kräfteverhältnis zwischen den beiden Kriegsgegnern.

c) Erarbeite mithilfe der Geschichtskarte M6 wichtige Einschnitte im Kriegsverlauf.

⌁ M6, Text auf den Seiten 55–56, Trainingskasten auf Seite 56

Eine neue Dimension des Krieges

🖥 WES-115460-203
Film über den Stellungskrieg

Im August 1914 zogen die meisten Soldaten aller kriegsführenden Nationen in Erwartung eines schnellen Sieges in den Krieg. Doch bereits nach wenigen Monaten kämpften sie in einem veränderten, einem „modernen Krieg". Die technischen Entwicklungen und ihre Auswirkungen auf die Kriegsführung, die sich bereits in den vergangenen Kriegen des 19. Jahrhunderts angedeutet hatten, trafen den einzelnen Soldaten nun mit voller Wucht: Der Krieg des Industriezeitalters war auf den Schlachtfeldern Europas angekommen.

M 1 Französische Soldaten im Schützengraben

Lothringen, Foto, Juni 1915

M 2 Deutsche Soldaten im Schützengraben

Nordfrankreich, Foto, um 1916

M 3 Im Sumpf steckengebliebener britischer „Tank"

Auf einem Schlachtfeld bei Ypern in Flandern, Foto, März 1918 („Tank" = gepanzertes und bewaffnetes Kettenfahrzeug, Panzer)

Ein moderner Krieg

Bereits zu Beginn des Ersten Weltkriegs zeigte sich, dass die Angriffe der Infanterie an der Westfront im dichten Kugelhagel der Maschinengewehre des Gegners verlustreich stecken blieben. Der erwartete schnelle Sieg blieb aus und der Bewe-
5 gungskrieg endete. Die Soldaten gruben sich auf beiden Seiten der Front ein. Die zunächst einfachen Schützengräben wuchsen bis zum Kriegsende 1918 zu weitverzweigten Stellungssystemen mit Stacheldraht, Minen, Verbindungsgräben, Stollen und Tunnel, Unterständen, Munitionslagern und Reservegräben an. Zwischen den feindlichen Gräben lag das „Niemandsland". Während es an den Fron-
10 ten im Osten und Süden immer wieder phasenweise zum Bewegungskrieg kam, begann im Westen der sogenannte Stellungskrieg.

Um sich aus der festgefahrenen Situation wieder zu lösen, entwickelten die Militärs eine neue Vorgehensweise: die Materialschlacht. Mit einem über mehrere Stunden und Tage andauernden ununterbrochenen „Trommelfeuer" beschoss die
15 eigene Artillerie die gegnerischen Stellungen, um dort die vorher aus der Luft fotografierten Schützengräben, Stacheldrahthindernisse und Verteidigungsstellungen zu zerstören. 1915 wurde erstmals Giftgas benutzt, um schon vor dem Angriff möglichst viele Gegner zu töten. Die folgenden Angriffe der Infanteristen wurden immer häufiger durch den Einsatz von Flammenwerfern und den ersten Panzern
20 („Tanks") begleitet. Gelang der Einbruch in das feindliche Grabensystem, kämpften die Soldaten mit Handgranaten, Messern, Pistolen, Gewehren und Grabenkeulen (mit Stacheldraht umwickelte Stöcke) in den engen und verwinkelten Gräben einen brutalen Nahkampf. Meistens kam der Angriff nach wenigen Hundert Metern zum Stehen, da zu viele eigene Soldaten von den Verteidigern verwundet
25 oder getötet worden waren. Nur selten konnten die eroberten Grabenabschnitte über einen längeren Zeitraum gehalten werden.

Der moderne Massenkrieg

Die im Ersten Weltkrieg genutzte Kriegstechnik setzte neue Maßstäbe in der Kriegs-
30 führung. Über Sieg oder Niederlage entschieden nicht nur die Soldaten an der Front. In den Bombenangriffen im Ersten Weltkrieg auf Lüttich, Antwerpen und London sind erstmals Zivilisten aus der Luft verwundet und getötet worden. Die Leistungsfähigkeit der Industrie und die Durchhaltefähigkeit der hungernden Bevölkerung und der kämpfenden Soldaten wurden für die Kriegsführung immer wichtiger. Der
35 Krieg brachte alle beteiligten Nationen an den Rand der Erschöpfung und endete erst durch den Kriegseintritt der großen Wirtschaftsnation USA. Der Stellungskrieg im Westen hatte durch jahrelanges Artilleriefeuer und Gasangriffe ganze Landstriche zerstört und in unbewohnbare Sumpflandschaften verwandelt. Der „moderne Krieg" zwischen 1914 und 1918 war ein Krieg der Massen und Maschinen.

🖵 WES-115460-204
Hörszene über Soldaten im Schützengraben

🖵 WES-115460-205
Hörszene über einen Soldaten auf Fronturlaub

M 4 „Nur nicht drängeln, es kommt ein jeder ran."
Deutsche Feldpostkarte, 1914

Aufgaben

1. **Historische Fotos analysieren**
   a) Erkläre anhand der Fotos M1–M3 die Besonderheiten des Stellungskrieges und lege die Auswirkungen dieser Form der Kriegsführung auf die Soldaten dar.
   b) Erläutere den Begriff „moderner Massenkrieg".
   c) Diskutiere, ob die Bilder den Krieg realistisch darstellen können.
   M1–M3, Text auf dieser Seite

2. **Eine Feldpostkarte analysieren**
   a) Analysiere die Feldpostkarte M4. Beachte insbesondere die Entstehungszeit.
   b) Arbeite die Erwartungen an den Kriegsausgang heraus, die sich in dieser Karte ausdrücken.
   c) Beurteile, ob die Postkarte eine Verharmlosung des Krieges darstellt.
   M4

Der „moderne" Krieg – Alltag der Soldaten an der Front im Spiegel von Briefen

Feldpostkarte von 1916 – Vorderseite (oben) und Rückseite (links)

Folgender Text ist auf der Rückseite zu lesen:

„Im Schützengraben den[n] 14/II 16.
Liebe Lina!
Sende dir zu deiner Kartensammlung eine Fotografie von unsern Schützengraben, nach einem Kampf mit Engländern, es fotografierte dies selbst einer von unserer Kompa- 5
gnie nach dem Überfall. Zur zeit geht es hier schreklich zu und glaube das es dieses Frühjahr noch schlimmer wird, denn die entscheidung fällt mal hier in Frankreich. Unsere Artillerie schießt zur zeit so stark das der boden wankt, nathürlich bleiben Sie uns auch nichts schuldig. 10
Grüße dich sowie deine lben Eltern frdlch

Gruß an Emil wenn du Ihm schreibst
Hans G."

M 6 Feldpostbriefe von Gerhart Nauhaus

a) Der Erfurter Gerhart Nauhaus (1894–1915) meldete sich im August 1914 als Kriegsfreiwilliger. Nach einer Ausbildung in Darmstadt wurde Nauhaus an die Westfront verlegt und berichtete seinen Angehörigen:

12. Oktober 1914, Gel[iebte] Mutter u. Brüder!
Wo man doch hinkommt! Diese Karte schreibe ich auf einem Strohsack in einer Kaserne in Metz, wo wir für kurze Zeit einquartiert sind. Nach 20stündiger Fahrt (nachts) sind
5 wir hier angekommen. Am Sonntag war in Griesheim zum letzten Male Regimentsappell [...] Nachm.[ittags] fuhren wir weg, mit allem Feldgepäck, auch mit 150 scharfen Patronen versehen. Selbst die „Totenmarken" [Erkennungsmarken] fehlen nicht. Jetzt wirds Ernst. Hier hört man den Kanonen-
10 donner fast fortwährend. Die Franzosen sind 30–40 km nur entfernt. Bald werden wir dem Gesindel gegenüberstehen. Der Oberst hat gesagt, das Oberkommando hätte uns für würdig befunden, in die vorderste Feuerlinie zu kommen. Hurrah! [...] In herzl. Liebe Euer Gert. Hier ists viel schöner
15 als im Lager.

b) Erschüttert hatte Nauhaus von seinem ersten Gefecht Ende Oktober 1914 seiner Familie berichtet. In einem Antwortschreiben bat ihn sein älterer Bruder Paul, über seinen Gesundheitszustand zu berichten:

8. November 1914, L. Paul! [...] Du möchtest, daß ich mich mal offen über meinen Gesundheitszustand ausspreche. Da muß ich gestehen, daß ich in Griesheim immer gut mit-

gekonnt habe, daß es mir aber in Metz wegen eines furchtbaren Katarrhs [Durchfalls] oft sauer gefallen ist. [...] Die 8 Tage u. Nächte im Schützengraben hatten mich sehr mitgenommen, noch 1 Tag länger, u. ich wär zusammengebrochen. Nun melde ich mich nicht mehr so viel zu den gefährlichsten Patrouillen u. a., ich bin ja nun zum Gefreiten vorgeschlagen. [...] Jedoch seelisch wirkt der Krieg noch viel 10 schlimmer. Ich habe in den paar Tagen fast das Lachen verlernt. Fortwährend die Greuel sehen, brennende Häuser, verwüstete Fluren, jammernde Bewohner, Verwundete, Tote, u. dann selbst auf Menschen, die meine Brüder sein könnten, schießen müssen – das macht mich ganz verrückt. 15 Nachts muß ich mich zwingen, die grauenvollen Bilder zu vertreiben. Wie oft, wie oft gehen in solchen Stunden die Blicke aufwärts, wo der Friede wohnt, u. heimwärts. Da finde ich Trost.

Gerd Nauhaus (Hg.), „Unser Vaterland ist in Gefahr". Briefe aus dem Ersten Weltkrieg von Gerhart Nauhaus (1894–1915); in: Verein für die Geschichte und Altertumskunde von Erfurt e.V. (Hg.), Mitteilungen des Vereins für die Geschichte und Altertumskunde von Erfurt (Neue Folge) MVGAE 76 (= N. F. Heft 23), Erfurt: 2015 (ISSN 0943-299X), S. 289–375.

Gerhart Nauhaus wurde an die Ostfront versetzt und geriet am 27. Mai 1915 nach dem Sturm auf eine russische Stellung bei Dolina in Galizien mit seinem Regiment unter gegnerischen Beschuss. Er wurde fünffach getroffen, unter anderem in Bauch und Brust. Das Regiment musste sich zurückziehen – und den verwundeten Nauhaus zurücklassen. Nauhaus erlag am folgenden Tag seinen Verletzungen.

Aufgaben

1. Feldpostbriefe auswerten

a) Entziffere die Schrift auf der Feldpostkarte M5.
b) Stelle Vermutungen über mögliche Gründe dafür an, dass Soldaten solche Feldpostbriefe nach Hause schickten.
c) Prüfe anhand des vorliegenden Beispiels (M5), welche Informationen solche Karten enthielten und welche nicht.
d) Schildere, mit welchen Erwartungen sich Gerhart Nauhaus (M6) im August 1914 freiwillig für den Krieg gemeldet haben könnte.
e) Nauhaus meldete sich freiwillig für besonders gefährliche Operationen im Kriegsgebiet. Stelle Vermutungen an, welche Motive jeweils dahinter gestanden haben könnten.
f) Arbeite heraus, wie sich Nauhaus über die gegnerischen Soldaten äußerte.

 M5, M6

2. Als Forscher im Feldpostarchiv arbeiten – Medienbildung

Erstelle eine Präsentation zum Thema „Feldpostkarten im Ersten Weltkrieg". Gehe dabei wie folgt vor:
a) Verwende eine geeignete Internetseite – wie z. B. die unten aufgeführte – und entscheide dich für eine Feldpostkarte, die du genauer präsentieren willst.
b) Begründe deine Auswahl.
c) Ordne deine ausgewählte Karte in eine Phase des Krieges ein.
d) Trage die Informationen über den Verfasser der Karte zusammen.
e) Die Feldpostkarten unterlagen einer Zensur, d. h. die Inhalte wurden kontrolliert. Überlege, was unter diesen Umständen nicht geschrieben werden durfte.
f) Beurteile abschließend die Brauchbarkeit solcher Karten für die historische Forschung.

 www.digada.de

Eine Gesellschaft im Krieg

Der moderne Massenkrieg veränderte nicht nur die Situation auf den Kriegsschauplätzen, sondern auch in den Heimatländern der Soldaten. Die Zivilbevölkerungen wurden auf verschiedene Weise Teil dieses Krieges.

M 1 „Sehnsucht nach Frieden"

Richard Erfurth (1869–1949) war ein Pädagoge und Heimatschriftsteller und lebte in der Lutherstadt Wittenberg. Neben seiner Tätigkeit als Lehrer an der Lutherschule schrieb er zahlreiche geschichtswissenschaftliche und belletristische Werke in und über Wittenberg. Den Ersten Weltkrieg erlebte er als Lehrer in seiner Heimat, da er aufgrund des Alters keinen Kriegsdienst leisten musste. Seine Eindrücke hielt er in einem ausführlichen Kriegstagebuch fest, 3. August 1914:

[...] Vom Gastwirt Frebe in der Mittelstraße sind z. B. 4 Söhne und 3 Schwiegersöhne einberufen worden. Die Haltung unserer Einwohner ist musterhaft – ernst, aber gefasst. Nach dem ersten Schrecken ist auch die Besorgnis wegen Sicher-
5 heit der Spareinlagen, Annahme der Banknoten, Mangel an Lebensmitteln geschwunden. Im Felde steht eine reiche Ernte, bei dem Mangel an Pferden und an Erntearbeitern ist sie schwer heimzubringen. Zwar ist das Korn wohl zum größten Teil reingebracht, aber noch bleibt genug zu tun
10 übrig. [...] Um 8 ¾ Uhr setzte sich das Bataillon [eine militärische Einheit] in Bewegung, voran die Regimentsmusik in Bewegung, welche die „Wacht am Rhein" erklingen ließ, die Hunderte auf der Straße stimmten begeistert mit ein in das Kampflied. Hände, Hüte und Tücher wurden geschwenkt
15 und berauschendes Hurra erfüllte die Luft und begleitete die Krieger bis zum Bahnhof, wo sie den Sonderzug bestiegen und unter den Klängen von „Deutschland über alles" hinausfuhren in den Kampf gegen den deutschen Erzfeind [gemeint ist Frankreich]. [...]

14. März 1916:

Die Stimmung ist in den letzten Tagen hier recht gedrückt. Die Preise für Lebensmittel, Kleidung und alle anderen Dinge steigen fortgesetzt. [...] Dazu herrscht an vielen Lebensmitteln und anderen wichtigen Dingen Mangel. Hinzukommt,
5 dass seit längerer Zeit auf dem östlichen Kriegsschauplatz kein Fortschritt zu verzeichnen ist, ebensowenig wie auf dem Balkan und der österreichisch-italienischen Kampffront. Gegen Verdun tobt der Kampf nun schon tagelang und mit höchster Spannung sind die Blicke dorthin gerichtet, wo
10 mit dem 20. Infanterieregimente so viele Söhne unserer Stadt, die zum III. Armeekorps gehören, im heißen Ringen liegen. Die Sehnsucht nach Frieden wird immer heißer. [...]

29. Juli 1916:

Vor dem Geschäfte des Kaufmannes Maiwald in der Judenstraße kam es heute Nachmittag bei der Verteilung von Butter unter die dort aufgestellten Frauen zu Unruhen. Der dort aufgestellte Polizeibeamte Gartenmann, welcher Ordnung schaffen wollte, wurde von den erregten Frauen an-
5 gegriffen, sodass er sich genötigt sah, sich mit dem Säbel zu verteidigen. [...]

11. Februar 1917:

Die ungewöhnlich strenge Kälte der vergangenen Tage (bis −25 Grad) hat manchen Schaden verursacht. [...] Der Frost [ist] vielen nicht genügend zugedeckten Kartoffeln- und Rübenmieten verderblich geworden. Selbst im Inneren der Häuser ist Gemüse, Früchte und dergl. erfroren. [...] Dazu
5 kam der empfindliche Kohlemangel, der mehrere Fabriken zwang, ihren Betrieb einzustellen und viele Einwohner der bitteren Kälte aussetzte. [...] Die Not ist im Innern sehr hoch gestiegen. Hunger und Kälte, diese Schreckgespenster, sind in vielen Familien eingekehrt. Obgleich die Witterung mil-
10 der geworden ist, fehlt es infolge von Transportschwierigkeiten – die Eisenbahnwagen sind zum größten Teil für Heereszwecke beschlagnahmt – noch immer an Kohlen. [...] Infolge des Kohlemangels mussten die sämtlichen Schulen 14 Tage lang geschlossen werden. Aus dem gleichen Grund
15 ist die Beleuchtung erheblich eingeschränkt worden. [...] Abends um 10 muss das Licht gelöscht werden. [...] Die Straßenbeleuchtung ist bis auf wenige Laternen an gefährlichen Stellen eingestellt, sodass die Straßen nachts im tiefen Dunkel liegen. Recht böse sieht es auch mit den
20 Lebensmitteln aus. Sie sind zum weitaus größten Teil „rationiert". Aber was man gegen Marken oder Kontrollbuch erhält, ist nicht ausreichend (z. B. 55–62 ½ g Butter die Woche). Für das, was im freien Handel oder „unter der Hand" zu erlangen ist, werden Wucherpreise verlangt. [...]
25 Und doch wird gekauft und bezahlt, was verlangt wird, denn Hunger tut weh. [...] Wohl kann man viel Klagen und Seufzer hören, viel Tränen sehen – aber noch ist unser Volk bereit, trotz aller Not und Opfer durchzuhalten bis zu einem ehrenvollen Frieden, der freilich heiß ersehnt wird.
30

Auszüge aus dem Tagebuch von Richard Erfurth, 1914–1918, Wittenberg, unveröffentlichtes Manuskript, Tagebuch im Familienbesitz.

M 2 **Arbeit von Frauen in einer Munitionsfabrik**
Foto, 1917/18

💻 WES-115460-206
Film zum Alltag der Zivilbevölkerung

Krieg an der „Heimatfront"

In Deutschland war niemand auf einen mehrjährigen Krieg vorbereitet. So musste die Wirtschaft rasch auf die Kriegsproduktion umgestellt werden. Da die meisten Männer an der Front kämpften, mussten Frauen, Jugendliche und Invaliden
5 an ihre Stelle treten. Ungelernt oder nur rasch angelernt hielten sie die Produktion am Laufen. Die Herstellung kriegswichtiger Güter beeinträchtigte die Produktion von Lebensmitteln. Diese wurden zusehends rationiert, sodass die Bevölkerung Hunger litt. Besonders in den Städten entstanden Schwarzmärkte, deren hohe Preise sich nur Wohlhabende leisten konnten.

M 3 **Nachricht vom Soldatentod**
Lithografie von Käthe Kollwitz, 1921

10 Bei schlechten Ernten wie 1916 bildeten minderwertige Futterrüben oft die Grundlage der Ernährung. Ersatzstoffe wie Kunsthonig sollten dem Mangel abhelfen. Aus Brennnesseln wurden Stoffe hergestellt, Stahlfedern ersetzten bei Fahrrädern den Gummireifen.

Der Staat forderte die Bevölkerung auch auf, Edelmetalle zur Finanzierung
15 des Krieges zu spenden, sogar Kirchenglocken wurden eingeschmolzen. So bestimmte die Kriegssituation das zivile Leben: Es entstand eine „Heimatfront".

Die Diktatur der Obersten Heeresleitung (OHL)

Trotz der schwierigen Situation hielten die Parteien den „Burgfrieden" ein. Doch
20 die politischen Verhältnisse in Deutschland änderten sich, da die Oberste Heeresleitung unter den Generälen Hindenburg und Ludendorff immer mehr Vollmachten erlangte. Schließlich übten die beiden Militärs eine fast diktatorische Macht aus. Sowohl der Kaiser als auch der Reichstag verloren angesichts der Notsituation des Krieges an Einfluss.

M 4 **Oberste Heeresleitung**
Kaiser Wilhelm II. (Mitte) mit den Generälen Paul von Hindenburg (links) und Erich Ludendorff, Foto, 1917

Aufgaben

1. **Die „Heimatfront"**
   a) Beschreibe anhand der Tagebuchauszüge (M1) die Auswirkungen des Krieges auf das Leben der Zivilbevölkerung in Wittenberg.
   b) Analysiere die Quellenauszüge M1 in chronologischer Reihenfolge hinsichtlich der Einstellung zum Krieg und der beschriebenen Stimmung in der Bevölkerung.
   c) Erkläre mithilfe des Schulbuchtextes auf dieser Seite den Begriff „Heimatfront".
      ⌐ M1, Text auf dieser Seite

Die „Heimatfront" – Quellen auswerten

M 5 „10 Kriegsgebote"

Ein amtlicher Aufruf, Frankfurt 1915

10 Kriegsgebote.

1. **J**ß nicht mehr als nötig. Vermeide überflüssige Zwischenmahlzeiten; Du wirst Dich dabei gesund erhalten.

2. **H**alte das Brot heilig und verwende jedes Stückchen Brot als menschliche Nahrung. Trockne Brotreste geben eine wohlschmeckende und nahrhafte Suppe.

3. **S**pare an Butter und Fetten; ersetze sie beim Bestreichen des Brotes durch Sirup, Mus oder Marmeladen. Einen großen Teil aller Fette bezogen wir bisher vom Auslande.

4. **H**alte Dich an Milch und Käse. Genieße namentlich auch Magermilch und Buttermilch.

5. **G**enieße viel Zucker in den Speisen, denn Zucker ist ein vorzügliches Nahrungsmittel.

6. **K**oche Kartoffeln nur mit der Schale; dadurch sparst Du 20 vom Hundert.

7. **M**indere Deinen Bedarf an Bier und anderen alkoholischen Getränken; dadurch vermehrst Du unsern Getreide- und Kartoffelvorrat, aus dem Bier und Alkohol hergestellt wird.

8. **J**ß viel Gemüse und Obst und benutze jedes Stückchen geeignetes Land zum Anbau von Gemüsen. Spare aber die Konserven, solange frische Gemüse zu haben sind.

9. **S**ammle alle zur menschlichen Nahrung nicht geeigneten Küchenabfälle als Viehfutter; achte aber streng darauf, daß nicht schädliche Stoffe in die Abfälle hineingeraten.

10. **K**oche und heize mit Gas oder Koks; dadurch hilfst Du namentlich ein wichtiges Düngemittel schaffen, denn bei der Gas- und Koksbereitung wird außer anderen wichtigen Nebenerzeugnissen auch das stickstoffhaltige Ammoniak gewonnen.

Beachte bei allen diesen Geboten, daß Du für das Vaterland sparst. Deshalb muß auch derjenige diese Gebote beherzigen, dem seine Mittel erlauben, zur Zeit noch in der bisherigen Art weiterzuleben.

M 6 Hungerjahr 1916

Aus einem anonymen Flugblatt aus Berlin von 1916:

Was kommen musste, ist eingetreten: Der Hunger!
In Leipzig, in Berlin, in Charlottenburg, in Braunschweig, in Magdeburg, in Koblenz und Osnabrück, an vielen anderen Orten gibt es Krawalle der hungernden Menge vor den Lä-
5 den mit Lebensmitteln.
Und die Regierung des Belagerungszustandes hat auf den Hungerschrei der Massen nur die Antwort: verschärften Belagerungszustand, Polizeisäbel und Militärpatrouillen.
Herr von Bethmann Hollweg [der Reichskanzler] klagt Eng-
10 land des Verbrechens an, den Hunger in Deutschland verschuldet zu haben [...].
Indessen, die deutsche Regierung hätte wissen müssen, dass es so kommen musste: Der Krieg gegen Russland, Frankreich und England musste zur Absperrung Deutsch-
15 lands führen. [...]

Der Krieg, der Völkermord ist das Verbrechen, der Aushungerungsplan nur eine Folge dieses Verbrechens.
Die bösen Feinde haben uns „eingekreist", plärrten die Kriegsmacher. Warum habt ihr eine Politik gemacht, die zur 20 Einkreisung führte?, ist die einfachste Gegenfrage. [...]

Auf das Verbrechen der Anzettelung des Weltkrieges wurde ein weiteres gehäuft: Die Regierung tat nichts, um dieser Hungersnot zu begegnen. Warum geschah nichts? Weil den 25 Regierungssippen, Kapitalisten, Junkern, Lebensmittelwucherern der Hunger der Massen nicht wehe tut, sondern zur Bereicherung dient. [...]
Deshalb hat man die Volksmassen mit Siegestriumphgeheul betäubt und sie gleichzeitig den agrarischen und kapitalis- 30 tischen Lebensmittelwucherern ausgeliefert. [...]
Was soll werden?
Man kann noch ein halbes Jahr, vielleicht ein ganzes Jahr Krieg führen, indem man die Menschen langsam verhun- gern lässt. Dann wird aber die künftige Generation geop- 35 fert. Zu den furchtbaren Opfern an Toten und Krüppeln der Schlachtfelder kommen weitere Opfer an Kindern und Frauen, die infolge des Mangels dem Siechtum verfallen.

Zit. nach: Ernst Drahn/Susanne Leonhard, Unterirdische Literatur im revo- lutionären Deutschland während des Weltkrieges, Berlin-Fichtenau: Verlag Gesellschaft und Erziehung 1920, S. 52 ff.

Training

Erklärung des Operators „Beurteilen"

Du hast zu einem historischen Thema umfangreiche In- formationen erarbeitet, z. B. unterschiedliche Perspekti- ven von beteiligten Zeitgenossen und Erkenntnisse von Historikerinnen und Historikern. Nun sollst du selbst eine eigene Beurteilung formulieren. Diese musst du mit passenden Argumenten begründen und durch ebenfalls passende Fakten oder Beispiele belegen.

Der Operator „beurteilen" fordert dich auf, ein histori- sches **Sachurteil** zu fällen. Das bedeutet, dass du einen historischen Sachverhalt beurteilen sollst: Aus welchen Gründen, mit welchen Absichten und mit welchen Folgen haben die Menschen in der Vergangenheit so gehandelt? Ist die Sichtweise des Textes auf den historischen Sach- verhalt zutreffend? In welchen Punkten kann ich zustim- men und in welchen eher relativieren?

Formulierungshilfen
Ich gelange zu dem Urteil, dass ...
Abschließend/Insgesamt lässt sich sagen/beurteilen, dass ...
Ein Grund dafür ist, dass ...
Ein Argument, das für meine Position spricht, ist, dass ...

Aufgaben

1. Die „Heimatfront" – Quellen auswerten

a) Beurteile die im Aufruf aus Frankfurt (M5) genann- ten Kriegsgebote auf ihre Realisierbarkeit und stelle Vermutungen über die Wirkung des Aufrufes auf die Bevölkerung an. Verwende dafür auch den Trai- ningskasten auf dieser Seite.

b) Fertigt eine Liste mit den im Flugblatt von 1916 (M6) aufgeführten Kritikpunkten. Verfasst dann ein eige- nes Flugblatt mit politischen Forderungen, die sich daraus ergeben.

Das Epochenjahr 1917 – Wendejahr des Krieges

An allen Fronten konnten keine entscheidenden Siege errungen werden. Anfang 1917 sah es so aus, als ob dieser Krieg bis zur völligen Erschöpfung aller beteiligten Mächte andauern würde. Im Laufe des Jahres vollzogen sich jedoch entscheidende Entwicklungen.

M 1 „Der Untergang der Lusitania"

Der britische Passagierdampfer „Lusitania" wurde am 7. Mai 1915 auf der Fahrt von den USA nach Liverpool von einem deutschen U-Boot versenkt. Unter den rund 1200 Todesopfern befanden sich auch 124 amerikanische Staatsbürger, zeitgenössisches Aquarell.

M 2 „I Want You For U. S. Army"

Propagandaplakat zur Mobilmachung, 1917

M 3 Der Revolutionär Lenin bei seiner Ankunft aus dem Schweizer Exil in Petrograd 1917

Der Zug fuhr mit Genehmigung der deutschen Regierung auch durch Deutschland, Foto, 3. April 1917.

M 4 „Sturm auf das Winterpalais in St. Petersburg (Petrograd) im Oktober 1917"

Gemälde (Ausschnitt) von Surikow, 1917

Epochenjahr 1917: Kriegseintritt der USA und Russische Revolution

Anfang 1917 schien der Krieg einen toten Punkt erreicht zu haben, denn keine Macht konnte auf einen entscheidenden Sieg hoffen. Die englische Seeblockade hatte zu wachsender Not in Deutschland und zu Versorgungsschwierigkeiten an der Front geführt. Die Oberste Heeresleitung nahm den uneingeschränkten U-Boot-Krieg wieder auf.

Die USA treten in den Ersten Weltkrieg ein

Beim Ausbruch des Ersten Weltkrieges im August 1914 waren die USA wirtschaftlich, politisch und militärisch bereits eine Weltmacht. Auch wenn die Vereinigten Staaten zunächst ihre Neutralität erklärten, lagen die Sympathien der meisten Amerikanerinnen und Amerikaner und auch der Regierung bei den demokratisch verfassten Staaten Großbritannien und Frankreich, die man politisch und wirtschaftlich unterstützte.

Bereits am 2. November 1914 hatte die britische Admiralität die gesamte Nordsee völkerrechtswidrig zum Kriegsgebiet erklärt und damit die Versorgungswege der importabhängigen Mittelmächte empfindlich gestört. Ebenso völkerrechtswidrig versenkte im Mai 1915 ein deutsches U-Boot den britischen Passagierdampfer „Lusitania", der sich auf dem Weg von New York nach Europa befand und außer Passagieren auch Munition transportierte. Unter den Todesopfern waren auch amerikanische Staatsbürger. Das Ereignis rief internationale Proteste hervor und führte die USA ein erstes Mal an den Rand einer Entscheidung zum Kriegseintritt. Um dies zu verhindern, beendete Deutschland zunächst seine U-Boot-Angriffe. Im Februar 1917 nahm das Deutsche Reich den U-Boot-Krieg aber wieder auf, woraufhin es im Kongress, dem amerikanischen Parlament, zu einer

M 5 Landung amerikanischer Truppen in Saint-Nazaire (Nordfrankreich)
Foto, 1917

Aufgaben

1. Das Epochenjahr 1917 – Fragen stellen und beantworten

a) Beschreibe die Bildquellen M1 – M4 und sammle Fragen, die sich hieraus für dich über das Jahr 1917 ergeben.

b) Suche Antworten auf deine Fragen im Text auf den Seiten 67 – 68.

c) Diskutiere die Frage: Wie bedeutsam sind die Veränderungen im Jahre 1917 auf der politischen, militärischen, sozialen und ökonomischen Ebene für die USA, Russland und Europa?

M1 – M4, Text auf den Seiten 67 – 68

M 6 **Zar Nikolaus II.**

mit seiner Frau und seinem Sohn und Thronfolger Alexei, Foto, um 1900

M 7

Der Friede von Brest-Litowsk

- Grenze Russlands 1914
- Mittelmächte und Verbündete
- ••••• Frontverlauf 1918
- Russische Verluste im Frieden von Brest-Litowsk (3.3.1918)
- 3.11.1918 Unabhängigkeitserklärungen
- Russische Sozialistische Föderative Sowjetrepublik (seit 1917)

heftigen politischen Debatte kam. Am Ende entschied sich die Mehrheit der Abgeordneten für einen Kriegseintritt der USA. Der amerikanische Präsident Woodrow Wilson formulierte das Motiv für diese Entscheidung so: „to make the world safe for democracy". Der Kriegseinsatz sollte also zur Ausbreitung der Demokratie beitragen. 30

Obwohl sie nach dem Ende des Ersten Weltkriegs zunächst versuchten, sich wieder zurückzuziehen, sind die USA seither eine bzw. die bestimmende Macht in der Weltpolitik.

Ein epochales Ereignis: Die russische Oktoberrevolution von 1917 35

Die Oktoberrevolution des Jahres 1917 wird allgemein als epochales Ereignis betrachtet, verhalf sie doch einem völlig neuen gesellschaftlichen System zum Durchbruch, das mit sozialistisch-kommunistischen Zielen und dem Anspruch auf eine gerechte Gesellschaftsordnung in Russland antrat: der Kommunismus.

Das ökonomisch rückständige Russland war dem ressourcenzehrenden Ersten Weltkrieg kaum gewachsen, sodass sich die Versorgungslage im Inneren katastrophal verschlechterte. Schwere Niederlagen an der Front führten zu einer zunehmenden Kriegsmüdigkeit der russischen Bevölkerung. Mitte März (nach dem in Russland noch gebräuchlichen Kalender: Ende Februar) 1917 widersetzten sich Truppen in St. Petersburg dem Befehl, auf demonstrierende Arbeiter zu schießen. 45 Das alte Regime brach zusammen, Zar Nikolaus II. trat wenige Tage später zurück.

Lenin, der mit Genehmigung der deutschen Regierung in einem Zug durch Deutschland im April aus dem Schweizer Exil zurückgekehrt war, rief zum Sturz der Regierung auf, die sich nach dem Sturz des Zaren gebildet hatte. Am 7. November (alter Kalender: 25. Oktober) 1917 stürmten die Bolschewiki deren Sitz und 50 verhafteten die anwesenden Mitglieder. Als erste Sowjetregierung wurde unter dem Vorsitz Lenins ein Rat der Volkskommissare eingesetzt. Ein „Dekret über den Frieden" sollte die Basis für den Austritt Russlands aus dem Krieg sein, und mit der Umsetzung des „Dekrets über den Grund und Boden", das die Enteignung der Großgrundbesitzer vorsah, wurde der jahrhundertealte Wunsch der russischen 55 Bauern nach Land befriedigt.

Die Sowjetmacht führte unmittelbar nach der Machtübernahme weitreichende Maßnahmen zur Herrschaftssicherung durch. So wurden Industrie und die Banken verstaatlicht und die Pressefreiheit aufgehoben. Der Handel kam in den Verantwortungsbereich des Staates. Außerdem wurde schrittweise jegliche Religionsausübung verboten und der gesamte Kirchenbesitz eingezogen. Im Dezember 1917 wurde unter der Führung Feliks Dzierzynskis die neue Geheimpolizei „Tscheka" gegründet, die die Verfolgung Andersdenkender als ihre Hauptaufgabe ansah. Mit der seit Januar 1918 bestehenden Roten Armee verfügte die Sowjetmacht außerdem über eine eigene Armee. 65

Der Friede von Brest-Litowsk

Nach der russischen Oktoberrevolution von 1917 drängten die neuen kommunistischen Machthaber auf einen schnellen Frieden, um die inneren Probleme besser bewältigen zu können. Russland schied somit aus der Entente aus und schloss mit 70 den Mittelmächten im März 1918 den „Frieden von Brest-Litowsk", der für Russland harte Bedingungen vorsah: Es verlor ein Drittel seiner Bevölkerung und mehr als ein Drittel seiner Industrie, seiner Agrarproduktion und seiner Ressourcen an Öl, Eisen und Kohle.

Woodrow Wilsons 14 Punkte von 1918 – Eine Rede analysieren

M 8   Ein politisches Programm

Trotz der Kriegserklärung an Deutschland bemühten sich die USA noch immer, eine Vermittlerrolle einzunehmen. Die in seiner Ansprache vor dem Kongress am 8. Januar 1918 vorgestellten 14 Punkte als Grundlage einer neuen Friedensordnung stellen den Höhepunkt der Friedensbemühungen von Woodrow Wilson dar:

Abermals, wie verschiedentlich zuvor, haben die Wortführer der Mittelmächte [Deutschland und seine Verbündeten] den Wunsch ausgedrückt, die Kriegsziele und die möglichen Grundlagen eines allgemeinen Friedens zu erörtern.
5 Was wir in diesem Krieg verlangen, ist nichts für uns Besonderes. Die Welt soll geeignet und sicher gemacht werden, um in ihr leben zu können; besonders aber soll sie für jede friedliebende Nation sicher gemacht werden, welche, wie unsere eigene, ihr eigenes Leben zu leben, ihre Einrichtun-
10 gen selbst zu bestimmen wünscht und sich darauf verlassen möchte, dass ihr von den übrigen Völkern der Welt eine gerechte und anständige Behandlung zuteil werde und dass sie gegen Gewalt und selbstsüchtigen Angriff geschützt sei.
15 Alle Völker der Welt sind daran interessiert, und wir für unser Teil sehen sehr klar, dass, wenn anderen gegenüber Gerechtigkeit nicht geübt wird, sie auch uns gegenüber nicht geübt werden wird. Das Programm des Friedens der Welt ist daher unser Programm, und dieses Programm, das
20 unseres Erachtens einzig mögliche Programm, ist folgendes:
1. Öffentliche Friedensverträge, die in öffentlicher Verhandlung zustande gekommen sind; künftig soll es keine geheime internationale Abmachung irgendwelcher Art geben;
25 die diplomatischen Verhandlungen sollen immer offen und im Lichte der Öffentlichkeit sich vollziehen.
2. Vollkommene Freiheit der Schifffahrt auf dem Meere außerhalb der territorialen Gewässer, im Frieden sowohl wie im Kriege […].

3. Beseitigung aller wirtschaftlichen Schranken und Schaf- 30 fung gleicher Handelsbedingungen für alle Nationen, die sich zum Frieden bekennen und sich zu seiner Aufrechterhaltung zusammenschließen.
4. Ausreichende Garantien dafür, dass die Rüstungen der Länder bis zu dem Mindestmaße, das mit der eigenen inne- 35 ren Sicherheit noch vereinbar ist, eingeschränkt werden. […]
Wir sind nicht eifersüchtig auf Deutschlands Größe, und in diesem Programm ist nichts, das ihr zu nahe tritt. Wir missgönnen ihm keine Leistung, keine hervorragende Tat der 40 Wissenschaft oder friedlichen Unternehmung, die es zu einem sehr glänzenden und sehr beneidenswerten Rang erhoben haben. Wir beabsichtigen nicht, es zu schädigen oder seinen berechtigten Einfluss oder seine berechtigte Machtstellung irgendwie zu hemmen. Wir wünschen nicht, 45 es mit Waffen oder feindlichen Handelsabkommen zu bekämpfen, wenn es bereit ist, sich uns und den anderen friedliebenden Nationen der Welt mit Abkommen zuzugesellen, die sich auf Gerechtigkeit, Gesetz und Wohlverhalten gründen. 50

Übers. zit. n.: Thilo Koch (Hg.), Nordamerika: Texte – Bilder – Dokumente, München/Wien/Basel: Desch 1972, S. 82 ff.

M 9   Woodrow Wilson (1856–1924)
28. Präsident der Vereinigten Staaten von Amerika von 1913 bis 1921, undatiertes Porträtfoto

Aufgaben

1. Woodrow Wilsons 14 Punkte von 1918
Analysiere das politische Programm Wilsons für die Nachkriegszeit (M8). Finde für jeden der folgenden Stichpunkte ein passendes Zitat (mit Zeilenzahl):
– Kriegsziel,
– Verhältnis der Völker zueinander,

– Wege zum dauerhaften Frieden,
– politische Zielvorstellung (Nachkrieg),
– wirtschaftliche Zielvorstellung (Nachkrieg),
– Rolle der USA in der Welt.
⌐ M8

Schriften und Propaganda der Bolschewiki – Bild- und Textquellen auswerten

M 10 „Klasse" und „Staat"

a) Lenin hat in seinen zahlreichen Büchern zu wichtigen Begriffen eine Definition gegeben. Zum Begriff „Klasse" schrieb er:

Als Klassen bezeichnet man große Menschengruppen, die sich voneinander unterscheiden nach ihrer Stellung in einem geschichtlich bestimmten System der gesellschaftlichen Produktion, nach ihrem (größtenteils in Gesetzen
5 festgelegten und fixierten) Verhältnis zu den Produktionsmitteln, nach ihrer Rolle in der gesellschaftlichen Organisation der Arbeit und folglich nach der Art der Erlangung und dem Umfang des Anteils am gesellschaftlichen Reichtum, über den sie verfügen. Klassen, das sind solche Grup-
10 pen von Menschen, von denen die eine sich die Arbeit der anderen aneignen kann, infolge der Verschiedenheit ihrer Stellung in einem bestimmten System der […] Wirtschaft.

Zit. nach: Iring Fetscher, Der Marxismus. Seine Geschichte in Dokumenten, München: Piper 1983, S. 560.

b) Über den Staat schrieb Lenin:

Der Staat ist das Produkt und die Äußerung der Unversöhnlichkeit der Klassengegensätze. Der Staat entsteht dort, […] wo, wann und inwiefern die Klassengegensätze objektiv nicht versöhnt werden können. Und umgekehrt: Das Bestehen des Staates beweist, dass die Klassengegensätze un- 5 versöhnlich sind.
Wir setzen uns als Endziel die Vernichtung des Staates, d. h. jeder organisierten und systematischen Gewalt, jeder Gewaltanwendung gegen Menschen überhaupt. […]
Indem wir zum Sozialismus streben, sind wir überzeugt, 10 dass er in den Kommunismus hineinwachsen wird, und im Zusammenhang damit wird jede Notwendigkeit der Gewaltanwendung gegen Menschen überhaupt, die Unterordnung eines Menschen unter einen anderen, eines Teiles der Bevölkerung unter den anderen, verschwinden. […] Zwischen 15 der kapitalistischen und der kommunistischen Gesellschaft liegt die Periode der revolutionären Umwandlung der einen in die andere. Dem entspricht auch eine politische Übergangsperiode, deren Staat nichts anderes sein kann als die revolutionäre Diktatur des Proletariats. […] 20
Zugleich bringt die Diktatur des Proletariats eine Reihe von Freiheitsbeschränkungen für die Unterdrücker, die Ausbeuter, die Kapitalisten. […]
Erst in der kommunistischen Gesellschaft, wo der Widerstand der Kapitalisten endgültig gebrochen ist, […] wo es 25 keine Klassen mehr gibt, erst da hört der Staat auf zu bestehen und kann von Freiheit die Rede sein.

Zit. nach: Iring Fetscher, Der Marxismus. Seine Geschichte in Dokumenten, München: Piper 1983, S. 594; und: Iring Fetscher. Von Marx zur Sowjetideologie, Frankfurt/M.: Diesterweg 1965, S. 103 f., S. 107.

M 11 „Lenin auf der Tribüne"
Gemälde von A. M. Gerassimow, 1930

Beurteilungen der Oktoberrevolution – Mit Darstellungen arbeiten

M 12 „Gewaltige Revolutionsbewegung"

a) Noch heute kommen Wissenschaftlerinnen und Wissenschaftler bei der Beurteilung der Oktoberrevolution von 1917 zu ganz unterschiedlichen Einschätzungen. Der englische Historiker Eric Hobsbawm, 1994:

Es sah so aus, als bräuchten die Völker nur ein Signal, um sich zu erheben und den Kapitalismus durch Sozialismus zu ersetzen und damit die sinnlosen Leiden des Krieges schließlich in etwas Sinnvolleres zu verwandeln [...].

5 Die Russische oder genauer: die Bolschewistische Revolution vom Oktober 1917 war bereit, der Welt dieses Signal zu geben. Deshalb war sie für dieses Jahrhundert ein ebenso zentrales Ereignis wie die Französische Revolution von 1789 für das 19. Jahrhundert gewesen war. [...]

10 Die Oktoberrevolution hatte jedoch ein sehr viel stärkeres und globaleres Echo als ihre Vorgängerin. Zwar ist deutlich geworden, dass die Ideen der Französischen Revolution die des Bolschewismus überlebt haben, aber die faktischen Auswirkungen von 1917 waren bei weitem größer und anhal-

15 tender als die von 1789. Die Oktoberrevolution brachte die gewaltigste Revolutionsbewegung der modernen Geschichte hervor.

Eric Hobsbawm, Das Zeitalter der Extreme (übers. v. Yvonne Badal), München/Wien: Carl Hanser Verlag 1995, S. 79.

M 13 „Beispiellose Katastrophe"

b) Der deutsche Politologe Ludger Kühnhardt, 1995:

1917 markiert den Beginn einer beispiellosen Katastrophe für das russische Volk, überwölbt durch Zwangsmodernisierung und Großindustrialisierung, die in den folgenden Jahrzehnten mithilfe der kommunistisch zentralisierten Staatsführung ein Sechstel der Erdoberfläche ebenso um-5 formen wie dauerhaft lähmen sollten.

In seinem Buch „On liberty" hatte John Stuart Mill 1859 geschrieben, dass die Gefahr der modernen Demokratie nicht der Absolutismus des Staates, sondern die Despotie [= Gewaltherrschaft] der Gesellschaft sei. 10

Im Russland des Kommunismus erfolgte eine Anhäufung beider Gefahren, des Absolutismus des Staates und der Despotie der Gesellschaft, bis am 25. Dezember 1991 die rote Fahne über dem Kreml eingeholt wurde und Russland wieder begann, zu seinen eigenen Wurzeln zurückzukehren. 15 Diese mochten nicht unbedingt hoffnungserweckend sein, aber sie sind immerhin authentisch [= glaubwürdig], was vom Sowjetkommunismus nicht gesagt werden konnte.

Ludger Kühnhardt, Revolutionszeiten, München: Olzog Verlag 1995, S. 150.

1. **Revolutionen in Russland**
   a) Erstelle einen Zeitstrahl zur Thematik „Russlands Weg vom Zarenreich zur Herrschaft der Bolschewiki".
   b) Erläutere die Maßnahmen, mit denen es den Kommunisten gelang, ihre Macht zu festigen.
   ↷ Text auf den Seiten 67–68

2. **Schriften und Propaganda der Bolschewiki**
   a) Erläutere die Ausführungen Lenins zum Begriff „Diktatur des Proletariats" (M10) und nimm dazu Stellung.
   b) Interpretiere das Gemälde von Alexander M. Gerassimow aus dem Jahre 1930 (M11).
   ↷ Text auf den Seiten 67–68, M10, M11

3. **Beurteilungen der Oktoberrevolution**
   a) Arbeite heraus, welche Bedeutung der Oktoberrevolution von den Autoren Eric Hobsbawm (M12) und Ludger Kühnhardt (M13) jeweils zugesprochen wird.
   b) Diskutiere die beiden Positionen.
   ↷ Text auf den Seiten 67–68, M12–M13

Die Sowjetunion unter Stalin

Es gehört zu den Aufgaben der Geschichtsschreibung, an schreckliche Ereignisse zu erinnern, zu mahnen und das Andenken der Opfer zu bewahren. Nicht immer werden die Historikerinnen und Historiker bei dieser Aufgabe von der Politik unterstützt, vor allem dann nicht, wenn bestimmte Ereignisse nicht in das Geschichts- oder Selbstbild eines Staates passen. Zu den Geschehnissen, über die in der damaligen Sowjetunion jahrzehntelang nicht gesprochen werden durfte, gehört der sogenannte Holodomor. Das ukrainische Wort bedeutet „Tötung durch Hunger". Mit Holodomor wird die wissentlich in Kauf genommene und politisch aktiv verschärfte Hungersnot von 1932/1933 beschrieben, die in der Ukrainischen Sowjetrepublik Millionen Todesopfer forderte. Eine zeitgenössische Bildquelle und Textquelle geben erste Auskunft über die Ereignisse.

M 1   Opfer des Holodomors

Verhungerte Menschen in Kiew (Ukraine), Foto, Anfang der 1930er-Jahre

M 2   „Hungersnot in Russland?"

Die Berliner Zeitung schreibt im März 1932 Folgendes:

Der bisherige politische Sekretär von Lloyd George [einflussreicher britischer Politiker], Garreth-Jones, hat über das Bestehen einer den größten Teil des europäischen Russlands umfassenden Hungersnot, die sich in den nächs-
5 ten Monaten weiter verschärfen werde und der Katastrophe von 1921 bereits gleichstehe, schlüssiges Material aus Russland mitgebracht, dessen Publikation bevorsteht. Nur Moskau und Leningrad seien davon ausgenommen.

10 Jones hat u. a. Teile der Ukraine zu Fuß durchwandert und hat in Moskau flüchtende Bauern aus allen Teilen Russlands gefragt. Er hat aus Quellen, an deren Zuverlässigkeit er nicht zweifelt, die Nachricht bekommen, dass bereits ein Fünftel der Bevölkerung von Kasachstan an Hunger zugrun-
15 de gegangen sei.

Der Schrei, „es gibt kein Brot, wir müssen sterben", sei ihm überall auf seinen Reisen entgegengeklungen, auch in Kollektiven, deren er eine große Anzahl besucht hat. Vor den Augen eines Kommunisten, der das Bestehen von Hunger in Russland bestritt, habe ein Bauer, der im gleichen Eisen- 20 bahnwagon saß, ein Stück Brot aus einem Spucknapf herausgeholt, das Jones aus der Hand gefallen war. [...]

Dass die Sowjetunion mit allen Mitteln die Wahrheit über den fürchterlichen Ausgang des Kollektivierungsversuchs 25 von 140 Millionen russischen Bauern seit Langem unterdrückt, war bekannt. Garreth-Jones weist darauf hin, dass die ausländischen Korrespondenten in Moskau seit geraumer Zeit nicht mehr in das Innere Russlands hineindürfen. Im Übrigen sei es auch bekannt, dass Korrespondenten in 30 Moskau durch die Zensur und andere Mittel, besonders durch Druck in der Aufenthaltsbewilligung behindert werden, die Wahrheit zu schreiben. [...]

Berliner Zeitung, 31.03.1932.

Stalins Aufstieg

Ende des Jahres 1922 wurde die Sowjetunion gegründet. Nach Lenins Tod 1924
brachen Machtkämpfe in der Führung der Kommunistischen Partei aus. Aus ihnen ging Josef Wissarionowitsch Dschugaschwili als Sieger hervor, der 1922 zum
5 Generalsekretär der Partei aufgestiegen war und sich „Stalin" – „der Stählerne" –
nannte. Es gelang Stalin, nacheinander alle Rivalen auszuschalten und den gesamten Parteiapparat unter seine Kontrolle zu bringen. Dazu besetzte er Tausende
Funktionärsstellen mit ihm ergebenen Leuten. Stalin gilt heute als einer der
schrecklichsten Diktatoren des 20. Jahrhunderts.
10

Die Industrialisierung der Sowjetunion

Im Jahre 1918 hatte die Regierung den sogenannten „Kriegskommunismus" eingeführt. Dessen Ziel war es, neben der Versorgung der Soldaten der Roten Armee
schnellstmöglich mit kommunistischen Verteilungsprinzipien zu beginnen. Diese
15 Politik, die ein unendliches Leid und mehrere Millionen Opfer zur Folge hatte,
führte die Sowjetmacht in eine tiefe wirtschaftliche und politische Krise: Die
Produktion erreichte 1921 nur noch etwa ein Drittel im Vergleich zu 1913. Nach
dem Bürgerkrieg wurde die Politik des Kriegskommunismus daher durch die
„Neue Ökonomische Politik" abgelöst, die im bescheidenen Maße wieder wirt-
20 schaftliche Privatinitiative zuließ, aber noch weit vom Wirtschaftsliberalismus
westlichen Zuschnitts entfernt war.

Nach dem Ende der revolutionären Unruhen in Mittel- und Westeuropa wurde aber auch deutlich, dass die Oktoberrevolution keine Weltrevolution auslösen
würde. Stalin gab daher die Devise vom „Aufbau des Sozialismus in einem Land"
25 aus. Voraussetzung dafür war die Industrialisierung des rückständigen Landes.
Aus diesem Grund beendete Stalin 1927/28 die eingeführte „Neue Ökonomische
Politik". Unter dem Vorzeichen einer Wirtschaftslenkung begann ein gewaltiges
industrielles Aufbauprogramm, für das die staatlichen Behörden Fünfjahrespläne
aufstellten. Die Wirtschaftspolitik konzentrierte sich zunächst auf den Ausbau der
30 Schwerindustrie. Es entstanden riesige Stahlkombinate, Erz- und Kohlebergwer-
ke, Staudämme, Eisenbahnen und Kraftwerke, die als Symbole des sozialistischen
Aufbaus galten. In Sibirien und in der Ukraine wuchsen ganze Industrireviere aus
dem Boden, während ein Heer von Zwangsarbeitern die Erzlagerstätten erschloss.
Erkauft wurde dieser Erfolg durch brutale Ausbeutung und Disziplinierung der
35 Arbeitskräfte.

M 3 **Josef Stalin**
(1879 – 1953)
Das Propagandabild zeigt Stalin
auf dem XVIII. Parteitag 1939, Gemälde von Alexander Gerassimow.

Die Kollektivierung der Landwirtschaft

Zur Absicherung der Industrialisierung entschied sich Stalin, die Kollektivierung der
Landwirtschaft durchzusetzen. Die Regierung enteignete die Bauern und schloss
40 ihren Grundbesitz zu Kolchosen zusammen, die gemeinschaftlich (kollektiv) be-
wirtschaftet wurden. Auf diese Weise wurden etwa fünf bis sechs Millionen Groß-

Aufgaben

1. Die Sowjetunion unter Stalin

a) Analysiere die beiden Quellen zum „Holodomor" M1
und M2 und trage die enthaltenen Informationen
zusammen.

b) Formuliere Fragen, die sich aus den Quellen ergeben.

c) Kläre die Fragen mithilfe des Schulbuchtextes auf
den Seiten 73–74.

M1, M2, Text auf den Seiten 73–74

M 4 **Propagandaaktion in einem Dorf**

Bauern bejubeln die Ankunft eines Traktors, Foto, 1932

M 5 **Straf- und Arbeitslager in der Sowjetunion um 1932**

Das Foto zeigt Strafgefangene, die beim Bau eines Kanals eingesetzt werden.

und Mittelbauern – die „Kulaken" – enteignet. Stalin bezeichnete sie abfällig als „konterrevolutionäre Klasse" und ließ sie gnadenlos verfolgen. Viele von ihnen mussten ihre Dörfer verlassen, um in entlegenen Gebieten des Landes neu angesiedelt zu werden. Man schätzt, dass dabei etwa 600 000 Menschen ums Leben kamen. 45

Die Folge der brutalen Zwangskollektivierung war eine Hungerkatastrophe, der in den Wintern 1931 bis 1933 Millionen Menschen zum Opfer fielen. Stalin aber hatte sein Ziel erreicht: 1937 befanden sich über 90 Prozent der landwirtschaftlichen Nutzfläche in Kollektivbesitz. In den Kollektiven lebten die Bauern als Landarbeiter mit geringer Entlohnung. Die Regierung leitete alle verfügbaren 50 landwirtschaftlichen Produkte in die neuen, ständig wachsenden Industriereviere. So bildeten die Bauern mit ihrer Arbeit das Fundament für den Aufbau der Industrie.

Die stalinistische Gewaltherrschaft
55

Ein wichtiges Merkmal des Stalinismus war die Verfolgung vermeintlicher Gegner, die sich zunächst gegen führende Parteifunktionäre richtete, die Lenin treu ergeben gewesen waren. In den Dreißigerjahren steigerte der misstrauische Stalin diese „Säuberungen" im totalitären Staat zu einem Massenterror ungeahnten Ausmaßes. Durch den Terror wurde vor allem das sowjetische Offizierskorps seiner 60 kriegserfahrenen Offiziere beraubt. Die Angeklagten wurden zu falschen Geständnissen gezwungen und meist zu langjähriger Zwangsarbeit verurteilt oder hingerichtet. Die Lubjanka, das Hauptquartier des sowjetischen Geheimdienstes in Moskau, wurde zum Ort unvorstellbarer Leiden. Bald war das Land von einem Netz von Straflagern überzogen, deren Insassen in Bergwerken oder beim Bau von 65 Kanälen, Straßen und Eisenbahnen unter unmenschlichen Bedingungen arbeiten mussten. Man schätzt, dass dem Massenterror Stalins zwischen 1925 und 1953 etwa 20 Millionen Menschen zum Opfer fielen. Stalin lieferte selbst deutsche Kommunisten, die vor dem nationalsozialistischen Terror Schutz in der Sowjetunion gesucht hatten, an das faschistische Deutschland aus.
70

„Aufbau des Sozialismus" – Propaganda und Kritik

M 6 **Erfolge der sozialistischen Wirtschaft**

Aus Stalins Rechenschaftsbericht vor dem XVII. Parteitag der Kommunistischen Partei (1934):

Die Sowjetunion hat sich in dieser Periode von Grund aus umgestaltet und das Gepräge der Rückständigkeit und des Mittelalters abgestreift. Aus einem Agrarland ist sie zu einem Industrieland geworden. Aus einem Lande der klein-
5 bäuerlichen Einzelwirtschaft ist sie zu einem Lande des kollektiven mechanisierten landwirtschaftlichen Großbetriebs geworden. Aus einem unwissenden, analphabetischen und kulturlosen Land wurde sie – genauer gesagt, wird sie – zu einem gebildeten, kulturell hochstehenden
10 Land, das von einem gewaltigen Netz von Hoch-, Mittel- und Elementarschulen bedeckt ist. [...]
Es wurden neue Industriezweige geschaffen: der Werkzeugmaschinenbau, die Automobilindustrie, die Traktorenindustrie, die chemische Industrie, der Motorenbau, der
15 Flugzeugbau, die Produktion von Mähdreschmaschinen, von Hochleistungsturbinen und Generatoren, von Qualitätsstahlsorten, Eisenlegierungen, synthetischem Kautschuk, Stickstoff, Kunstfasern usw. In dieser Periode wurden Tausende neuer, modernster Industriewerke errichtet
20 und in Betrieb gesetzt. [...]
In fast menschenleeren Gebieten sind neue große Städte mit einer großen Bevölkerungszahl emporgewachsen. Die alten Städte und Industrieorte haben sich kolossal erweitert. [...]
25 Dem Wesen der Sache nach war die Berichtsperiode für die Landwirtschaft nicht so sehr eine Periode des raschen Aufschwungs und mächtigen Anlaufs, als vielmehr eine Periode, in der die Voraussetzungen für einen solchen Aufschwung und einen solchen Anlauf in der Zukunft ge-
30 schaffen wurden.

Zit. nach: Wolfgang Lautemann/Manfred Schlenke (Hg.), Günter Schönbrunn (Bearb.), Geschichte in Quellen Band 5: Weltkriege und Revolutionen 1914–1945, München: Bayerischer Schulbuch-Verlag 1975 (2. Aufl.), S. 143.

M 7 **„Archipel Gulag"**

Der russische Schriftsteller Alexander Solschenizyn (1918–2008) thematisierte das Schicksal russischer Zwangsarbeiter in einem Roman, den er nach der Lagerhauptverwaltung GULAG „Archipel Gulag" nannte. Solschenizyn war von 1945–1953 selbst in ein stalinistisches Arbeitslager verbannt:

Die traditionelle Verhaftung – das heißt [...]: mit zitternden Händen zusammensuchen, was der Verhaftete dort brauchen könnte, Wäsche zum Wechseln, ein Stück Seife und was an Essen da ist [...]. Für die aber, die nach der Verhaf-
5 tung zurückbleiben, beginnen nun Monate eines zerrütteten, verwüsteten Lebens. Die Versuche, mit Paketen durchzukommen. Und überall nur bellende Antworten: „Den gibt es hier nicht" [...]. Und erst nach Monaten oder einem Jahr lässt der Verhaftete selbst von sich hören oder es wird einem das „Ohne Recht auf Briefwechsel" an den Kopf gewor-
10 fen [...]. Das steht fast sicher für: erschossen [...].
Geprügelt wird mit Gummiknüppeln, geprügelt wird mit Teppichklopfern, geprügelt wird mit Sandsäcken. Arg ist der Schmerz, wenn sie auf Knochen schlagen, zum Beispiel mit Stiefeln gegen das Schienbein, wo über dem Knochen nur 15
Haut ist. Der Brigadekommandeur Karpunitsch-Brawen wurde 21 Tage hintereinander geprügelt.

Alexander Solschenizyn, Der Archipel Gulag (übers. v. Anna Peturnig, Ernst Walter), Bern/München: Scherz Verlag 1974, S. 17, S. 212.

Aufgaben

1. „Aufbau des Sozialismus"
a) Skizziere Stalins Methoden der Machterhaltung.
b) Erläutere das Programm der Kollektivierung und schildere Durchführung und Ergebnisse.
c) Fasse Stalins Ausführungen über seine Wirtschaftspolitik (M6) zusammen und arbeite seine Bewertung heraus.
d) Vergleiche die Darstellung Stalins mit der Darstellung im Schulbuchtext.
e) Beurteile die Wirtschaftspolitik Stalins.
⌒ M6, Text auf den Seiten 73–74

2. „Archipel Gulag"
a) Informiere dich über den russischen Schriftsteller Alexander Solschenizyn (1918–2008).
b) Erläutere das Thema, über das Solschenizyn in dem abgedruckten Auszug (M7) schreibt.
c) Das Buch „Der Archipel Gulag" konnte in der Sowjetunion nur im Geheimen gelesen werden. Prüfe mögliche Gründe und nimm dazu Stellung.
⌒ M7, Internet

Das Ende des Ersten Weltkrieges

Die ereignisreichen Tage des 9. bis 11. November 1918 markieren das Ende des Ersten Weltkrieges. Das Foto unten zeigt ein Ereignis vom 10. November 1918.

M 1 **Der Kaiser geht ins Exil in die Niederlande**

Wilhelm II. (der 4. von links) an der Grenze zwischen Belgien und den Niederlanden, 10. November 1918

M 2 **Opfer des Krieges – Zwei Darstellungen**

a) Der englische Historiker John Keegan schreibt (2000):

Der Streifen britischer Soldatenfriedhöfe, der sich von der Kanalküste bis zur Somme und darüber hinaus erstreckt, bildet zugleich eine idealisierte Gedenkstätte für alle auf den Schlachtfeldern des Großen Krieges [= Erster Weltkrieg]
5 Gefallenen, derer nicht gedacht wird. Ihre Zahl ist gewaltig. [...] Berechnet man den prozentualen Anteil der jüngeren Jahrgänge, dann überschreiten die Zahlen bei weitem das, was emotional verkraftet werden konnte. Zwischen 1914 und 1918 war die männliche Sterbeziffer in Großbritannien
10 sieben bis acht Mal, in Frankreich (wo 17 Prozent des Heeres fielen) zehn Mal so hoch wie in Friedenszeiten. Die Verluste bei den jüngsten Altersgruppen in Deutschland waren ähnlich hoch: Zwischen 1870 und 1899 wurden etwa 16 Millionen Knaben geboren; nahezu alle wurden im Krieg einge-
15 zogen und rund 13 Prozent fielen. [...]
Kein Wunder, dass man im Deutschland der Nachkriegszeit von einer „verlorenen Generation" sprach, dass deren Eltern durch den gemeinsamen Schmerz verbunden waren, dass die Überlebenden das Gefühl hatten, auf unerklärli-
20 che Weise dem Tod entronnen zu sein, und oft eine Spur von Schuld, manchmal Wut und Rachegelüste empfanden.

John Keegan, Der Erste Weltkrieg. Eine europäische Tragödie (übers. v. Karl u. Heidi Nicolai), Reinbek bei Hamburg: Kindler (Rowohlt) 2000, S. 586.

b) Der Historiker Michael Epkenhans schreibt (2015):

Auch die Zahl der zivilen Toten, sei es durch unmittelbare Kriegshandlungen, Kriegsverbrechen, Hunger oder die große Grippewelle, erreichte mit 5,9, vielleicht sogar 7,8 Millionen Opfern bisher nie gekannte Größenordnungen. Bei der Betrachtung der Zahlen gilt es zugleich zu berücksich-
5 tigen, wie schwer diese Verluste die Nachkriegsgesellschaften belasteten. Trotz geringerer absoluter Zahlen wogen die militärischen und zivilen Toten in Frankreich mit seiner erheblich geringeren Bevölkerung im Vergleich zum Deutschen Reich höher. Dies galt erst recht für die Balkanstaa-
10 ten, die prozentual die größten Verluste zu verzeichnen hatten.

Michael Epkenhans, Der Erste Weltkrieg 1914–1918, Paderborn: Ferdinand Schöningh 2015, S. 250 f.

Aufgaben

1. Das Ende des Krieges

a) Beschreibe das Foto M1 vom 10. November 1918 und formuliere Fragen zum Bild.

b) Finde mithilfe des Textes auf Seite 77 Antworten auf deine Fragen.
⌐ M1, Text auf Seite 77

Sieg- oder Verständigungsfrieden?

Im Laufe des Krieges geriet der „Burgfrieden" im Deutschen Reich ins Wanken. Die Hungersnot im Winter 1916/17 verstärkte die Kriegsmüdigkeit und Friedenssehnsucht in der Bevölkerung. Die Krise wurde offenbar, als der Reichstagsabgeordne-
5   te Matthias Erzberger seine Zweifel an der Wirksamkeit des U-Boot-Krieges äußerte und das Zentrum, die Liberalen und die SPD in einer Friedensresolution forderten, Deutschland solle seine Bereitschaft zu einem Verständigungsfrieden bekunden. Diese Friedensbemühungen blieben aber ebenso erfolglos wie die Initiativen des Papstes Benedikt XV. und des neuen österreichischen Kaisers
10 Karl I., der dem 1916 verstorbenen Franz Joseph I. auf dem Thron gefolgt war.

Dem Zusammenbruch entgegen und Beginn der Novemberrevolution

Am 8. Januar 1918 entwarf der amerikanische Präsident Woodrow Wilson in 14 Punkten ein politisches Programm, das eine stabile demokratische Weltord-
15 nung garantieren sollte. Zwar setzte Deutschland den Krieg fort, doch führte die wachsende Überlegenheit der Alliierten, die von den USA mit Kriegsmaterial und Soldaten unterstützt wurden, an allen Fronten zum Scheitern.

Ab Juli 1918 zeigte sich eine nachhaltige Erschöpfung des Heers und die Oberste Heeresleitung gestand – endlich, aber viel zu spät – Ende September 1918
20 Deutschlands Niederlage ein. Sie drängte die Regierung zum sofortigen Waffenstillstand. Im Oktober 1918 kam es zu einer Verfassungsänderung, die das deutsche Kaiserreich zur parlamentarischen Monarchie machte. Der neue liberale Reichskanzler Max von Baden übermittelte dem amerikanischen Präsidenten unverzüglich das deutsche Waffenstillstandsgesuch. Hierin erkannte er Wilsons
25 Friedensprogramm als Verhandlungsgrundlage an.

Als dennoch die Seekriegsleitung am 28. Oktober 1918 der Hochseeflotte den Befehl zum Auslaufen gab, führte das zur Meuterei der Matrosen in Wilhelmshaven und Kiel. Diese weitete sich schnell zu einer Revolution aus, die ganz Deutschland erfasste und wenig später zum Ende der Monarchie führte.

Gefallene Soldaten im Ersten Weltkrieg

Deutsches Reich 1.808.500	
Russland 1.700.000	
Frankreich 1.385.000	
Österreich-Ungarn 1.200.000	
Großbritannien 947.000	
Italien 460.000	
Serbien 360.000	
Türkei 325.000	
Rumänien 250.000	
USA 115.000	

66G_1

 M 3

Training

Erklärung des Operators „Erläutern"

Du sollst einen komplexen, vielschichtigen Inhalt (ein Phänomen, ein Ereignis, ein Problem, ein Modell, ein Schaubild usw.) in wesentliche Einzelheiten/Bestandteile zerlegen und deren Zusammenhänge deutlich machen. Deine Erklärung muss für jemanden verständlich und nachvollziehbar sein, der dazu keine Kenntnisse hat. Erläutern heißt erklären mit zusätzlichen Informationen, z.B. mit (eigenen) Beispielen, die deine Erklärung veranschaulichen.

Formulierungshilfen

Der Grund für … / eine Bedingung/eine Voraussetzung ist, dass … Das hängt damit zusammen, dass …
Eine Ursache für … ist, dass …
Das Phänomen/das Problem lässt sich damit erklären, dass … Es ist zu erkennen, dass …
Daran/es wird deutlich/ersichtlich, dass …
Das hat zur Folge, dass …
Daraus folgt/daraus ergibt sich, dass … Dies zeigt sich …

Aufgaben

1. **Opfer des Krieges – Zwei Darstellungen**
   a) Nenne anhand der Ausführungen des Historikers John Keegan (M2a) die Altersgruppe der Soldaten, die von den Verlusten besonders betroffen war.
   b) Erläutere den Begriff „verlorene Generation". Verwende dafür den Trainingskasten auf dieser Seite.

   c) Gib die Grundaussage des Historikers Michael Epkenhans (M2b) zu den zivilen Opfern mit eigenen Worten wieder.
   ↳ M2, M3, Text auf dieser Seite

Erinnerung an den Ersten Weltkrieg

Mit dem Ende des Ersten Weltkrieges am 11. November 1918 begann eine Verarbeitung dieses weltgeschichtlichen Ereignisses, die sich in den einzelnen Ländern auf sehr unterschiedliche Art und Weise entwickelte. Im Folgenden werden Beispiele aus Großbritannien gezeigt.

M 1 Mohnblumen auf Flanderns Feldern

In Großbritannien steht die Mohnblume für den Ersten Weltkrieg. Im November tragen viele Briten künstliche Mohnblumen an ihrer Kleidung. Seinen Ursprung hat dieses Ritual in dem Gedicht „In Flanders Fields", dass der kanadische Offizier John McGrae (1872–1918) 1915 für einen gefallenen Kameraden bei Ypern (einer belgischen Stadt in Flandern) geschrieben hat. Es ist heute eines der bekanntesten englischsprachigen Gedichte:

In Flanders Fields

In Flanders fields the poppies blow
Between the crosses, row on row,
5 That mark our place; and in the sky
The larks, still bravely singing, fly
Scarce heard amid the guns below.

We are the dead. Short days ago
10 We lived, felt dawn, saw sunset glow,
Loved, and were loved, and now we lie
In Flanders fields.

15 Take up our quarrel with the foe:
To you from failing hands we throw
The torch; be yours to hold it high.
If ye break faith with us who die
We shall not sleep, though poppies grow
20 In Flanders fields

M 2 Stilisierte Mohnblume aus Papier
Foto, 2018

Auf Flanderns Feldern

Auf Flanderns Feldern blüht der Mohn
Zwischen den Kreuzen, Reihe um Reihe,
Die unseren Platz markieren; und am Himmel   5
Fliegen die Lerchen noch immer tapfer singend
Unten zwischen den Kanonen kaum gehört.

Wir sind die Toten. Vor wenigen Tagen noch
Lebten wir, fühlten den Morgen und sahen den leuchten-   10
den Sonnenuntergang,
Liebten und wurden geliebt, und nun liegen wir
Auf Flanderns Feldern.

Nehmt auf unseren Streit mit dem Feind: 15
Aus sinkender Hand werfen wir Euch
Die Fackel zu, die Eure sei, sie hoch zu halten.
Brecht Ihr den Bund mit uns, die wir sterben
So werden wir nicht schlafen, obgleich Mohn wächst
Auf Flanderns Feldern.   20

Nachdichtung/Übersetzung zit. nach: https://politik-mv.de/2020/11/11/heute-ist-mohnblumentag/ [letzter Zugriff: 29.06.2021].

Aufgaben

1. „In Flanders Fields"

Das Gedicht „In Flanders Fields" (M1) entstand im Frühjahr 1915 an der Westfront. John McCrae sah Mohnblumen (M2) auf dem frischen Grab eines gefallenen Freundes wachsen.

a) Beschreibe, wie die Beziehung zwischen den Toten und den Lebenden dargestellt und welche Perspektive in dem Gedicht eingenommen wird.

b) Ordne das Gedicht in den historischen Zusammenhang des industrialisierten oder „modernen Krieges" ein.

c) Erörtere, warum sich das Gedicht und die Mohnblumenblüte als Symbole für eine Erinnerungskultur an den Ersten Weltkrieg anbieten. Berücksichtige dabei, dass die Toten in dem Gedicht als namenlose Gruppe dargestellt werden.

 M1–M2

M 3 **Friedhof in Douaumont nahe Verdun**

Bei den zweijährigen Kämpfen um das Gebiet bei Verdun starben etwa 700 000 Soldaten. Im Inneren des sogenannten Beinhauses sind die Gebeine von geschätzten hunderttausend Toten aufbewahrt, die nicht mehr identifiziert werden konnten, aktuelles Foto.

Erinnerungen an den Ersten Weltkrieg

Der Erste Weltkrieg war ein Krieg zwischen Nationen. Die Motive für den Kriegseintritt waren sehr verschieden, ebenso die Wahrnehmung des Krieges insgesamt. Diese Unterschiede spiegeln sich auch in den national-geprägten Erinnerungs-
5 kulturen der Nachkriegszeit ab 1918.

Erinnerungskultur

Mit dem geschichtswissenschaftlichen Begriff der „Erinnerungskultur" beschreiben Historikerinnen und Historiker den bewussten Umgang einer gesellschaftli-
10 chen Gruppe mit ihrer Vergangenheit und Geschichte. Erinnerungskulturen dienen vor allem Zwecken der jeweiligen Gegenwart.

Die Erinnerung an ausgewählte Ereignisse oder Personen kann der Vergangenheit einen Sinn zuweisen, einer Gesellschaft Gemeinschaftsgefühle geben oder Identitäten stiften. Sichtbar wird die Erinnerung beispielsweise in Texten,
15 Bildern, Filmen, Denkmälern, politischen Reden, Symbolen oder Jahrestagen. Erinnerungskulturen können sich stetig verändern; sie können bestimmte Aspekte der Geschichte betonen oder auch wieder weglassen: Der Umgang einer Erinnerungsgemeinschaft mit der Vergangenheit ist immer abhängig von ihren aktuellen Bedürfnissen.
20

National geprägte Erinnerungskulturen

Dass der Erste Weltkrieg bis heute vor allem mit Schützengräben, Maschinengewehren, Gasangriffen, dem Trommelfeuer der Artillerie und Orten wie Verdun, Ypern, Passchendaele oder Arras in Verbindung gebracht wird, liegt an der Domi-
25 nanz der belgischen, französischen und britischen Erinnerungskulturen. In Frankreich und Großbritannien ist die Erinnerung an den „Grande Guerre" bzw. den „Great War" seit 1918 ungebrochen und mit festen Ritualen in der Gesellschaft verankert. Seit Kriegsende finden rund um den 11. November unter breiter öffentlicher Anteilnahme Erinnerungszeremonien mit Kranzniederlegungen statt. Viele

M 4 **Gedenken in London**

Der Tower in London mit etwa 900 000 Mohnblumen aus Keramik. Dies entspricht der Zahl der im Ersten Weltkrieg Gefallenen des Empire, Foto, 11. November 2014.

Briten tragen rote Mohnblüten als Zeichen der Erinnerung an ihrer Kleidung. Entlang des ehemaligen Frontverlaufs in Frankreich und Belgien sind die zahlreichen Soldatenfriedhöfe, Denkmäler und Museen seit Jahrzehnten vielbesuchte Ziele von Nachkommen Gefallener, aber auch von Schulklassen und Schlachtfeldtouristen. Darstellungen des Ersten Weltkrieges in der populären Erinnerungskultur – in Sachbüchern, Spielfilmen, Dokumentarfilmen oder Comics – halten die Erinnerung über die Generationen hinweg lebendig.

In Deutschland und Russland fiel das Kriegsende mit revolutionären Umbrüchen zusammen. Hinzu kam, dass sowohl Deutschland als auch Russland den Krieg verloren hatten. Die neuen politischen und gesellschaftlichen Ordnungen erschwerten in beiden Ländern die Entwicklung von Erinnerungskulturen mit gesamtgesellschaftlicher Wirkung. Die sozialistische Sowjetunion distanzierte sich vom Ersten Weltkrieg und erinnerte stattdessen an die Revolution von 1917 als identitätsstiftendes Ereignis.

In der Weimarer Republik fand die Erinnerung an die gefallenen Soldaten dezentral statt: In fast jeder Ortschaft entstanden Denkmäler, an denen seit 1925 am Volkstrauertag Kränze niedergelegt wurden. Die nationalsozialistische Gewaltherrschaft, der Zweite Weltkrieg und der Holocaust überlagerten nach 1945 dann die Erinnerung an den Ersten Weltkrieg in Deutschland. Der 100. Jahrestag seines Ausbruchs setzte 2014 jedoch neue Impulse der Erinnerungskultur. Im geeinten Europa der Gegenwart sind sich die ehemaligen Kriegsgegner sehr nahe und suchen nach Verbindungen zwischen ihren Erinnerungskulturen, um eine gemeinsame Geschichte des Ersten Weltkrieges erzählen zu können.

Aufgaben

1. **„Blutgetränkte Länder und rote Meere"**
   Zum 100. Jahrestag 2014 gab es in London die künstlerische Installation (M4) „Blood swept Lands and Seas of Red" (Blutgetränke Länder und rote Meere). 888.246 Mohnblumen aus Keramik sollten am Remembrance Day an die Gefallenen des Vereinigten Königreiches und des Commonwealth erinnern. Trotz öffentlicher Zustimmung gab es auch Kritik – die Aktion wurde in der britischen Presse u. a. als „falsch, banal und selbstbezogen" bezeichnet.

a) Nimm Stellung zu der Kritik an der Kunstaktion als Teil der britischen Erinnerungskultur und formuliere Argumente für und gegen diese Form der Erinnerung an den Ersten Weltkrieg.

b) Beurteile, ob die nationalen Erinnerungskulturen an den Ersten Weltkrieg in einem vereinten Europa noch zeitgemäß sind.

c) Entwickle Ideen für eine europäische Erinnerung an den Ersten Weltkrieg.
   M1 – M4, Text auf den Seiten 79 – 80

Fragebogen zum Thema: Imperialismus und Erster Weltkrieg

Hinweis: Die Tabelle dient der Selbsteinschätzung deiner erworbenen Kenntnisse und Kompetenzen. Die Auflistung erhebt nicht den Anspruch, vollständig zu sein. Es handelt sich um eine Auswahl, die ggf. erweitert werden kann. In der rechten Spalte findest du Hinweise, wie du eventuell vorhandene Lücken oder auch Unsicherheiten beseitigen kannst.

Ich kann …	Ich bin sicher. ☺	Ich bin ziemlich sicher. 😐	Ich bin noch unsicher. ☹	Ich habe große Lücken. ☹	Auf diesen Seiten kannst du in HORIZONTE nachlesen	Empfehlungen zur Übung, Wiederholung und Festigung
… zentrale Motive, Formen und Folgen des Imperialismus des Deutschen Reichs erläutern.					32 – 33 34 – 37 38 – 41	Erstelle zu den Motiven, Formen und Folgen des Imperialismus eines europäischen Staates eine Mind Map.
… am Beispiel des Humboldt-Forums den Umgang mit deutscher Kolonialgeschichte unter Berücksichtigung digitaler Angebote bewerten.					42 – 45	Untersuche mithilfe der Trainings-Seite „Eine Website erschließen und prüfen" auf Seite 45 eine Website zum Humboldt-Forum."
… zwischen Anlass und Ursachen des Ersten Weltkriegs unterscheiden.					46 – 47 48 – 49 50 – 53	Notiere in einer Tabelle Ursachen und Anlässe für den Ersten Weltkrieg.
… Motive und Handeln der Politiker während der „Julikrise" beurteilen.					50 – 53	Fasse in Stichworten die Motive und Handlungen der Politiker zusammen.
… Auswirkungen der „modernen" Kriegsführung auf die Art der Kampfhandlungen erläutern.					54 – 57 58 – 61	Skizziere in einem Cluster die Besonderheiten der Kriegsführung und ihre Auswirkung auf die Soldaten.
… Auswirkungen der „modernen" Kriegsführung auf das Leben der Zivilbevölkerung beschreiben.					62 – 65	Werte eine Quelle zur Heimatfront aus.
… den Zäsurcharakter der Ereignisse des Jahres 1917 erörtern.					66 – 71	Erkläre den Begriff „Zäsur" und benenne die wichtigsten Ereignisse des Jahres 1917.
… Verlauf und Ende des Ersten Weltkriegs beschreiben.					54 – 57 66 – 68 76 – 77	Erstelle einen Zeitstrahl zum Verlauf des Ersten Weltkriegs.
… Erinnerungsorte, Symbole und Rituale des Gedenkens an die Opfer des Ersten Weltkrieges bewerten.					78 – 80	Stelle ein Beispiel der Erinnerung an den Ersten Weltkrieg in einem Schaubild vor.

ACHTUNG:

bitte nicht beschreiben!

Du findest eine Kopie dieser Seite zur Bearbeitung unter dem Webcode

🖥 WES-115460-207

Die politisch-territoriale Entwicklung in Deutschland von 1918 bis 1933

Weimar – die erste deutsche Demokratie

Die Weimarer Republik (1919–1933) kämpfte über viele Jahre mit den Folgen des Ersten Weltkrieges. Die Umstellung der Kriegswirtschaft auf die Friedenszeit, das Auffangen der Kriegsfolgen und die Umwandlung des Obrigkeitsstaates, der nach wie vor zahlreiche Anhänger besaß, in eine parlamentarische Demokratie waren gewaltige Herausforderungen. 5

Die Demokratie versuchte, die Menschen auch über einen Sozialstaat für sich zu gewinnen, der in viele Richtungen ausgebaut wurde und im damaligen Europa vorbildlich war. Bis zur Mitte der 1920er-Jahre wurde das Potenzial einer freiheitlich-demokratischen Grundordnung deutlich, indem zum ersten Mal in der deutschen Geschichte auch Frauen 1919 das aktive und passive Wahlrecht erhielten 10 und Ansätze der Frauenemanzipation festzustellen waren. Hilfen für Gruppen, die bislang von der Politik vernachlässigt wurden (z. B. Jugendliche), wurden vom Staat eingerichtet und mehr Menschen hatten über die staatlichen Hilfen die Möglichkeit, ihr Leben besser zu gestalten. Kunst, Literatur und städtisches Leben 15 blühten wieder auf: Für die einen war dies ein Aufbruch in eine neue Zeit nach den verheerenden Folgen und Erfahrungen des Ersten Weltkrieges, für die anderen dagegen wurden gerade diese Entwicklungen Grund, sich noch deutlicher von der Demokratie abzuwenden.

Die Weimarer Republik stand vor dem Problem, dass sich im Laufe der Zeit 20 immer weniger Wählerinnen und Wähler zu ihr bekannten. Die Gründe dafür

Potsdamer Platz
Fotografie, Berlin, 1920er-Jahre

„Gegen Terror – für Frieden und Arbeit"
Wahlplakat der SPD, 1932

Legende:
- Siegermächte
- besiegte Mächte
- neue Staaten
- Orte wichtiger Verträge
- Revision der Nachkriegsordnung angestrebt
- Grenze des Deutschen Reichs 1914

M 3 Europa nach dem Ersten Weltkrieg

waren vielschichtig. Welche Chancen diese Demokratie tatsächlich hatte, ist bis heute ein wesentlicher Untersuchungsgegenstand der Geschichtswissenschaft. Fest steht, dass es verschiedene Ursachen gibt, die – im Gegensatz zu den Demo-
25 kratien im Westen (z. B. England, Frankreich) – dazu führten, dass gerade in Deutschland die Demokratie scheiterte.

Ein zentrales Ereignis, um die Geschichte der Weimarer Republik zu verstehen, ist die Weltwirtschaftskrise 1929. Der Sozialstaat kam aufgrund des wirtschaftlichen Zusammenbruchs an seine Grenzen. Hilfen konnten nicht mehr ge-
30 leistet werden, die Arbeitslosigkeit stieg auf bis dahin unbekannte Höhen. Programme, die Krise zu meistern, wurden zwar entworfen, die Demokratie hatte aber nicht mehr die Zeit, diese umzusetzen, da politisch über die Präsidialkabinette und schließlich durch die Ernennung Adolf Hitlers zum Reichskanzler am 30. Januar 1933 die demokratische Mitsprache im Parlament schrittweise redu-
35 ziert und unter Hitler dann komplett abgeschafft wurde. Aus der vorbildlichen Demokratie wurde in kurzer Zeit eine menschenverachtende Diktatur.

Am Ende der Weimarer Republik prallten somit die verschiedenen Ideologien deutlich aufeinander: Das liberal-demokratische Regierungssystem wurde von den dem Sozialismus/Kommunismus anhängenden Gruppen ebenso angegriffen
40 wie vom Nationalsozialismus, der eine radikal antidemokratische Ideologie vertrat.

Aufgaben

1. **Die politisch-territoriale Entwicklung in Deutschland von 1918 bis 1933**
   a) Vergleicht die Karte M3 mit der Karte „Europa vor dem Ersten Weltkrieg" auf Seite 8 und erstellt eine Tabelle mit den Veränderungen in Europa.

   b) Interpretiert das Wahlplakat M2 (beschreiben, analysieren, deuten).

   c) Recherchiert zum Thema: „Der Sozialstaat in der Weimarer Republik" und erstellt dazu einen Podcast.

   ⌒ M1, M2 auf Seite 8, Text auf den Seiten 82–83, M2, Internet

Die Deutsche Revolution

Die Bundesrepublik Deutschland besteht als demokratischer Staat seit 1949. Es hat jedoch zuvor schon einmal eine parlamentarische deutsche Republik gegeben, welche knapp anderthalb Jahrzehnte existierte. Diese „Weimarer Republik" entstand am Ende des Ersten Weltkrieges und endete mit der Machtübernahme durch die Nationalsozialisten. Wie begann diese erste deutsche Demokratie? Die Extraausgabe des „Vorwärts" vom 9. November 1918 gibt erste Hinweise.

M 1   „Der Kaiser hat abgedankt"

Extra-Ausgabe des „Vorwärts" vom 9. November 1918

Vorwärts

Berliner Volksblatt.

Zentralorgan der sozialdemokratischen Partei Deutschlands.

Der Kaiser hat abgedankt!

Der Reichskanzler hat folgenden Erlaß herausgegeben:

Seine Majestät der Kaiser und König haben sich entschlossen, dem Throne zu entsagen.

Der Reichskanzler bleibt noch so lange im Amte, bis die mit der Abdankung Seiner Majestät, dem Thronverzichte Seiner Kaiserlichen und Königlichen Hoheit des Kronprinzen des Deutschen Reichs und von Preußen und der Einsetzung der Regentschaft verbundenen Fragen geregelt sind. Er beabsichtigt, dem Regenten die Ernennung des Abgeordneten Ebert zum Reichskanzler und die Vorlage eines Gesetzentwurfs wegen der Ausschreibung allgemeiner Wahlen für eine verfassunggebende deutsche Nationalversammlung vorzuschlagen, der es obliegen würde, die künftige Staatsform des deutschen Volk, einschließlich der Volksteile, die ihren Eintritt in die Reichsgrenzen wünschen sollten, endgültig festzustellen.

Berlin, den 9. November 1918. **Der Reichskanzler.**

Prinz Max von Baden.

Es wird nicht geschossen!

Der Reichskanzler hat angeordnet, daß seitens des Militärs von der Waffe kein Gebrauch gemacht werde.

Aufgaben

1. Die Deutsche Revolution

a) Fasse den Inhalt des Titelblatts der Zeitung „Vorwärts" vom 9.11.1918 (M1) in eigenen Worten zusammen.

b) Formuliere im Anschluss vier Fragen zu diesem Text, die dir relevant im Zusammenhang mit dem Geschehen erscheinen. Tauscht euch im Anschluss über eure Fragen aus und beantwortet sie anhand des Textes auf den Seiten 85–86 (Abschnitt 1 und 2).

Beispiele für mögliche Fragen: Welche Gründe gab es für die Abdankung des Kaisers?
Welche politische Position vertraten der/die Herausgeber der Zeitung?

c) Arbeite die Bedeutung der Meutereien innerhalb der Kriegsflotte für den Beginn der Revolution heraus.

M1, Text auf den Seiten 85–86

M 2 „Es lebe die sozialistische Republik"

Matrosen auf dem Kriegsschiff „Prinzregent Luitpold" in Kiel, Anfang November 1918

Ein historischer Tag

Am 9. November 1918 überschlugen sich in der Reichshauptstadt Berlin die Ereignisse: Bereits vormittags legte ein Generalstreik das gesamte Wirtschaftsleben lahm. Um 12 Uhr gab Reichskanzler Max von Baden eigenmächtig die Abdankung
5 des Kaisers Wilhelms II. und den Thronverzicht des Kronprinzen bekannt. Zugleich übertrug er sein Amt an Friedrich Ebert, den Vorsitzenden der MSPD. Während des Krieges hatte sich die SPD gespalten. Ein Teil hatte sich als „Unabhängige Sozialdemokratische Partei Deutschlands" (USPD) selbstständig gemacht und sich von den „Mehrheitssozialdemokraten" (MSPD) getrennt. Damit übernahm zum ersten Mal
10 ein Sozialdemokrat das höchste Regierungsamt. Ohne Ebert zu informieren, rief sein Parteifreund, Philipp Scheidemann, gegen 14 Uhr die „Deutsche Republik" aus und kam damit der Ausrufung einer Sowjetrepublik nach russischem Vorbild zuvor. Zwei Stunden später proklamierte Karl Liebknecht (USPD), der einige Zeit später die kommunistische Partei Deutschlands mitgründete, die „Sozialistische Repu-
15 blik" und forderte die „Weltrevolution". Am Abend des 9. November einigten sich schließlich die MSPD und die USPD darauf, eine provisorische Regierung zu bilden. Diese trug den Namen „Rat der Volksbeauftragten" und sollte bis zur Wahl einer Nationalversammlung die politische Verantwortung in Deutschland übernehmen. Das deutsche Kaiserreich hatte damit aufgehört zu bestehen.
20

Ursachen der Revolution

Nachdem Sowjetrussland Anfang 1918 im Frieden von Brest-Litowsk riesige Gebiete an die Mittelmächte hatte abtreten müssen, versuchte die deutsche Armee mit einer groß angelegten Frühjahrsoffensive, die militärische Entscheidung auch
25 im Westen zu erzwingen. Im Laufe des Sommers zeichnete sich jedoch ab, dass diese Aktion erfolglos verlief. Zudem forderten die USA die Demokratisierung Deutschlands: Die konstitutionelle Monarchie, in der zwar eine Verfassung existierte, sollte in eine parlamentarische umgewandelt werden. Zwar wurde im Oktober beschlossen, dass die Regierung künftig vom Vertrauen des Reichstages und
30 nicht mehr nur vom Kaiser abhängig sein sollte, jedoch kam diese sogenannte

M 3 „Ausrufung der sozialistischen Republik durch Karl Liebknecht"

Historiengemälde (Ausschnitt) aus der DDR von 1954 mit falscher Darstellung: Karl Liebknecht hat am 9. November 1918 vor dem Stadtschloss die sozialistische Republik ausgerufen.

Info

Spartakisten

In Opposition zur Burgfriedens- und Kriegskreditpolitik der SPD-Führung 1914 entstandene marxistisch-sozialistische Gruppe um Rosa Luxemburg und Karl Liebknecht, die gegen Krieg und Kapitalismus für die soziale Revolution eintrat und 1919 in der KPD aufging.

M 4 Spartakus-Aufstand in Berlin
Straßenkämpfe im Zeitungsviertel, Berlin, Foto, 5. Januar 1919

M 5 Rosa Luxemburg
(1871–1919)

Oktoberreform zu spät: Als Ende Oktober 1918 der Befehl gegeben wurde, dass die Kriegsflotte auslaufen sollte, kam es zu Meutereien auf Schiffen der vor Wilhelmshaven ankernden Hochseeflotte. Diese griffen Anfang November auf die Kieler Werften und Rüstungsbetriebe über und breiteten sich schnell in ganz Deutschland aus. 35

Die Räte übernehmen die Macht

Aufständische Soldaten und Arbeiter wählten Vertreter, die ihre Interessen wahrnehmen sollten. Diese nannten sich Räte. In diesen Soldaten- und Arbeiterräten arbeiteten meistens Mitglieder der MSPD und der USPD. Die Rätebewegung breitete sich in den ersten Novembertagen in ganz Deutschland aus. Neben der Rätebewegung agierte der am 9. November 1918 eingerichtete Rat der Volksbeauftragten. Nur die beiden sozialistischen Parteien und gewählte Arbeiter- und Soldatenräte bestimmten nun das politische Geschehen. Die bürgerlichen Parteien, Zentrum und Liberale, waren von den Entscheidungen ausgeschlossen. Der Chef der Obersten Heeresleitung, General Groener, hatte Friedrich Ebert zugesagt, dass sich die Armee der neuen sozialdemokratischen Regierung unterstellen werde. Diese Vereinbarung wird auch als Ebert-Groener-Pakt bezeichnet. Durch dieses Vorgehen wollte Ebert einen geordneten Übergang von der monarchischen zur demokratischen Staatsform gewährleisten. In der Folge erwies sich diese Übereinkunft aber als schädlich für die junge deutsche Demokratie, da die Reichswehr in weiten Teilen republikfeindlich eingestellt war. 40 45 50

Räteherrschaft oder parlamentarische Demokratie?

Wie die politische Ordnung Deutschlands aussehen sollte, war unter den Revolutionären umstritten. Die Spartakisten um Karl Liebknecht und Teile der USPD forderten eine Herrschaft der Räte, die direkt vom Volk gewählt, aber auch abgewählt werden konnten. Sie sollten gesetzgeberische, ausführende und richterliche Befugnisse haben. Diese Gruppe lehnte eine Gewaltenteilung also ab. Die MSPD hingegen strebte eine Volksvertretung mit gewählten Abgeordneten an, die jedoch nicht an die Vorgaben ihrer Partei gebunden sein sollten. Ihr Ziel war die Errichtung eines Staatswesens nach den Prinzipien der Gewaltenteilung. Ungeachtet dieser Auseinandersetzungen fielen aber schon in den ersten Tagen der Revolution Entscheidungen, die eine Ausweitung der Revolution verhindern sollten. Dazu gehörte auch, dass die Unternehmer und Gewerkschaften sich darauf verständigten, Industriebetriebe nicht zu enteignen. 55 60 65

Im Dezember 1918 trat in Berlin ein gesamtdeutscher Rätekongress zusammen, der sich mit überwältigender Mehrheit für die parlamentarische Demokratie entschied. In der neu gegründeten KPD, der Kommunistischen Partei Deutschlands, sammelten sich diejenigen, die weiterhin am Ziel einer Räterepublik festhielten und durch eine gewaltsame Revolution die bestehenden Verhältnisse beseitigen wollten. Sie versuchten mit dem sogenannten Spartakus-Aufstand (benannt nach Spartakus, dem antiken Anführer eines Sklavenaufstandes) die für Januar 1919 geplanten Wahlen zu verhindern. Zur Niederschlagung setzte die Regierung Freikorps ein, die sich aus entlassenen Soldaten zusammensetzten und die der Revolution und der Demokratie ablehnend gegenüberstanden. Die KPD-Führer Rosa Luxemburg und Karl Liebknecht wurden dabei ermordet. 70 75

Als am 19. Januar 1919 die Wahl zur verfassungsgebenden Nationalversammlung stattfand, bei der Frauen erstmalig das Wahlrecht hatten, war die Revolution beendet. Nun ging es darum, eine neue politische Ordnung zu schaffen. 80

Medienbildung: 9. November 1918: Die Republik wird ausgerufen

M 6   Die „Deutsche Republik"

Am 9. November 1918 gegen 14 Uhr rief Philipp Scheidemann die „Deutsche Republik" aus. Der folgende Text wurde von Philipp Scheidemann für seine 1928 erschienenen Memoiren nachträglich angefertigt:

Arbeiter und Soldaten! [...]
Der Kaiser hat abgedankt. Er und seine Freunde sind verschwunden. Über sie alle hat das Volk auf der ganzen Linie gesiegt! Der Prinz Max von Baden hat sein Reichskanzler-
5 amt dem Abgeordneten Ebert übergeben. Unser Freund wird eine Arbeiterregierung bilden, der alle sozialistischen Parteien angehören werden. Die neue Regierung darf nicht gestört werden in ihrer Arbeit für den Frieden, in der Sorge um Brot und Arbeit. Arbeiter und Soldaten! Seid euch der
10 geschichtlichen Bedeutung dieses Tages bewusst. Unerhörtes ist geschehen. Große und unübersehbare Arbeit steht uns bevor.
Alles für das Volk, alles durch das Volk! Nichts darf geschehen, was der Arbeiterbewegung zur Unehre gereicht. Seid
15 einig, treu und pflichtbewusst! Das Alte und Morsche, die Monarchie ist zusammengebrochen. Es lebe das Neue! Es lebe die Deutsche Republik!

Zit. nach: Wolfgang Lautemann/Manfred Schlenke (Hg.), Günter Schönbrunn (Bearb.), Geschichte in Quellen Band 5: Weltkriege und Revolutionen 1914–1945, München: Bayerischer Schulbuch-Verlag 1975 (2. Aufl.), S. 114.

M 7   „Die freie sozialistische Republik"

Gegen 16 Uhr proklamierte Karl Liebknecht am 9. November 1918 auf einer Massenversammlung vor dem Berliner Stadtschloss die „Sozialistische Republik":

Der Tag der Revolution ist gekommen. Wir haben den Frieden erzwungen. Der Friede ist in diesem Augenblick geschlossen. Das Alte ist nicht mehr. Die Herrschaft der Hohenzollern, die in diesem Schloss jahrhundertelang gewohnt haben, ist vorüber [...].
5 Parteigenossen, ich proklamiere die freie sozialistische Republik Deutschland, die alle Stämme umfassen soll, in der es keine Knechte mehr geben wird, in der jeder ehrliche Arbeiter den ehrlichen Lohn seiner Arbeit finden wird. Die Herrschaft des Kapitalismus, der Europa in ein Leichenfeld 10 verwandelt hat, ist gebrochen [...].
Wir müssen alle Kräfte anspannen, um die Regierung der Arbeiter und Soldaten aufzubauen und eine neue staatliche Ordnung des Proletariats zu schaffen, eine Ordnung des Friedens, des Glücks und der Freiheit unserer deut- 15 schen Brüder und unserer Brüder in der ganzen Welt. Wir reichen ihnen die Hände und rufen sie zur Vollendung der Weltrevolution auf.

Zit. nach: Wolfgang Lautemann/Manfred Schlenke (Hg.), Günter Schönbrunn (Bearb.), Geschichte in Quellen Band 5: Weltkriege und Revolutionen 1914–1945, München: Bayerischer Schulbuch-Verlag 1975 (2. Aufl.), S. 115.

Aufgaben

1. Die Novemberrevolution
a) Stelle die Ursachen für die Novemberrevolution in einer Tabelle zusammen. Unterscheide politische, ökonomische, soziale und militärische Ursachen.
b) Erkläre mit eigenen Worten die Merkmale des Rätesystems und der parlamentarischen Demokratie. Informationen findest du im Text auf Seite 86.
c) Vergleiche beide Modelle und beurteile ihre Vor- und Nachteile.
   ⌒ Text auf den Seiten 85–86

2. Die Republik wird ausgerufen – Medienbildung
a) Fasse die wichtigsten Aussagen der Reden von Scheidemann (M6) und Liebknecht (M7) zusammen und vergleiche sie miteinander.
b) Die Rede von Philipp Scheidemann existiert als Audiodatei (siehe Link). Der Text wurde 1924 nachgesprochen. Höre dir die Rede an.

c) Notiere Informationen zu Sichtweise, Objektivität und Aussageabsicht dieser Rede. Beurteile anschließend den Quellenwert der Audiodatei.
   ⌒ M6, M7 www.dhm.de/lemo/kapitel/weimarer-republik/revolution-191819.html (Dauer: 3:56 min)

3. Die Republik wird ausgerufen: Wie wurde und wie wird heute daran erinnert? – Medienbildung
a) Führe eine Bildrecherche durch: An welchem Ort wurde die Republik von Karl Liebknecht ausgerufen? Wie ist an diesem Ort später erinnert worden?
b) Informiert euch in arbeitsteiligen Gruppen darüber, wie heute noch wichtige Personen der Revolution von 1918/19 (Friedrich Ebert, Philipp Scheidemann, Karl Liebknecht, Rosa Luxemburg) gewürdigt werden.
c) Stellt eure Ergebnisse in der Klasse vor und beurteilt anschließend diese Würdigung.
   ⌒ Text auf den Seiten 85–86, M3, M5, M7, Internet

Die Gründung der Weimarer Republik

Die Revolution bewirkte auch einen bedeutenden Schritt in Richtung Gleich-berechtigung: Im Jahr 1919 übten Frauen zum ersten Mal in der deutschen Ge-schichte das Recht aus, sowohl aktiv als auch passiv an Wahlen teilnehmen zu können. Unter den insgesamt 423 gewählten Abgeordneten zur Nationalversamm-lung waren 37 Frauen. Die erste Frau, die vor einem deutschen Parlament sprach, war die Abgeordnete Marie Juchacz.

Die Verfassung der jungen deutschen Demokratie brachte zahlreiche wichtige Fortschritte, besaß aber auch einige Schwächen. Im Folgenden sollen Entstehung und Aufbau sowie die Stärken und die „wunden Punkte" dieser Verfassung näher beleuchtet werden.

M 1 **Die Weimarer Reichsverfassung (11. August 1919)**

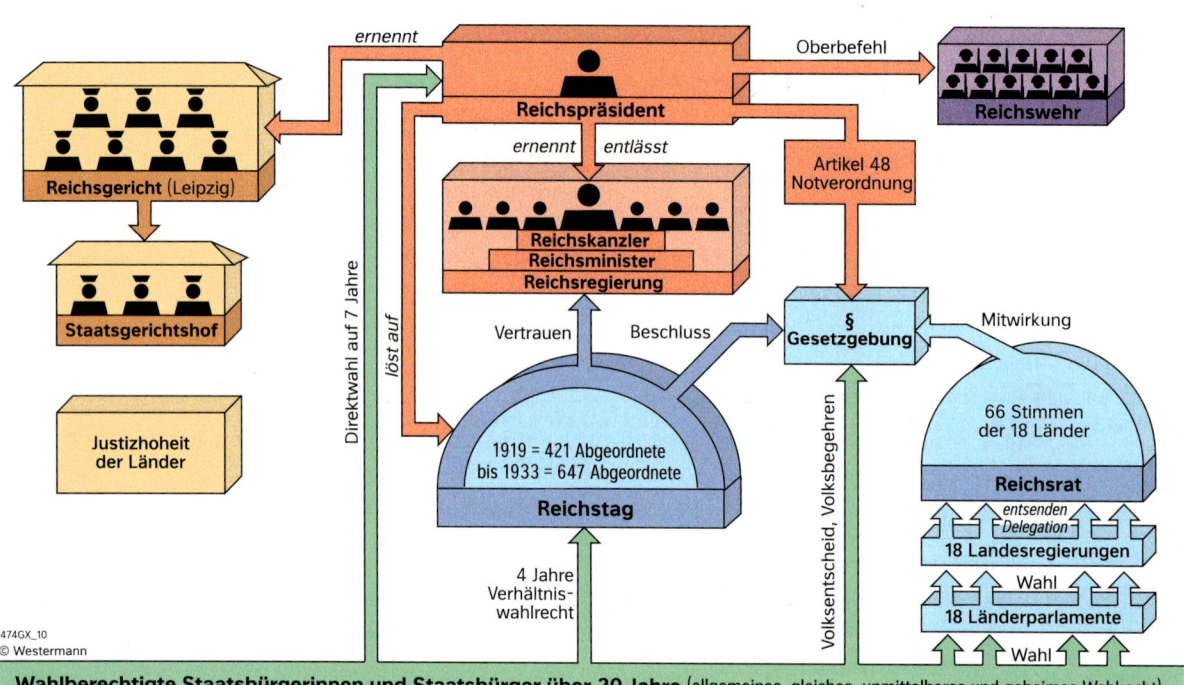

Aufgaben

1. Die Gründung der Weimarer Republik

a) Erläutere die Gründe für die Bezeichnung „Weimarer Republik".

b) Beschreibe anhand von M1 die Aufgaben der einzel-nen Verfassungsorgane (Reichspräsident, Reichstag, Reichsrat, Reichsregierung) der Weimarer Republik.

c) Untersuche die Machtverteilung zwischen ausfüh-render Gewalt (Exekutive), gesetzgebender Gewalt (Legislative) und rechtsprechender Gewalt (Judika-tive).

d) Überprüfe, inwiefern die Bezeichnung „Ersatzkaiser" für den Reichspräsidenten berechtigt ist. Informiere dich dazu auf Seite 137 genauer über den Artikel 48 der Weimarer Reichsverfassung.

e) Recherchiere die Machtposition des Bundesprä-sidenten in der Bundesrepublik Deutschland und vergleiche sie mit der des Reichspräsidenten in der Weimarer Republik. Finde Gründe für die Unter-schiede.

M1, Text auf der Seite 89, M6 auf Seite 137, Internet

„Weimarer Republik" statt „Berliner Republik"

Warum hieß der neue Staat „Weimarer Republik"und nicht „Berliner Republik"? Nach der Wahl zur Nationalversammlung traten die Mitglieder des neuen Parlaments in Weimar zusammen, um eine Verfassung für den neuen Staat auszuarbei-
5 ten. Da es in der Hauptstadt jedoch zu teils massiven Aufständen kam, entschieden sie sich dazu, das unruhige Berlin zu verlassen und sich in die durch Goethe und Schiller berühmt gewordene thüringische Kleinstadt zu begeben. In Weimar wählten die Abgeordneten Friedrich Ebert zum ersten Reichspräsidenten, sein Parteifreund Philipp Scheidemann wurde Reichskanzler. Die Reichsregierung be-
10 stand aus einer bürgerlich-sozialdemokratischen Koalition aus SPD, Zentrum und Linksliberalen. Diese Parteien bildeten die „Weimarer Koalition", die auf dem Boden der parlamentarischen Demokratie und der republikanischen Staatsform stand.

Die Weimarer Reichsverfassung

15 Die provisorische Regierung Scheidemann wollte den verfassungslosen Zustand schnell überwinden und dem unruhigen Land eine Verfassung geben, in der sich auch die Errungenschaften der Revolution niederschlagen sollten. Am Ende ausführlicher und leidenschaftlicher Diskussionen in der Nationalversammlung von
20 Weimar verabschiedeten die Abgeordneten im Sommer 1919 die Weimarer Reichsverfassung, die Reichspräsident Ebert am 11. August unterzeichnete.

Diese war zum einen durch die starke Stellung des Reichspräsidenten gekennzeichnet, den das Volk direkt wählte und der in Krisenzeiten besondere Vollmachten erhielt. Aufgrund seiner Machtfülle wurde er als „Ersatzkaiser" bezeichnet.
25 Doch gewann der Reichstag im Vergleich zum Kaiserreich um Einiges an Macht, da die Regierung nun vom Parlament abhängig war. Zum ersten Mal in der deutschen Parlamentsgeschichte konnten auch Frauen wählen und gewählt werden. Da auch die kleinsten Parteien gemäß ihrem Stimmenanteil im Parlament vertreten waren, gestaltete sich die Regierungsbildung jedoch oft sehr schwierig.
30 Schließlich hatten die Bürger die Möglichkeit, durch Volksentscheide (Plebiszite) direkten Einfluss auf die Politik auszuüben. Da die Weimarer Verfassung nur die politische Entscheidungsfindung regeln wollte und keine Vorkehrungen gegen Feinde der Demokratie vorsah, wird die Weimarer Reichsverfassung auch als „wertneutral" bezeichnet. Diese fehlende „Wehrhaftigkeit" stellte sich später auch
35 als eine Schwäche heraus.

M 2 **Sitzverteilung in der Nationalversammlung von 1919**

Zentrum 91
SPD 163
DDP 75
DVP 19
DNVP 44
USPD 22
sonstige 7

2947GX
© Westermann

WES-115460-301
Film zur Gründung der Weimarer Republik

M 3 „Gleiche Rechte – Gleiche Pflichten"
Wahlplakat der SPD, 1919

Gleiche Rechte - Gleiche Pflichten
Wählt sozialdemokratisch!
SOZIALDEMOKRATISCHE PARTEI DEUTSCHLANDS.

M 4 „Die Verfassung des Deutschen Reiches"
Titelblatt der Ausgabe, die beim Schulabschluss an die Absolventen verteilt wurde, 1919.

Die Verfassung des Deutschen Reichs

Der Versailler Vertrag – Ein gelungener Frieden?

Am 11. November 1918 wurde in einem Eisenbahn-Salonwagen im französischen Compiègne ein Waffenstillstand zwischen den bis dahin noch kriegführenden Ländern des Ersten Weltkrieges vereinbart. Danach galt es, tragfähige Friedensregelungen zu finden. Diese wurden zwischen Januar und Mai 1919 in Paris auf einer internationalen Friedenskonferenz beraten, an der Vertreter aus 32 Staaten teilnahmen. Im Mai 1919 übergaben die Sieger ihre Forderungen, die bei allen Parteien in der Nationalversammlung und bei der deutschen Bevölkerung auf einmütige Ablehnung stießen, wie zum Beispiel die folgende Karikatur zeigt.

M 1 „Versailles"

„Auch Sie haben ein Selbstbestimmungsrecht: Wünschen Sie, dass Ihnen die Taschen vor oder nach dem Tode ausgeleert werden?"

Dargestellt sind US-Präsident Wilson, der französische Ministerpräsident Clemenceau und der britische Premierminister Lloyd George, Karikatur von Thomas Theodor Heine, 3.6.1919.

Versailles (Th. Th. Heine)

Aufgaben

1. Der Versailler Vertrag im Spiegel einer deutschen Karikatur

a) Beschreibe die Karikatur M1 „Versailles".

b) Deute die Bildelement der Karikatur. Gehe dabei auch auf Kleidung und Haltung der Personen ein.

c) Fasse zusammen, wie der Vertrag von Versailles in dieser Karikatur bewertet wird.

d) Beurteile mithilfe des Textes auf den Seiten 91–92, ob diese Bewertung berechtigt ist. Begründe dein Urteil.

⌐ M1, Text auf den Seiten 91–92

M 2 Die deutschen Delegierten während der Verkündung der Friedensbedingungen in Versailles
Foto, Mai 1919

Der Abschluss der Friedensverträge

Der Vertrag von Versailles wurde am 28. Juni 1919 in Versailles bei Paris unterzeichnet und trat im Januar 1920 in Kraft. Parallel dazu wurden in weiteren Pariser Vororten mit Bulgarien, der Türkei, Österreich und Ungarn separate Friedensver-
5 träge abgeschlossen. Sie bedeuteten das Ende des Habsburger Vielvölkerstaates.

Den Inhalt und den Ausgang der Verhandlungen bestimmte vor allem ein „Rat der Vier", bestehend aus dem französischen Ministerpräsidenten und Tagungsvorsitzenden Georges Clemenceau, dem amerikanischen Präsidenten Woodrow Wilson, dem britischen Premierminister Lloyd George und dem italienischen Mi-
10 nisterpräsidenten Vittorio Emanuele Orlando.

Im Unterschied zum Wiener Kongress wurden die Friedensverhandlungen nach dem Ersten Weltkrieg nur von den Siegern geführt. Zentrales Anliegen der Siegermächte war es, nach dem Ende des „Großen Krieges" eine dauerhafte Weltfriedensordnung zu schaffen. Über die konkreten Regelungen zum Erreichen die-
15 ses Ziels waren sich die Teilnehmer der Pariser Friedenskonferenz zunächst uneins.

Die Positionen der Sieger

Den USA ging es um die Umsetzung der Idee eines Völkerbundes, wie ihn der amerikanische Präsident Wilson in seinem 14-Punkte-Programm vorgeschlagen
20 hatte. Der Völkerbund sollte das friedliche Zusammenleben der Staaten der Welt ermöglichen und auch überwachen. Des Weiteren wollten sich die USA den europäischen Markt für ihre Exporte sichern. In diesem Sinne plädierte man dafür, den Status Deutschlands als wirtschaftliche Macht zu erhalten, das Land aber zugleich in ein Weltwirtschaftssystem einzubinden, um es über Verträge zu kontrollieren.
25 Außerdem wollten die USA verhindern, dass der Funke des Bolschewismus auf Deutschland übersprang. Unabhängig davon forderten auch die USA, dass Deutschland für die verursachten Kriegsschäden Reparationen zu zahlen habe.

England brachte in die Pariser Verhandlungen vor allem die aus dem 19. Jahrhundert stammende Vorstellung eines Gleichgewichts der Kräfte ein, auch um
30 eine zukünftige Vorherrschaft Frankreichs zu verhindern. Wie die USA, so fürchtete auch England ein weiteres Vordringen des Bolschewismus – eine mögliche Kooperation von Russland und Deutschland wurde ebenfalls als Gefährdung für das europäische Gleichgewicht angesehen. Die Übergabe bzw. Vernichtung der

Hinweis

Eine interaktive Karte zum Versailler Vertrag ist zu finden unter:
http://segu-geschichte.de/versailler-vertrag/

M 3 Lloyd George, Clemenceau und Wilson (von links nach rechts) in Versailles
Foto, 1919

Aus dem Versailler Vertrag, Artikel 231 (Kriegsschuldartikel):

„Die alliierten und assoziierten Regierungen erklären, und Deutschland erkennt an, dass Deutschland und seine Verbündeten als Urheber für alle Verluste und Schäden verantwortlich sind, die die alliierten und assoziierten Regierungen und ihre Staatsangehörigen infolge des ihnen durch den Angriff Deutschlands und seiner Verbündeten aufgezwungenen Krieges erlitten haben."

Hinweis

Auf Seite 105 befindet sich die Karte „Deutschland nach dem Ersten Weltkrieg".

M 4 „Nieder mit dem Gewaltfrieden!"

Demonstration gegen den Versailler Vertrag im Berliner Lustgarten (vor dem Schloss), Mai 1919

deutschen Kriegsmarine war schon im Waffenstillstand verlangt worden. Außerdem sollte Deutschland seine Kolonien aufgeben. 35

Frankreich hingegen wollte nicht nur für die Schäden des Krieges entschädigt werden und die militärische Gefahr beseitigen, die von Deutschland ausging, sondern es strebte auch einschneidende territoriale und wirtschaftliche Veränderungen an, um die deutsche Machtstellung einzuschränken. Dazu sollte das vom Deutschen Reich 1871 gewonnene Elsass-Lothringen wieder zurückgegeben werden. 40 Neben einer Grenzverschiebung bis an den Rhein schlug man eine Zerstückelung Deutschlands in mehrere Staaten und die Bildung eines selbstständigen Rheinlandes als Pufferstaat vor. Zwar konnte Frankreich seine Maximalforderungen nicht durchsetzen, dennoch war der Versailler Vertrag im Ergebnis stark von den französischen Vorstellungen geprägt. 45

Welche Bestimmungen enthielt der Vertrag von Versailles?

- Deutschland musste Gebiete wie zum Beispiel Elsass-Lothringen, Westpreußen und Posen abtreten, blieb aber im Gegensatz etwa zu Österreich-Ungarn als Nationalstaat erhalten. Danzig wurde zur „Freien Stadt" unter Aufsicht des 50 Völkerbundes erklärt. Das linke Rheinufer und ein 50 km breiter Gebietsstreifen rechts des Rheins wurden entmilitarisiert. Hinzu kam der Verlust aller Kolonien.
- Der Vertrag von Versailles legte die Alleinschuld Deutschlands und seiner Verbündeten am Ausbruch des Ersten Weltkrieges fest.
- Der Kriegsschuldartikel 231 diente dabei als Begründung für die Zahlung von 55 Entschädigungen, sogenannten Reparationen, deren endgültige Höhe später bestimmt werden sollte.
- Zudem wurde Deutschland auch entmilitarisiert: An die Stelle der allgemeinen Wehrpflicht sollte ein Berufsheer mit 100 000 Mann treten. Fast das gesamte Kriegsmaterial musste abgeliefert werden. Zudem wurde gefordert, 60 dass die Regierung Kriegsverbrecher ausliefert und dass Kaiser Wilhelm II. unter Anklage gestellt wird.

Beurteilung des Vertrages

Die Ablehnung des Vertrags war in Deutschland weit verbreitet. Insbesondere die 65 Kriegsschuld und die Nicht-Beteiligung an den Verhandlungen, wegen der von einem „Diktatfrieden" gesprochen wurde, stießen auf Empörung. Aus heutiger Sicht sind bei einem Urteil auch andere Aspekte zu berücksichtigen: Gleichviel, wie man die Verantwortung im Einzelnen bewertet, war die deutsche Regierung am Ausbruch des Krieges wesentlich beteiligt und bis zum Schluss täuschte sie die 70 Bevölkerung über die tatsächliche militärische Lage. Zudem blieben Kaiser Wilhelm II. und die Oberste Heeresleitung als politisch und militärisch Verantwortliche bis zum Ende an der Macht. Auch waren die Kriegsführung und die militärischen Ziele nicht mit einem Verteidigungskrieg vereinbar. Deutschland selbst hatte gegenüber Russland bzw. der neu entstehenden Sowjetunion in Brest-Litowsk 75 einen außerordentlich harten Frieden durchgesetzt. Trotz aller Beschränkungen im Versailler Vertrag blieb Deutschland als wichtiger Staat in Europa enthalten. Auch ist die Perspektive der Siegermächte zu berücksichtigen. Der Kriegsverlauf, die kompromisslose Kriegsführung, die Zerstörungen und die vielen Kriegstoten sowie die Kriegspropaganda machten es schwer, einen milden 80 Frieden zu schließen.

M 5 „Die Stunde der Abrechnung"

Aus der Ansprache des französischen Ministerpräsidenten Clemenceau an die deutsche Delegation in Versailles am 7.5.1919 vor der Aushändigung des Vertragstextes:

Meine Herren Delegierten des Deutschen Reiches!

Es ist hier weder der Ort noch die Stunde für überflüssige Worte. Sie haben vor sich die Versammlung der Bevollmächtigten der kleinen und großen Mächte, die sich verei-
5 nigt haben, um den fürchterlichsten Krieg auszufechten, der ihnen aufgezwungen worden ist. Die Stunde der Abrechnung ist da. Sie haben uns um Frieden gebeten. Wir sind geneigt, ihn Ihnen zu gewähren.

Wir übergeben Ihnen das Buch des Friedens. Jede Muße zu
10 seiner Prüfung wird Ihnen gegeben werden. Ich rechne darauf, dass Sie diese Prüfung im Geiste der Höflichkeit vornehmen werden, welche zwischen den Kulturnationen vorherrschen muss; der [...] Versailler Friede ist zu teuer von uns erkauft worden, als dass wir es auf uns nehmen könn-
15 ten, die Folgen dieses Krieges allein zu tragen.

Übers. zit. n.: Wolfgang Lautemann/Manfred Schlenke (Hg.), Gunter Schönbrunn (Bearb.), Geschichte in Quellen Band 5: Weltkriege und Revolutionen 1914–1945, München: Bayerischer Schulbuch-Verlag 1961 (2. Aufl. 1975), S. 126 f.

M 6 Flammender Protest

Rede des Reichsministerpräsidenten Philipp Scheidemann in der Nationalversammlung am 12.5.1919:

Heute, wo jeder die erdrosselnde Hand an der Gurgel fühlt, lassen Sie mich ganz ohne taktisches Erwägen reden: was unseren Beratungen zugrunde liegt, ist dies dicke Buch, in dem 100 Absätze beginnen: Deutschland verzichtet, ver-
5 zichtet, verzichtet! Dieser schauerliche und mörderische Hexenhammer, mit dem einem großen Volke das Bekenntnis der eigenen Unwürdigkeit, die Zustimmung zur erbarmungslosen Zerstückelung abgepresst werden soll, dies Buch darf nicht zum Gesetzbuch der Zukunft werden. [...]
10 Ich frage Sie: Wer kann als ehrlicher Mann – ich will gar nicht sagen als Deutscher – nur als ehrlicher, vertragstreuer Mann solche Bedingungen eingehen? Welche Hand müsste nicht verdorren, die sich und uns in solche Fesseln legte? [...]
15 Dieser Vertrag ist nach der Auffassung der Reichsregierung unannehmbar [...]

Zit. n.: Wolfgang Lautemann/Manfred Schlenke (Hg.), Gunter Schönbrunn (Bearb.), Geschichte in Quellen Band 5: Weltkriege und Revolutionen 1914–1945, München: Bayerischer Schulbuch-Verlag 1961 (2. Aufl. 1975), S. 129.

Training

Umgang mit schriftlichen Quellen

Schriftliche Quellen geben uns Auskunft über frühere Geschehnisse und Zusammenhänge. Beim Umgang mit den Quellen kommt es darauf an, die Informationen, die sie enthalten, durch sinnvolle Fragen zu erschließen. Einige Fragen an schriftliche Quellen sind dabei immer gleich. Erschließe M5 und M6 mithilfe der hier aufgeführten Fragen. Ziehe dazu auch ein Lexikon oder das Internet heran.

1. Autor: Wer hat die Quelle verfasst?
2. Entstehungszeit: Wann ist die Quelle entstanden?
3. Adressat: Wer sollte den Text lesen?
4. Gattung: Welche Art von Text liegt vor?
5. Inhalt: Was steht in der Quelle?
6. Intention: Welche Absicht hatte der Autor?
7. Abschließend kann die Quelle aus damaliger und/oder heutiger Sicht beurteilt werden.

Aufgaben

1. Der Versailler Vertrag
a) Fasse die Friedensbestimmungen des Versailler Vertrages für Deutschland in einer Tabelle zusammen. Bilde Oberbegriffe für die verschiedenen Bereiche.
b) Im Artikel 231 wird Deutschland und seinen Verbündeten die Alleinschuld am Krieg zugeschrieben. Beurteile diese Festlegung aus der Perspektive Frankreichs und Deutschlands.
c) Der Versailler Vertrag – Ein gelungener Frieden? Setze dich mit dieser Frage auseinander und formuliere deine Position in einem kurzen Text.
↳ Text auf den Seiten 91–92

2. Der Versailler Vertrag kontrovers – Textquellen erschließen
a) Erschließe die beiden Textquellen M5 und M6. Verwende dafür den Trainingskasten auf dieser Seite.
b) Stelle die Kernaussagen Clemenceaus (M5) und Scheidemanns (M6) in einer Tabelle gegenüber.
↳ M5–M6

Parteien und Wahlen in der Weimarer Republik

Für eine Demokratie sind Parteien heute ein unverzichtbarer Bestandteil der politischen Willensbildung. Die unterschiedlichen Auffassungen und Interessen der Bevölkerung werden durch sie gebündelt und finden Eingang in die verschiedenen Parteiprogramme. Durch die gewählten Abgeordneten soll sichergestellt werden, dass die Belange des Souveräns – in einer Demokratie also des Volkes – bei der Gesetzgebung im Parlament handlungsleitend sind. Damit kommt den Parteien eine große Bedeutung zu. Welche Parteien es in der Weimarer Republik gab, welche Ziele diese verfolgten und zu welchen Anteilen sie gewählt wurden, wird im folgenden Teilkapitel näher beleuchtet.

M 1 „Verraten durch die S.P.D."
Wahlplakat der KPD, 1919

M 2 „Achtung! Rote Gefahr!"
Wahlplakat der DVP, 1919

Aufgaben

1. **Parteien und Wahlen in der Weimarer Republik**
   a) Untersuche die Plakate M1 und M2 daraufhin, an welche Zielgruppe sie sich richten.
      Begründe dein Ergebnis anhand des jeweiligen Plakates.

   b) Erläutere – ausgehend vom Wahlplakat M1 – das Verhältnis der Kommunistischen Partei (KPD) zu den Sozialdemokraten (SPD). Erkläre dieses Verhältnis mit dem, was du bisher über die Entstehung der Weimarer Republik gelernt hast (auf Seite 89).

   M1, M2, Text auf der Seite 95 und 89

Nationalversammlung in Weimar.
Die weiblichen Abgeordneten der Mehrheitssozialisten.

Berl. Jllustr. Ges.

M 3 **Weibliche SPD-Abgeordnete 1919**

Bei den Wahlen zur Nationalversammlung 1919 hatten Frauen zum ersten Mal aktives und passives Wahlrecht. Insgesamt gehörten 37 Frauen der Nationalversammlung an, Fotografie, Weimar, 1919.

Parteien und Wahlen in der Weimarer Republik

Die Republik von Weimar war ein Parteienstaat. Zum ersten Mal in der deutschen Geschichte hatten die Parteien Einfluss auf die Regierungsbildung und die Besetzung wichtiger Ämter. Während sie im Kaiserreich im „Vorhof der Macht" blieben,
5 gelangten die Parteien in der Republik an die „Schaltstellen des Staates". Das Parteiensystem des Kaiserreiches blieb trotz der Revolution im Wesentlichen erhalten. Auch die weltanschauliche Gebundenheit der Parteien lebte weiter:

- Die Konservativen sammelten sich vor allem in der Deutschnationalen Volkspartei (DNVP),
10 - die Liberalen in der Deutschen Demokratischen Partei (DDP) und der Deutschen Volkspartei (DVP),
- die Katholiken im Zentrum (Z) beziehungsweise in Bayern in der Bayerischen Volkspartei (BVP) und die
- Sozialdemokraten in der SPD und der USPD.
15 - Hinzu kamen die KPD und zahlreiche kleinere Splitterparteien.

Bei der ersten Wahl Anfang 1919 entschied sich die große Mehrheit für die sogenannte Weimarer Koalition (SPD, Zentrum, DDP). Allerdings war dieses Regierungsbündnis nicht von langer Dauer, sodass Parteien, die der Republik distanziert, ablehnend oder sogar feindlich gegenüberstanden, in der Folgezeit immer
20 wieder mitregierten. Dies trug nicht zur Stabilität des jungen Staates bei. Nach der Verfassungsgebung kehrte der Reichstag wieder nach Berlin zurück. Auch wenn die Hauptstadt nun das politische Zentrum war, blieb der Name Weimarer Republik erhalten.

Medienbildung: Parteiprogramme und Plakatrecherche

M 4   KPD/Spartakusbund

Aufruf des Spartakusbundes vom 14.12.1918:

Der Kampf um den Sozialismus ist der gewaltigste Bürgerkrieg, den die Weltgeschichte gesehen, und die proletarische Revolution muss sich für diesen Bürgerkrieg das nötige Rüstzeug bereiten, sie muss lernen, es zu gebrauchen,
5 zu Kämpfen und Siegen. Eine solche Ausrüstung der kompakten arbeitenden Volksmasse mit der ganzen politischen Macht für die Aufgaben der Revolution, das ist die Diktatur des Proletariats und deshalb die wahre Demokratie.

Zit. nach: Wolfgang Treue, Deutsche Parteiprogramme 1861–1954, Göttingen/Frankfurt a. M./Berlin: Musterschmidt 1954, S. 99.

M 5   Deutsche Volkspartei (DVP)

Aus den Grundsätzen der DVP vom 19.10.1919:

Die Deutsche Volkspartei wird den Wiederaufbau des Reiches mit allen Mitteln fördern. Daher wird sie im Rahmen ihrer politischen Grundsätze innerhalb der jetzigen Staatsform mitarbeiten. […] Die Deutsche Volkspartei erblickt in dem durch freien Entschluss des Volkes auf gesetzmäßigem 5 Wege aufzurichtenden Kaisertum, dem Sinnbild deutscher Einheit, die für unser Volk nach Geschichte und Wesensart geeignetste Staatsform.

Wolfgang Treue, a. a. O., S. 128.

M 6   Deutsche Demokratische Partei (DDP)

Aus dem Programm der DDP vom 15.12.1919:

Die DDP steht auf dem Boden der Weimarer Verfassung; zu ihrem Schutz und zu ihrer Durchführung ist sie berufen. […] Die deutsche Republik muss ein Volksstaat sein und unverbrüchlich zugleich ein Rechtsstaat. 5

Wolfgang Treue, a. a. O., S. 136.

M 7   Deutschnationale Volkspartei (DNVP)

Aus den Grundsätzen der DNVP vom 9.9.1920:

Die monarchische Staatsform entspricht der Eigenart und geschichtlichen Entwicklung Deutschlands. Über den Parteien stehend verbürgt die Monarchie am sichersten die Einheit des Volkes, den Schutz der Minderheiten, die 5 Stetigkeit der Staatsgeschäfte und die Unbestechlichkeit der öffentlichen Verwaltung. […] Der aus allgemeinen, gleichen, unmittelbaren und geheimen Wahlen beider Geschlechter hervorgehenden Volksvertretung gebührt entscheidende Mitwirkung bei der Gesetzgebung 10 und wirksame Aufsicht über Politik und Verwaltung.

Wolfgang Treue, a. a. O., S. 121.

M 8   Ein Wahlplakat von 1919

M 9 Sozialdemokratische Partei (SPD)

Aus dem Görlitzer Programm vom 23.9.1921:

Die SPD ist entschlossen, zum Schutz der errungenen Freiheit das Letzte einzusetzen. Sie betrachtet die demokratische Republik als die durch die geschichtliche Entwicklung unwiderruflich gegebene Staatsform, jeden Angriff auf sie
5 als ein Attentat auf die Lebensrechte des Volkes. Die Sozialdemokratische Partei kann sich aber nicht darauf beschränken, die Republik vor den Anschlägen ihrer Feinde zu schützen. Sie kämpft um die Herrschaft des im freien Volksstaat organisierten Volkswillens über die Wirtschaft,
10 um die Erneuerung der Gesellschaft im Geiste sozialistischen Gemeinsinns.

Wolfgang Treue, a.a.O., S. 112 f.

M 10 Zentrum (Z)

Aus den Richtlinien von 1923:

Die Stellung der Zentrumspartei zu den innerstaatlichen Angelegenheiten wird durch die christliche Staatsauffassung und durch den überlieferten Charakter als Verfassungspartei bestimmt. Jeden gewaltsamen Umsturz der verfassungsmäßigen Zustände lehnt sie grundsätzlich ab. 5
[…] Die Staatsgewalt findet ihre Grenzen im natürlichen Recht und im göttlichen Gesetz, die Unterordnung und Pflichterfüllung dem Staate gegenüber ist eine Forderung des Gewissens. Die Zentrumspartei bekennt sich zum deutschen Volksstaat, dessen Form durch den Willen des Volkes 10 auf verfassungsmäßigem Wege bestimmt wird.

Zit. nach: Hans Mommsen, Die verspielte Freiheit. Der Weg der Republik von Weimar in den Untergang 1918 bis 1933, Berlin: Propyläen 1989, S. 124.

Training

Erklärung des Operators „Analysieren"

Du sollst ein Material (Text, Bild, Statistik, Karte etc.) gezielt auf einzelne Merkmale (z.B. Inhalt, Sprache) hin untersuchen. Der Arbeitsauftrag gibt dir genauere Hinweise dazu, worauf du genau achten bzw. welche Aspekte du genau erforschen, prüfen und herausarbeiten sollst.

Anschließend musst du die Ergebnisse deiner Analyse zusammenhängend und für andere nachvollziehbar formulieren. Das heißt, du musst sie in eigenen Worten erklären und mit geeigneten Stellen aus dem Material (z.B. Textstelle/Zeile bzw. Zitat) belegen und erläutern können. Wörtliche Zitate werden an- und abgeführt („Zi-

tat") und mit Hinweisen auf die Zeile versehen (siehe Zeilenzähler).

Formulierungshilfen

Aus dem Text (der Statistik, der Karte, dem Bild) kann man entnehmen, dass …, weil …
Anhand der Aussage … ist zu erkennen, dass …, weil …
Die Textstelle … zeigt, dass …, weil …
Es ist erkennbar, dass …, weil …
Es wird deutlich/ersichtlich, dass …, weil …
Das heißt, dass …
Damit ist gemeint, dass …

Aufgaben

1. **Parteiprogramme**
   Analysiere die Auszüge der Parteiprogramme (M4–M7, M9–M10) in Hinblick auf
   1. ihre Haltung zur Weimarer Republik,
   2. andere Staatsformen, die die politischen Gruppierungen gegebenenfalls anstrebten,
   3. die Wählerschaft und Ziele der Parteien.
   Verwende dafür den Trainingskasten auf dieser Seite.
   ↷ Text auf der Seite 95, M4–M10

2. **Parteiprogramme – Medienbildung**
   Führe auf der unten aufgeführten Internetseite eine Plakatrecherche durch. Wähle zwei Plakate von zwei gegensätzlichen Parteien aus, die du interpretierst und der Klasse vorstellst.
   ↷ M4–M10, www.dhm.de/lemo/kapitel/weimarer-republik/revolution-191819.html

Die schwierigen Anfänge: Kapp-Putsch und Attentate

In den Jahren 1919 bis 1923 wurde die junge Republik von schweren Krisen belastet. Aufstände gegen die Republik, politisch motivierte Attentate auf führende Vertreter und schließlich eine wirtschaftliche Krise mit einer Hyperinflation verhinderten eine Stabilisierung der politischen Verhältnisse.

M 1 **„Der Feind steht rechts"**

Am Tag nach der Ermordung des Außenministers Walther Rathenau (DDP) hielt Reichskanzler Karl Joseph Wirth (Zentrum) eine Rede im Reichstag:

Da schreibt nun ein Kollege in seinem Blatte, die jetzige Regierung sei in Wirklichkeit nur eine vom Deutschen Reich bezahlte, aber von der Entente angestellte Regierung, die alle Forderungen und Vorschriften der Entente einfach zu
5 erfüllen habe, sonst werde sie auf die Straße gesetzt und brotlos. Kann man sich eine schlimmere Entwürdigung von Menschen denken, die, wie wir, seit Jahresfrist an dieser Stelle stehen? Der Kollege Wulle [DNVP] kommt zu dem Schluss: „Sollte nicht die Arbeiterschaft auch zu der Über-
10 zeugung kommen, dass das ganze System zum Teufel gejagt werden muss, weil wir in Berlin eine deutsche Regierung, aber keine Ententekommission brauchen?" Durch dieses Treiben ist eine Mordatmosphäre in Deutschland geschaffen worden und eine Verwilderung der Sitten eingetreten.
15 [...]
[Es] sollen alle Hände und jeder Mund sich regen, um endlich in Deutschland diese Atmosphäre des Mordes, des Zornes, der Vergiftung zu zerstören. Da steht der Feind, wo Mephisto sein Gift in die Wunde eines Volkes träufelt, da
20 steht der Feind, und darüber ist kein Zweifel, dieser Feind steht rechts.

Zit. n.: Wolfgang Lautemann/Manfred Schlenke (Hg.), Günter Schönbrunn (Mitarb.), Geschichte in Quellen Bd. 5: Das bürgerliche Zeitalter 1815–1914, München: Bayerischer Schulbuch-Verlag 1975 (2. Aufl.), S. 172 f.

M 3 **„Politische Morde"**

Der Mathematiker und Pazifist Julius Gumbel (1891–1966) untersuchte die Haltung der Justiz zu den politischen Morden der Jahre 1919 bis 1923.

M 2 **Staatsakt im Reichstag für Walther Rathenau**

Staatsakt für den von Rechtsextremen ermordeten Außenminister Walther Rathenau, Foto, 27. Juni 1922

Jahr	linke Täter	rechte Täter
Morde gesamt	22	354
gesühnt	4	326
teilweise gesühnt	1	27
ungesühnt	17	1
Zahl Verurteilungen	38	24
Freisprüche geständiger Täter	–	23
Dauer Einsperrung je Mord	15 Jahre	4 Monate
Hinrichtungen	10	–

Quelle: Harry Pross, Die Zerstörung der deutschen Politik, Frankfurt a. M.: Fischer Bücherei 1959, S. 139.

Aufgaben

1. Die schwierigen Anfänge
- a) Fasse die Kernaussagen der Rede des Reichskanzlers Karl Joseph Wirth (M1) zusammen.
- b) Verfasse ausgehend von M1–M3 einen Kommentar zum Thema: „Die Bestrafung politischer Morde in der Weimarer Republik".
  M1–M3

2. Der Kapp-Putsch
- a) Informiere dich über den Ablauf des Kapp-Putsches.
- b) Bewerte die Haltung der Reichswehr während dieses Putsches.
  M4, Text auf Seite 99, Internet

Der Kapp-Putsch

Im März 1920 löste der sogenannte Kapp-Putsch eine Staatskrise aus: General Walther von Lüttwitz, der Reichswehrbefehlshaber von Berlin, Wolfgang Kapp, ein nationalistischer Politiker, und der Freikorpsführer Hermann Ehrhardt widersetz-
5 ten sich der Auflösung von Armeeverbänden, wie es dem Versailler Vertrag entsprach, und versuchten, die gewählte Reichsregierung zu stürzen. Als sich die Regierung militärische Hilfe von der Reichswehrführung erbat, weigerte sich diese mit der Begründung, „Reichswehr schießt nicht auf Reichswehr". Die Regierung rief den Generalstreik aus, der nach vier Tagen zum Zusammenbruch des Putsches
10 führte. Das Verhalten der Reichswehrführung und die milden Gerichtsurteile gegen die Aufständischen zeigten jedoch, dass wichtige Gruppen in der Gesellschaft dem neuen Staat distanziert bis ablehnend gegenüberstanden.

Politische Attentate

15 Seit der Reichstagswahl von 1920 gab es keine Mehrheit für die Parteien der „Weimarer Koalition", die fest auf dem Boden der Verfassung stand. Die einsetzende Wirtschaftskrise, harte Reparationsforderungen Frankreichs und die unsichere politische Lage begünstigten ein Klima der Gewalt, aus dem sich Anschläge gegen Vertreter der Republik entwickelten.
20   Der Sieg über den Kapp-Putsch war nicht nachhaltig: Freikorpsführer Ehrhard tauchte im reaktionären Bayern unter und gründete einen 5000 Mann starken, militärisch organisierten Geheimbund. Die Zentrale befand sich in München-Schwabing und wurde vom bayerischen Staat gedeckt, das Netzwerk dehnte sich jedoch reichsweit aus. Hauptziel dieser „Organisation Consul" blieb die Destabi-
25 lisierung der Weimarer Republik, die durch Attentate auf erfolgreiche demokratische Politiker geschwächt werden sollte. 1921 fiel Matthias Erzberger (Zentrum) einem Mordanschlag zum Opfer, weil er 1918 den Waffenstillstand unterzeichnet und den Versailler Friedensvertrag akzeptiert hatte. Zuvor war Erzberger als „Erfüllungspolitiker" verleumdet worden, da er die Auffassung vertrat, Deutschland
30 solle durch den Versuch zur Erfüllung des Versailler Vertrages den Siegermächten zeigen, dass die Vertragsbedingungen unerfüllbar seien. Den Tätern aus der „Organisation Consul" gelang die Flucht ins Ausland.
     Im Juni 1922 kam es zu einem Blausäure-Anschlag auf Philipp Scheidemann (SPD), der im November 1918 die Republik ausgerufen hatte. Scheidemann über-
35 lebte, die Täter der „Organisation Consul" wurden gefasst und verurteilt. Bei einem weiteren Attentat wurde Walther Rathenau (DDP), der Außenminister der Weimarer Republik, auf dem Weg ins Ministerium in seinem Dienstwagen erschossen. Als die Polizei die Attentäter einen Monat später fassen wollte, wurde einer von ihnen bei der Verfolgungsjagd getötet, der andere beging Selbstmord.
40   Reichspräsident Ebert erließ als Reaktion auf die Morde eine „Verordnung zum Schutz der Republik" und setzte einen Staatsgerichtshof ein. Das Parlament beschloss zudem ein „Gesetz zum Schutz der Republik" als Mittel im Kampf gegen die Verfassungsfeinde von rechts und links. Bevor sich die Situation wieder beruhigte, musste die Weimarer Republik jedoch noch das Krisenjahr 1923 überstehen.

M 4   **Kapp-Putsch**

Putschisten auf dem Pariser Platz vor dem Brandenburger Tor in Berlin mit der Reichskriegsflagge, Foto vom 13.3.1920

M 5   **Gedenkstein für Matthias Erzberger**

Der Zentrumspolitiker wurde 1921 während eines Urlaubs im Schwarzwald Opfer eines Attentates, Foto, Bad Griesbach, 2010. Matthias Erzberger hatte den Friedensvertrag unterschrieben.

Aufgaben

1. Politische Attentate

a) Beurteile die Verbindung von Kapp-Putsch und politischen Attentaten.

b) Stelle Ziele und Vorgehen der „Organisation Consul" sowie die Gegenmaßnahmen des Staates dar.

c) Informiere dich in einem Lexikon über den Begriff „Terrorismus" und überprüfe, ob es sich bei den damaligen politischen Attentaten um Terrorismus handelte.

M4, Text auf Seite 99, Lexikon

Die Hyperinflation 1923

Die „Krisenjahre" bedeuteten nicht nur eine politisch bedrohliche Situation für den demokratischen Staat, sondern auch wirtschaftliche und finanzielle Schwierigkeiten, die jeden einzelnen Deutschen unmittelbar betrafen: Das „Inflationsjahrzehnt" von 1914 bis 1923 brachte eine völlige Entwertung der deutschen Währung, die erst mit einer Währungsreform Mitte November 1923 gestoppt werden konnte.

Ware	August 1922	September	Oktober	November	Dezember	Januar 1923	Februar	März	April	Juni	23. Juli	24. September	26. November
	In Mark										In 1000 Mark	In Millionen Mark	In Billionen Mark
1 kg Roggenbrot	16,40	16,40	24,50	53,00	158,00	300,00	390,00	500,00	510,00	1.440,00	16,00	10,00	0,52
Kartoffeln	12,00	10,80	11,40	13,90	17,05	27,00	74,00	127,00	114,00	385,00	9,00	2,20	0,14
1 Ei	7,00	9,00	18,00	31,00	50,00	66,00	130,00	205,00	275,00	600,00	2,50	1,20	0,20
1 l Vollmilch	15,00	23,00	50,00	91,00	202,00	241,00	432,00	587,00	765,00	1.103,00	6,10	6,80	0,30

Quelle: Nils Freytag (Hg.), Quellen zur Innenpolitik der Weimarer Republik 1918–1933, Darmstadt: Wissenschaftliche Buchgesellschaft (WBG) 2010, S. 100.

M 1 Entwicklung der Münchner Lebensmittelpreise 1922/23

M 2 **Bericht einer Zeitzeugin**

Die Berlinerin Dorothea Günther (*1914) berichtet im Jahre 2010 über ihre Erfahrungen mit der Inflation 1923:

Die Herbstferien verbrachten meine Schwester Hilde und ich gern bei den Verwandten in Guben, die eine Drogerie und Samenhandlung besaßen. [...] Besonders gern half ich meiner Tante Röschen beim Verkaufen. Abends ging es ans
5 Geld zählen. Im Herbst 1923 wurden täglich Milliarden eingenommen, dann sogar Billionen. Wir Kinder konnten mühelos mit diesen heute unvorstellbaren Summen umgehen. Entsprechende Geldscheine gab es bald nicht mehr, sondern aus alten Hunderter- und Tausenderscheinen wurden
10 durch einen roten Aufdruck Millionen- und Milliardenscheine gemacht. Das Geld wurde nach dem Zählen gebündelt und in großen Taschen zur Bank gebracht.
Zu Hause machte uns die Hyperinflation das Leben schwer. Mein Vater, Gewerbeoberlehrer von Beruf, erhielt in dieser
15 Zeit seine Gehaltszahlung täglich. Wenn er mittags mit einer Aktentasche voller Geldscheine nach Hause kam, lief Mutter sofort zum Kaufmann. Oft kam sie enttäuscht wieder, weil der Ladenbesitzer vor ihrer Nase die Rollläden heruntergelassen hatte: Mittagspause! Die nutzte er dann,
20 um die Preisschilder zu ändern. Wären in dieser Zeit nicht ab und zu Lebensmittelpakete aus Guben gekommen, hätte es schlimm ausgesehen mit der Versorgung der fünfköpfigen Familie.
Tante Berta, eines der sechs Geschwister meiner Mutter, hatte in dieser Zeit ein schreckliches Erlebnis. Sie war ein
25 herzensguter, hilfsbereiter Mensch, allerdings nicht mit geistigen Gaben oder praktischen Fähigkeiten gesegnet. Zu allem Übel war sie unverheiratet und damit gesellschaftlich nicht angesehen. Ihre Gutmütigkeit wurde von den Mitmenschen oft schamlos ausgenutzt. Berta hatte
30 ihr Erbteil angelegt, indem sie den Geschwistern Geld lieh in Form von Hypotheken auf ihren Anteil an den Immobilien der Familie. Außerdem hatte sie Kriegsanleihen gezeichnet und Aktien gekauft. Diese Geldanlagen waren bereits kurz nach dem Krieg verloren, aber der Höhepunkt
35 der Nackenschläge traf Berta, als Emma, eine der Schwestern, ihr das Geld für die Hypotheken ohne Vorankündigung im Jahr 1923 zurückzahlte. Weinend rannte Berta mit den Geldscheinen hinunter in den Laden zu ihrem Bruder Wilhelm. Und der verkaufte ihr für das Geld einen Salzhe-
40 ring. Dieser Hering wurde zu einer Legende in der Familiengeschichte.

Zit. n.: www.dhm.de/lemo/zeitzeugen/dorothea-guenther-die-inflation-1923.html [letzter Zugriff: 29.06.2021].

Reparationen als gefährlicher Konfliktherd

Da Anfang der 1920er-Jahre in Deutschland eine Wirtschaftskrise herrschte, beendete die Reichsregierung ihre Politik, die durch ein Entgegenkommen eine Ab-
schwächung der im Versailler Vertrag verankerten Reparationen erreichen wollte,
5 und verlangte einen Zahlungsaufschub. Der französische Ministerpräsident Poincaré lehnte dies ab und ließ, um die Sachlieferungen sicherzustellen, Anfang des
Jahres 1923 das Ruhrgebiet durch französische Truppen besetzen. Die Reichsregierung beantwortete diese Maßnahme mit einem Aufruf zum passiven Widerstand in den besetzten Gebieten. Der Konflikt verschärfte sich in der Folgezeit, da
10 die französische Besatzungsmacht mit aller Härte vorging: Es kam zu Ausweisungen, Verhaftungen und Beschlagnahmungen. Gegen streikende Arbeiter und einzelne Saboteure wurden sogar Todesurteile verhängt.

M 3 „Zwanzig Milliarden
Mark"
Reichsbanknote vom 1. Oktober
1923

Die Hyperinflation von 1923

15 Dieser Konflikt verschärfte die wirtschaftliche Krise Deutschlands zusätzlich, da
die Reichsregierung den passiven Widerstand im Ruhrgebiet durch staatliche Zu-
schüsse finanzierte. Dies führte zu einer Inflation mit einer nahezu vollständigen
Entwertung des Geldes und zum Zusammenbruch des Währungssystems. Die
Inflation, die bereits 1914 eingesetzt und die deutsche Währung bis zum Kriegs-
20 ende schon zu 50 Prozent entwertet hatte, traf ganz besonders diejenigen, die Geld
gespart hatten. Sie verloren ihr Vermögen. Schuldner und Spekulanten hingegen
galten als Gewinner der wirtschaftlichen Krise.

Die politischen Folgen der großen Inflation des Jahres 1923 waren unüberseh-
bar: Die bürgerlichen Mittelschichten sahen im Staat den Schuldigen, der für ihre
25 verzweifelte wirtschaftliche Lage die Verantwortung trug, und wandten sich von
der Republik ab. Viele setzten ihre Hoffnung in die Parteien der extremen Rechten,
die die Weimarer Demokratie bekämpften.

Kurswechsel und Währungsreform

30 Die im September 1923 unter Reichskanzler Gustav Stresemann (DVP) gebildete
Regierung einer Großen Koalition aus SPD, Zentrum, DDP und DVP beendete
wegen der ungeheuren finanziellen Verluste den passiven Widerstand gegen die
französische Ruhrbesetzung. Mit der Einführung der Rentenmark, deren Wechsel-
kurs auf eine Billion Papiermark festgelegt wurde, gelang es der Regierung, den
35 Geldwert zu stabilisieren. Die Währungsreform hatte aber nicht nur eine Stabilisierung des Geldwertes zur Folge, sie war auch mit tiefen sozialen Einschnitten
verbunden. Begüterte Familien verloren ihr Kapitalvermögen, Kleinsparer wurden
um ihre Guthaben gebracht. Zudem stieg die Arbeitslosigkeit. Staatsbedienstete
mussten Lohn- und Gehaltseinbußen bis zu 40 % hinnehmen. Die steigende Un-
40 zufriedenheit in der Bevölkerung nährte die Umsturzhoffnungen der Gegner der
jungen Republik.

M 4 Kinderspiel mit Geld-
bündeln nach der Währungs-
umstellung
Die wertlosen Geldscheine wurden
auch als Heizmaterial verwendet,
Foto 1923.

Aufgaben

1. Die Inflation

a) Erkläre mit eigenen Worten den Begriff „Inflation".
b) Erläutere die Auswirkungen der Inflation auf verschiedene Bevölkerungsgruppen.
c) Fasse den Bericht von Dorothea Günther (M2) zusammen.

d) Beurteile die Zuverlässigkeit des Berichts (M2).
Berücksichtige insbesondere das Datum der Entstehung.
e) Versuche, den Begriff „Zeitzeuge" zu erklären und
erörtere Vor- und Nachteile einer derartigen Quelle.

M1, M2, Text auf Seite 101

Der Hitlerputsch 1923

Das Krisenjahr 1923 kulminierte in einem bewaffneten Putschversuch in München: Den Jahrestag der Ausrufung der Republik nutzte der Parteiführer der NSDAP Adolf Hitler im Verbund mit rechtsradikalen Kräften zu einem „Marsch nach Berlin", der aber von der bayerischen Polizei gestoppt wurde. Der nachfolgende Strafprozess in München bot den gescheiterten Putschisten ein Forum für nationalistische Propaganda.

M 1 Hitlerputsch
Stoßtrupp der NSDAP in München am 8./9. November 1923, Foto

M 2 Hitler und weitere Angeklagte zu Beginn des Prozesses am 24.02.1924
Foto, 1923

Aufgaben

1. Der Hitlerputsch 1923

a) Analysiere den Aufruf der Putschisten (M3).

b) Schildere den Ablauf des Hitler-Putsches (M3 und Text auf Seite 103) und das öffentliche Auftreten der Putschisten (M1 und M2).

c) Erscheinen dir die Urteile im Strafverfahren gerecht? Begründe.

d) Erstelle eine Liste von juristischen Verfahrensfehlern und kläre die Ursachen dafür.

e) Stelle Vermutungen an, warum der Jahrestag des gescheiterten Putsches nach 1933 als Anlass zu einer groß inszenierten Gedenkfeier für den Nationalsozialismus genutzt wurde.

M1 – M3, Text auf Seite 103

Der Putsch

Den Kern der Republikgegner bildeten die vaterländischen Verbände, zu denen auch die Nachfolgeorganisationen der Freikorps zählten, sowie die 1920 in München gegründete Nationalsozialistische Deutsche Arbeiterpartei (NSDAP) mit ih-
5 rem Führer Adolf Hitler.

Als Hitler am 9. November 1923 von München aus die Reichsregierung für abgesetzt erklärte und zu einem „Marsch auf Berlin" aufrief, scheiterten er und seine Anhänger, weil die bayerische Polizei ihren Zug schon an der Münchner Feldherrnhalle gewaltsam auflöste. In Schusswechseln am Odeonsplatz kamen
10 vier Polizisten, ein unbeteiligter Zivilist und 15 Anhänger der Nationalsozialisten ums Leben. Hitler wurde zusammen mit einigen Mitverschwörern verhaftet.

Das Strafverfahren und die Urteile

Um ihre reichsfeindliche Politik und ihr Sympathisieren mit den Rechtsradikalen
15 im Vorfeld des Putsches zu verschleiern, verhinderte die bayerische Staatsregierung Hitlers Überstellung an den Staatsgerichtshof zum Schutze der Republik nach Leipzig. Der Strafprozess zum Putschversuch fand daher vor dem Volksgericht München statt; er umfasste 24 Gerichtstage zwischen Februar und April 1924.

Den Vorsitz führte Landgerichtsdirektor Georg Neithardt, der zuvor bereits ein
20 sehr mildes Urteil gegen den Attentäter des 1919 ermordeten bayerischen Ministerpräsidenten und und MSPD-Politiker Kurt Eisner verhängt hatte. Den Angeklagten wurde in den teilweise öffentlichen Verhandlungen großzügig Gelegenheit für entlastende Aussagen und zur Verbreitung nationalistischer Propagandareden eingeräumt. Die Strafen fielen entsprechend milde aus: Obwohl der Hochverräter
25 Hitler auch mit der Todesstrafe hätte rechnen müssen, erhielt er nur fünf Jahre Festungshaft, welche als „ehrenhaft" galt, und eine Geldstrafe. Seine Taten wären „von rein vaterländischem Geist und dem edelsten selbstlosen Willen geleitet" gewesen, so die Urteilsbegründung. Einige Mittäter wie General Ludendorff wurden sogar freigesprochen. Dabei wurde das Urteil in den Medien durchaus kriti-
30 siert, selbst Juristen von außerhalb Bayerns rügten scharf, dass Hitler als Österreicher nicht in seine Heimat abgeschoben und insgesamt eine Gelegenheit verpasst wurde, den Staat durch strengere Strafen zu schützen.

Den Strafvollzug in der Festungshaftanstalt Landsberg am Lech erlebte Hitler eher als Pensionsgast denn als Strafgefangener: Die ihm wohlgesonnene Anstalts-
35 leitung gestand Hitler Kontakt zu den Mittätern zu, außerdem genoss er zahlreiche weitere Privilegien wie den Empfang von Besuchen und Geschenken. Hitlers Festungshaft dauerte insgesamt nur neun Monate: Sie begann im Anschluss an seine Untersuchungshaft am 1. April und endete mit einer vorzeitigen Entlassung im Dezember 1924. Hitler nutzte diese Zeit, um das Buch „Mein Kampf" zu verfassen,
40 in dem er seine politischen Meinungen und Ziele offen darlegte.

Das Krisenjahr 1923

Ende 1923 hatte der neue Staat seine bislang schwersten Herausforderungen überstanden. Die Demokratie war aber nicht dauerhaft gesichert.

M 3 **Aufruf der Hitler-putschisten**
9. November 1923

⌨ WES-115460-302
Film über die Krise 1923

Aufgaben

1. Das Krisenjahr 1923
a) Stelle anhand der Seiten 98–103 wichtige Ereignisse des Jahres 1923 in einer Mind Map zusammen.

b) Das Jahr 1923 wird oft als „Krisenjahr der Weimarer Republik" bezeichnet. Beurteile diese Aussage.
⌐ Die Seiten 98–103 in diesem Buch

Die Außenpolitik der Weimarer Republik (1919–1929)

Die gesamte Zeit der Weimarer Republik hindurch bestimmte der Wunsch nach Revision des Versailler Vertrags die deutsche Außenpolitik: Die Regelungen des Vertrages sollten rückgängig gemacht werden, wobei eine Rückgewinnung der verlorenen Gebiete im Mittelpunkt stand.

Die Bestimmungen des Versailler Vertrages wurden jedoch nicht nur in rechten Kreisen als Demütigung Deutschlands empfunden: Zahlreiche Postkarten, Karikaturen und Unterrichtsmittel aus jener Zeit belegen, dass viele Menschen das Gefühl hatten, Deutschland werde ungerecht behandelt.

M 1 „Deutschlands Verstümmelung"

Propaganda-Landkarte, aus: Geopolitischer Geschichtsatlas, Teil 3: Neuzeit, Dresden 1929

Deutschlands Verstümmelung

(Propaganda-Landkarte mit Beschriftungen u. a.:)

MEMELLAND 2700 qkm

NORD-SCHLESWIG 4000 qkm

DANZIG

WESTPREUSSEN

OSTPREUSSEN

SOLDAU 500 qkm

17 150 qkm

POSEN

Bentschen 160 km

26 000 qkm

POLEN

DEUTSCHES REICH
Unbesetztes Reichsgebiet nach Auswirkung des Vertrages: Berlin
436 000 qkm Land. 53 500 000 Einwohner.

Verluste des Deutschen Reiches:
Gesamtverluste des Reiches an Land und Leuten rund 3 Mill. qkm und 20 Mill. Menschen. (davon 3 791 000 Deutsche in den abgetretenen Gebieten und 12 300 000 Bewohner deutscher Schutzgebiete.)
1 900 000 Tote im Weltkrieg.
4 500 000 Verwundete.
763 000 Opfer der Hungerblockade.

Verluste Deutsch-Österreichs
(Größe 83 991 qkm)
(Einwohner 6 500 000)

Vorenthaltene u. entrissene Gebiete:
Deutsch-Südtirol, Kanaltal, Mießtal, Seeland, Unter-Draúburg, Süd-Steiermark, Restgebiete des Burgenlandes (St. Gotthard u. Raab, Güns, Ödenburg, Altenburg, Wieselburg, Preßburg)

HOLLAND

RHEINLAND 1000 qkm

EUPEN MALMEDY 2000 qkm

SAARGEBIET

LOTHRINGEN 14 520 qkm

ELSASS

SUDETENDEUTSCH 3 123 000 Deutsche

OBER-SCHLESIEN 3 270 qkm

HULTSCHINER-LAND 286 qkm

TSCHECHOSLOWAKEI

ÖSTERREICH

TIROL 6 300 000 Deutsche

SCHWEIZ

SÜDTIROL 8 361 qkm

KÄRNTEN

SÜDSTEIERMARK BURGENLAND 1975 qkm

(Legende:)
Vom Reiche u. Österreich ohne Volksabstimmung abgetr. Gebiete
Abstimmungsgebiete
Für Deutschland verloren
Bei... verloren
Abstimmung nach 15 Jahren
Trug Abstimmung
Besetztes Gebiet

Aufgaben

1. **Propagandakarte gegen die Bestimmungen des Versailler Vertrages**
   Analysiere die Karte „Deutschlands Verstümmelung" (M1) und beurteile Aussage und Gestaltung. Verwende dafür auch die Geschichtskarte M2.
    M1, M2

Dänemark
Kopenhagen
Schweden
Ostsee
Nordsee
Bornholm
Memel
Litauen
Memelgebiet
Memel
Flensburg
Königsberg
Schleswig-Holstein
Kiel
Freistaat
Danzig
O.
Lübeck
Ostpreußen
Mecklenburg-
Schwerin
P o m m e r n
Allenstein
Hamburg
Meckl.-
Strelitz
West-
preußen
Bremen
Stettin
Thorn
Oldenburg
P r e u ß e n
Elbe
Amsterdam
H a n n o v e r
Berlin
P o s e n
Hannover
Brandenburg
Posen
Warschau
Niederlande
S.-L.
Prov.
Weichsel
Münster
Lippe
Braunschweig
Magdeburg
Oder
P o l e n
Essen
W e s t f a l e n
A n h a l t
S c h l e s i e n
Warthe
Düsseldorf
S a c h s e n
Belgien
Rhein-
Waldeck
Kassel
Leipzig
Breslau
Brüssel
Köln
Weimar
Dresden
Ober-
Maas Eupen
Provinz
T h ü r i n g e n
S a c h s e n
schlesien
Malmedy
Koblenz
Prag
Hultschin
Lux.
Frankfurt
Main
O.
T s c h e c h o s l o w a k e i
Saar-
gebiet
Pfalz
Karlsruhe
Nürnberg
Elsass-Lothringen
Straßburg
Stuttgart
B a y e r n
Donau
Frankreich
Württemberg
Hohen-
zollern
München
Inn
Linz
O. = Oldenburg
S.-L. = Schaumburg-Lippe
Ö s t e r -
r e i c h
0 50 100 km
Schweiz
67GX_8

Grenze des Deutschen Reiches 1920
Abtretungen sind in Flächenfarbe
der neuen Besitzerländer dargestellt
Saargebiet 1920-35 unter
Verwaltung des Völkerbundes
Besatzungszonen nach dem Versailler Vertrag
Ostgrenze der entmilitarisierten Zone

M 2 Deutschland nach dem Ersten Weltkrieg

Besiegte und Sieger

Durch die gesamte Zeit der Weimarer Republik hindurch war es ein zentrales Anliegen der deutschen Politik, die Friedensbedingungen des Versailler Vertrages
abzumildern und die außenpolitische Handlungsfähigkeit zurückzuerlangen. Ins-
5 besondere der „Kriegschuldparagraf", der dem Deutschen Reich und seinen Verbündeten die alleinige Schuld am Weltkrieg zuschrieb, stieß in Deutschland auf
heftige Ablehnung.

Der Ausgleich mit der Sowjetunion

10 Sowjetrussland war nach der Revolution 1917 außenpolitisch isoliert. Kaum ein
Staat wollte mit der bolschewistischen Regierung in Moskau, die die Diktatur des
Proletariats und die Weltrevolution zu ihrem Programm gemacht hatte, zusam-
menarbeiten. Damit befand sich die junge UdSSR außenpolitisch in einer ähnli-
chen Lage wie Deutschland. Die beiden Außenseiter fanden zusammen. Unge-
15 achtet aller weltanschaulichen Gegensätze schloss das Deutsche Reich 1922 im
norditalienischen Rapallo einen Vertrag mit der Sowjetunion. Dieses Abkommen
sah neben der Aufnahme diplomatischer Beziehungen auch den Verzicht auf
Kriegsentschädigungen, verbesserte wirtschaftliche Beziehungen sowie militärische Kontakte vor. Damit war Deutschland das erste Land, das den aus der Okto-
20 berrevolution hervorgegangenen kommunistischen Staat international aner-
kannte. Die Zusammenarbeit zwischen Deutschland und der Sowjetunion wurde
1926 erneuert.

M 3 Treffen der deutschen
und sowjetischen Delegatio-
nen in Rapallo (Italien)
Foto, 1922

Die Annäherung an die westlichen Siegermächte

Eine sanfte Annäherung an die Siegermächte im Westen ließ länger auf sich war-ten. Insbesondere das Verhältnis zwischen Deutschland und Frankreich war nach-haltig belastet. 25

Zur zentralen Figur bei den Versuchen, einen Ausgleich mit Frankreich zu finden, wurde Gustav Stresemann. In seinem französischen Amtskollegen Aristide Briand fand er einen geistesverwandten Partner. Gustav Stresemann sah nach dem verlorenen Krieg in einer blühenden Wirtschaft den einzigen Weg für Deutsch-land, um auch international wieder zu Geltung zu gelangen. Dazu war es nötig, die Isolation des Reiches zu überwinden. Im Herbst 1925 trafen sich neben Strese-mann und Briand auch Vertreter aus England, Belgien, Italien, Polen und der Tschechoslowakei zu einer Konferenz im Schweizer Ort Locarno, um über eine Nachkriegsordnung zu beraten, die den Frieden in Europa langfristig sichern konnte. 30 35

In den sogenannten Locarno-Verträgen von 1925 verzichteten Deutschland und seine westlichen Nachbarn auf jegliche kriegerische Veränderung der beste-henden Grenzen und erkannten somit die Regelungen des Versailler Vertrages grundsätzlich an – eine förmliche Anerkennung der Grenzen zur Tschechoslowa-kei und zu Polen erfolgte hingegen nicht. Damit konnte die deutsche Politik wei-terhin das Ziel verfolgen, die Grenzen im Osten zugunsten des Reiches zu ver-schieben und 1919 verlorene Gebiete zurückzugewinnen. Weiterhin wurde vereinbart, dass Deutschland Mitglied im Völkerbund werden sollte. Für ihre Ver-ständigungspolitik erhielten Stresemann und Briand 1926 den Friedensnobel-preis. 40 45

WES-115460-303
Film über die Versöhnung zwischen dem Deutschen Reich und Frankreich

M 5 **Aristide Briand (li.) und Gustav Stresemann (re.) in Locarno (Schweiz)**
Aristide Briand erarbeitete mit Stresemann ein Konzept für eine europäische Einigung. Dieser Plan wurde aber nach dem Tod der beiden Staatsmänner nicht weiterverfolgt, Foto, 1925.

Aufgaben

1. **Die Außenpolitik der Weimarer Republik bis 1922**
   a) Arbeite aus dem Text auf Seite 105 heraus, warum der Vertrag von Rapallo nach den Januarkämpfen 1918/19 eine Überraschung war.
   b) Stelle die Vorteile heraus, die beide Staaten aus dem Vertrag von Rapallo ziehen konnten.
   c) Erläutere auf der Grundlage der Bestimmungen des Rapallo-Vertrages die Veränderung der außenpoliti-schen Situation im Vergleich zu 1920.
   Text auf den Seiten 105–106

Zusatzmaterial: Ablehnung der Locarno-Verträge

Kritik von links und rechts

Innenpolitisch führten die Verträge von Locarno zu einer hitzigen Auseinandersetzung. Im Folgenden werden die Haltungen der extremen Linken und Rechten wiedergegeben.

a) Der KPD-Abgeordnete Wolfgang Bartels am 30.10.1925:

Locarno bedeutet in Wirklichkeit – das wird auch in diesem Hause niemand zu bestreiten versuchen – die Auslieferung der Rheinlande, es bedeutet direkt ein Verschenken preußisch-deutschen Gebietes, es bedeutet die Garantie des
5 Einmarsch- und Durchmarschrechtes durch Deutschland, es bedeutet die Kriegsdienstverpflichtung der deutschen Bevölkerung für die Entente gegen Russland, es bedeutet vor allem die Anerkennung der Aufrechterhaltung des Besatzungsregimes, und es bedeutet erneut das Bekenntnis
10 zu dem Versailler Vertrag. Es bedeutet darüber hinaus verschärfte Ausbeutung, verschärfte Entrechtung, Unterdrückung, Elend, Übel, Not und alles, was im Gefolge des neuen Krieges eben zu erwarten ist.

Zit. nach: Wolfgang Michalka/Gottfried Niedhart (Hg.), Die ungeliebte Republik. Dokumentation zur Innen- u. Außenpolitik Weimars 1918–1933, ©dtv Verlagsgesellschaft, München 1984, S. 167ff.

b) Der DNVP-Politiker Hugenberg am 5.11.1925:

Ich bin kein Pazifist, aber ich muss der Tatsache Rechnung tragen, dass Deutschland waffenlos ist, und muss deshalb verlangen, dass die deutsche auswärtige Politik mit einer dieser Tatsache Rechnung tragenden Vorsicht geführt wird!
5 Seit unserem Zusammenbruch hat mir immer als größte Sorge vorgeschwebt, dass Deutschland der Kriegsschauplatz zwischen Russland und dem Westen werden, dass Deutschland den Fehler einer Verfeindung mit Russland wiederholen könnte. […]
10 Es ist Herrn Stresemann vorbehalten geblieben, mit diesem Feuer zu spielen. Denn Locarno, wie es geworden ist, bedeutet tatsächlich und trotz aller Vorbehalte, dass Deutschland in dem Gegensatz Westmächte – Russland optiert und damit – waffenlos wie es ist – sich leichtsinnig mitten in
15 Gegensätze hineinspielt, bei deren Austragung es nur die Rolle des furchtbar Leidenden spielen kann.

Zit. nach: Wolfgang Michalka/Gottfried Niedhart (Hg.), Die ungeliebte Republik. Dokumentation zur Innen- u. Außenpolitik Weimars 1918–1933, ©dtv Verlagsgesellschaft, München 1984, S. 167ff.

Aufgaben

1. Stresemanns Außenpolitik
a) Prüfe, ob man Stresemann als einen „Vernunftrepublikaner" bezeichnen kann.
b) Analysiere das Wahlplakat der DVP (M4). Stelle dabei auch begründete Vermutungen an, um welchen Fluss es sich auf der Abbildung handelt.
⌢ Text auf den Seiten 105–106, M4

2. Die Locarno-Verträge – Zusatzaufgabe
a) Fasse mithilfe des Textes auf Seite 106 die wichtigsten Bestimmungen der Locarno-Verträge in einem Schaubild zusammen.
b) Erkläre den Handlungsspielraum Stresemanns bei den Verhandlungen zu den Locarno-Verträgen.
c) Ordne die DNVP und die KPD in das Parteienspektrum der Weimarer Republik ein und erläutere, mit welchen Argumenten die Vertreter dieser Parteien die Verträge von Locarno ablehnten (M6).
d) Beurteile die Locarno-Verträge unter dem Aspekt der Friedenssicherung.
⌢ Text auf den Seiten 105–106, M6

3. Die Außenpolitik der Weimarer Republik 1919 – 1929
a) Beurteile, inwiefern sich die außenpolitische Situation des Deutschen Reiches von 1919 bis 1929 allmählich verbesserte.
b) Spurensuche: Finde heraus, ob es in deiner Umgebung Straßennamen/Namen von Plätzen gibt, die an Persönlichkeiten aus der Zeit der Weimarer Republik erinnern (z. B. Rathenau, Stresemann oder Briand). Verfasse einen kurzen „Reiseführer", in dem du zu jedem dieser Namen eine kurze Erklärung schreibst, wer die jeweilige Person war und worin ihr Verdienst für die erste Demokratie in Deutschland bestand.
⌢ Text auf den Seiten 105–106, Internet

Die Innenpolitik der Weimarer Republik nach 1923

Auch zur Mitte der 1920er-Jahre blieb die politische Situation in Deutschland unsicher. Die politische Gewalt ging zwar zurück und nach 1923 fanden keine offenen Aufstände mehr statt, jedoch es gab nur bedingt stabile Mehrheiten im Reichstag. Die Regierungen wechselten häufig; insbesondere die Wahl des Reichspräsidenten 1925 machte deutlich, wie zerrissen das Land unter der Oberfläche nach wie vor war.

M 2 Aus dem Gesetz über die Wahl des Reichspräsidenten

Vom 4. Mai 1920:

§4

[1] Gewählt ist, wer mehr als die Hälfte aller gültigen Stimmen erhält.

[2] Ergibt sich keine solche Mehrheit, so findet ein zweiter Wahlgang statt, bei dem gewählt ist, wer die meisten gültigen Stimmen erhalten hat. [...]

Zit. nach: Walter Jellinek, Staatskunde. Zweiter Band: Verfassung und Verwaltung des Reichs und der Länder, Wiesbaden: Springer Fachmedien GmbH 1926.

M 1 ## Reichspräsidentenwahl 1925 (in %)

1. Wahlgang am 29.3.1925

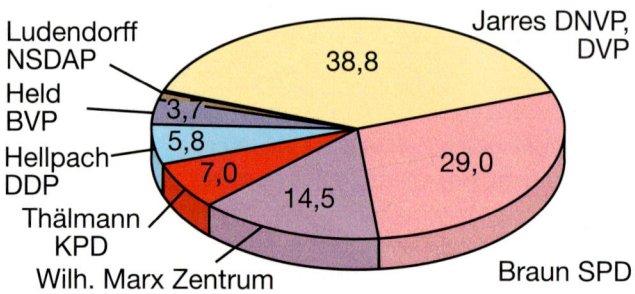

2. Wahlgang am 26.4.1925

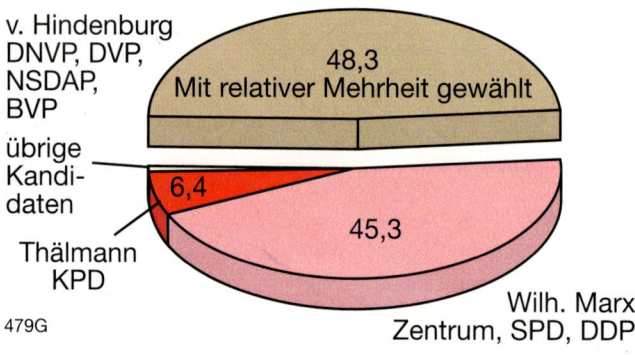

479G

Aufgaben

1. Die Reichspräsidentenwahl 1925 – Auswertung von Diagrammen

a) Beschreibe den Aufbau der beiden Diagramme (M1) und arbeite die Hauptaussagen heraus.

b) Erkläre aufgrund des Gesetzesauszuges M2, warum es 1925 zwei Wahlgänge gab.

c) Stelle die Veränderungen dar, die es hinsichtlich der Kandidaten in den beiden Wahlgängen gab.

d) Analysiere das Ergebnis des zweiten Wahlgangs vom 26.4.1925.

e) Vergleiche das Verhalten der Parteien der Weimarer Koalition in den beiden Wahlgängen.

⌐ M1, M2

2. Paul von Hindenburg

a) Informiere dich über Paul von Hindenburgs Werdegang vor 1925 und erstelle einen Steckbrief.

b) Analysiere, welche Parteien Hindenburg im zweiten Wahlgang 1925 wählten. Erläutere dabei insbesondere, welche Gemeinsamkeiten diese Parteien hatten, aber auch was sie voneinander trennte.

c) Beurteile, inwiefern sich mit der Wahl Hindenburgs die politischen Gewichte in Deutschland verschoben haben. Gehe dabei insbesondere auf die Machtbefugnisse ein, welche die Weimarer Verfassung dem Reichspräsidenten zugestand.

⌐ Text auf Seite 109, M4, Internet

M 3   Der erste Reichs-
präsident: Friedrich Ebert
(1871–1925)
Foto, 1922

Die Reichspräsidentenwahl 1925

1925 wurde nach dem Tod des Sozialdemokraten Friedrich Ebert eine Neuwahl
notwendig. Im zweiten Wahlgang setzte sich hier Paul von Hindenburg durch. Die
Wahl dieses Chefs der Obersten Heeresleitung im Ersten Weltkrieg galt schon bei
5 Zeitgenossen als Zeichen einer Wende. Auch wenn sich der überzeugte Monar-
chist Hindenburg zumindest zu Beginn seiner Amtszeit streng an die Reichsverfassung hielt, bekamen republikfeindliche Kräfte nun Rückenwind.

Wirtschaftliche Entwicklung nach 1923

10 Die Währungsreform, mit der 1923 die Inflation beendet wurde, legte die Grundlage für einen wirtschaftlichen Aufschwung. Dieser wurde durch eine Entlastung
des Reiches von den Reparationszahlungen, die insbesondere der Dawes-Plan mit
sich brachte, sowie den Zufluss von Kapital aus den USA verstärkt. Ab 1924 folgte
eine Phase des Aufschwungs. Investitionen ermöglichten die Einführung moder-
15 ner Technologien in deutschen Unternehmen. Kredite aus den USA sorgten für
eine Belebung der Industrie und des Bauwesens.

M 4   Reichspräsident Hindenburg nach der Wahl 1925
Berlin, Foto, 1925

Die „Goldenen Zwanziger"

Das dreiteilige Bild „Großstadt" von Otto Dix zeigt im Mittelteil eine ausschweifend feiernde Gesellschaft. Hier ist vieles von dem dargestellt, was mit dem Begriff „Goldene Zwanziger" üblicherweise verbunden wird. Mit „Goldene Zwanziger" sind die Jahre zwischen 1923/24 und 1929/30 gemeint, also die Zeit der kulturellen Blüte nach den schwierigen Anfängen der Weimarer Republik bis zum Einsetzen ihrer Untergangsphase. In dieser kurzen Periode war es zu einer innen- und außenpolitischen Beruhigung gekommen, und auch die Wirtschaft wuchs. Die seit der Anfangszeit der Republik bestehenden Probleme waren jedoch nicht dauerhaft gelöst, und es ging auch nicht allen Menschen besser. War diese Zeit also wirklich „golden"?

M 1 „Großstadt"

Gemälde von Otto Dix. Der Maler Otto Dix (1891–1969) schuf sein Triptychon (dreiteiliges Gemälde) in den Jahren 1927/28. Es gilt als besonders treffende Darstellung der 1920er-Jahre und ihrer Gesellschaft.

Aufgaben

1. „Großstadt" von Otto Dix

a) Untersuche den Aufbau des Triptychons M1. Verwende dazu die Begriffe: Straßenszene, Ballsaal, Kulisse, Prostituierte, Soldaten, Jazzmusik, Bubikopf, Gesichtsausdrücke, Gegensätze.
Berücksichtige dabei, dass das Triptychon etwa zehn Jahre nach dem Ersten Weltkrieg entstand.

b) Ein Rätsel: Welche Bedeutung könnte der schräge Tanzboden im Mittelteil haben?

⤹ M1

2. Die wirtschaftliche und politische Entwicklung

a) Fasse die Gründe für die wirtschaftliche und politische Stabilisierung nach 1923 zusammen.

b) Untersuche, welchen sozialen Gruppen die Stabilisierung zugutekam.

c) Diskutiere folgende Aussage: „Die zweite Hälfte der 1920er-Jahre trägt den Namen ‚Goldene Zwanziger' zu Recht."

⤹ Text auf Seite 111

Die ruhige Zwischenphase der Weimarer Republik

Ab 1924 hatte sich die innen- und außenpolitische Lage für Deutschland beruhigt. Es kam zu einem Ausgleich mit Frankreich, die Arbeitslosigkeit ging zurück und die Löhne stiegen. Auch hatten die Menschen mehr Freizeit. Nach dem Krieg und
5 nach den Krisen zu Beginn der Weimarer Republik gab es ein großes Bedürfnis nach Unterhaltung. Dafür entstanden vielfältige neue Angebote, die zum Teil bis heute nachwirken.

Moderne Massenkultur

10 Eine der auffallendsten Entwicklungen war die Entstehung einer modernen Massenkultur, bei der die neuen Medien Rundfunk und Film eine wichtige Rolle spielten. 1920 gelang die erste Radioübertragung. Schnell entwickelte sich ein reguläres Programm, das von immer mehr Menschen genutzt wurde: Konzerte, Vorträge und Nachrichten daheim am eigenen Radiogerät mitverfolgen zu können, stellte
15 eine gänzlich neue Erfahrung dar.

Noch faszinierender war jedoch ein Kinobesuch. Erste Filmvorführungen von Schaustellern hatte es zwar schon um 1900 gegeben, allerdings entstanden nach dem Ersten Weltkrieg in vielen Städten große „Lichtspieltheater". Bewegte Bilder zu sehen, die anfangs noch musikalisch „live" untermalt wurden, war ein ein-
20 drückliches Erlebnis. Der schwarzweiße Stummfilm der Anfangszeit wurde rasch vom Tonfilm abgelöst, abendfüllende Spielfilme entwickelten sich zu Kassenschlagern und zogen Zuschauermassen an. Neben zahllosen Theaterbühnen und Varietés sind auch Sportveranstaltungen nicht zu vergessen, die immer populärer wurden. Ein Ereignis mit Volksfestcharakter war zum Beispiel das Sechstagerenn-
25 nen in Berlin: Fast eine Woche lang fand rund um die Uhr in einer Halle ein Radrennen statt, das von Unterhaltungsveranstaltungen umrahmt wurde.

Gut gefüllte Restaurants gehörten in den Städten zum Alltag, Musik- und Tanzveranstaltungen hatten großen Zulauf. Einen starken Einfluss übte auch die Presse aus. Es gab Tausende von Zeitungen, die oft sogar mehrmals am Tag er-
30 schienen. Neue Reproduktionstechniken ermöglichten die Entstehung von illustrierten Zeitschriften, die sich mit bunten Bildern und Themen rasch großer Beliebtheit erfreuten.

Parallel zu Kultur und Unterhaltung eröffneten sich für die Menschen auch zahlreiche neue Konsummöglichkeiten. Kleidermode und Statussymbole gewan-
35 nen an Bedeutung, ebenso moderne Wohnungseinrichtungen. Der Stil der Zeit war sachlich und zurückhaltend.

Schattenseiten

Auf dem Bild von Otto Dix sind aber auch die Schattenseiten der „Goldenen Zwan-
40 ziger" zu sehen: die Lage von Armen, Kriegsverletzten und Außenseitern. Die Angebote der modernen Massenkultur in den großen Städten waren keineswegs für alle Menschen erreichbar, und auf dem Land änderte sich ohnehin nur wenig. Insgesamt waren die Einkommen der meisten Menschen eher bescheiden und die Arbeitslosigkeit dauerhaft hoch, Letzteres wurde erst 1927 mit der Arbeitslosen-
45 versicherung abgemildert. Aufgrund dieser Schattenseiten stellt sich die Frage nach der Angemessenheit des Begriffes „Goldene Zwanziger": Einerseits sind die kulturellen Entwicklungen zwar wirklich beeindruckend; andererseits aber wurden von diesem Aufbruch keineswegs alle Bereiche der Gesellschaft ergriffen.

💻 WES-115460-304
Film über die Goldenen
Zwanzigerjahre

M 2　**Kofferradio**
Die anfangs komplizierten Geräte wurden ebenso verbessert wie der flächendeckende Empfang des Programms, Foto 1925.

M 3　**Beförderung von Post mit dem Flugzeug**
Foto 1928

M 4　**Teile des Tanzballetts eines Berliner Varietétheaters**
Foto (Ausschnitt), um 1920

Moderne Massenkultur – Werbeplakate aus den 1920er-Jahren analysieren

M 5 „Das Parfüm dieses Winters"
Werbeplakat, um 1925

M 6 „… und inzwischen wäscht der Protos"
Werbeplakat, 1928

M 7 Kabarett-Veranstaltung in Berlin
Werbeplakat, 1920

M 8 „Palais der Friedrichstadt"
Werbeplakat für ein Jazz-Lokal, Berlin, 1920er-Jahre

Zusatzmaterial: Zeitgenössische Filme untersuchen

M 9 Filmplakate

„Metropolis" von 1926 (links) und „Der blaue Engel" von 1930 (rechts)

Aufgaben

1. **Moderne Massenkultur – Werbeplakate aus den 1920er-Jahren analysieren**
   a) Arbeite heraus, wofür die einzelnen Plakate (M5–M8) warben und welche gestalterischen Mittel sie dafür verwendeten.
   b) Bestimme, wen die Plakate ansprechen sollten.
   c) Untersuche, inwiefern sich in den Plakaten die moderne Massenkultur widerspiegelt.
   d) Suche heutige Werbungen und vergleiche sie mit den damaligen. Arbeite Gemeinsamkeiten und Unterschiede heraus.
      ⌢ M5–M8, Internet

2. **Zeitgenössische Filme – Zusatzaufgabe**
   a) Beschreibe die Erwartungshaltung der Zuschauer, die mit diesen Filmplakaten (M9) erzeugt wird.
   b) Informiere dich über den Inhalt der beiden Filme und vergleiche den Inhalt mit den Filmplakaten.
   c) Beschreibe die wichtigsten Lebensstationen von Emil Jannings, Josef von Sternberg, Marlene Dietrich und Fritz Lang.
      ⌢ M9, Lexikon, Internet

Die Gesellschaft der Weimarer Republik

Die Revolution von 1918/19 hatte die politischen Verhältnisse grundlegend verändert: Aus einer Monarchie war eine Republik geworden. Auch die gesellschaftlichen Verhältnisse wurden infrage gestellt, allerdings gab es – wie die Karikatur zeigt – keinen sozialen Umbruch.

M 1 „Deutschland, Deutschland über alles!"

Karl Arnold (1883–1953), einer der prägenden Köpfe der satirischen Zeitschrift „Simplicissimus", karikierte den Zustand der Weimarer Republik.

1914:

„Meine Herren, das ganze Volk steht hinter uns! Wir haben die Macht! Wir sind das Vaterland! Darum: Se. Majestät, hurra, hurra, hurra!"

1920:

„Die anderen haben die Macht, was geht uns das Vaterland der anderen an? Sollen sie den Karren nur selber aus dem Dreck ziehen. Pröstchen!"

Aufgaben

1. **Die Gesellschaft der Weimarer Republik**
   a) Bestimme die soziale Gruppe, die in der Karikatur M1 dargestellt wird. Ziehe dazu den Text auf den Seiten 115–116 heran.
   b) Beschreibe die Karikatur M1 und formuliere die Grundaussage.
   c) Erkläre den Titel der Karikatur.
   ⌐ M1, Text auf den Seiten 115–116

Die einzelnen sozialen Gruppen

Die deutsche Gesellschaft hatte sich bereits vor dem Ersten Weltkrieg tiefgreifend verändert: Als Folge der Industrialisierung existierten viele verschiedene soziale Gruppen. Die komplexe Weimarer Gesellschaft insgesamt zu beschreiben, ist
5 nicht einfach. Im Folgenden sollen die wichtigsten Gruppen genannt und kurz charakterisiert werden.

- Die alte Führungsschicht war der **Adel** mit dem Kaiser an der Spitze. Hatte der Adel vor dem Ersten Weltkrieg noch den größten gesellschaftlichen Einfluss besessen, so verlor er nun an Macht, insbesondere aufgrund der Tatsa-
10 che, dass die Monarchie, das Königtum, abgeschafft wurde. Allerdings blieb der Adel immer noch sehr einflussreich. Seine Macht beruhte hauptsächlich auf dem ländlichen Grundbesitz, jedoch lebten viele Adlige auch in der Stadt, wo sie nach wie vor das gesellschaftliche Leben wesentlich mitbestimmten.
- Eine wichtige Gruppe war das **Bürgertum**. Oft unterscheidet man Bildungs-
15 und Besitzbürgertum voneinander: Zum Besitzbürgertum gehörten sowohl reiche Unternehmer als auch wohlhabende Handwerker. Das Bildungsbürgertum zeichnete sich – wie der Name schon sagt – durch seine höhere Bildung aus. Zu ihm zählten Professoren, Rechtsanwälte, Pfarrer, Lehrer und Angehörige ähnlicher Berufe. Bürger konnten sowohl in der Stadt als auch auf
20 dem Land ansässig sein.
- In der Industrialisierung war eine neue große soziale Gruppe entstanden: die Arbeiter, die ihren Lebensunterhalt durch Fabrikarbeit verdienten. Die **Arbeiterschaft** umfasste sowohl gut ausgebildete Facharbeiter als auch zahllose ungelernte Hilfsarbeiter. Die Arbeiter lebten mit ihren Familien in den Städ-
25 ten und in der Nähe großer Fabriken.
- Eine weitere neue Schicht waren die **Angestellten**, die zum größten Teil in den Verwaltungen großer Unternehmen tätig waren. Die Büros boten insbesondere auch Arbeitsmöglichkeiten für Frauen.
- Die **Bauern** auf dem Land waren nach wie vor eine große soziale Gruppe. Im
30 Zuge der Industrialisierung wurde ihr Anteil an der gesamten Gesellschaft aber immer kleiner. Zwischen reichen Großbauern und einfachen Kleinbauern herrschten große soziale Unterschiede.

Die Religionen

35 Eine Gesellschaft lässt sich nicht nur nach ökonomischen, sondern auch nach anderen Kriterien gliedern, z. B. im Hinblick auf die Religion. In Deutschland gab es seit der Reformation verschiedene Glaubensrichtungen. Die meisten Deutschen waren Christen. Im Süden des Landes lebten vorwiegend Katholiken, Evangelische oder Protestanten vor allem im Norden. Bürger jüdischen Glaubens fühl-
40 ten sich als Deutsche und unterschieden sich nur in ihrer Religionszugehörigkeit von ihren Mitbürgern. Sie spielten in der Gesellschaft eine wichtige Rolle, allerdings hatten sie seit Jahrhunderten mit Vorurteilen zu kämpfen. Auch zur Zeit der Weimarer Republik war die Judenfeindschaft, der Antisemitismus, weit verbreitet.

45 ## Eine gespaltene Gesellschaft

Eine Besonderheit der Gesellschaft der Weimarer Republik war die Tatsache, dass es zwischen den einzelnen sozialen Gruppen nur wenig Austausch gab. Oft blieben die Angehörigen der einzelnen gesellschaftlichen Schichten unter sich, sie lebten in abgegrenzten Stadtvierteln und pflegten jeweils einen eigenen Lebens-

M 2 Arbeiter am Fließband

Die Produktion von Autos wurde durch die neuartige Fließbandproduktion erheblich beschleunigt und kostengünstiger, Foto 1929.

M 3 Walther Rathenau (1867 – 1922)

Der Industrielle und Politiker wurde im Februar 1922 deutscher Außenminister. Er war Mitglied der DDP. Wegen seiner politischen Haltung und wegen seines jüdischen Glaubens wurde er angefeindet und am 24. Juni 1922 von Rechtsradikalen ermordet.

stil. Auch die politischen Parteien orientierten sich an den einzelnen Gruppen: Die 50
extrem konservative Deutschnationale Volkspartei (DNVP) vertrat die Interessen
des Adels und des reichen Bürgertums. Die liberale Deutsche Volkspartei (DVP)
kümmerte sich um das Besitzbürgertum, die ebenfalls liberale Deutsche Demokratische Partei (DDP) eher um das Bildungsbürgertum. Das Zentrum (Z) war die
Partei der Katholiken. Für die Arbeiter setzten sich zwei Parteien ein: Die Sozial- 55
demokratische Partei Deutschlands (SPD) bekannte sich zur Weimarer Republik
und wollte Reformen für die Arbeiter; die Kommunistische Partei Deutschlands
(KPD) wollte hingegen einen gewaltsamen Umsturz, eine Revolution. Die Nationalsozialistische Deutsche Arbeiterpartei (NSDAP) schaffte es später, viele verschiedene soziale Gruppen anzusprechen. 60

Eine moderne Gesellschaft

Insgesamt war die Gesellschaft der Weimarer Republik modern. Die Industrialisierung hatte neue soziale Verhältnisse geschaffen; die alten gesellschaftlichen Gruppen verloren an Macht und Einfluss. Zugleich entstanden aber zahlreiche soziale 65
Konflikte.

M 4 Konfessionelle Gliederung der deutschen Bevölkerung

Jahr	Gesamtbe-völkerung	Angehörige evangelischer Kirchen		Angehörige der katholischen Kirche		Jüdische Religionsgemeinschaft	
	1000	1000	Prozent	1000	Prozent	1000	Prozent
1910	64926	39991	61,6	23821	36,7	615	1,0
1925	62411	40015	64,1	20193	32,4	564	0,9
1933	65218	40865	62,7	21172	32,5	500	0,8

Nach: Dietmar Petzina/Werner Abelshauser/Anselm Faust, Sozialgeschichtliches Arbeitsbuch Bd. III: Materialien zur Statistik des Deutschen Reiches 1914–1945, München: C. H. Beck 1978, S. 31.

M 5 Verteilung der deutschen Bevölkerung auf Gemeindegrößen (Stadt und Land)

Jahr	Gesamtbe-völkerung	weniger als 2000 Einwoh-ner (Landgemeinden)	2000–4999 Einwoh-ner (Landstädte)	5000–19999 Einwoh-ner (Kleinstädte)	20000–99999 Einwoh-ner (Mittelstädte)	über 100000 Großstädte
	1000	in Prozent				
1910	64926	40,0	11,2	14,1	13,4	21,3
1925	62411	35,6	10,8	13,1	13,7	26,8
1933	65218	32,9	10,6	13,2	12,9	39,4

1910 Ortsanwesende, 1925 und 1933 Wohnbevölkerung zum Zeitpunkt der Volkszählungen; 1925 und 1933 ohne Saargebiet.

Nach: Dietmar Petzina/Werner Abelshauser/Anselm Faust, Sozialgeschichtliches Arbeitsbuch Bd. III: Materialien zur Statistik des Deutschen Reiches 1914–1945, München: C. H. Beck 1978, S. 37.

M 6 Erwerbspersonen nach Wirtschaftsbereichen

Jahr	Land- und Forst-wirtschaft	Industrie und Handwerk	Tertiärer Sektor			
			insgesamt	Handel/Verkehr	öffentl./private Dienstleistungen	häusliche Dienste
			in Prozent (jeweiliger Gebietsstand)			
1907	35,2	40,1	24,8	12,4	6,2	6,2
1925	30,5	42,1	27,4	16,4	6,6	4,4
1933	28,9	40,4	30,7	18,5	8,3	3,9

Nach: Dietmar Petzina/Werner Abelshauser/Anselm Faust, Sozialgeschichtliches Arbeitsbuch Bd. III: Materialien zur Statistik des Deutschen Reiches 1914–1945, München: C. H. Beck 1978, S. 55.

Medienbildung: Menschen in der Weimarer Republik – Eine Kurzbiografie erstellen

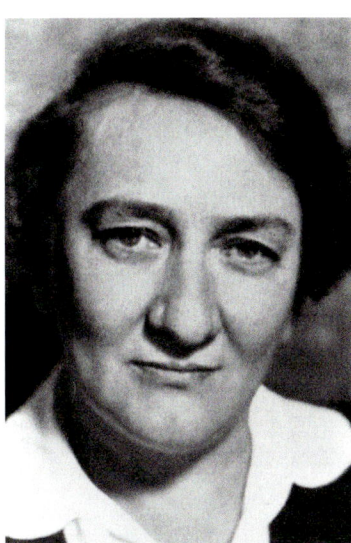

M 7 Antonie „Toni" Pfülf (1877 – 1933)

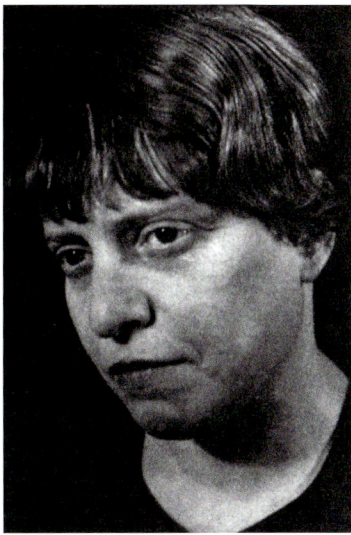

M 8 Luise „Lou" Straus-Ernst (1893 – 1944)

M 9 Albert Einstein (1879 – 1955)

M 10 Magnus Hirschfeld (1868 – 1935)

Aufgaben

1. Die Gesellschaft der Weimarer Republik

a) Erstelle aufgrund der Angaben im Text auf den Seiten 115 – 116 eine grafische Übersicht über die sozialen Gruppen der Weimarer Republik.

b) Erkläre die Zwischenüberschrift auf Seite 115: „Eine gespaltene Gesellschaft".

c) Erarbeite aus den drei Tabellen M4 bis M6 wichtige Veränderungen in der Gesellschaft.

d) Beurteile diese Entwicklungen: Waren sie Chance oder Belastung für die Weimarer Republik?

⌢ M1 – M6, Text auf den Seiten 115 – 116

2. Jüdische Lebenswege in der Weimarer Republik – Medienbildung

Auf dieser Seite sind vier Deutsche jüdischen Glaubens abgebildet. Wähle eine Person aus und recherchiere ihren Lebenslauf. Erstelle ein Plakat oder verfasse einen kurzen Radiobeitrag. Verwende dafür auch den Trainingskasten auf Seite 45 „Eine Website erschließen und prüfen".

⌢ M7 – M10, Internet, Trainingskasten auf Seite 45

Gleichberechtigung zwischen Männern und Frauen – Anspruch und Wirklichkeit in der Weimarer Republik

Mit Gründung der Weimarer Republik erhielten Frauen in Deutschland ihr langersehntes Wahlrecht, das ihnen zum ersten Mal in der deutschen Geschichte eine politische Teilhabe ermöglichte. Damit war eine wichtige Hürde auf dem Weg zur Gleichberechtigung genommen. Wenn man typische Bilder von Frauen der 1920er-Jahre betrachtet, dann entsteht der Eindruck, dass die sogenannten „Neuen Frauen" aus den traditionellen Rollenbildern ausgebrochen seien und sich emanzipiert hätten. Doch erreichten sie neben der rechtlichen Gleichheit auch wirklich die gesellschaftliche Gleichberechtigung?

M 1 „Vampyr-Staubsauger"
Werbeplakat der Firma AEG, um 1929

Aufgaben

1. Frauen in der Weimarer Republik

a) Beschreibe das Werbeplakat M1 und deute anschließend seine Bildelemente.

b) Charakterisiere das Frauenbild, das auf dem Plakat vermittelt wird.
 M1

Gleichberechtigte Staatsbürgerinnen

In Artikel 109 der Weimarer Verfassung wurden Frauen als gleichberechtigte Staatsbürgerinnen anerkannt: „Alle Deutschen sind vor dem Gesetze gleich. Männer und Frauen haben grundsätzlich dieselben staatsbürgerlichen Rechte und
5 Pflichten." Das Wahlrecht für Frauen war ein wichtiger Schritt zur Gleichberechtigung der Geschlechter. Doch obwohl sich an den Wahlen im Januar 1919 fast 90 Prozent der wahlberechtigten Frauen beteiligten, waren nur wenige von ihnen politisch wirklich aktiv. Der Frauenanteil in der Nationalversammlung lag bei unter zehn Prozent. Begründet war dies im Widerspruch zwischen der neuen
10 rechtlichen Gleichberechtigung und der fortbestehenden Ungleichheit im sozialen und privaten Bereich. Die Auffassung, dass Männer und Frauen grundsätzlich verschieden seien, war gesellschaftlich tief verankert: Das Familienrecht von 1900 galt auch in der Weimarer Republik weiter. In der Tradition einer patriarchalen Familienstruktur besaß der Ehemann das Recht, über das Vermögen und die Ar-
15 beit seiner Frau zu verfügen. Ohne ein Selbstbestimmungsrecht war jedoch keine tatsächliche Gleichstellung der Frauen möglich.

Die „Neue Frau" – Träume vom selbstbestimmten Leben

Nach dem Ersten Weltkrieg entwickelten sich für viele jüngere Frauen neue Mög-
20 lichkeiten einer individuellen Lebensgestaltung. Neue, auf Ausbildung aufbauende Berufe für Frauen versprachen ein Leben in größerer ökonomischer Selbstständigkeit, welche zugleich auch neue Möglichkeiten der Freizeitgestaltung eröffnete.
Die in den Städten entstehenden Arbeitsmöglichkeiten für junge Frauen beschränkten sich allerdings auf einige industrielle Bereiche, den Handel und die
25 Verwaltung. Hier dominierte ein neuer Berufszweig: die Büro-Angestellte. Die Mehrheit aller Frauen arbeitete weiterhin im Geschäft ihres Mannes oder Vaters mit. Ob verheiratete Frauen erwerbstätig sein durften, hing von der Erlaubnis ihres Ehemannes ab. Zudem wurden Frauen deutlich schlechter bezahlt als ihre

M 2 „Frauen – für Freiheit und Frieden!"
Wahlplakat der SPD, 1932

M 3 Arbeiterinnen am Fließband
Produktion von Staubsaugern bei AEG, Foto, 1920er-Jahre

männlichen Kollegen, obwohl sich Frauenverbände für höhere Löhne für Frauen einsetzten. Da auch die Aufstiegschancen für Arbeitnehmerinnen eher gering waren, blieben viele weibliche Angestellte nur bis zu ihrer Hochzeit in Lohnarbeit. Zwei Drittel aller Angestellten waren unter 25 Jahre. 30

Der Mann als Ernährer der Familie und die nicht erwerbstätige Ehefrau waren auch in der Weimarer Republik das gesellschaftliche Ideal. Gegenüber dem Kaiserreich absolvierten jedoch mehr Mädchen aus Arbeiterfamilien eine Berufsausbildung. In wohlhabenden Familien erwarben die Mädchen nun höhere Schulabschlüsse und manche nahmen sogar ein Universitätsstudium auf. 35

Medien und Werbung der Weimarer Republik prägten das Bild der sogenannten „Neuen Frau". Gemeint waren die Frauen in den Städten, vor allem aus der Mittel- und Oberschicht, die als Künstlerinnen oder Journalistinnen selbstbewusst neue Lebensformen entwickelten. 40

Sichtbar wurde dies auch in der Mode, wo Kleidung und Frisur die scheinbare Gleichberechtigung der Geschlechter zum Ausdruck bringen sollten: Statt enger Korsetts und langer, schwerer Kleider wurden nun lockere, kurze Röcke oder Hosen sowie flache Schuhe getragen. Die Haare wurden abgeschnitten und zum „Bubikopf" frisiert. 45

In den städtischen Unterschichten und auf dem Land dominierte weiterhin die klassische Frauenrolle. Mit Beginn der Weltwirtschaftskrise 1929 und ihren tiefgreifenden sozialen Folgen verlor das Image der selbstständigen und unabhängigen „Neuen Frau" jedoch zunehmend an Glanz. 50

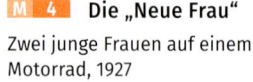

M 4 Die „Neue Frau"

Zwei junge Frauen auf einem Motorrad, 1927

Frauen in der Weimarer Republik – Mit Statistiken arbeiten

M 5 Der Wandel der weiblichen Erwerbsarbeit

Weibliche Erwerbs-personen	1882	1895	1907	1925	1933
Mithelfende Familienangehörige	40,7	34,1	35,2	36	36,1
Dienstmädchen/Hausangestellte	17,9	18,2	16,1	11,4	10,5
Arbeiterinnen in Industrie und Handel	11,8	17	18,3	23	22,9
Arbeiterinnen in der Landwirtschaft	15,5	16,6	14,5	9,2	7,5
Angestellte und Beamtinnen	1,7	2,6	6,5	12,6	14,8
Selbstständige	12,3	11,4	9,2	7,7	8

Angaben in Prozent

Nach: Ute Frevert, Frauen-Geschichte. Zwischen Bürgerlicher Verbesserung und Neuer Weiblichkeit, Frankfurt a. M.: Suhrkamp 1993, S. 291.

M 6 Lebendgeburten pro Frau in Deutschland

Jahr	Lebendgeburten pro Frau
1849	4,80
1895	(keine Angaben)
1913	3,52
1919	(keine Angaben)
1925	2,21
1929	1,93
1933	1,58

Nach: Thomas Rahlf (Hg.), Deutschland in Daten, Bonn: bpb 2015, S. 34.

M 7 Weibliche Studierende in Deutschland

Jahr	Frauenanteil unter den Studierenden in %
1911	4,9
1921	9,6
1931	18,9

Nach: Thomas Rahlf (Hg.), Deutschland in Daten, Bonn: bpb 2015, S. 68.

M 8 Auszüge aus dem Bürgerlichen Gesetzbuch

Das Familienrecht von 1900 galt auch in der Weimarer Republik weiterhin:

§ 1354.
Dem Manne steht die Entscheidung in allen das gemeinschaftliche eheliche Leben betreffenden Angelegenheiten zu; er bestimmt insbesondere Wohnort und Wohnung. (...)
§ 1355.
Die Frau erhält den Familiennamen des Mannes.
§ 1356.
Die Frau ist, unbeschadet der Vorschriften des § 1354, berechtigt und verpflichtet, das gemeinschaftliche Hauswesen zu leiten.
Zu Arbeiten im Hauswesen und im Geschäfte des Mannes ist die Frau verpflichtet, soweit eine solche Thätigkeit nach den Verhältnissen, in denen die Ehegatten leben, üblich ist.
§ 1357.
Die Frau ist berechtigt, innerhalb ihres häuslichen Wirkungskreises die Geschäfte des Mannes für ihn zu besorgen und ihn zu vertreten. Rechtsgeschäfte, die sie innerhalb dieses Wirkungskreises vornimmt, gelten als im Namen des Mannes vorgenommen, wenn nicht aus den Umständen sich ein Anderes ergibt.
Der Mann kann das Recht der Frau beschränken oder ausschließen. (...)
§ 1376.
Ohne Zustimmung der Frau kann der Mann:
1. über Geld und andere verbrauchbare Sachen der Frau verfügen;

Zit. nach: https://de.wikisource.org/wiki/B%C3%BCrgerliches_Gesetzbuch._Viertes_Buch._Familienrecht [letzter Zugriff: 29.06.2021].

Aufgaben

1. Frauen in der Weimarer Republik

a) Werte die Tabellen M5 – M7 aus und arbeite die damaligen Veränderungen im Leben der Frauen heraus.

b) Arbeite aus den Auszügen aus dem Bürgerlichen Gesetzbuch (M8) die rechtliche Stellung der Frau in der Weimarer Republik heraus.

c) Beurteile, inwiefern in der Weimarer Republik von einer gesellschaftlichen und rechtlichen Gleichberechtigung der Frauen gesprochen werden kann.

d) Diskutiere, inwiefern die Frauen der 1920er-Jahre vorbildlich für die Frauen der Gegenwart sind.

Text auf den Seiten 119 – 120, M2 – M8

Jugendliche in der Zeit der Weimarer Republik

Das folgende Gedicht von Erich Kästner aus dem Jahr 1932 spiegelt das typische Lebensgefühl von Jugendlichen in der Weimarer Republik wider.

M 1 **Erich Kästner: Das Riesenspielzeug, 1932**

Eins habt ihr leider nicht bedacht:
dass Kinderhaben auch verpflichtet.
Ihr wart auf uns nicht eingerichtet,
ihr habt uns nur zur Welt gebracht.

Ihr habt uns mancherlei gelehrt,
Latein und Griechisch, bestenfalles,
nun sind wir groß, doch das ist alles.
Und was ihr lehrtet ist nichts wert.

Ihr habt uns in die Welt gesetzt.
Wer hatte euch dazu ermächtigt?
Wir sind nicht existenzberechtigt
Und fragen euch: Und was wird jetzt?

Schon sind wir eine Million!
Wir waren fleißig und gelehrig.
Und ihr? Ihr schickt uns, minderjährig,
fürs ganze Leben in Pension.

Wir leben wie im Krankenhaus
und lassen uns von euch verwalten.
Wir werden von euch ausgehalten
und halten das nicht länger aus!

Sind wir denn da, um nichts zu tun?
Wir, die gebornen Arbeitslosen,
verlangen Arbeit, statt Almosen
und fragen euch: Und was wird nun?

Einst wusstet ihr noch euren Text,
als ihr uns noch für Puppen hieltet
und wie mit Spielzeug mit uns spieltet.
Doch wir sind Spielzeug, welches wächst!

Auf eigne Rechnung und Gefahr
will jeder, was er lernte, nützen.
Die Tage regnen in die Pfützen,
und jede Pfütze wird ein Jahr.

Die Zeit ist blind und blickt uns an.
Die Sterne ziehn uns an den Haaren.
Das ganze Leben ist verfahren,
noch ehe es für uns begann.

Vernehmt den Spruch des Weltgerichts:
Ihr gabt uns seinerzeit das Leben,
jetzt sollt ihr ihm den Inhalt geben!
Dass ihr uns liebt, das nützt uns nichts.

Zit. nach: Erich Kästner, Gesang zwischen den Stühlen, ©dtv Verlagsgesellschaft, München 1999 (6. Auflage), S. 35ff.

Aufgaben

1. **„Überflüssige Generation" – Mit einem Gedicht arbeiten**

a) Fasse die Strophen des Gedichtes von Erich Kästner (M1) jeweils in einem Satz zusammen und arbeite die Grundaussage heraus.

b) Prüfe mithilfe des Textes auf Seite 123 die Aussage: Die Jugend in der Weimarer Republik war „eine überflüssige Generation!"
M1, Text auf Seite 123

Bildung von Jugendorganisationen

Der Weltkrieg und der auf ihn folgende politische Umbruch von 1918/19 hatten das politische Interesse vieler Jugendlicher geweckt. Da zu Beginn der Republik zudem das Wahlalter von 25 auf 20 Jahre gesenkt wurde, waren die Parteien – anders als noch in der Kaiserzeit – sehr daran interessiert, diese potenzielle Wählergruppe für sich zu gewinnen. Rasch bildeten sie eigene Jugendorganisationen: von den Jungsozialisten (bereits vor dem Krieg) über die Demokratische Jugend der DDP und den Windthorstbund des Zentrums bis zur Hindenburgjugend der DVP und dem Bismarckbund der DNVP. Etwa 100 000 junge Menschen engagierten sich in diesen Gruppierungen, doch stellte sich bei vielen bald Enttäuschung ein. Das nüchterne politische Alltagsgeschäft blieb hinter den idealistischen Erwartungen zurück, und die wichtigen Fragen regelten die Älteren zumeist unter sich. So hieß es bei den Jugendlichen bald: „Raus aus den Parteien." Viele kehrten der Politik frustriert den Rücken, andere radikalisierten sich und gerieten an militante Gruppen wie die Freikorps und die nationalsozialistische SA.

Jugendbünde

Anders als die Parteien waren die politisch neutralen Jugendbünde weiterhin sehr populär. Sie reichten zurück bis zum Beginn des Jahrhunderts, als die Bewegungen der Pfadfinder und des „Wandervogels" entstanden. Die Jugendbünde grenzten sich bewusst gegen die Lebensform der älteren Generationen ab, die sie als oberflächlich, spießig und materialistisch empfanden. Stattdessen setzten sie auf Einfachheit, Naturverbundenheit und einen Kult der Gemeinschaft. Die Bünde veranstalteten Wanderfahrten ins Grüne, Lager und Heimabende und pflegten eine romantische Rückbesinnung auf Heimat und Natur. Die urbane, hektische Kultur der Weimarer Republik lehnten sie ebenso ab wie die moderne, industrielle Massengesellschaft überhaupt. Auch der Weimarer Demokratie standen die meisten von ihnen kritisch gegenüber. Dagegen wollten sie sich selbst und die Gesellschaft insgesamt zu freien, selbstbestimmten und solidarischen Menschen erziehen. Nach der Errichtung der NS-Diktatur wurden die Jugendbünde rasch in die Hitler-Jugend integriert oder verboten.

M 2 „Wandervogel"
Lautengruppe, um 1912

„Überflüssige Generation"?

Nicht nur in politischer, auch in wirtschaftlicher Hinsicht fand sich die Jugend der Weimarer Republik am Rande der Gesellschaft wieder. Als die geburtenstarken Vorkriegsjahrgänge ins Erwerbsalter eintraten, reichten die Arbeitsplätze bei Weitem nicht aus, und so gab es schon vor der Weltwirtschaftskrise eine hohe Jugendarbeitslosigkeit. Ein Gefühl der Ausgrenzung und tiefen Unsicherheit über die eigene Zukunft als Angehörige einer „überflüssigen Generation" beherrschte viele junge Menschen. Nicht wenige von ihnen gaben der jungen Republik die Schuld an ihrer Misere und wandten sich von ihr ab. Hitler und die NS-Bewegung hatten leichtes Spiel, in diesem Reservoir der Unzufriedenen Stimmung für ihre Sache zu machen.

Aufgaben

1. Jugendliche in der Weimarer Republik

a) Fasse das Selbstverständnis und den Stellenwert der Jugendbünde aus deren Sicht in eigenen Worten zusammen.

b) Sammelt weitere Informationen zu Jugendgruppierungen in der Weimarer Republik und erstellt hierzu ein Lernplakat.

⌐ Text auf der Seite 123, Internet

Der „Schwarze Donnerstag"

Der 24. Oktober 1929 war ein Tag von welthistorischer Bedeutung. An diesem „Schwarzen Donnerstag" brachen an der New Yorker Börse in der Wall Street die Aktienkurse zusammen – mit verheerenden Folgen für die Weltwirtschaft. Wie kam es dazu?

M 1 „Wall Street Crash!"

Zeitung vom 25. Oktober 1929. Während der Tage im Oktober 1929 belagerten viele aufgebrachte und neugierige Menschen das Börsengebäude. Der plötzliche Verlust der Wertpapiere stürzte viele Börsenspekulanten in den Ruin, Foto 1929.

Info

Anleger

Akteur, der am Kapitalmarkt Geld anlegt, um Gewinne zu erwirtschaften.

Aktie

frei handelbares Wertpapier, mit dem ein Anteil an einer Aktiengesellschaft verbrieft wird.

Baisse

Phase einer zumeist stärkeren und länger andauernden Abwärtsbewegung von Aktienkursen an Börsen.

Börse

organisierter Marktplatz, auf dem die Preise von gehandelten Waren (etwa Aktien, Rohstoffe, Strom) festgesetzt werden. Diese Preise richten sich jeweils an Angebot und Nachfrage der jeweiligen Ware aus.

Dividende

Gewinnanteil, den eine Aktiengesellschaft an ihre Aktionäre ausschüttet.

Hausse

Phase einer zumeist stärkeren und länger andauernden Aufwärtsbewegung von Aktienkursen an Börsen.

Investor

Akteur, der am Kapitalmarkt Geld anlegt, um Gewinne zu erwirtschaften.

Spekulation

alle geschäftlichen Tätigkeiten, die von der Annahme ausgehen, dass bei der erworbenen Sache eine Preisänderung eintreten wird.

Wall Street

Straße in Manhattan, New York City, in der sich viele Banken und die größte Börse der Welt, die New York Stock Exchange, befinden.

Aufgaben

1. Der „Schwarze Donnerstag"

a) Beschreibe die einzelnen Elemente der abgebildeten Titelseite der Zeitung M1.

b) Erkläre den Begriff „Black Thursday".

c) Stelle mithilfe des Textes auf Seite 125 die Ursachen für die Weltwirtschaftskrise dar. Verwende dafür die Begriffe im Infokasten auf dieser Seite.

d) Beschreibe den Aufbau der Tabelle „Daten zum Verlauf der Weltwirtschaftskrise in den USA" (M3).

e) Stelle anhand der Tabelle M3 den Verlauf der Krise in den USA dar.

M1, M3, Text auf der Seite 125

Der Börsenhandel

Aktien sind Wertpapiere, die Besitzanteile an Firmen repräsentieren. Sie werden an der Börse gehandelt. Erzielt eine Aktiengesellschaft Gewinne, so profitieren auch die Aktienbesitzer davon, da ein Teil als sogenannte Dividende an sie weiter-
5 gegeben wird. Aktien von Firmen, von denen man Gewinne erwartet, steigen im Preis. Drohen einer Firma hingegen Verluste, so sinkt auch der Wert ihrer Aktien. Der Aktienhandel ist von vielen Faktoren abhängig. Komplexe wirtschaftliche Entwicklungen lassen sich nur bedingt vorhersagen. Da zudem auch politische, psychologische und zahlreiche andere Einflüsse von Bedeutung sind, ist der Handel
10 mit Wertpapieren grundsätzlich auch mit Risiken behaftet.

Aufschwung in den USA

Nach dem Ersten Weltkrieg wuchs die Wirtschaft der USA stark an. In den 1920er-Jahren vergrößerten sich viele Firmen und stellten Arbeitskräfte ein. Sie verkauf-
15 ten ihre Produkte gut und machten hohe Gewinne. Viele Menschen, die an dieser Aufwärtsbewegung teilhaben wollten, kauften Aktien. Da die Kurse immer weiter stiegen, wurden immer mehr Aktien gekauft, zum Teil nahmen die Menschen für den Aktienkauf sogar Schulden auf. Bald passten die hohen Aktienpreise und die tatsächlichen Gewinnerwartungen nicht mehr zusammen, es kam zu einem „Bör-
20 senkrach": Weil ein Einbruch der Kurse befürchtet wurde, wurden die Aktien nun massenhaft wieder verkauft. Dies führte am „Schwarzen Donnerstag" zu einem Zusammenbruch des Aktienhandels. Zahllose Anleger verloren ihr Geld, viele waren sogar hoch verschuldet.

25 Die Weltwirtschaftskrise

Es blieb nicht beim Zusammenbruch der Kurse, es folgte eine allgemeine wirtschaftliche Krise der USA: Da die Menschen weniger konsumierten, konnten auch die Firmen weniger verkaufen und investieren, was zu Entlassungen führte. Eine solche Krise hatte sich schon angekündigt, war aber wegen der steigenden Aktien-
30 kurse nicht wahrgenommen worden.

Da die USA schon damals eines der wirtschaftlich einflussreichsten Länder der Welt waren, wirkte sich der Börsenkrach rasch auf viele andere Länder aus, die in enger Beziehung zu den USA standen. Es kam weltweit zu massiven Problemen, die zur Weltwirtschaftskrise anwuchsen.

M 2 **Arbeiten am Fließband**
Produktion der „Tin Lizzy" bei Ford in Detroit, Foto, um 1920

M 3 **Daten zum Verlauf der Weltwirtschaftskrise in den USA**
US-Wirtschaftsindikatoren März 1931 – Juni 1933 (1923 – 25 = 100)

	Industrie-produk-tion	Bau-aufträge	Beschäfti-gung in der Industrie	Lohnsum-me in der Industrie	Güterwagen-stellungen	Preise	Bargeldumlauf im Publikum und Sicht-guthaben (saisonbe-reinigt, in Milliarden Dollar)	Importe (unberei-nigt, in Millionen Dollar)
März 1931	87	77	78	75	80	76	24,8	205,7
Aug. 1931	78	59	74	64	72	72	23,4	168,7
Sept. 1931	76	59	73	62	69	71	23,4	174,7
Juni 1932	59	27	60	43	52	64	20,4	112,5

Nach: Charles P. Kindleberger, Die Weltwirtschaftskrise 1929 – 1939 (übers. von Michael Ledig), © dtv Verlagsgesellschaft, München 1973, S. 178.

Die Auswirkungen der Weltwirtschaftskrise in Deutschland

Das Jahr 1929 brachte einen weiteren wirtschaftlichen Schock für die deutsche Bevölkerung: Nachdem die Menschen bis 1923 ihr Erspartes durch die Inflation verloren hatten, drohte ihnen ab 1929 der Verlust des Arbeitsplatzes infolge einer globalen Wirtschaftskrise. Den Auftakt bildete ein drastischer Absturz der Aktienkurse an der New Yorker Börse am 24.10.1929, dem Konkurse von Banken und Unternehmen folgten. Allein in den USA stieg die Arbeitslosigkeit von 1929 bis 1932 von 1,5 auf 12 Millionen. Wegen der engen wirtschaftlichen Verflechtungen erfasste die Krise alle Industriestaaten und wurde so zu einer Weltwirtschaftskrise. Massenarbeitslosigkeit und wirtschaftliche Not prägten die Situation auch in Deutschland zu Beginn der Dreißigerjahre.

M 1 Wartende Arbeitslose

Hinterhof des Arbeitsamtes Hannover, Königsworther Platz, Frühjahr 1932. Das Foto zeigt wartende Arbeitslose, die nach Arbeitslosengeld anstehen. Der Fotograf war Walter Ballhause (1911–1991). Er stammte aus einfachen Verhältnissen, wurde Laborant und entdeckte dabei seine Vorliebe für die Fotografie. Mit einer geliehenen Kamera fotografierte er, der selbst arbeitslos war, in den 1930er-Jahren oft Arbeitslose. Dabei versuchte er, möglichst unauffällig zu agieren. Politisch stand er aufseiten der Arbeiterbewegung; er war ein Gegner der Nationalsozialisten.

Umgang mit Fotografien

Fotos gehören zu den Bildquellen und sind das Werk eines Fotografen, der zum Zeitpunkt und am Ort des Geschehens, das fotografiert wird, anwesend ist. Oft wirken Fotografien objektiv, jedoch sind sie nicht notwendig ein originalgetreues Abbild der „Wirklichkeit", denn ein Fotograf wählt aus und entscheidet, was er wo, wann, wie fotografiert und was er dabei weglässt, vielleicht sogar nachträglich bearbeitet und verändert. Ein Foto kann also nur das abbilden, was ein Fotograf zeigen will.

Folgende grundsätzlichen Aspekte sind für die Erschließung von Fotografien wichtig:

1. Urheber
Informiere dich über folgende Aspekte:
- Fotograf (ggf. Lebensumstände, politische Einstellung, weitere Werke/Fotografien),

2. Entstehungszeit und -ort
Informiere dich über:
- Entstehungszeit, -ort und -bedingungen, historischer Hintergrund (Epoche, Ereignisse etc.),
- Publikationszeit, -ort und -formen, Zusammenhang mit Texten und anderen Fotos.

3. Adressat(en)
Informiere dich über die Adressaten, über Anlass und Zweck der Fotografie (öffentlich/privat).

4. Bildelemente
Beschreibe genau, was im Einzelnen zu erkennen ist. Achte dabei auf den Bildaufbau, also die Anordnung der Elemente (z. B. Vordergrund, Mittelgrund, Hintergrund).

5. Bedeutung der Bildelemente
Erläutere die abgebildeten Personen, ihre soziale Zugehörigkeit und wichtige Gegenstände. Ziehe dazu ggf. ein Lexikon oder das Internet heran.

6. Darstellungsabsicht
Deute das Foto in Hinblick auf die Gesamtaussage bzw. Darstellungs- und Wirkungsabsicht: inhaltlicher Zusammenhang der einzelnen Elemente, Bedeutung und beabsichtigte Wirkung („echt" versus gestellt), Darstellung der Situation durch Fotografen („neutral" versus wertend).

7. Abschließend kann die Fotografie aus damaliger und/oder heutiger Sicht beurteilt werden
Beziehe in dein Urteil mit ein: Erkenntnisse über den fotografierten historischen Augenblick (Personen, Gegenstände, Ereignisse), die Entstehungszeit und den Fotografen.

---

1. Umgang mit Fotografien
a) Analysiere und interpretiere die Fotografie M1 mithilfe der Arbeitsschritte im Trainingskasten.
b) Das Foto wurde erst später berühmt. Stelle Vermutungen zu möglichen Gründen dafür an.
c) Prüfe, ob bzw. inwieweit das Foto die Situation im Jahr 1932 zutreffend darstellt.
d) Walter Ballhause war ein Anhänger der Arbeiterbewegung und Gegner der Nationalsozialisten. Untersuche, ob bzw. inwiefern sich seine politische Einstellung im vorliegenden Foto widerspiegelt.

e) Recherchiere zu Walter Ballhause und seiner Wahrnehmung der Wirtschaftskrise in Deutschland.
f) Bereite einen Vortrag zum Thema „Die Macht der Fotografie" vor. Gehe dabei besonders auf die verschiedenen Arten der Bildmanipulation ein und informiere dich über berühmte historische Beispiele gefälschter Fotografien.

⌐ M1, Trainingskasten auf dieser Seite, Internet

M 2 Schaubild zum internationalen Finanzkreislauf (1925 – 1932)

Die Kredite der USA waren zur Hälfte kurzfristige Kredite, die jederzeit gekündigt und zur Rückzahlung fällig werden konnten.

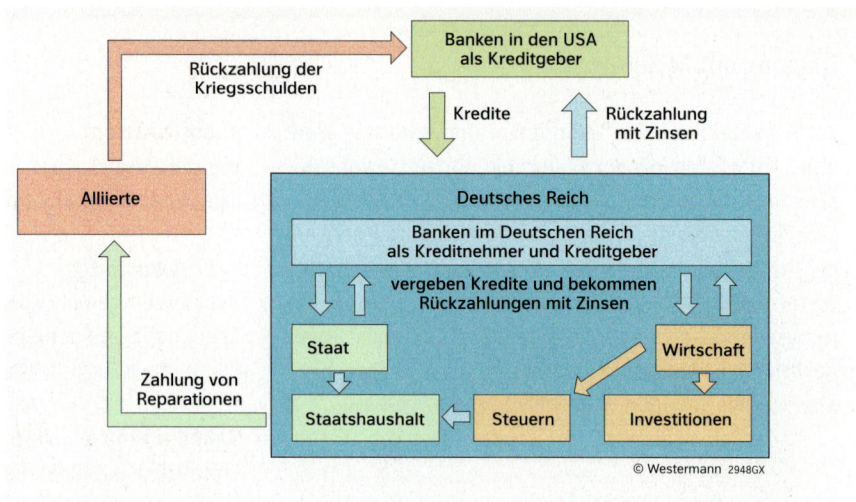

⌨ WES-115460-305
Hörszene zur Weltwirtschaftskrise im Deutschen Reich

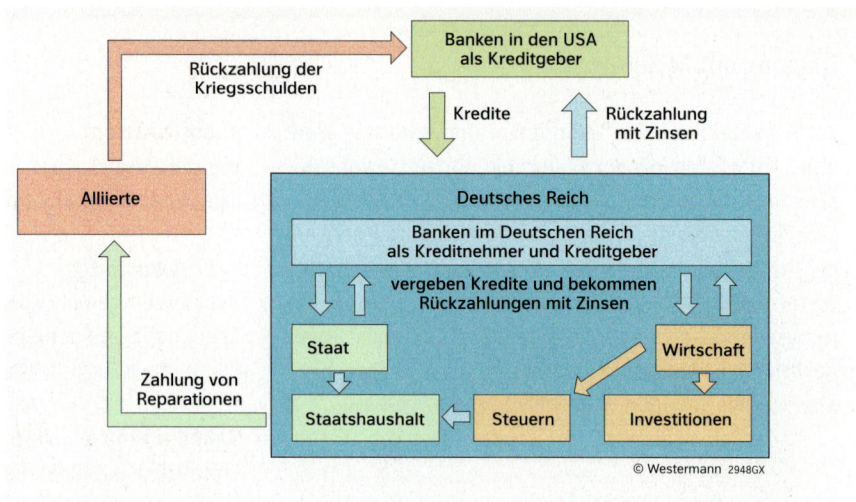

M 3 Andrang vor einer Berliner Sparkasse

Aus Angst vor einer Bankeninsolvenz wollten die Sparer ihr gesamtes Vermögen abholen, Foto, 13.07.1931.

Die Auswirkungen der Weltwirtschaftskrise in Deutschland

Die Regelungen des Dawes-Plans begrenzten die deutschen Reparationszahlungen auf ein erträgliches Maß. Das begünstigte den internationalen Kapitalverkehr, von dem Deutschland profitierte. Amerikanische Banken und Finanziers investierten nach 1924 viel Kapital in die deutsche Wirtschaft und beteiligten sich an 5 Unternehmen. So kaufte der Automobilkonzern General Motors 1929 die Adam Opel AG. Manche sahen Deutschland geradezu als „Kolonie der New Yorker Börse", so eng waren die Verflechtungen beider Länder.

Insgesamt flossen von 1925 bis 1929 ausländische Kredite in Höhe von 21 Milliarden Reichsmark nach Deutschland, denen nur 7,7 Milliarden Reichsmark 10 deutscher Anlagen im Ausland gegenüberstanden.

All das änderte sich schlagartig, als die amerikanische Wirtschaft nach dem Börsenkrach 1929 eine verheerende Rezession erlebte und Kredite aus Deutschland abzog. Da die deutschen Banken zu wenig Eigenkapital hatten, um einzuspringen, fehlte Geld für Kredite und Investitionen. Daher war Deutschland im 15 internationalen Vergleich besonders stark von den Krisenwirkungen betroffen.

Die Folgen der Weltwirtschaftskrise in Deutschland

Merkmale der Wirtschaftskrise waren Produktionseinbrüche, Firmenpleiten, sinkende Einkommen und rapide steigende Arbeitslosenzahlen. Als Folge der Krise 20 mussten viele Betriebe schließen oder Entlassungen vornehmen: Die Arbeitslosenzahlen stiegen unaufhörlich und erreichten schließlich die schwindelerregende Höhe von über sechs Millionen.

Im Gegensatz zum Krisenjahr 1923, in dem die Geldentwertung vor allem Sparer und Kapitalbesitzer getroffen hatte, traf die Weltwirtschaftskrise nun die 25 gesamte Bevölkerung. Neben der Industrie wurde auch das Finanz- und Kreditwesen erfasst, sodass es zum Zusammenbruch des deutschen Bankensystems kam. Nach Konkursen verschiedener Großbanken verloren deren Kunden ihre gesamten Spareinlagen und verarmten. Die Weltwirtschaftskrise trug so entscheidend zum Verfall des parlamentarischen Systems von Weimar bei und begünstig- 30 te den Aufstieg der radikalen Parteien NSDAP und KPD.

M 4 „Ich suche Arbeit jeder Art!"
Foto, um 1931

M 5 Suppenküche für Notleidende
Foto, um 1930

M 6 „Wir suchen Arbeit"

Aus einem Bericht über die Not arbeitsloser Familien (1932):

Wer offenen Auges auf den Hauptwanderstraßen Deutschlands, z. B. zwischen Berlin – der Uckermark – Mecklenburg und Pommern oder dem westdeutschen Industriegebiet – Mecklenburg – Berlin wandernde Familien beobachtet hat,
5 wer sie gesprochen und von ihrem Schicksal gehört hat, der sah in einen Abgrund tiefsten menschlichen Elendes. Vater, Mutter und eine ganze Schar trippelnder Kinder. Der Vater trägt einen schweren Rucksack oder zieht einen kleinen Handwagen. Die Mutter schiebt den Kinderwagen mit dem jüngsten oder den zwei jüngsten Kindern inmitten von al- 10 lem möglichen Hausrat und Kleidungsstücken. [...] Fragt man die einzelnen Familien nach dem Woher und Wohin, erhält man immer die gleiche Antwort: „Wir suchen Arbeit." [...] So treffen die ehemals städtischen Arbeitslosen mit denen vom Lande zusammen und ziehen in gleicher Not mit 15 der gesamten Familie und allen Habseligkeiten von Ort zu Ort, in der Hoffnung, doch noch einmal Arbeit zu finden.

Hubert Kiesewetter, Die Not arbeitsloser Familien auf der Landstraße (Soziale Berufsarbeit 13, Nr. 2/1933, S. 13–17); zit. n.: Heinrich August Winkler, Der Weg in die Katastrophe, Bonn/Berlin: J. H. W. Dietz Nachf. 1987, S. 40.

Aufgaben

1. Die Weltwirtschaftskrise

Erstelle einen Kurzvortrag über die Weltwirtschaftskrise. Um die Ursachen der Weltwirtschaftskrise und deren Auswirkungen in Deutschland in der Klasse zu präsentieren, kannst du wie folgt vorgehen:

a) Erschließe die Grafik M2, um die Ursachen und den Ablauf der Krise darzulegen. Verwende dafür auch den Einleitungstext auf Seite 126 und den Text auf Seite 128.

b) Erschließe mithilfe der Bilder M1, M3–M5 und der Schriftquelle M6, welche sozialen und politischen Auswirkungen die Weltwirtschaftskrise in Deutschland hatte.

M1–M6, Text auf Seite 128

Der Aufstieg der NSDAP

Von den zahlreichen antidemokratischen Strömungen, die nach dem Zusammenbruch des Kaiserreiches 1918 im politisch aufgewühlten Nachkriegsdeutschland entstanden, wuchs die 1920 in München gegründete NSDAP zur größten politischen Bewegung heran. Das 1920 von Adolf Hitler in München verkündete Programm gibt Auskunft über die politischen Forderungen der Partei, die die Grundfesten der parlamentarischen Demokratie zerstören wollte.

Grundsätzliches Programm
der nationalsozialistischen
Deutschen Arbeiter-Partei.

Das Programm der Deutschen Arbeiter-Partei ist ein Zeit-Programm. Die Führer lehnen es ab, nach Erreichung der im Programm aufgestellten Ziele neue aufzustellen, nur zu dem Zweck, um durch künstlich gesteigerte Unzufriedenheit der Massen das Fortbestehen der Partei zu ermöglichen.

1. Wir fordern den Zusammenschluß aller Deutschen auf Grund des Selbstbestimmungsrechtes der Völker zu einem Groß-Deutschland.
2. Wir fordern die Gleichberechtigung des deutschen Volkes gegenüber den anderen Nationen, Aufhebung der Friedensverträge in Versailles und St. Germain.
3. Wir fordern Land u. Boden (Kolonien) zur Ernährung unseres Volkes u. Ansiedelung unseres Bevölkerungs-Uebeschusses.
4. Staatsbürger kann nur sein, wer Volksgenosse ist. Volksgenosse kann nur sein, wer deutschen Blutes ist, ohne Rücksichtnahme auf Konfession. **Kein Jude kann daher Volksgenosse sein.**
5. Wer nicht Staatsbürger ist, soll nur als Gast in Deutschland leben können u. muß unter Fremdengesetzgebung stehen.

Volksverbrecher, **Wucherer, Schieber** usw. sind **mit dem Tode zu bestrafen,** ohne Rücksichtnahme auf Konfession und Rasse.
19. Wir fordern Ersatz für das der materialistischen Weltordnung dienende römische Recht durch ein Deutsches Gemein-Recht.
20. Um jedem fähigen und fleissigen Deutschen das Erreichen höherer Bildung und damit das Einrücken in führende Stellungen zu ermöglichen, hat der Staat für einen gründlichen Ausbau unseres gesamten Volksbildungswesens Sorge zu tragen. Die Lehrpläne aller Bildungsanstalten sind den Erfordernissen des praktischen Lebens anzupassen. Das Erfassen des Staatsgedankens muß bereits mit Beginn des Verständnisses durch die Schule (Staatsbürgerkunde) erzielt werden. Wir fordern die Ausbildung geistig besonders ver...

M 1 „Grundsätzliches Programm der NSDAP"

1920, Faksimile (oben, Ausschnitt)

Auszug aus dem 25-Punkte-Programm der NSDAP von 1920:

1. Wir fordern den Zusammenschluss aller Deutschen aufgrund des Selbstbestimmungsrechts der Völker zu einem Großdeutschland.
2. Wir fordern [...] die Aufhebung des Friedensvertrages von
5 Versailles [...].
3. Wir fordern Land und Boden (Kolonien) zur Ernährung unseres Volkes und Ansiedlung unseres Bevölkerungsüberschusses.
4. Staatsbürger kann nur sein, wer Volksgenosse ist. Volksgenosse kann nur sein, wer deutschen Blutes ist ... Kein Jude kann daher Volksgenosse sein. [...]
10. Erste Pflicht eines jeden Staatsbürgers muss es sein, geistig oder körperlich zu schaffen. Die Tätigkeit des einzelnen darf nicht gegen die Interessen der Allgemeinheit verstoßen [...]. Daher fordern wir:
15
11. Abschaffung des arbeits- und mühelosen Einkommens [...].

13. Wir fordern die Verstaatlichung aller (bisher) vergesellschafteten Betriebe.
14. Wir fordern Gewinnbeteiligung an Großbetrieben. 20
15. Wir fordern die Schaffung eines gesunden Mittelstandes ... und (die) Vermietung [...] der Groß-Warenhäuser zu billigen Mieten an kleine Gewerbetreibende.
16. Wir fordern einen großzügigen Ausbau der Altersversorgung. 25
17. Wir fordern eine [...] Bodenreform [...].
23. Wir fordern einen gesetzlichen Kampf gegen die [...] politische Lüge und ihre Verbreitung in der Presse [...].
24. Wir fordern die Freiheit aller (Religionen) im Staat, soweit sie nicht [...] gegen das Moralgefühl der germanischen 30 Rasse verstoßen [...].
25. Zur Durchführung allen dessen fordern wir: Die Schaffung einer starken Zentralgewalt des Reiches. Unbedingte Autorität des [...] Zentralparlaments über das gesamte Reich und seine Organisation im allgemeinen. 35

Adolf Hitler

war 1889 im österreichischen Braunau als Sohn eines Zollbeamten geboren worden. Nachdem er die Realschule ohne Abschluss verlassen hatte, bewarb er sich zwei Mal vergeblich um die Zulassung zum Studium an der Wiener Akademie der Bildenden Künste. Ohne einer geregelten Beschäftigung nachzugehen, führte er in Wien ein zielloses Leben als Bewohner eines Männerheims und hielt sich mit dem Verkauf von Postkarten und Aquarellen über Wasser. 1913 übersiedelte er nach München, wo er nach Ausbruch des Ersten Weltkrieges im August 1914 in die Armee eintrat. Im Krieg zwei Mal verwundet, erfuhr er von der Niederlage und der Revolution während eines Aufenthalts im Lazarett. 1919 schloss er sich in München der unbedeutenden „Deutschen Arbeiterpartei" an, deren Programm er mit ausarbeitete. In der Partei, die sich ab 1920 „Nationalsozialistische Deutsche Arbeiterpartei" (NSDAP) nannte, fiel er bald als talentierter Redner auf, der es verstand, seine Zuhörer durch eine stark emotionalisierte, beschwörende Vortragsweise in Bann zu schlagen. 1921 übernahm er die unumstrittene Führung der Partei.

M 2   **Adolf Hitler (1889 – 1945)**

Sorgsam pflegte man Hitlers Erscheinungsbild in der Öffentlichkeit. Ungünstige Fotos wurden nicht veröffentlicht, Foto, 1932.

Die Ursprünge der NSDAP

Der Aufstieg der NSDAP ist eng mit Bayern verbunden. In München lag die Geburtsstätte der nationalsozialistischen Bewegung, in Nürnberg feierten sich die Nationalsozialisten auf dem Höhepunkt ihrer Macht mit den „Reichsparteitagen"
5 selbst.

1923 wollte Hitler die Macht in Deutschland gewaltsam an sich reißen und das verhasste System der Weimarer Republik beseitigen. Da ihm jedoch die Unterstützung der führenden konservativen und militärischen Kreise fehlte, scheiterte der Hitlerputsch. Hitler wurde zu fünf Jahren Haft auf der Festung Landsberg verur-
10 teilt (er wurde aber bereits nach neun Monate aus der Haft entlassen) und die NSDAP verboten.

Strategiewechsel der NSDAP

In strategischer Hinsicht vollzog Hitler schon während seiner Haft eine Kehrtwen-
15 de: Nach der Neugründung der NSDAP 1925 gelang es ihm, zersplitterte deutschnationale und antisemitische Gruppen in Deutschland hinter sich zu vereinen. Statt eines gewaltsamen Umsturzversuches sollten nun scheinbar legal errungene Wahlerfolge den Weg zur Herrschaft ebnen. Dabei verschwiegen es die Nationalsozialisten keineswegs, dass sie die Ordnung der Weimarer Republik zerstören
20 wollten. Sie hielten die formalen Spielregeln der Demokratie nur zum Schein ein.

1. Das Programm der NSDAP

a) Untersuche das Programm der NSDAP von 1920 (M1). Unterscheide politische, wirtschaftliche und andere Forderungen.
- Welche sozialen Schichten / Berufsgruppen werden jeweils angesprochen?
- Welche Versprechungen werden ihnen jeweils gemacht?
- Welche Folgen würde die Einhaltung der einzelnen Versprechen haben?
- Wer wären die Leidtragenden dieser Folgen?

b) Weise mithilfe einzelner Bestimmungen nach, dass die NSDAP Gegner des demokratischen Systems war.
↷ M1

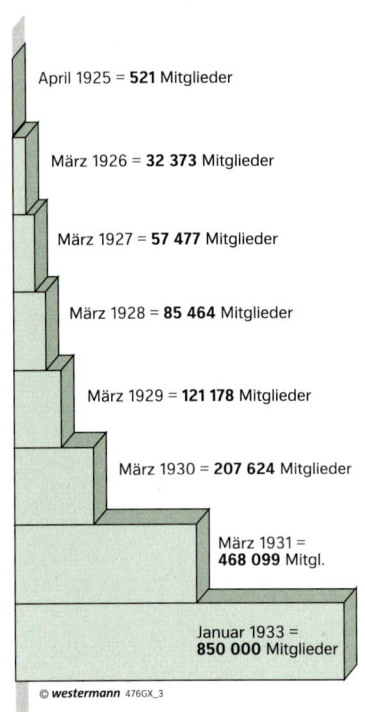

April 1925 = **521** Mitglieder

März 1926 = **32 373** Mitglieder

März 1927 = **57 477** Mitglieder

März 1928 = **85 464** Mitglieder

März 1929 = **121 178** Mitglieder

März 1930 = **207 624** Mitglieder

März 1931 = **468 099** Mitgl.

Januar 1933 = **850 000** Mitglieder

© *westermann* 476GX_3

M 3 Die Mitgliederentwicklung der NSDAP 1925 – 1933

Wahlkampf und Propaganda

Früh erkannte Hitler die Möglichkeiten, die technische Neuerungen für Wahlkämpfe und politische Propaganda bieten. Die Nutzung von Flugzeugen ermöglichte es Hitler nicht nur, an einem Tag an mehreren oft weit auseinanderliegenden Orten bei Wahlkampfveranstaltungen teilzunehmen, sondern trug auch zu 25 seiner Inszenierung als quasi himmlischer Heilsbringer bei. Durch die Fahrten in offenen Autos wirkte Hitler sowohl volksnah als auch dynamisch und modern. Außerdem waren die neuen Massenmedien ebenso Teil des NS-Propagandaapparates. Neben gedruckten Medien (allen voran die parteieigene Wochenzeitung „Völkischer Beobachter") gewann dabei das Radio immer mehr an Bedeutung. Die 30 Nationalsozialisten setzten aber auch ganz gezielt auf Aufmärsche, Saalschlachten und Straßenkämpfe. Mit der „Sturm-Abteilung" (SA) und der aus dieser hervorgegangenen „Schutz-Staffel" (SS) hatte die Parteiführung zwei Instrumente, um politische Gegner zu terrorisieren. Durch die Allgegenwärtigkeit der Uniformen führten die Nationalsozialisten einen regelrechten Propagandafeldzug, bei dem es 35 nicht zuletzt darum ging, die Kommunisten als Hauptgegner durch Angriff zu provozieren, um sich selbst dann als einzigen Schutz gegen die rote Gefahr darstellen zu können.

Der Aufstieg zur stärksten Partei

40

Bei den beiden Wahlen 1924 und der Wahl 1928 blieb die NSDAP dennoch eine unbedeutende Kleinpartei. In der von relativem Wohlstand geprägten stabilen Phase der Weimarer Republik zwischen 1924 und 1929 blieben große Wahlerfolge aus. Die große Stunde der extremistischen Parteien mit ihren radikalen Versprechungen kam erst in Folge der Weltwirtschaftskrise. 45

1930 gelang es der NSDAP, ihre Stimmenzahl enorm zu steigern: Die Zahl ihrer Reichstagsabgeordneten stieg sensationell von 12 auf 107. Vor allem aufgrund der sich verschärfenden Weltwirtschaftskrise erhielt die Partei großen Zulauf. Sie schien mit ihrer Ideologie und dem vermeintlichen Zusammengehörigkeitsgefühl gerade den Massen an Arbeitslosen eine Perspektive zu geben. Allein zwischen 50 1926 und 1930 wuchs die Mitgliederzahl der NSDAP von 32 000 auf 207 000. Im Januar 1933 hatte sie 850 000 Mitglieder. In den frühen 1930er-Jahren wurde die NSDAP so stark, dass führende Politiker sie an der Regierung beteiligen wollten. Das scheiterte zunächst noch daran, dass Hitler die ganze Macht für sich beanspruchte und Koalitionen mit anderen Parteien ablehnte. Doch die Wahl vom 55 November 1932 brachte eine Ernüchterung: Erstmals seit mehr als vier Jahren musste die NSDAP wieder deutliche Stimmenverluste hinnehmen. Hatte sie den Höhepunkt ihres Erfolges bereits überschritten?

M 4 Hitler als Redner

Adolf Hitler spricht im Berliner Lustgarten zur Reichspräsidentenwahl, Foto, 4.4.1932.

Zusatzmaterial: **Die soziale Struktur der NSDAP** – Statistik und Darstellung

	Arbeiter	Selbstständige				Beamte		An-gestellte	Mithelfende Familien-angehörige (meist weibl.)	Ins-gesamt
		Land-wirte	Handwerker und Gewerbetreibende	Kauf-leute	Freie Berufe	Lehrer	Andere			
Im Reichs-gebiet (Volkszählung von 1925)	45,1	6,7	5,5	3,7	1,5	1,0	3,3	15,9	17,3	100
In der NSDAP vor dem 14.09.1930	28,1	14,1	9,1	8,2	3,0	1,7	6,6	25,6	3,6	100
Unter den neuen NSDAP-Mitgliedern (zwischen 14.09.1930 und 30.01.1933)	33,5	13,4	8,4	7,5	3,0	1,7	5,5	22,1	4,9	100

Erwerbstätige (in %)

Aus: Martin Broszat, Der Staat Hitlers, München 1969, S. 51

12407E

M 5 Soziale Struktur in Deutschland insgesamt und in der NSDAP vor 1933

M 6 **Eine Darstellung**

Der Politikwissenschaftler Jürgen Falter schreibt über die NS-Bewegung (1998):

Es handelte sich bei der NS-Bewegung immer um eine sozial gemischte, sowohl für Arbeiter als auch für Mittel- und Oberschichtsangehörige – wenn auch in unterschiedlichem Maße – attraktive Partei: Von der Sozialstruktur ihrer Mit-
5 glieder und Wähler her gesehen – wenn auch nicht von ihrem Programm oder ihrer Politik –, ist sie wohl am ehesten als moderne Integrationspartei zu charakterisieren, die sich unter dem Vorzeichen der Volksgemeinschaft bemühte, in ihrer Propaganda und mithilfe jeweils gruppenspezifisch formulierter Angebote und Versprechungen Angehö-
10 rige aller Sozialschichten anzusprechen, was ihr auch stärker als den anderen politischen Parteien gelungen zu sein scheint.

Jürgen W. Falter, Wahlen und Wahlerverhalten unter besonderer Berücksichtigung des Aufstiegs der NSDAP nach 1928; in: Karl Dietrich Bracher, Manfred Funke, Hans-Adolf Jacobsen (Hg.), Die Weimarer Republik 1918–1933. Politik Wirtschaft Gesellschaft, Bonn: Bundeszentrale für politische Bildung 1998 (3. Aufl.), S. 484–504, hier S. 496.

1. Das Selbstverständnis der NSDAP

  a) Setze dich mit dem Parteinamen „NSDAP" auseinander. Beachte dabei die Bedeutung der einzelnen Buchstaben.

  b) Joseph Goebbels schrieb am 30. April 1928 in der Zeitung „Der Angriff": „Wir gehen in den Reichstag hinein, um uns im Waffenarsenal der Demokratie mit deren eigenen Waffen zu versorgen … Wir kommen als Feinde! Wie der Wolf in die Schafherde einbricht, so kommen wir." Beurteile, ob die NSDAP diese Strategie umgesetzt hat.

  ↷ Text auf den Seiten 131–132

2. Die soziale Struktur der NSDAP – Zusatzaufgabe

  a) Vergleiche anhand der Statistik M5 die Sozialstruktur der NSDAP mit der damaligen Sozialstruktur in Deutschland.

  b) Beurteile, inwiefern die NSDAP für bestimmte Bevölkerungsgruppen attraktiv war.

  c) Erkläre die These von Jürgen Falter (M6), die NSDAP bemühte sich „in ihrer Propaganda und mithilfe jeweils gruppenspezifisch formulierter Angebote und Versprechungen" alle Schichten anzusprechen.

  d) Vergleiche die Aussagen Falters mit der Statistik über die soziale Struktur der NSDAP.

  ↷ M5, M6

Die Weimarer Republik zerfällt

Die Verlagerung der Macht vom Parlament zum Präsidenten leitete das Ende des parlamentarischen Systems ein, wie die Fotomontage aus dem Jahr 1932 aufzeigt.

M 1 „Der Reichstag wird eingesargt"

Fotomontage von John Heartfield zum 30. August 1932 in der DAZ (Deutsche Allgemeine Zeitung). Die Bildunterschrift lautete:

„... Wenn das Parlament es wagen sollte, sich dem Reichspräsidenten zu versagen, muß ohne Zögern und Schwanken der Reichstag abermals aufgelöst, das parlamentarische System endgültig liquidiert werden."

Zum Grafiker John Heartfield:
Dieser Name ist ein Pseudonym; der Berliner Helmuth Herzfeld (1891–1968) prägte durch seine gesellschaftskritischen und technisch innovativen Fotomontagen diese seit Beginn der 1920er-Jahre neu entstandene Bildgattung. Viele seiner Montagen erschienen in der „Arbeiter-Illustrierten-Zeitung" und warnten früh vor dem Nationalsozialismus, weshalb er 1933 aus Deutschland fliehen musste.

Zum 30.08.1932:
Zum Amtsantritt der neuen Regierung unter Reichskanzler von Papen war der Reichstag am 4. Juni 1932 aufgelöst worden. Die Termine für die Neuwahl (31. Juli) und die Einberufung des Reichstags (30. August) nutzten die zulässigen Zeitfristen voll aus. Konkret: In der Zeit von Anfang Juni bis Ende August regierte das Kabinett von Papen mittels Notverordnungen gemäß Artikel 48 WRV unkontrolliert und ohne Zustimmung des Parlaments.

Zum 30. August 1932
DER REICHSTAG WIRD EINGESARGT

Aufgaben

1. **„Der Reichstag wird eingesargt"**
   a) Interpretiere die Fotomontage von John Heartfield (M1).
   b) Wiederhole die verfassungsrechtliche Stellung des Reichstags und deute dessen Darstellung in der Bildquelle M1.
   c) Wiederhole die Rolle der SPD seit Beginn der Weimarer Republik und kläre deren Rolle in der Bildquelle M1.
   d) Erschließe die Funktionsweise von „Notverordnungen" und sogenannten „Präsidialkabinetten".

M1, Text auf den Seiten 135–136

Die letzte parlamentarische Regierung

Seit 1923 war die SPD, die die Republik mitbegründet und mit Zentrum und DDP die Weimarer Koalition gebildet hatte, in keiner Regierung mehr vertreten. Das änderte sich nach der Reichstagswahl vom Mai 1928. Gemeinsam mit dem Zent-
5 rum, der DVP und der DDP bildete sie unter Hermann Müller (SPD) eine Große Koalition. Diese hatte sich angesichts der Weltwirtschaftskrise vor allem mit der steigenden Arbeitslosigkeit auseinanderzusetzen.

Seit 1927 gab es eine staatliche Arbeitslosenversicherung, die Arbeiter und Unternehmer durch Beiträge je zur Hälfte finanzierten. Die Gelder reichten aber
10 nur für 800 000 Empfänger, sodass angesichts steigender Arbeitslosenzahlen entweder die Beiträge erhöht oder Leistungskürzungen vorgenommen werden mussten.

Die SPD beharrte auf einer Erhöhung der Beiträge von 3,5 auf 4 Prozent, während die Koalitionspartner diese Forderung wegen der Belastung der Wirtschaft
15 ablehnten. Hinter den Sozialdemokraten standen die Gewerkschaften, während die anderen Parteien von den Unternehmern unterstützt wurden. Da es zu keinem Kompromiss bei der Arbeitslosenversicherung kam, traten Reichskanzler Müller und sein Kabinett im März 1930 zurück. Die Politik der Großen Koalition war gescheitert. Sie war die letzte Regierung, die sich auf eine parlamentarische Mehr-
20 heit im Reichstag stützen konnte.

M 2 **Paul von Hindenburg** (1847–1934)
Reichspräsident von 1925 bis 1934, Foto, 1932

Die Regierung der Präsidialkabinette

Von nun an verlagerte sich die Macht vom Parlament auf den Reichspräsidenten. Es bildeten sich statt parlamentarischer Regierungen sogenannte „Präsidialkabi-
25 nette", die politisch allein vom Reichspräsidenten abhängig waren. Die Weimarer Verfassung bot dafür die Grundlage. Der Reichspräsident konnte den Reichstag auflösen und Neuwahlen ausschreiben (Artikel 25), den Reichskanzler ernennen (Artikel 53) und anstelle von Gesetzen, über die der Reichstag zu beschließen hatte, Notverordnungen erlassen (Artikel 48).
30 Diese Regelungen waren für Krisensituationen gedacht und nur vereinzelt angewandt worden. Nach 1930 entwickelte sich daraus aber ein Dauerzustand. Die Verlagerung der Macht vom Parlament zum Präsidenten leitete das Ende des demokratischen Systems von Weimar ein.

35 Reichskanzler Brüning

Nach dem Rücktritt von Hermann Müller (SPD) ernannte Reichspräsident Hindenburg den Zentrumspolitiker Heinrich Brüning zum Regierungschef. Der versuchte mit einer Deflationspolitik die Wirtschaftskrise zu überwinden und den Staatshaushalt zu sanieren. „Deflationspolitik" bedeutete „Sparpolitik" und das
40 hieß konkret: Erhöhung von Steuern, Senkung von Löhnen und Staatsausgaben, vor allem Gehaltskürzungen bei Beamten und Leistungsabbau bei den Sozialversicherungen. Brünings Maßnahmen dienten einerseits dem Ziel, einen ausgeglichenen Haushalt aufzustellen. Andererseits sollten sie den Alliierten zeigen, dass Deutschland nicht länger in der Lage sei, die gewaltigen Reparationslasten zu
45 tragen.

Da Brünings Politik angesichts der Mehrheitsverhältnisse im Reichstag keine Unterstützung fand, setzte Hindenburg sie mit Notverordnungen nach Artikel 48 durch. Als die Abgeordnetenmehrheit dagegen stimmte, löste der Reichspräsident das Parlament auf.

M 3 **Heinrich Brüning** (1885–1970)
Reichskanzler vom 30. März 1930 bis zum 30. Mai 1932, Foto, 1932

🖳 WES-115460-306
Film über das Ende der Demokratie in der Weimarer Republik

Die Reichstagswahlen 1930 und ihre Folgen

Die Wahlen vom 14. September 1930 kamen einer Katastrophe gleich, die im In- und Ausland Bestürzung hervorrief. Hitlers NSDAP erhielt gewaltigen Zulauf und wurde zweitstärkste Partei im Reichstag. Auch die Kommunisten gewannen hinzu. Damit wurde eine konstruktive Arbeit im Reichstag zusehends unmöglich. Die Situation bot Brüning kaum Chancen, künftig mit einer parlamentarischen Mehrheit zu regieren. Die Sozialdemokraten tolerierten jedoch die Regierung Brüning, da sie eine Regierungsbeteiligung der NSDAP unbedingt verhindern wollten.

Das Entscheidungsjahr 1932

Brutale Straßenkämpfe und Saalschlachten veranlassten Brüning, die SA zu verbieten. Als er daran ging, unrentable Güter in Ostdeutschland aufzuteilen, um Arbeitslose als Bauern anzusiedeln, schuf er sich Gegner aus den Reihen der Großgrundbesitzer. Sowohl Militärs, die der SA Sympathie entgegenbrachten, als auch die Großagrarier erreichten beim greisen Staatsoberhaupt Hindenburg Brünings Entlassung am 30. Mai 1932. Inzwischen war Hindenburg am 10. April 1932 wiedergewählt worden. Sogar die Sozialdemokraten hatten ihn unterstützt, um Adolf Hitler als Reichspräsidenten zu verhindern.

Hindenburg ernannte nun Franz von Papen zum Kanzler. Erste Maßnahmen der Regierung waren die Aufhebung des SA-Verbotes und die Auflösung des Reichstages. Neuwahlen wurden für den 31. Juli 1932 angesetzt. Während des Wahlkampfes eskalierte die Gewalt auf den Straßen.

Die Demontage der Republik und die Machtübergabe an Hitler

Unter dem Vorwand, die blutigen Auseinandersetzungen zwischen Nationalsozialisten und Kommunisten würden die öffentliche Ordnung gefährden, setzte Papen am 20. Juli 1932 die SPD-geführte Regierung in Preußen ab. Dieser Staatsstreich – gedeckt durch eine Notverordnung Hindenburgs – bewirkte, dass Papen als Reichskommissar selbst die Regierungsgeschäfte in Preußen übernahm. Er ließ den öffentlichen Dienst von republiktreuen Beamten säubern und durch autoritäre, republikfeindliche Anhänger ersetzen. Angesichts von Millionen Arbeitslosen verzichteten die Gewerkschaften darauf, einen Generalstreik auszurufen.

Die Reichstagswahl vom 31. Juli 1932 zeigte, dass über die Hälfte aller Wähler demokratiefeindlichen Parteien von links und rechts ihre Stimme gegeben hatte. Allein die NSDAP verdoppelte die Zahl ihrer Mandate und wurde mit 37,4 Prozent der Stimmen stärkste Partei im Reichstag. Papens Versuch, Hitler und seine Bewegung durch Beteiligung an der Regierung zu „zähmen", scheiterte: Hitler beanspruchte die ungeteilte Macht, doch stieß er zu diesem Zeitpunkt noch auf den Widerstand Hindenburgs.

Als Papen im Reichstag eine Abstimmung verlor, wurde das Parlament erneut aufgelöst. Die Nationalsozialisten erlitten jedoch bei der folgenden Reichstagswahl vom 6. November 1932 eine empfindliche Niederlage und gerieten in eine innerparteiliche Krise.

Inzwischen bewog der einflussreiche General Kurt von Schleicher (1882–1934) den Reichspräsidenten zum Sturz Papens und übernahm selbst das Amt des Kanzlers. Sein Versuch, sich mit den Gewerkschaften zu verständigen und die NSDAP zu spalten, indem er einen Keil zwischen Hitler und dessen Gegner Gregor Strasser trieb, scheiterte. Auch Schleicher musste im Januar 1933 zurücktreten. Nach langem Zögern und auf Betreiben Papens ernannte Hindenburg am 30. Januar 1933 Adolf Hitler zum Reichskanzler.

M 4 **Franz von Papen (1879–1969)**
Reichskanzler vom 1. Juni 1932 bis zum 17. November 1932

M 5 „Gegen Bürgerkrieg und Inflation"
Plakat der DVP zur Reichstagswahl vom Juli 1932

Präsidialkabinette – Verfassungsgrundlagen und Kritik

M 6 „Weimarer Reichsverfassung"

Aus der Verfassung des Deutschen Reiches („Weimarer Reichsverfassung") vom 11. August 1919:

Artikel 25:
Der Reichspräsident kann den Reichstag auflösen, jedoch nur einmal aus dem gleichen Anlass.
Die Neuwahl findet spätestens am sechzigsten Tage nach
5 der Auflösung statt.
[...]

Artikel 48:
(1) Wenn ein Land die ihm nach der Reichsverfassung oder den Reichsgesetzen obliegenden Pflichten nicht erfüllt,
10 kann der Reichspräsident es dazu mithilfe der bewaffneten Macht anhalten.
(2) Der Reichspräsident kann, wenn im Deutschen Reich die öffentliche Sicherheit und Darstellung erheblich gestört oder gefährdet wird, die zur Wiederherstellung der öffent-
15 lichen Sicherheit und Ordnung nötigen Maßnahmen treffen, erforderlichenfalls mithilfe der bewaffneten Macht einzuschreiten. Zu diesem Zwecke darf er vorübergehend die in den Artikeln 114, 115, 117, 118, 123, 124 und 153[1] festgesetzten Grundrechte ganz oder zum Teil außer Kraft setzen.
20 (3) Von allen gemäß Abs. 1 oder Abs. 2 dieses Artikels getroffenen Maßnahmen hat der Reichspräsident unverzüglich dem Reichstag Kenntnis zu geben. Die Maßnahmen sind auf Verlangen des Reichstags außer Kraft zu setzen.
(4) Bei Gefahr im Verzuge kann die Landesregierung für ihr
25 Gebiet einstweilige Maßnahmen der in Abs. 2 bezeichneten Art treffen. Die Maßnahmen sind auf Verlangen des Reichspräsidenten oder des Reichstags außer Kraft zu setzen. [...]

M 7 „Deutsche Zauber-Werke AG"

„Kein Grund zum Verzagen, solange noch Kanzler am laufenden Band produziert werden!", Karikatur von Karl Arnold aus dem „Simplicissimus", Februar 1933

Artikel 53:
Der Reichskanzler und auf seinen Vorschlag die Reichsminister werden vom Reichspräsidenten ernannt und entlas-
30 sen.
1 Die genannten Artikel betreffen folgende Grundrechte: Freiheit der Person, Unverletzlichkeit der Wohnung, Briefgeheimnis, Meinungsfreiheit, Versammlungs- und Vereinigungsfreiheit, Eigentumsrecht

Reichsgesetzblatt 1919, Nr. 152, S. 1383 ff.

Deutsche Zauber-Werke A.G.

---

1. Die Endphase der Weimarer Republik
Erstelle einen Zeitstrahl mit fünf wichtigen politischen Ereignissen von 1928 bis 1933.
↳ Text auf den Seiten 135 – 136

2. Die Präsidialkabinette
a) Arbeite anhand der Auszüge aus der Weimarer Verfassung (M6) die verfassungsrechtliche Grundlage der Präsidialkabinette heraus.
b) Beschreibe die Karikatur (M7) und erkläre die Aussage des Karikaturisten.

c) Weise nach, dass die Präsidialkabinette entscheidend zur Aushöhlung der Weimarer Demokratie beitrugen.
↳ M6, M7, Text auf den Seiten 135 – 136

3. Das Entscheidungsjahr 1932
a) Vergleiche die wechselnden politischen Maßnahmen gegenüber der NSDAP und ihren Verbänden und beurteile deren Wirksamkeit.
b) Erläutere, wie und warum es zu einer Kanzlerschaft Hitlers kam und wer dafür Verantwortung trägt.
↳ Text auf den Seiten 135 – 136

Die Weimarer Republik zerfällt – Ein politisches Plakat erschließen

M 8 **Wahlplakat zur Reichstagswahl November 1932**

Die Nationalsozialisten zeichneten sich durch ihre aggressive Propaganda aus. Dazu nutzten sie viele moderne Mittel, die heute selbstverständlich sind. Insbesondere bei der Gestaltung von Plakaten gingen sie neue Wege. Eine wichtige Rolle spielte der Grafiker Hans Herbert Schweitzer (1901–1980), genannt Mjölnir. Mjölnir ist die Bezeichnung für den Hammer des nordischen Gottes Thor. Nach seiner Ausbildung trat er früh der NSDAP bei.

Das oben abgebildete Plakat (M8) wurde für die Wahlen zum 7. Reichstag am 6. November 1932 verwendet. Es hat die Größe 122 x 87 cm.

Umgang mit politischen Plakaten

Politische Plakate gehören zu den Bildquellen. Sie richten sich in großer Stückzahl an ein breites Publikum (Massenmedium) mit dem Ziel, eine klare, eindeutige Botschaft (z. B. politischer Standpunkt einer Partei) zu vermitteln und zum Handeln aufzufordern (z. B. Wahl einer bestimmten Partei). Dazu wird das Plakat häufig als Bild-Text-Kombination mit vielfältigen künstlerischen und sprachlichen Mitteln gestaltet, um die Gefühle und Gedanken des Betrachters zu beeinflussen und ihn zu überzeugen, genau das zu denken und zu tun, was der Auftraggeber des Plakats als Ziel verfolgt. Inhalte werden dabei oftmals besonders positiv oder negativ dargestellt, verkürzt und wiederholt.

Politische Plakate geben Auskunft darüber, welche sozialen und wirtschaftlichen Probleme, welche politischen Standpunkte zu einem bestimmten Zeitpunkt existierten und wie politische Auseinandersetzungen geführt wurden.

Folgende grundsätzlichen Aspekte sind für die Erschließung von politischen Plakaten wichtig:

1. Urheber
Informiere dich über folgende Aspekte:
- Autor/Künstler, Auftraggeber,
- Thema

2. Entstehungszeit und -ort
Informiere dich über:
- Entstehungszeit, -ort und -bedingungen, historischer Hintergrund (Epoche, Ereignisse etc.),
- Publikationszeit, -ort und -formen.

3. Adressat(en)
Informiere dich über die Adressaten und über den Anlass und Zweck des Plakates.

4. Bildelemente
Beschreibe genau, was im Einzelnen zu erkennen ist. Achte dabei auf den Bildaufbau, also die Anordnung der Elemente (z. B. Vordergrund, Mittelgrund, Hintergrund).

5. Bedeutung der Bildelemente
Analysiere das Plakat in Hinblick auf:
- Bildgestaltung: zentrales Motiv, Personen, Figuren, Gegenstände, Symbole (Farbe, Form, Größenverhältnis, Mimik, Gestik, Körperhaltung),
- Textgestaltung: Inhalt (Themen, Fakten, Daten, Freund-Feindbilder, Gruppen/Einzelne, Bezug auf historische Ereignisse/Personen), Sprache (Appelle, Slogans, Schlüsselbegriffe, Auf- und Abwertung, komplizierte/einfache Wortwahl etc.), Schriftgröße/-art,
- Bild-Text-Gestaltung: Größenverhältnis/Umfang, inhaltlicher Bild-Text-Zusammenhang.

6. Darstellungsabsicht
Deute und erkläre das Plakat in Hinblick auf:
- Gesamtaussage bzw. Darstellungs- und Wirkungsabsicht: inhaltlicher Zusammenhang der einzelnen Elemente, Bedeutung und beabsichtigte Wirkung insgesamt,
- Gesamtcharakter: aggressiv, dramatisierend, karikierend, aufklärend etc.?

7. Abschließend kann das Plakat aus damaliger und/oder heutiger Sicht beurteilt werden
Beurteile den historischen Aussagegehalt: Erkenntnis über Entstehungszeit (Ereignisse, Konflikte, Ängste, Hoffnungen, Wünsche), Auftraggeber, Adressat.

1. **Ein politisches Plakat erschließen**
   a) Analysiere und interpretiere das politische Plakat M8 mithilfe der Arbeitsschritte im Trainingskasten.
   b) Vergleiche das Plakat mit anderen aus der damaligen und ggf. heutigen Zeit (siehe Internetseite unten). Erläutere, was an diesem politischen Plakat neu und modern ist.

   c) **Medienbildung:** Informiere dich über den Begriff „Plakat" und die Anfänge und Entwicklungsgeschichte politischer Plakate. Recherchiere dabei die Bedeutung und den Einfluss politischer Plakate in der Zeit der Weimarer Politik und der NS-Diktatur.
   ⌒ M8, Trainingskasten auf dieser Seite, Internet, z. B. www.wahlplakate-archiv.de

Ursachen für das Scheitern der Weimarer Republik

„Weimar = Krise" – Die Weimarer Republik musste in der kurzen Zeit ihres Bestehens mit enormen Schwierigkeiten fertig werden. Auch viele Zeitgenossen nahmen diese 14 Jahre als Dauerkrise oder sogar als verhängnisvolle Entwicklung „von Krieg zu Krieg" wahr. Jedem historisch Interessierten stellt sich die Frage: War die Weimarer Demokratie „überfordert" oder gar „zum Scheitern verurteilt"?

M 1 „Sie tragen die Buchstaben der Firma – aber wer trägt den Geist?"
Karikatur von Thomas Theodor Heine, erschienen am 21. März 1927 in der Zeitschrift „Simplicissimus"

Vielfältige Erklärungen

Da das Ende der Weimarer Republik zugleich den Beginn der nationalsozialistischen Herrschaft markiert, ist die Suche nach Gründen für den Untergang der ersten parlamentarischen Demokratie in Deutschland noch heute aktuell. Für
5 Zeitgenossen wie Otto Braun, der bis 1932 sozialdemokratischer Ministerpräsident in Preußen war, stand fest, wer schuld war am Scheitern der Weimarer Republik: „Versailles und Moskau", lautete seine Botschaft. Die Kommunisten sahen die Verantwortung hingegen bei der Industrie, den Großgrundbesitzern und Militärs, während Konservative und Liberale die verblendeten Massen anklagten, die Hitler
10 gewählt hatten.

Amerikanische Historiker haben den obrigkeitshörigen Charakter des deutschen Volkes seit Martin Luther betont und ihn für den Niedergang der ersten deutschen Demokratie verantwortlich gemacht. Andere gaben dem preußischen Militär und dem autoritären Staat die Schuld. Nach dem Zweiten Weltkrieg ent-
15 stand die Formel: „Bonn ist nicht Weimar." Damit sollte zum Ausdruck gebracht werden, dass es vor allem Schwächen der Weimarer Verfassung waren, die zum Scheitern der Republik beitrugen.

Ein Zusammenspiel vieler Faktoren

20 Historikerinnen und Historiker haben bis heute eine Fülle von Ursachen erarbeitet, die erklären, wie es zum Untergang der ersten deutschen Demokratie kam (siehe die Auflistung unter M2). Einigkeit herrscht darüber, dass das Ende von Weimar nur durch ein Zusammenwirken vieler Faktoren zu erklären ist. Welche Faktoren davon entscheidend waren, bleibt allerdings umstritten.

M 2 Ursachen für das Scheitern der Republik

> unheilvoller Einfluss der Berater auf den greisen Reichspräsidenten Hindenburg

> fehlende demokratische Gesinnung der Staatsbürger

> Massenarbeitslosigkeit infolge der Weltwirtschaftskrise

> Schwäche des Verhältniswahlrechts und Parteienzersplitterung

> außenpolitische Belastungen durch den Versailler Vertrag

> Fehler der Verfassung, vor allem Artikel 48 (Notverordnungen)

> massenwirksame NS-Propaganda mit der Führungsfigur Hitler

> die Schwächung des bürgerlichen Mittelstandes durch Inflation und Weltwirtschaftskrise

> antidemokratische Tendenzen in Militär, Justiz und Beamtenschaft

> die Stärke der radikalen Parteien NSDAP und KPD und die Radikalisierung des öffentlichen Lebens in der Endphase der Republik

> die unvollendete Revolution von 1918, insbesondere das Fortbestehen der alten Eliten des Kaiserreiches

> die Schwäche der demokratischen Parteien und ihre mangelnde Fähigkeit, Kompromisse zu schließen

> das Intrigenspiel der letzten Reichskanzler Papen und Schleicher und die Unfähigkeit führender Politiker, die gewalttätige NSDAP in ihre Schranken zu weisen

---

Aufgaben

1. **Eine Karikatur analysieren**
   a) Beschreibe die Karikatur M1.
   b) Ordne die Personen einer politischen Partei oder Gruppierung zu.
   c) Formuliere die Aussage der Karikatur. Welche in M2 genannten Gründe für das Scheitern der Weimarer Republik lassen sich in der Karikatur wiederfinden?
   M1, Text auf Seite 141, M2

2. **Der Untergang der Weimarer Republik**
   a) Wähle aus den Gründen, die in M2 zum Untergang

der Weimarer Republik geführt haben, drei aus und verfasse dazu jeweils einen kurzen Sachtext.

b) Setze dich mit einer der folgenden Auffassungen auseinander:
   1. Die Hauptursache für den Untergang der Weimarer Republik war der Versailler Vertrag.
   2. Die Weltwirtschaftskrise war der Hauptgrund für den Untergang der Weimarer Republik.
   3. Weimar war eine Demokratie ohne Demokraten, deshalb ging diese Republik unter.
   Text auf Seite 141, M2

Ursachen für das Scheitern der Weimarer Republik

M 3 „Weimarer Verhältnisse"?

Der Historiker Andreas Wirsching schreibt über mögliche Vergleiche mit der Weimarer Republik (2018):

Auf leisen Sohlen schleicht sich ein Gespenst in die deutsche Debatte ein, das man auf immer in der Besenkammer der Geschichte abgelegt zu haben glaubte: Es ist das Gespenst der „Weimarer Verhältnisse". Ist unsere Demokratie
5 instabil geworden? Drohen ihr ähnliche Gefahren wie der gescheiterten Weimarer Republik? Steht der Rechtsextremismus vor der Tür? Das sind alte Fragen in neuem Gewand, die schon längst beantwortet zu sein schienen. Denn Bonn war nicht Weimar, und Berlin heute schon gar nicht. (Tat-
10 sächlich brauchte die Bundesrepublik Deutschland lange Zeit eine Art Negativfolie, um sich ihrer demokratischen Stabilität zu versichern. Weimar war ein paradigmatisches Lehrstück für Machtverlust und Selbstaufgabe der Demokratie. Spätestens nach 1989/90, der Wiedervereinigung,
15 verlor dieses Weimar-Bild an Bedeutung. Angesichts gereifter Traditionen, gefestigter zivilgesellschaftlicher Fundamente, aber auch ganz neuer, globaler Herausforderungen verlor die Geschichte der Weimarer Republik ihre historisch-pädagogische Funktion. Die deutsche Demokratie
20 schien sie nicht mehr für ihre eigene politische Legitimation zu benötigen.)
Seit rund drei Jahren ist Weimar wieder in aller Munde. „Weimarer Verhältnisse" werden zum Schreckbild in einer Zeit, in der traditionelle Gewissheiten in Frage gestellt und
25 neue Ängste erzeugt werden. Stimmbürgerschaft und Regierende, das Volk und seine Repräsentanten scheinen sich immer weiter einander zu entfremden. Begriffe wie „Volksverräter" und „Lügenpresse" wecken düstere Erinnerungen.

Andreas Wirsching, Appell an die Vernunft; in: Andreas Wirsching, Berthold Kohler, Ulrich Wilhelm (Hg.), Weimarer Verhältnisse? Historische Lektionen für unsere Demokratie, Ditzingen: Reclam 2018, S. 9.

M 4 Flugblatt zur Reichstagswahl am 06.11.1932
Plakat, 1932

---

1. Der Untergang der Weimarer Republik

a) Stelle anhand der Darstellung M3 zusammen, welchen Gefahren unsere Demokratie heute ausgesetzt ist.

b) Analysiere das Flugblatt M4.

c) Das Flugblatt M4 kommentiert die politische Situation im Jahr 1932. Prüfe, ob und wie ggf. ein derartiges Flugblatt für die politischen Verhältnisse heute gestaltet werden sollte.

d) Beurteile, ob die Weimarer Republik insgesamt „zum Scheitern verurteilt" war. Stelle dazu als Vorüberlegung in einer übersichtlichen Grafik politische Erfolge und Misserfolge in der Zeit von 1919 bis 1932 gegenüber.

⌐ Text auf Seite 141, M3 – M4

Fragebogen zum Thema: Die Weimarer Republik

Hinweis: Die folgende Tabelle dient der Selbsteinschätzung deiner erworbenen Kenntnisse und Kompetenzen. Die Auflistung erhebt nicht den Anspruch, vollständig zu sein. Es handelt sich um eine Auswahl, die ggf. erweitert werden kann. In der rechten Spalte findest du Hinweise, wie du eventuell vorhandene Lücken oder auch Unsicherheiten beseitigen kannst.

Ich kann …	Ich bin sicher. ☺	Ich bin ziemlich sicher. 😐	Ich bin noch unsicher. ☹	Ich habe große Lücken. ☹	Auf diesen Seiten kannst du in HORIZONTE nachlesen	Empfehlungen zur Übung, Wiederholung und Festigung
… Unterschiede zwischen parlamentarischer Demokratie und Rätesystem erläutern.					84 – 87 88 – 89	Erkläre die Begriffe „parlamentarische Demokratie" und „Räterepublik".
… Merkmale der Weimarer Reichsverfassung beschreiben.					88 – 89	Benenne drei Besonderheiten der Weimarer Verfassung.
… verschiedene Sichtweisen auf den Versailler Vertrag erläutern.					90 – 93	Untersuche eine Quelle zum Versailler Vertrag.
… das Spannungsfeld zwischen Anspruch und Wirklichkeit in Bezug auf die Gleichberechtigung von Frauen und Männern in der Weimarer Republik beurteilen.					118 – 121	Nimm Stellung zu der Aussage: „In der Weimarer Republik wurde nicht genug für die Gleichberechtigung der Frauen getan".
… innere und äußere Belastungsfaktoren der Weimarer Republik sowie stabilisierende Elemente erörtern.					98 – 103, 108 – 109, 110 – 113 (innere Faktoren) 90 – 93, 104 – 107 (äußere Faktoren)	Stelle Belastungsfaktoren der Weimarer Republik in einem Cluster dar.
… politische Plakate interpretieren.					139	Wähle ein politisches Plakat aus diesem Kapitel aus und erschließe es mithilfe des Trainingskastens „Umgang mit politischen Plakaten" auf Seite 139.
… Fotografien interpretieren.					127	Interpretiere die Fotografie M4 auf Seite 120 mithilfe des Trainingskastens „Umgang mit Fotografien" auf Seite 127.
…						

!

ACHTUNG:

bitte nicht beschreiben!

Du findest eine Kopie dieser Seite zur Bearbeitung unter dem Webcode

🖥 WES-115460-307

!

Die politisch-territoriale Entwicklung in Deutschland von 1933 bis 1945

Der Nationalsozialismus – Zerstörung der Republik und Zerstörung Europas

Einen eindeutigen Bruch zur vorangegangenen Weimarer Republik stellte der NS-Staat dar, der von 1933 bis 1945 existierte. Adolf Hitler war am 30. Januar 1933 vom Reichspräsidenten Hindenburg zum Reichskanzler ernannt worden. Diese legale 5 Machtübertragung bedeutete den Beginn eines nur knapp eineinhalb Jahre andauernden Prozesses, in dem die Demokratie abgeschafft und eine Diktatur errichtet wurde.

Der NS-Staat setzte auf die radikale Ausgrenzung derjenigen, die nicht zur „Volksgemeinschaft" gehörten und versuchte gleichzeitig, nur noch die „arischen" 10 und „erbgesunden" „Volksgenossen" zu fördern. Die Menschen wurden fortan nicht mehr nach ihren Fähigkeiten und Fertigkeiten eingestuft, sondern nach ihrem Beitrag für die propagierte nationalsozialistische „Volksgemeinschaft". An deren Spitze stand der „Führer" Adolf Hitler, um den ein umfassender „Führerkult" aufgebaut wurde. Gegen die nicht zu dieser „Volksgemeinschaft" definierten Men- 15 schen wurde mithilfe eines Terrorapparats und der Zuarbeit aus dem Volk systematisch vorgegangen. Das gesamte Gemeinwesen wurde nach nationalsozialistischen Aspekten umgestaltet. Die NS-Diktatur führte zum Völkermord an den europäischen Jüdinnen und Juden (Holocaust/Shoa), zur Ermordung zahlreicher anderer Gruppen (z. B. Sinti und Roma, Kriegsgefangenen und Teile der Zivilbevölkerun- 20 gen, vor allem in der Sowjetunion und in Polen) und zum Zweiten Weltkrieg mit etwa 55 Millionen Toten und Zerstörungen bisher ungekannten Ausmaßes.

Die Diktatur wurde 1945 von den Deutschen nicht selbst beendet. Es bedurfte der Anti-Hitler-Koalition der drei Großmächte Sowjetunion, USA und Großbritannien, um das Naziregime zu zerschlagen, dem die große Mehrheit der Deut- 25 schen bis zum Schluss die Treue gehalten hatte. Der Weltkrieg, der in ganz Deutschland Anfang Mai 1945 beendet war, dauerte im Pazifik noch einige Monate

M 1   **Kassenbereich des Freibads Wannsee bei Berlin**
Foto, 1934

M 2   **Auf dem Nürnberger „Reichsparteitag"**
Foto, 1938

M 3 Deutschland nach dem Zweiten Weltkrieg (1945–1949)

und wurde erst mit den Atombombenabwürfen der US-Armee auf die japanischen Städte Hiroshima und Nagasaki im August 1945 zum Abschluss gebracht.

30   Die Folgen des Ersten Weltkrieges (1914–1918) für die weitere Entwicklung in Europa haben manche Historikerinnen und Historiker dazu veranlasst, den Zeitraum von 1914 bis 1945 im Zusammenhang als „Zweiten 30-jährigen Krieg" zu betrachten. Der Zweite Weltkrieg begann am 1. September 1939 mit dem deutschen Angriff auf Polen; es folgten weitere Eroberungsfeldzüge gegen zahlreiche
35 Länder Europas. 1941 überfiel Deutschland die Sowjetunion, um in einem „ideologischen Weltanschauungs- und rassenbiologischen Vernichtungskrieg" den zum Hauptfeind erklärten „jüdischen Bolschewismus" zu zerstören. Der Rassenantisemitismus der Nationalsozialisten kulminierte in der Entscheidung zur Ermordung der jüdischen Bevölkerung in Europa.
40   Beide Weltkriege endeten mit Friedensschlüssen (1919 Versailler Vertrag, 1945 Potsdamer Abkommen), die massive Auswirkungen auf die Gegenwart und Zukunft der Menschen hatten.

Aufgaben

1. Die politisch-territoriale Entwicklung in Deutschland von 1933 bis 1945

a) Vergleicht die Karte M3 mit der Karte „Europa nach dem Ersten Weltkrieg" auf Seite 83 und erstellt eine Tabelle mit den Veränderungen in Europa.

b) Recherchiert im Buch zum Begriff „Volksgemeinschaft" und erstellt einen Infokasten für das Schulbuch.

M3, M3 auf Seite 83, Recherche im Schulbuch

Die Nationalsozialisten kommen an die Macht

Am Abend des 30. Januar 1933 ernannte Reichspräsident Hindenburg nach langen Verhandlungen Adolf Hitler zum Reichskanzler. Dieser Tag gilt als Beginn der nationalsozialistischen Diktatur und als einschneidendes Datum der deutschen Geschichte. In den damaligen Zeitungsmeldungen, Briefen und Augenzeugenberichten erschien dieses Datum jedoch als ein Tag wie jeder andere: In der Wahrnehmung der Zeitgenossinnen und Zeitgenossen war nur eine weitere kurzlebige Regierung gebildet worden. Kaum jemand konnte sich vorstellen, dass Hitler und seine Anhänger in nur wenigen Monaten die gesamte Macht an sich reißen und eine mörderische Diktatur errichten könnten.

M 1 Fackelzug durch das Brandenburger Tor, 30. Januar 1933

So feierten die Nationalsozialisten Hitlers „Machtergreifung".

Da es keine brauchbaren Fotos hiervon gab, stellte die NSDAP die Szene für einen Propagandistfilm im Sommer 1933 nach, die Kolorierung erfolgte später.

M 2 Tagebucheintragungen

a) Luise Solmitz, Lehrerin aus Hamburg, schrieb am 30. Januar 1933 in ihr Tagebuch:

Hitler ist Reichskanzler! Und was für ein Kabinett!!! Wie wir es im Juli nicht zu erträumen wagten. Hitler, Hugenberg, Seldte, Papen!!! An jedem hängt ein großes Stück meiner deutschen Hoffnung. [...]
Es ist so unausdenkbar schön, dass ich es schnell niederschreibe [...]. 5
Was Hindenburg da geleistet hat!

Zit. nach: Josef u. Ruth Becker (Hg.), Hitlers Machtergreifung 1933. Vom Machtantritt Hitlers 30. Januar 1933 bis zur Besiegelung des Einparteienstaates 14. Juli 1933, ©dtv Verlagsgesellschaft, München 1993 (3. Aufl.), S. 31f.

b) Der SPD-Politiker Julius Leber schrieb am 30. Januar 1933 in sein Tagebuch:

Jetzt steht es klar vor aller Augen: Hitler Kanzler – Papen Vizekanzler – Hugenberg Wirtschaftsminister. Was wird diese Regierung tun? Ihre Ziele kennen wir. Von ihren nächsten Maßnahmen weiß niemand. Ungeheuer sind die Gefahren. Aber unerschütterlich ist die Festigkeit der deutschen 5 Arbeiterschaft. Wir fürchten die Herren nicht. Wir sind entschlossen, den Kampf aufzunehmen.

Zit. nach: Josef u. Ruth Becker (Hg.), Hitlers Machtergreifung 1933. Vom Machtantritt Hitlers 30. Januar 1933 bis zur Besiegelung des Einparteienstaates 14. Juli 1933, ©dtv Verlagsgesellschaft, München 1993 (3. Aufl.), S. 31f.

Aufgaben

1. **Die Machtübernahme der NSDAP**
   a) Beschreibe das Foto M1.
   b) Stelle Vermutungen an, warum die Nationalsozialisten den Regierungsantritts Adolf Hitlers in dieser Form propagandistisch inszenierten.
   c) Erschließe aus den beiden Tagebucheinträgen (M2) die jeweiligen Positionen von Luise Solmitz und Julius Leber zum 30. Januar 1933. Erkläre, wieso sie zu unterschiedlichen Einschätzungen kommen.
   d) Die NSDAP hatte im neuen Kabinett keine Mehrheit.

Erläutere, inwieweit die von den Nationalsozialisten eingenommenen Positionen im Kabinett dennoch entscheidend für den Ausbau der Macht waren.
   e) Erörtere die folgende Frage: 30. Januar 1933 – „Machtergreifung", „Machtübernahme" oder „Machtübergabe"? Kläre mithilfe eines Lexikons zunächst die allgemeine Bedeutung der Begriffe „Macht", „Ergreifung", „Übernahme" und „Übergabe". Verwende auch den Trainingskasten auf Seite 147.

M1–M2, Trainingskasten auf Seite 147

Erklärung des Operators „Diskutieren" bzw. „Erörtern"

Du sollst einen Sachverhalt, ein Problem, eine Frage aus verschiedenen Perspektiven (Sichtweisen) betrachten. Das bedeutet, dass du verschiedene Positionen (Meinungen), die es dazu gibt, und Argumente, die dafür oder dagegen sprechen, genau durchdenken, vergleichen, für dich prüfen und einander gegenüberstellen sollst. Dadurch sollst du eine eigene Position finden und formulieren. Das heißt, du musst dich aufgrund deiner gedanklichen Auseinandersetzung mit dem Sachverhalt/Problem bzw. der Frage abschließend entscheiden und ein eigenes Urteil fällen bzw. Stellung dazu nehmen.

Formulierungshilfen

Stellt man sich die Frage, ob … spricht dafür, dass …
Dagegen/Dafür spricht, dass …, denn …
Ein (weiteres) Argument dafür/dagegen ist, dass …

Dagegen einwenden lässt sich, dass …, da …
Zu berücksichtigen ist aber auch, dass …, weil …
Berücksichtigt man, dass …, spricht auch dafür/dagegen, dass …, weil …
auf der einen Seite … auf der anderen Seite
… einerseits … andererseits
… Im Gegensatz dazu … aber … jedoch …

Formulierungshilfen für das abschließende Urteil

Ich komme zu dem Schluss, dass …, denn …
Ich komme zu dem Urteil, dass …, weil …
Abschließend kann ich sagen, dass …, denn …
Aus meiner Sicht sprechen viele Gründe/Fakten/Beispiele dafür/dagegen, zu sagen, dass …, weil …
Unter Berücksichtigung aller Positionen und Argumente komme ich zu dem Schluss, dass …, weil …

„Machtergreifung", „Machübernahme" oder „Machtübergabe"?

Hitlers Bündnispartner in der neu gebildeten Regierung waren der parteilose Franz von Papen und der Unternehmer Alfred Hugenberg (DNVP). Im Kabinett stellten die Nationalsozialisten nur drei Minister, denen acht Konservative gegen-
5 überstanden. Diese wollten die NSDAP dazu benutzen, eine autoritäre Regierung zu errichten. Einige Tage bevor Hitler Reichskanzler wurde, hatte Papen noch behauptet: „In zwei Monaten haben wir Hitler in die Ecke gedrückt, dass er quietscht." – Eine gefährliche Fehleinschätzung!

Denn die Nationalsozialisten nutzten ihre Möglichkeiten konsequent aus:
10 Neben Hitler als Reichskanzler war Wilhelm Frick als Innenminister für die innere Sicherheit zuständig, er befehligte die Polizei. Hermann Göring erhielt bald die kommissarische Leitung des preußischen Innenministeriums und hatte so entscheidenden Einfluss auf das größte deutsche Land. Hinzu kam, dass sich die Nationalsozialisten im Unterschied zu den anderen Ministern auf eine dynami-
15 sche Massenpartei stützen konnten.

Die Sorge der Nationalsozialisten vor einem gegen die Regierung gerichteten Generalstreik der Arbeiterschaft erwies sich als unbegründet. Zwar gab es anfänglich Proteste und Beschwerden gegen die Einschränkung von Freiheitsrechten. Die organisierte Arbeiterschaft konnte sich jedoch nicht zu einem gemeinsamen
20 Vorgehen entschließen. Während die KPD das kapitalistische System stürzen wollte, bestand die SPD darauf, auf dem Boden der Verfassung zu bleiben. Die bürgerlichen Gruppierungen waren zu schwach und zerstritten.

Aus Uneinigkeit und gegenseitigem Misstrauen übergab man den Nationalsozialisten so auf scheinbar legalem Wege die Macht, die sie schnell und rück-
25 sichtslos für ihre Ziele ausnutzten.

M 3 Kabinett der „nationalen Erhebung"

Vorn (von li. nach re.):

Göring (NSDAP, ohne Geschäftsbereich), Hitler (NSDAP, Reichskanzler), Papen (parteilos, Vizekanzler).

Hinten (von li. nach re.):

Graf Schwerin von Krosigk (parteilos, Finanzminister), Frick (NSDAP, Innenminister), Blomberg (parteilos, Reichswehrminister), Hugenberg (DNVP, Wirtschafts- u. Landwirtschaftsminister), Foto (Ausschnitt) vom 30.1.1933.

Erste Schritte in die NS-Diktatur

Die Nationalsozialisten benötigten nur wenige Monate, um ihre Machtposition auszubauen und zu festigen. Dabei gingen sie massiv gegen politische Gegner vor, sowohl auf der Grundlage von Notverordnungen und Gesetzen als auch durch Einschüchterungen und Gewalt.

M 1 „Ermächtigungsgesetz"

„Gesetz zur Behebung der Not von Volk und Reich", veröffentlicht im Reichsgesetzblatt am 24. März 1933, maschinenschriftliche Vorlage.

💻 WES-115460-401
Film über den Weg in die Diktatur

```
                    G e s e t z

                       zur

        Behebung der Not von Volk und Reich.
                Vom 24. März 1933.
                    _____

       Der Reichstag hat das folgende Gesetz beschlossen,
   das mit Zustimmung des Reichsrats hiermit verkündet wird,
   nachdem festgestellt ist, daß die Erfordernisse verfassung-
   ändernder Gesetzgebung erfüllt sind:

                     Artikel 1

       Reichsgesetze können außer in dem in der Reichsver-
   fassung vorgesehenen Verfahren auch durch die Reichsre-
   gierung beschlossen werden. Dies gilt auch für die in den
   Artikeln 85 Abs.2 und 87 der Reichsverfassung bezeichne-
   ten Gesetze.

                     Artikel 2

       Die von der Reichsregierung beschlossenen Reichsge-
   setze können von der Reichsverfassung abweichen, soweit
   sie nicht die Einrichtung des Reichstags und des Reichs-
   rats als solche zum Gegenstand haben. Die Rechte des
   Reichspräsidenten bleiben unberührt.
```

Aufgaben

1. Das „Ermächtigungsgesetz"

a) Fasse die Artikel des „Ermächtigungsgesetzes" (M1) mit eigenen Worten zusammen.

b) Zeige die Auswirkungen des „Ermächtigungsgesetzes" auf das Gesetzgebungsverfahren und damit auf die demokratische Ordnung auf. Dabei kannst du dich am Schema der Weimarer Reichsverfassung auf Seite 88 orientieren. Hinweis: Informiere dich auf der Seite „LeMo" im Internet, wie lange das „Ermächtigungsgesetz" in Kraft war.
⌐ M1, M1 auf Seite 88, Internet

2. Schritte in die Diktatur

a) Erläutere die Bedeutung des Reichstagsbrands am 27. Februar 1933 für den Machtausbau der Nationalsozialisten.

b) Erläutere, warum die Reichstagswahlen vom 5. März 1933 nicht mehr als frei bezeichnet werden können.
⌐ Text auf Seite 149, M3

M 2 **Brennender Reichstag**
Foto, 27./28. Februar 1933

Sicherung der Machtposition

Eine Bedingung für Hitlers Regierungsübernahme war die Auflösung des Reichstags, die schon am 1. Februar 1933 erfolgte. Den Wahlkampf nutzte die NSDAP für
eine Propagandaschlacht, der die anderen Parteien wenig entgegenzusetzen hat-
5 ten, da eine Notverordnung ihre Arbeit massiv einschränkte.

Am 27. Februar brannte das Reichstagsgebäude. Dass ein holländischer Kom-
munist als Brandstifter des Reichstagsbrandes gefasst und verurteilt wurde, lieferte den Nationalsozialisten einen willkommenen Anlass, ihre politischen Gegner,
vor allem Kommunisten und Sozialdemokraten, zu verfolgen. Ihnen unterstellten
10 sie, einen kommunistischen Umsturz geplant zu haben. Bereits am darauffolgen-
den Tag wurde eine Notverordnung „zum Schutz von Volk und Staat" erlassen. Sie
setzte wichtige Grundrechte wie freie Meinungsäußerung und Versammlungsfrei-
heit außer Kraft und erlaubte Hausdurchsuchungen und Festnahmen. Zehntau-
sende politische Oppositionelle wurden ohne Gerichtsverfahren in „Schutzhaft"
15 genommen und in die ersten Konzentrationslager verschleppt. Nur wenige protestierten gegen die Welle von Verhaftungen, Folterungen und Tötungen.

Das „Ermächtigungsgesetz"

Die Reichstagswahl vom 5. März 1933 lässt sich wegen der massiven Behinderung
20 politischer Gegner nicht mehr als „frei" bezeichnen – aber dennoch verfehlte die
NSDAP mit 43,9 % die angestrebte absolute Mehrheit. Um Bürgerliche und Konservative für sich zu gewinnen, inszenierten die Nationalsozialisten die feierliche
Eröffnung des neuen Reichstags als „Tag von Potsdam": In der dortigen Garnison-
kirche versammelten sich am 21. März Repräsentanten aus Wirtschaft und Verwal-
25 tung, Offiziere der Reichswehr, Angehörige der SA sowie die Reichstagsabgeordneten der rechten und bürgerlichen Parteien – Mitglieder der SPD und KPD
fehlten. Hitler gab sich in Potsdam betont konservativ. Seine Verneigung vor Hindenburg galt als Symbol für die Versöhnung des „alten" mit dem „neuen" Deutschland, das Hitler als „Drittes Reich" bezeichnete und so als Erben des 1871 gegrün-
30 deten Kaiserreiches auswies.

Damit war der Weg frei für das „Gesetz zur Behebung der Not von Volk und
Reich", das sogenannte „Ermächtigungsgesetz", das der Reichstag am 23. März
1933 verabschiedete. Es erlaubte der Regierung, ohne Zustimmung von Reichstag
und Reichsrat sowie ohne Gegenzeichnung durch den Reichspräsidenten Gesetze
35 zu erlassen. Das bedeutete die Übertragung der gesetzgebenden Gewalt auf die
Regierung und das Ende der Gewaltenteilung und der Demokratie.

In der entscheidenden Reichstagssitzung erhielt das Gesetz die verfassungs-
ändernde Zweidrittelmehrheit. Nur die SPD-Abgeordneten, die sich von der Droh-
gebärde aufmarschierter SA-Männer nicht beirren ließen, stimmten gegen diese
40 Selbstentmachtung des Parlaments. Die 81 Abgeordneten der KPD waren bereits
verhaftet oder untergetaucht.

M 3 **Wahlwerbung**
Plakat der NSDAP, März 1933

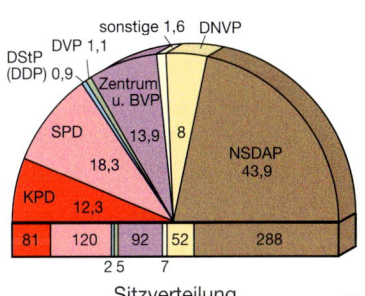

sonstige 1,6 DNVP
DVP 1,1
DStP (DDP) 0,9
Zentrum u. BVP 13,9 8
SPD 18,3
NSDAP 43,9
KPD 12,3

81 120 92 52 288
2 5 7

Sitzverteilung   482G

M 4 **Ergebnisse der Reichstagswahlen vom 5.3.1933**
(Stimmen in %)

M 5 **„Tag von Potsdam"**
Reichskanzler Adolf Hitler und
Reichspräsident Paul von Hinden-
burg, 21. März 1933

Eine politische Rede analysieren

M 7 Otto Wels (1873 – 1939) Porträtaufnahme, um 1930, nachträglich koloriert

M 6 Otto Wels zum „Ermächtigungsgesetz"

Am 23.3.1933 wurde im Reichstag das so genannte „Ermächtigungsgesetz" verabschiedet. In der Debatte vor der Abstimmung erläuterte der SPD-Abgeordnete Otto Wels (1873 – 1939) die Haltung seiner Partei. Die Situation im Saal war aufgeheizt, denn anwesende SA-Männer bedrohten und beschimpften die sozialdemokratischen Abgeordneten:

[...] Freiheit und Leben kann man uns nehmen, die Ehre nicht. (Lebhafter Beifall bei den Sozialdemokraten.)
Nach den Verfolgungen, die die Sozialdemokratische Partei in der letzten Zeit erfahren hat, wird billigerweise niemand
5 von ihr verlangen oder erwarten können, dass sie für das hier eingebrachte Ermächtigungsgesetz stimmt. Die Wahlen vom 5. März haben den Regierungsparteien die Mehrheit gebracht und damit die Möglichkeit gegeben, streng nach Wortlaut und Sinn der Verfassung zu regieren. Wo diese
10 Möglichkeit besteht, besteht auch die Pflicht.
(Sehr richtig! bei den Sozialdemokraten.)

Kritik ist heilsam und notwendig. Noch niemals, seit es einen Deutschen Reichstag gibt, ist die Kontrolle der öf-
15 fentlichen Angelegenheiten durch die gewählten Vertreter des Volkes in solchem Maße ausgeschaltet worden, wie es jetzt geschieht, (sehr wahr! bei den Sozialdemokraten.) und wie es durch das neue Ermächtigungsgesetz noch mehr geschehen soll. Eine solche Allmacht der Regierung
20 muss sich um so schwerer auswirken, als auch die Presse jeder Bewegungsfreiheit entbehrt. [...] Wir Sozialdemokraten haben in schwerster Zeit Mitverantwortung getragen und sind dafür mit Steinen beworfen worden. (Sehr wahr! bei den Sozialdemokraten. – Lachen bei den National-
25 sozialisten.) [...]
Wir haben gleiches Recht für alle und ein soziales Arbeitsrecht geschaffen. Wir haben geholfen, ein Deutschland zu schaffen, in dem nicht nur Fürsten und Baronen, sondern auch Männern aus der Arbeiterklasse der Weg zur Führung des Staates offensteht.
30 (Erneute Zustimmung bei den Sozialdemokraten.)
[...]
Vergeblich wird der Versuch bleiben, das Rad der Geschichte zurückzudrehen. Wir Sozialdemokraten wissen, dass man machtpolitische Tatsachen durch bloße Rechtsver-
35 wahrungen nicht beseitigen kann. Wir sehen die machtpolitische Tatsache Ihrer augenblicklichen Herrschaft. Aber auch das Rechtsbewusstsein des Volkes ist eine politische Macht, und wir werden nicht aufhören, an dieses Rechtsbewusstsein zu appellieren.
40 Die Verfassung von Weimar ist keine sozialistische Verfassung. Aber wir stehen zu den Grundsätzen des Rechtsstaates, der Gleichberechtigung, des sozialen Rechtes, die in ihr festgelegt sind. Wir deutschen Sozialdemokraten bekennen uns in dieser geschichtlichen Stunde feierlich zu den
45 Grundsätzen der Menschlichkeit und der Gerechtigkeit, der Freiheit und des Sozialismus.
(Lebhafte Zustimmung bei den Sozialdemokraten.) [...]

Zit. nach: www.reichstagsprotokolle.de / Blatt2_w8_bsb00000141_00036.html [letzter Zugriff: 29.06.2021].

M 8 Einmarsch der SA („Sturmabteilung") in den Reichstag zur Einschüchterung der Abgeordneten am 23. März 1933

Umgang mit politischen Reden

Politische Reden gehören zu den öffentlichen Reden und werden meist über Massenmedien (Zeitung, Radio, Fernsehen, Internet) verbreitet. Sie richten sich dabei sowohl an ein unmittelbar anwesendes Publikum (direkter Adressat) als auch an die breite Masse der Leser, Zuhörer oder Zuschauer (indirekter Adressat).

Politische Redner wollen den Adressaten vom eigenen Standpunkt überzeugen und ihn beeinflussen. Somit können politische Reden Auskunft geben, welche politischen Standpunkte/Interessengruppen zu einer bestimmten Zeit existierten und wie politische Auseinandersetzungen geführt wurden.

Folgende grundsätzlichen Aspekte sind für die Erschließung von politischen Reden wichtig:

1. Autor: Wer hat die Rede verfasst?

Erläutere, wer der Redner war (soziale Rolle/politische Funktion, Beziehung zum Adressaten, ggf. Lebensumstände, politische Einstellung, weitere Reden).

2. Entstehungszeit: Wann ist die Rede entstanden?

Benenne die Entstehungszeit, den Entstehungsort und erläutere die Entstehungsbedingungen (Anlass, Zweck, historischer Hintergrund).

3. Adressat(en): Wer sollte die Rede hören?

4. Inhalt: Was steht in der Quelle?

Beschreibe und analysiere die Rede unter Angabe der entsprechenden Zeilenzahlen in Hinblick auf die Gliederung (Redeabschnitte) und einzelne Aussagen (Themen, Fakten, Daten, Freund-Feindbilder, Gruppen/Einzelne, Bezüge auf historische Ereignisse/Personen).

5. Gattung: Welche Art von Text liegt vor?

Untersuche die Rede in Hinblick auf

- Sprache: sprachlich-rhetorische Stilmittel (Schlüsselbegriffe, Appelle, Metaphern, Ironie, rhetorische Frage, Wiederholung, Übertreibung, Steigerung, Vergleich, Wortwahl etc.),
- Redestrategien: Auf-/Abwertung, (Des-)Information, Kritik, Diffamierung, Anklage, Drohung, Angstverbreitung?, Angriff/Verteidigung, Beschwichtigung, Verharmlosung, Emotionalisierung, Mahnung, Aufklärung, Belehrung, Angebote, Dank, Entschuldigung, Lob, Ermutigung),
- ggf. Vortragsweise: Stimmlage, Betonung, Pausen, Tempo, ggf. Mimik, Gestik, Reaktion des Publikums.

6. Intention: Welche Absicht hatte der Autor?

Deute die Rede in Hinblick auf:

- Aussage- und Wirkungsabsicht: Bedeutung und beabsichtigte Wirkung von einzelnen Aussagen bzw. Redeabschnitten und Sprache/Redestrategie im Zusammenhang,
- Gesamtcharakter: feierlich, sachlich, dramatisierend, ermutigend, aggressiv, kämpferisch, etc.?

7. Beurteilung: Abschließend kann die Quelle aus damaliger und/oder heutiger Sicht beurteilt werden:

Beurteile und bewerte die politische Rede in Hinblick auf:

- Gültigkeit und Bedeutung aus damaliger Sicht: realistisch, verklärend, verfälschend, widersprüchlich? Lässt sich die Gesamtaussage durch andere Quellen bestätigen, ergänzen, korrigieren? Folgen und Auswirkungen der Rede?,
- Erkenntniswert aus heutiger Sicht: Bedeutung für die Erkenntnisse über die Vergangenheit.

Aufgaben

1. Das „Ermächtigungsgesetz" und Otto Wels

Wer war Otto Wels? Welche Leistungen hat er in Bezug auf das „Ermächtigungsgesetz" vollbracht und wie soll an diese Leistungen erinnert werden? Um das herauszuarbeiten, kannst du wie folgt vorgehen:

a) Informiere dich auf der Internetseite „LeMo-Biografie" genauer über Otto Wels.

b) Analysiere die Rede von Otto Wels (M6). Verwende dafür den Trainingskasten auf dieser Seite.

c) Untersuche, wo es Straßen oder öffentliche Einrichtungen gibt, die nach Otto Wels benannt wurden.

d) Präsentiere deine Ergebnisse in einem Vortrag.

d) Diskutiert in der Klasse, ob ihr es für sinnvoll haltet, das Gedenken an den politischen Widerstand durch Benennungen von Straßen und Plätzen in der Öffentlichkeit wachzuhalten.

M6, Text auf Seite 149, Internet, Trainingskasten auf dieser Seite

„Gleichschaltung" – Ausbau der NS-Diktatur

Mitte 1933 hatten Hitler und die Nationalsozialisten ihre Macht bereits so weit gefestigt, dass sie ihnen kaum noch genommen werden konnte. Bis Sommer 1934 bildeten sich die Grundzüge der nationalsozialistischen Diktatur heraus, die bis 1945 wirksam blieben. Diesen Prozess der Ausrichtung des gesamten politischen, wirtschaftlichen und gesellschaftlichen Lebens auf Hitler und die NSDAP bezeichnete man als „Gleichschaltung". Doch wie lief dieser Prozess ab und welche Ziele verfolgten die Nationalsozialisten?

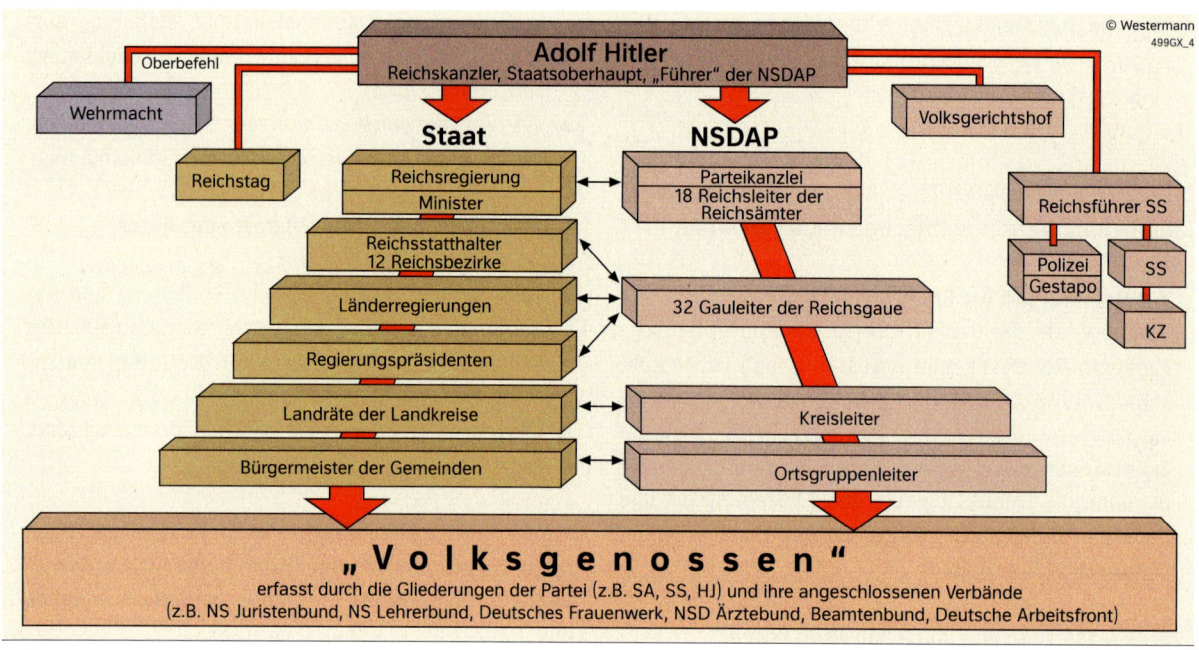

M 1 Der NS-Staat
Schaubild

---

1. Aufbau des NS-Staats – Ein Schaubild analysieren

a) Analysiere den Aufbau des NS-Staats, wie er im Schaubild M1 dargestellt ist. Schlage unbekannte Begriffe und Abkürzungen in einem Lexikon nach.

b) Das Nebeneinander von staatlichen Stellen und Parteigliederungen (im Schaubild farblich voneinander getrennt) führte oftmals zu Konkurrenzsituationen und Kompetenzkonflikten, weil sie ähnliche Aufgabenbereiche hatten. Erörtere, ob das für die Durchsetzung der Diktatur eher von Vorteil oder von Nachteil war.

c) Überlege, wie das Alltagsleben durch diese Strukturen beeinflusst wurde.

d) Schematische Darstellungen wie dieses Schaubild haben einen großen Vorteil: Komplexe Sachverhalte, z. B. der Aufbau des NS-Staates, lassen sich so recht übersichtlich darstellen, viele Informationen können auf engem Raum zusammengefasst werden. Wo aber liegen die Grenzen und Probleme einer solchen Darstellungsform? Diskutiert diese Frage in der Klasse.

⌐ M1, Lexikon

Die Entmachtung der Länder

Um die staatliche Macht zu zentralisieren, schaffte Hitler die föderative Ordnung schrittweise ab, obwohl er die Unabhängigkeit der Länder noch im „Ermächtigungsgesetz" garantiert hatte. Im März 1933 wurde das „Gesetz zur Gleichschal-
5 tung der Länder mit dem Reich" erlassen, das die Zusammensetzung der Landtage an die Sitzverteilung im Reichstag anglich. Ein zweites Gleichschaltungsgesetz vom April 1933 setzte in den Ländern „Reichsstatthalter" ein, die den Landesregierungen übergeordnet waren und für die Durchsetzung der Politik der Reichsregierung sorgen sollten. 1934 wurden die Landtage ganz aufgelöst, sodass die Länderregie-
10 rungen nur noch formal fortbestanden. Die Nationalsozialisten entfernten alle politischen Gegner aus Machtpositionen und besetzten die Schlüsselpositionen in der Verwaltung mit Gesinnungsgenossen. Auch Verbände und Vereine, Berufsorganisationen und Kultureinrichtungen brachten sie unter ihre Kontrolle.

Mit der Bekämpfung ihrer Gegner hatten die Nationalsozialisten leichtes
15 Spiel, da ihnen in allen Ländern Polizei und Justiz unterstanden. Unterstützt wurde die „Gleichschaltung" durch das „Gesetz zur Wiederherstellung des Berufsbeamtentums" vom 7. April 1933. Es ermöglichte die Entlassung von Beamten aus politischen oder „rassischen" Gründen.

Die NSDAP wird Staatspartei
20

Ebenso rigoros gingen die Nationalsozialisten gegen die Arbeiterschaft und ihre Organisationen vor. Der 1. Mai, seit Jahrzehnten der Tag, an dem die Arbeiter ihre Forderungen öffentlichkeitswirksam erhoben, wurde zum Feiertag erklärt und als „Tag der nationalen Arbeit" mit Massenveranstaltungen begangen. Bereits am
25 2. Mai wurden die freien Gewerkschaften zerschlagen, ihr Vermögen eingezogen und viele Funktionäre verhaftet. Als Ersatz wurde die „Deutsche Arbeitsfront" (DAF) gegründet, eine Organisation der NSDAP, die Arbeiter und Unternehmer unter Schirmherrschaft Hitlers zusammenschloss. Es folgten Verbote der KPD und SPD.

Bis Juli 1933 lösten sich die restlichen Parteien unter massivem Druck selbst
30 auf – mit einer Widerstandslosigkeit, die sogar Hitler überraschte. Das „Gesetz gegen die Neubildung von Parteien" vom 14. Juli 1933 machte die NSDAP zur Staatspartei. Parteienpluralismus, Meinungsvielfalt und das Parlament waren ausgeschaltet, Deutschland war eine Diktatur geworden.

Die Nationalsozialisten hatten nur ein halbes Jahr gebraucht, um ihre Macht-
35 position zu festigen, politische Gegner auszuschalten und die demokratische Ordnung der Weimarer Republik zu beseitigen. Auch wenn das für viele Zeitgenossen Anfang 1933 noch nicht erkennbar gewesen sein mag: Die Ernennung Adolf Hitlers zum Reichskanzler am 30. Januar 1933 hatte diesen Prozess ermöglicht.

Machtkampf in der NSDAP: Die Röhm-Morde
40

Eine größere Gefahr drohte Hitler 1934 allerdings von der SA. Die „Sturmabteilung", mittlerweile zu einer Parteiarmee mit vier Millionen Mitgliedern angewachsen, betrieb Gefängnisse und trat zunehmend in Konkurrenz zur Reichswehr. Hinzu kamen Eigenmächtigkeiten vieler SA-Führer und Forderungen von SA-Chef
45 Ernst Röhm, gegen die Großindustrie vorzugehen. Hitler wollte jedoch Reichswehr und Großindustrie an sich binden, um Deutschland auf einen Krieg vorzubereiten. Bestärkt wurde Hitler durch hohe Parteiführer wie Hermann Göring und besonders Heinrich Himmler, den Chef der „Schutzstaffel" (SS). Dieser hoffte, auf Kosten der SA an Macht und Einfluss zu gewinnen.

M 2 Propaganda zum 1. Mai 1933
Die Nationalsozialisten vereinnahmten diesen Tag, der einst gewerkschaftlichen Forderungen der Arbeiter vorbehalten war, Plakat, 1933.

M 3 Adolf Hitler und Ernst Röhm
„Reichsparteitag" in Nürnberg, 1933

Als sich der Konflikt zuspitzte, schlugen Hitler und die SS zu: Unter dem Vor- 50
wand, einen geplanten Putsch zu verhindern, wurden Röhm und die SA-Führung
entmachtet. Am 30. Juni 1934 ließ Hitler ohne jede rechtliche Grundlage über 80
Gegner töten. Den im Voraus geplanten Morden fiel auch der ehemalige Reichskanzler Kurt von Schleicher zum Opfer. Nachträglich rechtfertigte Hitler die Mord-
aktion per Gesetz als „Staatsnotstand". Gewinner der von den Nationalsozialisten 55
als „Röhm-Putsch" bezeichneten Morde waren neben Hitler die Reichswehr und
die SS unter Heinrich Himmler.

„Führer und Reichskanzler"

Nur die Institution des Reichspräsidenten hatte die Demontage der Weimarer 60
Republik überstanden. Als Hindenburg im August 1934 starb, entfiel auch dieses
Amt und Hitler übernahm seine Aufgaben. Er wurde nun „Führer und Reichskanzler" in einer Person und Oberbefehlshaber der Reichswehr. Damit lag bei Hitler
die uneingeschränkte Gewalt über Exekutive, Legislative, Judikative und das Militär. Mit der persönlichen Vereidigung auf Hitler mussten alle Beamten und Richter 65
unbedingten Gehorsam schwören. Das erschwerte später insbesondere vielen
Soldaten den aktiven Widerstand.

M 4 **Vereidigung von
Soldaten auf Hitler**
Foto, 2. August 1934

Aufgaben

1. „Gleichschaltung"

a) Erstelle eine Karteikarte zu dem Begriff „Gleichschaltung". Nimm dazu den Schulbuchtext sowie
online die Seite „LeMo" zur Hilfe.

b) Entwickle ein Schaubild, in welchem du die einzelnen Stufen der „Machtergreifung" der Nationalsozialisten als Schritte in die Diktatur in den Jahren
1933 und 1934 darstellst. Beginne mit dem 30. Januar
1933.

↷ Text auf den Seiten 153–154, Internet

2. Die Röhm-Morde

a) Vergleiche die Rechtfertigung der Morde vom
30. Juni 1934 im Reichsgesetzblatt (M5) und durch
Hitler (M6) mit der Darstellung von Staatssekretär
Meissner (M7). Beurteile davon ausgehend Hitlers
Argumentation in seiner Reichstagsrede (M6).

b) Informiere dich im Internet über den Fotomontage-
künstler John Heartfield. Erläutere dann die Grundaussage seiner Fotomontage zum „Röhm-Putsch"
(M8) unter Hinzuziehung der Wort- und Bildelemente.

↷ Text auf den Seiten 153–154, M5–M8, Internet

Die Röhm-Morde – Text- und Bildquellen interpretieren

M 5 Legitimierter Mord

Erst nachträglich wurden die Morde im sogenannten „Röhm-Putsch" (30.6.–2.7.1934) in einem Reichsgesetz vom 3. Juli 1934 gerechtfertigt:

Die zur Niederschlagung hoch- und landesverräterischer Angriffe am 30. Juni, 1. und 2. Juli 1934 vollzogenen Maßnahmen sind als Staatsnotwehr rechtens.

Reichsgesetzblatt, Jg. 1934 Teil I, S. 529; zit. nach: Werner Conze, Der Nationalsozialismus. Teil I: 1919–1934, Quellen- und Arbeitshefte für der Geschichtsunterricht, Stuttgart: Klett 1976 (6. Aufl.), S. 79.

M 6 Hitlers Erklärungen zum „Röhm-Putsch"

Hitler am 13. Juli 1934 vor dem Reichstag:

In dieser Stunde war ich verantwortlich für das Schicksal der deutschen Nation und damit des deutschen Volkes oberster Gerichtsherr. Meuternde Divisionen hat man zu allen Zeiten durch Dezimierung wieder zur Ordnung geru-
5 fen. [...]
Ich habe den Befehl gegeben, die Hauptschuldigen an diesem Verrat zu erschießen, und ich gab weiter den Befehl, die Geschwüre unserer inneren Brunnenvergiftung und der Vergiftung des Auslandes auszubrennen bis auf das rohe
10 Fleisch. [...]
Wenn mir die Meinung entgegengehalten wird, dass nur ein gerichtliches Verfahren ein genaues Abwägen von Schuld und Sühne hätte ergeben können, so lege ich gegen diese Auffassung feierlich Protest ein.
15 Wer sich untersteht, im Innern unter Bruch von Treue und Glauben und heiligen Versprechen eine Meuterei anzuzetteln, kann nichts anderes erwarten, als dass er selbst das erste Opfer sein wird.

Zit. nach: Werner Conze, Der Nationalsozialismus. Teil I: 1919–1934, Quellen- und Arbeitshefte für der Geschichtsunterricht, Stuttgart: Klett 1976 (6. Aufl.), S. 80.

M 7 Bericht über den „Röhm-Putsch"

Der Staatssekretär Dr. Meissner schrieb 1950 in seinen Memoiren über den 30. Juni 1934:

Alle diese Hinrichtungen erfolgten ohne jedes Verhör, ohne irgendeine Nachprüfung der Beschuldigung und ohne jede Möglichkeit einer Verteidigung, ja selbst ohne nähere Feststellung der Personalien, sodass in einigen Fällen Perso-
5 nenverwechslungen vorkamen; Listen und unkontrollierte Denunziationen genügten sowohl in München wie in Berlin als Unterlage für diese Exekutionen.

[Als] die blutigen Grausamkeiten und der Umfang der Hinrichtungen bekannt wurden, ging eine Welle der Empörung und des Schreckens durch Deutschland. Die Erregung stieg 10 weiter an, als in den nächsten Tagen bekannt wurde, dass [...] die Situation benutzt wurde, um politische Gegner zu beseitigen, die nichts mit Röhm und seinen Plänen zu tun hatten und nur der nationalsozialistischen Partei und ihrer Führung im Wege standen. 15

Zit. nach: Wolfgang Michalka (Hg.), Das Dritte Reich. Dokumente zur Innen- und Außenpolitik Bd. 1: „Volksgemeinschaft" und Großmachtpolitik 1933–1939, ©dtv Verlagsgesellschaft, München 1985, S. 52f.

M 8 „Heil Hitler"

Fotomontage von John Heartfield zu den Ereignissen vom 30.6.1934

Die Weltanschauung der Nationalsozialisten

Im Unterschied zu vielen anderen Parteien der Weimarer Republik, die als Interessenvertretungen oftmals ganz bestimmte soziale Schichten ansprachen, war die NSDAP für breite Volksschichten und ganz verschiedene Wählergruppen attraktiv. Das lag unter anderem daran, dass diese Partei unterschiedliche, in Teilen der Bevölkerung bereits verbreitete Vorstellungen zu einer Ideologie oder „Weltanschauung" zusammenfügte.

Was kennzeichnete diese Ideologie, was waren ihre zentralen Elemente? Welche Rolle spielte dabei Hitlers Schrift „Mein Kampf" und welcher Zusammenhang lässt sich zwischen der NS-Ideologie, der Ermordung der europäischen Juden im Holocaust und dem rassenideologischen Vernichtungskrieg gegen die Sowjetunion herstellen?

M 1 **Künstlerisch gestaltete Buchseiten aus „Mein Kampf"**

Projekt „Notre Combat" der Pariser Künstlerin Linda Ellia, 2005, erschienen im Pariser Verlag Éditions du Seuil.

Über mehrere Jahre gestalteten mehr als 700 Menschen (entspricht der Zahl der Seiten des Buches „Mein Kampf") aus 17 Nationen Seiten der französischsprachigen Ausgabe von „Mein Kampf". Das Projekt „Notre Combat – unser Kampf" der Pariser Künstlerin Linda Ellia versteht die künstlerische Auseinandersetzung mit Hitlers Schlüsseltext als Form der Antwort und des Widerstandes der Opfer. Linda Ellia begann über 50 Seiten von „Mein Kampf" zu gestalten, malend, zeichnend, schreibend und schnitzend, bevor sie viele bekannte Künstler bat, ihren Beitrag zu dem Projekt zu leisten ebenso wie zufällig in den Straßen getroffene – unter ihnen Juden, Behinderte, Homosexuelle, Sinti und Roma und Kommunisten. All diese Menschen aus gesellschaftlichen Gruppierungen, die Hitler während des Zweiten Weltkrieges eliminieren lassen wollte, haben an diesem Projekt mitgewirkt.

Aufgaben

1. **„Notre Combat" – Ein Kunstobjekt**
   a) Beschreibe die Gestaltung der Buchseiten (M1) und vergleicht eure Eindrücke miteinander.
   b) Erläutert den Zusammenhang zwischen der NS-Ideologie und dem Projekt „Notre Combat".
   c) Diskutiert, inwieweit ein solches Projekt zur Auseinandersetzung mit dem Thema Nationalsozialismus beitragen kann.
   → M1

Die Bedeutung der Ideologie

Die Ideologie des Nationalsozialismus war kein einheitliches, logisch schlüssiges Gedankengebäude. Vielmehr bediente sie sich ganz unterschiedlicher, teilweise sogar widersprüchlicher Ideen und Vorstellungen, Ressentiments und Vorurteile, die zu einem Gesamtkonzept zusammengefügt wurden. Die wesentlichen Elemente waren dabei keineswegs neu, sondern in unterschiedlichen Formen bereits zuvor schon diskutiert worden. Wichtig für die Analyse der nationalsozialistischen Ideologie ist das NS-Parteiprogramm von 1920, das bis 1945 unverändert blieb. Daneben wurde Hitlers Buch „Mein Kampf", dessen zweiter Teil seine politischen Grundsätze präsentierte, bald zur „Bibel der Bewegung", zu einem zentralen Werk, an das viele Nationalsozialisten auf fast religiöse Weise glaubten.

Zentrale Elemente der NS-Ideologie

Die nationalsozialistische Ideologie bestand im Wesentlichen aus folgenden Elementen:

- „Volksgemeinschaft": Die Deutschen bildeten im Verständnis der Nationalsozialisten eine „Volksgemeinschaft", aus der Juden und andere „rassisch Minderwertige" sowie Gegner des Regimes ausgeschlossen waren. In dieser rassisch begründeten, idealisierten solidarischen Gemeinschaft sollten – so versprachen es die Nationalsozialisten – alle politischen und sozialen Gegensätze der Weimarer Republik aufgelöst sein.
- Führerkult: An der Spitze der „Volksgemeinschaft" stand der „Führer". Das „Führerprinzip" bildete ein weiteres Element der NS-Ideologie. Hitler wurde als „Erlöser" präsentiert, der von der „Vorsehung" dazu berufen war, das deutsche Volk zu einen, es von den „Fesseln des Versailler Schandvertrages" zu befreien und zur Weltherrschaft zu führen. Das setzte aber unbedingten Gehorsam und Unterordnung unter den „Führerwillen" voraus.
- Sozialdarwinismus: In ihrer „Rassenlehre" behaupteten die Nationalsozialisten, dass sich die Menschheit in „höher- und minderwertigere Rassen" gliedere. Im naturgegebenen „Kampf ums Dasein" würden sich die „überlegenen Rassen" gegenüber den „schwächeren" durchsetzen. An der Spitze der

M 2 „Führer befiehl, wir folgen!"
Foto, August 1934

M 3 „Bilder deutscher Rassen"
In einem Schulungslager für Schulhelferinnen in Nürtingen, 1943

M 5 **Figur eines SA-Manns als Kinderspielzeug**

Hierarchie stehe die nordische oder „arische Rasse", die zur Herrschaft über die „minderwertigen Rassen" berufen sei. Hitler stützte sich dabei auf den bereits im 19. Jahrhundert entstandenen Sozialdarwinismus. Dieser überträgt in missbräuchlicher Weise Darwins Lehre, nach der die der Umwelt am besten angepasste Art die größten Überlebenschancen hat, auf die menschliche Gesellschaft. 35

- **Antisemitismus:** Untrennbar verbunden mit der nationalsozialistischen Rassenlehre ist der Antisemitismus. Die größte Gefahr für die Herrschaft der „arischen Rasse" sah Hitler in der „jüdischen Rasse", die das deutsche Volk „zersetzen" wolle und die Weltherrschaft anstrebe. Anders als im Mittelalter und in der Frühen Neuzeit, als der Judenhass zumeist religiös und sozial motiviert war, begründeten die Nationalsozialisten ihren Antisemitismus rassisch: Das Judentum wurde nicht als Religion verstanden, sondern als „fremdartige und minderwertige Rasse", d. h. genetische Merkmale entschieden über die Zugehörigkeit zum Judentum, nicht das religiöse Bekenntnis. Indem die Nationalsozialisten der Bevölkerung „die Juden" als Sündenbock präsentierten, lieferten sie eine vermeintliche Erklärung für alle Missstände: Der Erste Weltkrieg war aus dieser Sicht das Werk „imperialistisch-jüdischer Mächte", der „Schandvertrag von Versailles" das Produkt „jüdisch-kapitalistischer Regierungen". Hauptschuldige an der allgemeinen Not Deutschlands waren die „jüdisch-marxistischen Novemberverbrecher", also die Gründer der Weimarer Republik. 40 45 50

- **Lebensraumtheorie:** Hitler behauptete, dass das deutsche Volk gemessen an seiner Bedeutung über zu wenig „Lebensraum" verfüge, um unabhängig von anderen Staaten existieren zu können. Zugleich verkündeten die Nationalsozialisten, dass „rassisch unterlegene" Völker „Lebensraum" beanspruchten, der eigentlich der „arischen" Rasse zustehe. Daraus ließen sich gefährliche expansive Ziele ableiten: Neben dem Antikommunismus diente vor allem auch die Lebensraumtheorie als ideologische Begründung für den Krieg gegen die Sowjetunion. 55 60

- **Antikommunismus:** Der Kommunismus war für die Nationalsozialisten die Weltanschauung des „internationalen Judentums", die es ebenso wie ihre Träger auszurotten galt. Internationalismus wurde als ein „Verrat" an nationalen Interessen betrachtet, Verfechter des Internationalismus galten als „Vaterlandsverräter". 65

- **Antidemokratismus:** Die Nationalsozialisten verunglimpften bürgerlich-demokratische Herrschaftsformen als „Herrschaftsweise der Schwachen". Nach ihren Vorstellungen führte das Prinzip der Rechtsgleichheit und politischen Mitbestimmung aller nur dazu, die „Starken" in einer rassisch definierten Nation zu unterdrücken. 70

Attraktivität für große Teile der Bevölkerung

Mit vielen der aufgeführten Vorstellungen stießen die Nationalsozialisten auf die Zustimmung breiter Bevölkerungskreise, die mit den politischen, sozialen und wirtschaftlichen Entwicklungen in der Weimarer Republik unzufrieden waren und nach einfachen Lösungen für die enormen Probleme der Zeit suchten. Dass die Elemente der NS-Ideologie zum Teil in sich widersprüchlich waren und sich im konkreten Handeln oftmals Abweichungen von der Weltanschauung ergaben, nahmen viele zunächst nicht wahr. 75 80

Grundlagen der NS-Ideologie – Hitlers Schrift „Mein Kampf"

M 6 „Mein Kampf"

In seinem Buch „Mein Kampf" entwickelte Hitler zentrale Aspekte seiner Weltanschauung:

Sie [die völkische[1] Weltanschauung] glaubt keineswegs an eine Gleichheit der Rassen, sondern erkennt mit ihrer Verschiedenheit auch ihren höheren oder minderen Wert und fühlt sich durch diese Erkenntnis verpflichtet, gemäß dem
5 ewigen Wollen, das dieses Universum beherrscht, den Sieg des Besseren, Stärkeren zu fördern, die Unterordnung des Schlechteren und Schwächeren zu verlangen. [...] Sie sieht nicht nur den verschiedenen Wert der Rassen, sondern auch den verschiedenen Wert der Einzelmenschen. [...]
10 Menschliche Kultur und Zivilisation sind auf diesem Erdteil unzertrennlich gebunden an das Vorhandensein des Ariers[2]. Sein Aussterben oder Untergehen wird auf diesen Erdball wieder dunkle Schleier einer kulturlosen Zeit senken. [...]

15 Wo immer wir in der Welt Angriffe gegen Deutschland lesen, sind Juden ihre Fabrikanten. Die Gedankengänge des Judentums sind dabei klar. Die Bolschewisierung Deutschlands, d.h. die Ausrottung der nationalen völkischen deutschen Intelligenz und die dadurch ermöglichte Auspressung
20 der deutschen Arbeitskraft im Joche der jüdischen Weltfinanz[3] ist nur als Vorspiel gedacht für die Weiterverbreitung dieser jüdischen Welteroberungstendenz. Werden unser Volk und unser Staat das Opfer dieser blut- und geldgierigen jüdischen Völkertyrannen, so sinkt die ganze Erde
25 in die Umstrickung dieses Polypen[4]; befreit sich Deutschland aus dieser Umklammerung, so darf diese größte Völkergefahr als für die gesamte Welt gebrochen gelten. [...]

Nur ein genügend großer Raum auf dieser Erde sichert einem Volk die Freiheit des Daseins. [...] Damit ziehen wir
30
Nationalsozialisten bewusst einen Strich unter die außenpolitische Richtung unserer Vorkriegszeit. Wir setzen dort an, wo man vor sechs Jahrhunderten endete. Wir stoppen den ewigen Germanenzug nach dem Süden und Westen Europas und weisen den Blick nach dem Land im Osten. Wir
35 schließen endlich ab die Kolonial- und Handelspolitik der Vorkriegszeit und gehen über zur Bodenpolitik der Zukunft. Wenn wir aber heute in Europa von Grund und Boden reden, können wir in erster Linie nur an Russland und die ihm untertanen Randstaaten denken. [...]
40

Die junge Bewegung ist ihrem Wesen und ihrer inneren Organisation nach antiparlamentarisch, d.h. sie lehnt im Allgemeinen wie in ihrem eigenen inneren Aufbau ein Prinzip der Majoritätsbestimmung[5] ab, in dem der Führer nur
45 zum Vollstrecker des Willens und der Meinung anderer degradiert wird. Die Bewegung vertritt im Kleinsten wie im Größten den Grundsatz der unbedingten Führerautorität, gepaart mit höchster Verantwortung. Der Fortschritt und die Kultur der Menschheit sind nicht ein Produkt der Majo-
50 rität, sondern beruhen ausschließlich auf der Genialität und der Tatkraft der Persönlichkeit.

1 „völkisch", hier: Glorifizierung der eigenen, zumeist rassisch begründeten Nation und Abwertung anderer Völker im Glauben an die eigene Überlegenheit.
2 „Arier": Ursprünglich Selbstbezeichnung der Angehörigen der indoeuropäischen Sprachfamilie. In der NS-Vorstellung bezeichnete der Begriff unter Rückgriff auf die rassischen Theorien des 19. Jahrhunderts Angehörige einer (besonders in Gegensatz zu den Juden definierten) angeblich geistig, politisch und kulturell überlegenen nordischen Menschengruppe.
3 „jüdische Weltfinanz/Welteroberungstendenz": antisemitische Behauptung, dass dem Finanzwesen der Welt (Banken und Börsen) eine jüdische Verschwörung zugrunde liege, die die Weltherrschaft anstrebe.
4 Polyp: Nesseltier mit Fangarmen.
5 Majoritätsbestimmung: Mehrheitsprinzip.

Adolf Hitler, Mein Kampf, München: Eher 1925/27, S. 420 ff., 702 ff., 739 ff., 378 f.

Aufgaben

1. Die nationalsozialistische Ideologie

a) Erschließe aus dem Text auf den Seiten 157–158 und der Textquelle M6 die wesentlichen Elemente der NS-Ideologie, indem du die zentralen Aspekte in einer Mind Map mit eigenen Worten darstellst. Ordne dabei die entsprechenden Quellenpassagen aus Hitlers „Mein Kampf" den jeweiligen Elementen zu.

b) Setze dich kritisch mit der NS-Ideologie auseinander, indem du die Widersprüche zwischen den einzelnen Aussagen herausarbeitest.

c) Erkläre, welche Folgen eine solche Einstellung gegenüber anderen Menschen oder Völkern in ihrer konsequenten Umsetzung hat.

d) Seit Anfang 2016 darf Hitlers Schrift „Mein Kampf" in Deutschland frei erscheinen. Sammelt Argumente, die für oder gegen eine Veröffentlichung sprechen.

e) Diskutiert über den möglichen Einfluss von „Mein Kampf" auf heutige Jugendliche.

Text auf den Seiten 157–158, M2–M6

Die Gesellschaft zwischen „Volksgemeinschaft" und Ausgrenzung

Wie sah der Alltag der Menschen in der Zeit der NS-Diktatur aus? Diese Frage ist nicht einfach zu beantworten: Die Anhänger Hitlers waren von den Maßnahmen des Regimes begeistert, politische Gegner wurden hingegen gnadenlos bis zur Vernichtung verfolgt. Zwischen diesen beiden Polen von Verführung und Gewalt gab es zahlreiche Menschen, die sich um einen möglichst „normalen" Alltag bemühten, der von vielfältigen Kompromissen, häufig aber auch von Gleichgültigkeit gekennzeichnet war.

M 1 „Ski-Vorbereitungskurse mit der N.S.-Gemeinschaft Kraft durch Freude"
Propagandaplakat, nach 1934

M 2 Im Konzentrationslager (KZ) Oranienburg (bei Berlin)
Zu den Inhaftierten zählte Fritz Ebert, Sohn des früheren sozialdemokratischen Reichspräsidenten Friedrich Ebert (2. Häftling von links), Foto, Juli 1933.

Aufgaben

1. „Volksgemeinschaft" – Der Nationalsozialismus als Ausgrenzungsgesellschaft
   a) Informiere dich über die NS-Organisation „Kraft durch Freude".
   b) Untersuche das Propagandaplakat M1 und die Fotografie M2. Arbeite heraus, auf welche Weise hier für die zeitgenössischen Betrachterinnen und Betrachter Teilnahme an der „Volksgemeinschaft" oder Ausgrenzung veranschaulicht wurden.
   ⌒ M1 – M2, Internet

Alltagsleben in der Diktatur

Es war unmöglich, sich dem Nationalsozialismus völlig zu entziehen, da er im Alltag überall präsent war: besonders durch den „Deutschen Gruß" und die massenhafte Verbreitung von NS-Symbolen und Hitlerbildern.

5 Während der Staat die einen als Mitglieder der deutschen „Volksgemeinschaft" umwarb, drängte er die „Gemeinschaftsfremden" immer weiter an den Rand. Wer nicht dazugehörte oder dazugehören wollte, bekam dies deutlich zu spüren. Der nationalsozialistische Staat trat mit einem totalen Machtanspruch auf, setzte ihn gewaltsam durch und war bestrebt, dem Einzelnen keine Freiheiten zu lassen.

10

Verführung – Förderung der „deutschen Volksgemeinschaft"

Entsprechend ihrer Rassenideologie wollten die Nationalsozialisten ein „neues deutsches Volk", eine „deutsche Volksgemeinschaft" formen. In ihr sollte sich jeder Einzelne aufgehoben fühlen. Um dies zu erreichen, unternahmen die Natio-
15 nalsozialisten viel. So wurden Familien finanziell unterstützt. Eine Familie sollte allerdings viele Kinder haben. Auch war eine feste Rollenverteilung zwischen Mann und Frau vorgesehen: Während der Mann als Arbeiter und Soldat idealisiert wurde, sollte die Frau vor allem Hausfrau und Mutter sein. Häufig fanden Sammlungen und Spenden für die Allgemeinheit statt, so z. B. für das „Winterhilfswerk",
20 das die materielle Not Bedürftiger lindern sollte. Öffentlichkeitswirksame Aktionen wie gemeinsames Eintopfessen sollten den Zusammenhalt der „Volksgemeinschaft" zeigen.

Freizeitangebote und Unterhaltungsmöglichkeiten waren für viele attraktiv. „Kraft durch Freude" (KdF) hieß die Freizeitorganisation der „Deutschen Arbeits-
25 front" (DAF): Die Menschen sollten gemeinsam mit anderen „deutschen Volksgenossen" Kraft schöpfen für die Arbeit im Alltag. Die KdF-Angebote umfassten günstige Urlaubsfahrten, Sportgruppen, Musikgruppen und gemeinschaftliche Aktivitäten. Auf diese Weise konnten sich viele Menschen erstmals einen Urlaub leisten, was die Beliebtheit des Regimes steigerte.
30

Gewalt – Ausschluss aus der „Volksgemeinschaft"

Die propagierte „Volksgemeinschaft" war denen verschlossen, die nicht in das Bild der Nationalsozialisten passten: politische Gegner, Juden, Sinti und Roma, geistig und körperlich Behinderte oder Homosexuelle. Die Folgen waren Ausgrenzung,
35 Verfolgung und Vernichtung des angeblich „undeutschen" und „kranken" Lebens.

M 3 Der „Volkswagen"

Der von Ferdinand Porsche entwickelte KdF-Wagen sollte durch ein Finanzierungsmodell mit Sparmarken erworben werden können.

M 4 Pseudowissenschaftliche Vorhersage der Bevölkerungsentwicklung im Deutschen Reich

In der Bevölkerung sollten Ängste geschürt und jede Form von Ausgrenzung gerechtfertigt werden. Diese Behauptungen der Nationalsozialisten entbehrten jeglicher wissenschaftlichen Grundlage, Propagandaplakat, 1935.

Die Nationalsozialisten kontrollierten die Menschen in immer stärkerem Maße. Der NS-Staat baute ein System anhaltender Beobachtung auf, z. B. durch die Geheime Staatspolizei (Gestapo), deren tatsächliche Personalstärke aber die Überwachung der Gesellschaft nicht ohne die Unterstützung der Bevölkerung durch Denunziationen hätte durchführen können. So kontrollierten sogenannte „Blockwarte" die Häuser und meldeten Auffälliges. 40

Der Schutz des Einzelnen durch den Rechtsstaat wurde immer mehr durchlöchert und entfiel schließlich völlig. Bereits 1933 kam es zu Verhaftungen ohne richterlichen Beschluss. Im Krieg kam es zu weiteren Verschärfungen. So konnte „Wehrkraftzersetzung" wie Verweigerung des Kriegsdienstes, Fahnenflucht oder 45 Sabotage mit dem Tod bestraft werden.

Systematischer Terror in den Konzentrationslagern

Inbegriff des nationalsozialistischen Terrors sind die Konzentrationslager (KZ). Ab Mitte 1933 bauten die Nationalsozialisten ein System an Lagern unter Leitung der 50 SS auf. Inhaftiert wurden die Menschen ohne Gerichtsurteil. Die ersten Häftlinge waren politische Gegner des Regimes und jüdische Bürger. Später folgten Sinti und Roma, Homosexuelle, Geistliche, Kriegsdienstverweigerer (z. B. Zeugen Jehovas), Kriminelle und sogenannte „Asoziale" (z. B. Obdachlose, Bettler, Prostituierte), nach 1938 immer mehr Juden und ab 1939 auch Kriegsgefangene. Insgesamt 55 gab es bis 1945 in Deutschland und den eroberten Gebieten 23 KZ-Stammlager und über 1000 Außenlager. Die Häftlinge mussten harte Zwangsarbeit leisten. Viele starben an Unterernährung, Erschöpfung, Krankheit oder sadistischer Quälerei, andere wurden erschossen. Manche wurden sogar für medizinische Experimente missbraucht.
60

M 5 Ausgrenzung, Verfolgung und Ermordung
Der 1907 in Wilsche bei Gifhorn (heutiges Niedersachsen) geborene sinto-deutsche Boxer Johann Wilhelm Trollmann – 1933 deutscher Meister im Halbschwergewicht – wurde 1943/44 im KZ Neuengamme (Hamburg) ermordet.

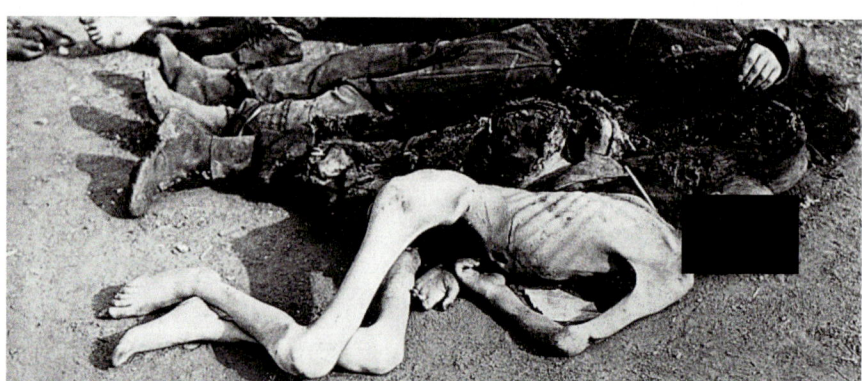

M 6 Opfer im KZ Dora Mittelbau (Thüringen)
Nach der Befreiung durch Truppen der US-Armee 1945. Das Konzentrationslager Dora Mittelbau diente als Außenlager des Konzentrationslagers Buchenwald, Foto, 1945.

Aufgaben

1. Der Terror des Nationalsozialismus

a) Fasse den Inhalt des Ausschnitts aus dem „Völkischen Beobachter" (M7) zusammen.

b) Beurteile die Aussagekraft der Quelle M7 bezüglich der Frage, inwiefern der Bevölkerung der NS-Terror schon 1933 bekannt war.

c) Zeige anhand von Zitaten aus M8 den menschenverachtende Charakter des NS-Terrorregimes auf und bewerte die Wortwahl des Textes.

d) Erkläre die Gründe für den systematischen Einsatz von Terror durch die Nationalsozialisten.

e) Stelle den Zusammenhang zwischen der Einrichtung der Konzentrationslager und der NS-Ideologie her.

f) Bewerte den NS-Terror vor dem Hintergrund der Grund- und Menschenrechte.

g) Fertige ein Kurzreferat über den Boxer Johann Wilhelm Trollmann (M5) an.

⌐ Text auf den Seiten 161–162, M5, M7–M8, Internet

Terror im Nationalsozialismus – das Beispiel „KZ Dachau"

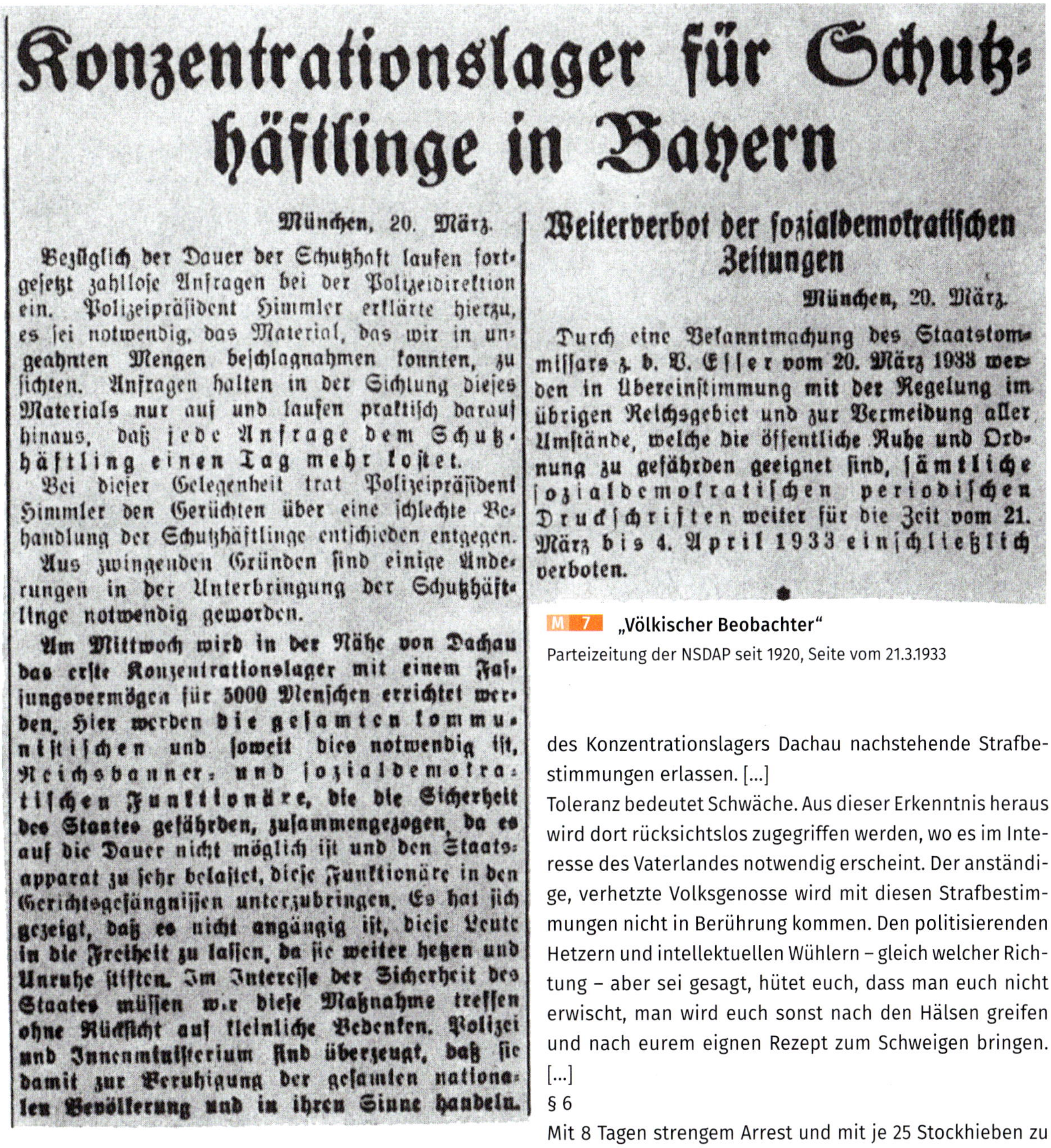

Konzentrationslager für Schutzhäftlinge in Bayern

München, 20. März.

Bezüglich der Dauer der Schutzhaft laufen fortgesetzt zahllose Anfragen bei der Polizeidirektion ein. Polizeipräsident Himmler erklärte hierzu, es sei notwendig, das Material, das wir in ungeahnten Mengen beschlagnahmen konnten, zu sichten. Anfragen halten in der Sichtung dieses Materials nur auf und laufen praktisch darauf hinaus, daß jede Anfrage dem Schutzhäftling einen Tag mehr kostet.

Bei dieser Gelegenheit trat Polizeipräsident Himmler den Gerüchten über eine schlechte Behandlung der Schutzhäftlinge entschieden entgegen.

Aus zwingenden Gründen sind einige Änderungen in der Unterbringung der Schutzhäftlinge notwendig geworden.

Am Mittwoch wird in der Nähe von Dachau das erste Konzentrationslager mit einem Fassungsvermögen für 5000 Menschen errichtet werden. Hier werden die gesamten kommunistischen und soweit dies notwendig ist, Reichsbanner- und sozialdemokratischen Funktionäre, die die Sicherheit des Staates gefährden, zusammengezogen, da es auf die Dauer nicht möglich ist und den Staatsapparat zu sehr belastet, diese Funktionäre in den Gerichtsgefängnissen unterzubringen. Es hat sich gezeigt, daß es nicht angängig ist, diese Leute in die Freiheit zu lassen, da sie weiter hetzen und Unruhe stiften. Im Interesse der Sicherheit des Staates müssen wir diese Maßnahme treffen ohne Rücksicht auf kleinliche Bedenken. Polizei und Innenministerium sind überzeugt, daß sie damit zur Beruhigung der gesamten nationalen Bevölkerung und in ihrem Sinne handeln.

Weiterverbot der sozialdemokratischen Zeitungen

München, 20. März.

Durch eine Bekanntmachung des Staatskommissars z. b. V. Esser vom 20. März 1933 werden in Übereinstimmung mit der Regelung im übrigen Reichsgebiet und zur Vermeidung aller Umstände, welche die öffentliche Ruhe und Ordnung zu gefährden geeignet sind, sämtliche sozialdemokratischen periodischen Druckschriften weiter für die Zeit vom 21. März bis 4. April 1933 einschließlich verboten.

M 7 „Völkischer Beobachter"
Parteizeitung der NSDAP seit 1920, Seite vom 21.3.1933

M 8 Lagerordnung

Aus der „Disziplinar- und Strafordnung" für das KZ Dachau vom 1.10.1933:

Im Rahmen der bestehenden Lagervorschriften werden zur Aufrechterhaltung der Zucht und Ordnung für den Bereich des Konzentrationslagers Dachau nachstehende Strafbestimmungen erlassen. [...]

Toleranz bedeutet Schwäche. Aus dieser Erkenntnis heraus 5
wird dort rücksichtslos zugegriffen werden, wo es im Interesse des Vaterlandes notwendig erscheint. Der anständige, verhetzte Volksgenosse wird mit diesen Strafbestimmungen nicht in Berührung kommen. Den politisierenden Hetzern und intellektuellen Wühlern – gleich welcher Rich- 10
tung – aber sei gesagt, hütet euch, dass man euch nicht erwischt, man wird euch sonst nach den Hälsen greifen und nach eurem eignen Rezept zum Schweigen bringen. [...]
§ 6 15
Mit 8 Tagen strengem Arrest und mit je 25 Stockhieben zu Beginn und am Ende der Strafe wird bestraft:
1. wer einem SS-Angehörigen gegenüber abfällige oder spöttische Bemerkungen macht, die vorgeschriebene Ehrenbezeugung absichtlich unterlässt oder durch sein sons- 20
tiges Verhalten zu erkennen gibt, dass er sich dem Zwange der Zucht und Ordnung nicht fügen will. [...]

Zit. nach: Comité International de Dachau (Hg.), Konzentrationslager Dachau 1933 bis 1945. Text- und Bilddokumente zur Ausstellung, München: Lipp 2005, S. 69, 135.

„Der Kampf gegen die Arbeitslosigkeit" – Eine Legende aufzeigen

Dass es dem nationalsozialistischen Staat gelungen wäre, die Weltwirtschaftskrise zu überwinden, die deutsche Wirtschaft wieder auf Wachstumskurs zu bringen und dabei auch noch in kürzester Zeit die Arbeitslosigkeit abzubauen, gehört zu den zählebigsten Legenden der deutschen Geschichte.

M 1 „Der Kampf gegen die Arbeitslosigkeit"

Plakat zur Propaganda-Ausstellung „Deutsches Volk – Deutsche Arbeit" am Kaiserdamm in Berlin (Eröffnung am 21.4.1934)

1. **„Der Kampf gegen die Arbeitslosigkeit" – Eine Legende aufzeigen**

   a) Beschreibe das Plakat „Der Kampf gegen die Arbeitslosigkeit" (M1).

   b) Interpretiere das Plakat. Gehe besonders auf den Propagandaaspekt ein. Verwende dafür die Informationen im Text auf den Seiten 165–166.

   M1, Text auf den Seiten 165–166

Propaganda und Realität

1936 verkündeten die Nationalsozialisten mit großem propagandistischen Aufwand eine angeblich durch die NS-Politik erreichte Vollbeschäftigung. Diese Behauptung entsprach nicht der Realität, vielmehr kann noch Anfang 1935 von über 4,5 Millionen Arbeitslosen in Deutschland ausgegangen werden. Das eigentliche Ziel der NS-Wirtschaftspolitik, die Vorbereitung eines Angriffskrieges, wurde gänzlich verschwiegen.

■ Das NS-Regime scheute sich nicht, Statistiken zu fälschen: Gelegenheitsarbeiter wurden zu dauerhaft Beschäftigten oder in der Landwirtschaft mithelfende Familienangehörige zu Erwerbstätigen.

■ Das immer wieder zu hörende Argument, wonach der nationalsozialistische Reichsautobahnbau einen Großteil dieser Arbeitsplätze geschaffen habe, ist falsch. Dass es dennoch bis heute verbreitet ist, lässt sich nur mit der Wirkung der NS-Propaganda erklären, welche Bilder von Hitlers erstem Spatenstich und von mit Hacke und Schaufel marschierenden Arbeitern tief in den Köpfen verankert hat.

■ Davon abgesehen, dass sich die deutsche Wirtschaft bereits ab 1932 langsam erholte und dass die von den vorangegangenen Präsidialkabinetten aufgelegten Arbeitsbeschaffungsprogramme und Investitionen erste Wirkungen zeigten, kam den Nationalsozialisten auch die Bevölkerungsentwicklung entgegen: Ab 1932 traten die zahlenmäßig schwachen Kriegsjahrgänge ins Erwerbsleben ein. Zwischen 1914 und 1918 waren etwa zwei Millionen Geburten ausgefallen, und wegen der Mangelernährung war eine hohe Kindersterblichkeit zu verzeichnen gewesen, wodurch die Anzahl der Arbeissuchenden sank.

■ Die auf Kriegsvorbereitung angelegten NS-Programme entzogen dem Arbeitsmarkt systematisch Arbeitskräfte: Mit großzügig gewährten Ehestandsdarlehen wurden Frauen vom Erwerbsleben ferngehalten, zugleich steigerte man die Geburtenzahlen. Für heiratswillige junge Paare war ein zinsfreier Kredit von bis zu 1000 Reichsmark möglich; die Braut musste allerdings nach der Heirat auf ihre Stelle verzichten und durfte erst wieder arbeiten, wenn das Darlehen abgegolten war – regulär sollte dies nach acht Jahren der Fall sein. Mehr als eine halbe Million Paare beantragte das Darlehen in den ersten beiden Jahren.

M 2 „Hitler baut auf – Helft mit – Kauft deutsche Ware"
NS-Propagandaplakat, um 1935

Info

Lügen über den Autobahnbau

Auch die Behauptungen der Nationalsozialisten, die Autobahnen seien „einmalig in der Welt" und „Beton gewordener Wille eines Mannes", sind gelogen. Die erste reine Autostraße verbindet seit 1924 Mailand mit den norditalienischen Seen. In Deutschland hat der Kölner Oberbürgermeister Konrad Adenauer bereits 1932 eine Autobahn zwischen Köln und Bonn [heute die A555] eingeweiht.

M 3 Einweihung der Autobahn-Teilstrecke München-Salzburg
NS-Propagandafoto, 1936

M 4 Autobahnbau

Arbeiter, die zum Bau der Reichsautobahn eingeteilt sind, beim Reichsarbeitsdienst, 1934

Zeit	Rüstung [in Mio. RM]	Anteil der Rüstung[1]
1928	827	1,1
1932	620	1,4
1933	720	1,6
1934	3300	6,3
1935	5150	8,7
1937	10850	14,7
1939	32300	23

[1] am Volkseinkommen in v. H., 1939 Bruttosozialprodukt

Sozialgeschichtliches Arbeitsbuch III, München: C. H. Beck 1978, S. 149.

M 5 Rüstungsausgaben des Deutschen Reiches (1928–1939)

■ Die Arbeitslosigkeit wurde durch einen bereits 1931 unter Brüning gegründeten „Freiwilligen Arbeitsdienst" gesenkt, der 1934 zur sechsmonatigen Pflicht erklärt und im Jahr darauf in „Reichsarbeitsdienst" umbenannt wurde. Viele der jungen Männer, deren Zahl bald eine halbe Million erreichte, waren unter oft miserablen Bedingungen ebenso beim Autobahnbau beteiligt wie bei der Ernte oder der Trockenlegung von Sümpfen. Nicht wenige „Arbeitsmänner" klagten über militärisches Gebaren und Schikanen der Vorgesetzten sowie über das harte Leben in den Reichsarbeitsdienstlagern. Sowohl in seinen Projekten als auch in seiner Organisationsform stellte der Arbeitsdienst einen Beitrag zur Kriegsvorbereitung dar.

■ Die Einführung der Wehrpflicht im März 1935 senkte die Arbeitslosenzahlen. Alle wehrfähigen nichtjüdischen Männer wurden für ein Jahr, ab August 1936 sogar für zwei Jahre dem Arbeitsmarkt entzogen, obwohl sie zuvor schon beim Reichsarbeitsdienst gewesen waren. Direkt vor Kriegsausbruch handelte es sich um insgesamt 750 000 junge Männer.

Folgen der NS-Wirtschaftspolitik

Die Nationalsozialisten investierten Jahr für Jahr mehr Geld in die Aufrüstung; von einer Konsumorientierung – und damit von einem „Wirtschaftswunder" – kann daher keine Rede sein.

Reichsbankpräsident Schacht finanzierte die gewaltigen Summen – 1938 handelte es sich bereits 58 Prozent der öffentlichen Ausgaben! – über eine Scheinfirma, die von fünf Großunternehmen gegründet worden war: Die „Metallurgische Forschungsgesellschaft mbH" (Mefo) gab sogenannte „Mefo-Wechsel" aus. Diese Wirtschaftspolitik lief auf eine neuerliche Inflation hinaus, bis März 1938 hatte sich der Geldumlauf um sechs Milliarden Reichsmark erhöht.

Die nationalsozialistischen Arbeitsbeschaffungsprogramme gaben kaum Impulse für den privaten Konsum und damit für ein nachhaltiges Wachstum. Im Gegenteil: Verschiedene Studien haben erwiesen, dass der Konsum weit hinter den Rüstungsanstrengungen und den ideologischen Vorgaben des Regimes zurückstehen musste und dass der Lebensstandard der Bevölkerung sank. Die „Bekämpfung" der Arbeitslosigkeit basierte auf geschönten Statistiken, verursachte riesige Schulden und diente der Kriegsvorbereitung.

Aufgaben

1. Die NS-Wirtschaftspolitik zwischen Zustimmung und Ablehnung

a) Gib die Kritik der Bevölkerung (M6) an der NS-Politik mit eigenen Worten wieder. Verwende dafür auch den Trainingskasten auf Seite 167.

b) Charakterisiere die Art der Quellen (M6) und beurteile ihre Glaubwürdigkeit.

c) Fasse die Aussagen der Darstellung M7 zusammen und erläutere den historischen Hintergrund.

d) Beurteile die Rolle der NS-Wirtschaftpolitik in Hinblick auf Zustimmung/Ablehnung der NS-Diktatur.

⌢ M6, M7, Text auf den Seiten 165–166

M 6 Kritik aus der Bevölkerung

a) Aus einem Lagebericht der Polizeidirektion Augsburg (1.11.1934):

Unzufriedenheit herrscht über die niedrigen Löhne einerseits und die hohen Einkommen leitender Persönlichkeiten in der Wirtschaft andererseits, das Steigen verschiedener Lebensmittelpreise sowie das Akkordsystem in den größe-
5 ren Betrieben. In einigen Fabriken bilden politisch Gleichgesinnte – meist Sozialdemokraten – bei den Vesperpausen kleinere Gruppen, wobei meist diese drei Punkte sowie in der Regel auch leitende Persönlichkeiten der Bewegung kritisiert werden [...].

b) Aus einem Monatsbericht der Polizeidirektion Augsburg (August 1936):

[Die] Begeisterung [unter der Textilarbeiterschaft] für Staat und Partei [ist] nicht groß und bittere Äußerungen aus ihren Reihen sind nicht selten. Viele von ihnen glauben nicht, dass der Rohstoffmangel die Kurzarbeit verursacht, son-
5 dern geben den Rationalisierungsmaßnahmen die Schuld. Die von den Betrieben durchgeführten Gefolgschaftsveranstaltungen werden nur als noble Geste nach außen hin bezeichnet. Die Auffassung, dass sich die Arbeitsfront um die Verhältnisse der Arbeiter in den Betrieben wenig küm-
10 mert, ist in Arbeiterkreisen vorherrschend. Die Klagen über zu starke Ausnutzung der Arbeiter durch Drücken der Akkordlöhne bei gleichzeitigem Sinken des Lebensstandards, über die immer noch zum Abzug kommenden Höchstsätze für die Arbeitslosenversicherung trotz des gewaltigen
15 Rückganges des Erwerbslosenstandes, über die [...] erfolgte Kürzung der Krankenunterstützungssätze und über die

[...] gegebenen Versprechungen zur Besserstellung des Arbeiters wollen nicht verstummen und steigern die Unzufriedenheit innerhalb der Arbeiterschaft.

Zit. nach: Walter Steitz (Hg.), Quellen zur deutschen Wirtschafts- und Sozialgeschichte in der Zeit des Nationalsozialismus. 1. Teilband, Darmstadt: Wissenschaftliche Buchgesellschaft 2000, S. 29 f.

M 7 „Schipperkrankheit"

Marion Hombach und Joachim Telgenbüscher beschreiben in einer Darstellung über die NS-Wirtschaftspolitik auch die Arbeitsbedingungen im „Reichsarbeisdienst" (2012):

Die Propaganda feiert sie [= die Männer im „Reichsarbeitsdienst beim Bau der Autobahnen] als stolze „Volksgenossen", die an den „Lebensadern der Nation" mitarbeiten. Die Arbeiter aber verfluchen die Schnellstraßen hinter vorgehaltener Hand als „Elendsbahnen". Eingepfercht in engen 5 Unterkünften, leben sie kaum besser als Strafgefangene. Wer von den Autobahnen desertiert, dem droht das Internierungslager. Viele quält ein bis dahin unbekanntes Leiden – die „Schipperkrankheit". So nennen die Ärzte Ermüdungsbrüche der Wirbelsäule auf Höhe der Schulterblätter: 10 jene Stellen, an denen der Knochen reißt, wenn ein schlecht ernährter Arbeiter über Monate hinweg Erdmassen schaufelt. Die Vorgabe der NS-Führung, an den Trassen möglichst wenige Maschinen einzusetzen, um dadurch möglichst viele Männer zu beschäftigen, macht die Arbeit besonders 15 mühselig und gefährlich. Die Propaganda zeigt nichts vom Leid entlang der Autobahnen.

Marion Hombach, Joachim Telgenbüscher: „Das Märchen von der Autobahn"; in: GEO Epoche. Das Magazin für Geschichte Nr. 57: Deutschland unter dem Hakenkreuz, Teil 1 1933–1936, Gruner & Jahr: Hamburg 2012, S. 86.

Training

Erklärung des Operators „Wiedergeben"

Du sollst den Inhalt eines Materials (z. B. eines Textes, einer Statistik, einer Karte etc.) in deinen eigenen Worten und auf das Wesentliche reduziert formulieren, sodass eine andere Person, die das Material nicht kennt, den Inhalt nachvollziehen kann. Das bedeutet nicht, dass du denw Inhalt wortwörtlich nacherzählst, sondern, dass du die wichtigsten Informationen in Kürze sinngemäß zusammenfasst.

Formulierungshilfen

Der Text/die Quelle/die Erzählung (die Statistik/die Kar-

te/das Bild etc.) thematisiert/handelt von ...
Es wird erzählt/erklärt/darüber berichtet/darüber informiert, dass ...
Der Autor/Die Autorin erzählt/berichtet/informiert darüber/behauptet/erklärt, dass ...
Laut .../nach Aussage von ...

Zur Verknüpfung deiner Aussage bei der Wiedergabe und Zusammenfassung von Inhalten

zu Beginn/zuerst/zunächst/dann/anschließend/daraufhin/außerdem/im Folgenden/abschließend/zum Schluss ...

Die Selbstinszenierung des Nationalsozialismus auf den Nürnberger „Reichsparteitagen"

Noch heute zeugen in Nürnberg gigantische Baureste von den zwischen 1933 und 1938 von den Nationalsozialisten abgehaltenen „Reichsparteitagen". An diesen Propagandaveranstaltungen nahm alljährlich im September bis zu eine Million Menschen teil. Wie verliefen die „Reichsparteitage" und welche Ziele verfolgten die Nationalsozialisten mit ihnen?

M 1 Veranstaltung auf dem monumentalen Reichsparteitagsgelände in Nürnberg, Foto 1930er-Jahre

M 2 Funktion der „Reichsparteitage"

Propagandaminister Joseph Goebbels über die „Reichsparteitage", 1935:

Parteitage der NSDAP unterscheiden sich wesentlich von den Parteitagen anderer Parteien. Diese sind entsprechend dem parlamentarisch-demokratischen Charakter ihrer Veranstaltung lediglich als billige Diskussionsgelegenheit ge-
5 dacht [...]. Unsere Parteitage sind von ganz anderem Geist erfüllt [...]. Jeder Parteigenosse, und vor allem der SA-Mann rechnet es sich zur besonderen Ehre an, bei den Parteitagen persönlich anwesend zu sein und in der Masse der erschienenen Parteigenossen mitzuwirken. Der Parteitag bietet keine Gelegenheit zu unfruchtbarer Diskussion. Er 10 soll im Gegenteil der Öffentlichkeit ein Bild geben von der Einigkeit, Geschlossenheit und ungebrochenen Kampfkraft der Partei im Ganzen und die innere Verbundenheit zwischen Führung und Gefolgschaft sichtbar vor Augen führen. Auf den Parteitagen soll der Parteigenosse neuen Mut und 15 neue Kraft schöpfen. Der Gleichklang des Marsch-Schritts der SA-Bataillone soll ihn [...] erheben und stärken; er soll vom Parteitag wie neu geboren an seine alte Arbeit zurückgehen.

Joseph Goebbels, Kampf um Berlin, München: Eher 1935, S. 224 f.

Aufgaben

1. Die „Reichsparteitage"
Erläutere anhand der Fotos M1, M5 und M6 sowie der Texte M2 – M4, wie die Reichsparteitage dazu dienten,
a) den Eindruck einer geschlossenen „Volksgemeinschaft" zu vermitteln,
b) verschiedene gesellschaftliche Gruppen einzubinden,
c) das Programm des Führerprinzips zu betonen, bei dem Staat und Gesellschaft ganz auf Adolf Hitler ausgerichtet sind.

M1 – M6

M 3 Das Programm eines „Reichsparteitags"

Der Ablauf der „Reichsparteitage" folgte einer festlegten Abfolge. Als Beispiel folgt hier das Programm des Reichsparteitages von 1937:

Montag, 6. September („Tag der Begrüßung")
Ankunft Hitlers und Fahrt zu seinem Hotel „Deutscher Hof" – Presseempfang; Festakt im Großen Rathaussaal mit Begrüßung Hitlers durch den Oberbürgermeister

5

Dienstag, 7. September („Tag der Kongresseröffnung")
„Adolf-Hitler-Marsch" der „Hitlerjugend" („HJ") mit Vorbeimarsch am Hotel Hitlers – Eröffnung des Parteikongresses – Beginn des „Kraft-durch-Freude-Volksfestes" – „Kul-
10 turtagung" mit Verleihung des „Nationalpreises für Kunst und Wissenschaft"

Mittwoch, 8. September („Tag des Reichsarbeitsdienstes")
„Feierstunde" des Reichsarbeitsdienstes (RAD) auf dem
15 Zeppelinfeld – Parade des RAD durch Nürnberg – „HJ-Führertagung" im Großen Rathaussaal

Donnerstag, 9. September („Tag der Gemeinschaft")
Eröffnung der „NS-Kampfspiele" der SA mit der Grundstein-
20 legung zum „Deutschen Stadion"

Freitag, 10. September („Tag der Politischen Leiter")
Aufmarsch der Polizei; Reden des Reichsbauernführers; Kundgebung der NS-Frauenschaft – „Appell der Politischen
25 Leiter" auf dem Zeppelinfeld mit dem „Lichtdom"

Samstag, 11. September („Tag der Hitlerjugend")
Appell der „HJ" im Nürnberger Stadion – Jahrestagung der DAF – „Hauptkämpfe" der „NS-Kampfspiele" – Reden des
30 Leiters der Deutschen Arbeitsfront und des Reichsarbeitsführers – Feuerwerk als Höhepunkt des „Kraft-durch-Freude-Volksfestes"

Sonntag, 12. September („Tag der Sturmabteilungen")
35 Totengedenken und Fahnenweihe von SA, SS, NS-Kraftfahrerkorps (NSKK) und NS-Fliegerkorps (NSFK) im Luitpoldhain – Marsch der Sturmabteilungen durch Nürnberg

Montag, 13. September („Tag der Wehrmacht")
40 Aufmarsch der Wehrmacht auf dem Zeppelinfeld – Beendigung des Parteikongresses mit der Schlußrede Hitlers – Ende des Reichsparteitages um Mitternacht mit dem „Großen Zapfenstreich".

Zusammenstellung der Herausgeber.

M 4 Über die Architektur

Albert Speer, maßgeblicher Architekt Hitlers, über seine Leitlinien der Architektur (1977):

Ich hatte erkannt, daß Hitler in diesen riesigen Versammlungsräumen, schon auf dem Nürnberger Zeppelinfeld auf dieser gewaltigen Tribüne, [...] zu einem Nichts zusammengeschrumpft wäre. Genau das Gegenteil dessen wäre erreicht worden, was man erreichen wollte. Es sollte eine 5 Glorifizierung der Person Hitlers sein, eine Überhöhung, und es wird eine Verkleinerung. Ich habe dann, ohne viel darüber nachzudenken, den Kunstgriff gemacht, hinter Hitler irgendein Symbol aufzubauen, das die Größe hat, die eigentlich Hitler hätte haben müssen, gewissermaßen als 10 eine Transponierung seiner Größe, seiner realen Größe auf die gedachte Größe.

„Die Manipulation des Menschen. Albert Speer im Gespräch"; in: Wolfgang Pehnt, Die Erfindung der Geschichte. Aufsätze und Gespräche zur Architektur unseres Jahrhunderts, München: Prestel 1989, S. 130.

M 5 „Reichsparteitag" 1933
Hitler vollzieht die sogenannte „Fahnenweihe" durch Berührung mit der sogenannten „Blutfahne" vom Münchner Putschversuch 1923

M 6 „Reichsparteitag" 1935
Szene aus dem Film „Triumph des Willens" von Leni Riefenstahl zum „Reichsparteitag" 1935. Zu Beginn fliegt das Flugzeug, in dem Hitler sich befindet, über den Wolken, taucht dann langsam in die Wolkendecke ein, bevor es eine Weile über Nürnberg schwebt. Als es schließlich landet und die Tür sich öffnet, wird Hitler beim Ausstieg von der wartenden Menschenmenge mit tosendem Jubel und Heilrufen empfangen. Auf dem Weg zur Stadt wird er vom Volk, das kilometerlang die Straßenzüge säumt, wie ein „Heilsbringer" gefeiert.

Jugend im NS-Staat

Die Nationalsozialisten hatten früh erkannt, wie wichtig es war, die Jugend für sich zu gewinnen. Besondere Bedeutung kam dabei den NS-Jugendorganisationen zu. Mit welchen Methoden gelang es den Nationalsozialisten, junge Menschen zu überzeugen und für sich einzunehmen? Auf diese Frage können die beiden Propagandaplakate erste Antworten geben.

M 1 „Jugend dient dem Führer"
Propagandaplakat der HJ, 1935

M 2 „Auch Du gehörst dem Führer"
Propagandaplakat des BDM, 1937

Aufgaben

1. Jugend im NS-Staat – Propagandaplakate analysieren

a) Beschreibe und vergleiche die beiden Propagandaplakate M1 und M2 hinsichtlich der Bild- und Textelemente. Informiere dich dazu über die Abkürzungen „HJ" und „BDM".

b) Arbeite unter Berücksichtigung der NS-Ideologie die Zielsetzung heraus, die mit diesen Plakaten verfolgt wurde, und zeige auf, mit welchen gestalterischen Mitteln das erreicht werden sollte. Lassen sich Unterschiede zwischen den Geschlechtern erkennen?

c) Formuliere ausgehend von deinen Ergebnissen eine Definition des Begriffs „Propaganda". Überprüfe und ergänze deine Ausführungen durch eine Recherche auf der Internetseite LeMo.

d) Die Propagandaplakate wirken aus heutiger Sicht vielleicht plump oder sogar lächerlich und absurd. Diskutiert, warum sie für viele damalige Jugendliche attraktiv wirkten.

⌢ M1, M2, Internet

Die „Hitlerjugend"

Die nationalsozialistische Ideologie war darauf gerichtet, das Alltagsleben der Menschen von klein auf zu durchdringen: Mit Kinderbüchern und Spielzeug, auf Plakaten, im Klassenzimmer, bei Veranstaltungen und in Radiosendungen ver-
5 suchte die NS-Propaganda erzieherischen Einfluss zu nehmen. Hitlers Ziel war eine sportliche, kämpferische Jugend, „zäh wie Leder, hart wie Kruppstahl und schnell wie Windhunde", die dem „Führerwillen" unbedingten Gehorsam leistete. Jungen und Mädchen sollten zu „rassebewussten" Mitgliedern der „Volksgemeinschaft" erzogen werden. Wehrhaftigkeit, Opferbereitschaft und körperlicher Er-
10 tüchtigung wurde ein höherer Wert beigemessen als geistiger Bildung. Um die Jugendlichen in diesem Sinne zu formen, schuf das NS-Regime eine umfassende Jugendorganisation, die „Hitlerjugend" („HJ"), die zum wichtigsten Instrument der neuen Erziehung wurde. Die „HJ" sollte die jungen Menschen ideologisch beeinflussen und dem konkurrierenden Einfluss von Elternhaus, Kirche und
15 Schule entziehen.

Die „Erfassung" der Jugend

Vor 1933 war fast jeder zweite Jugendliche Mitglied in einer Jugendorganisation, sei es im Sportverein oder einer christlichen oder politischen Vereinigung. Nach
20 der Machtübernahme wurden diese Jugendgruppen aufgelöst oder in die „Hitlerjugend" eingegliedert, welche alle Jugendlichen umfassen sollte. Aufgeteilt nach Altersgruppen und Geschlecht waren die 10- bis 14-Jährigen im „Jungvolk" und den „Jungmädeln" organisiert, die 14- bis 18-Jährigen im „Bund Deutscher Mädel" („BDM") und der „HJ". Der Name „Hitlerjugend" war zugleich Oberbegriff für alle
25 NS-Jugendorganisationen.

Die „Hitlerjugend" als „Staatsjugend"

Bis 1936 blieb die Mitgliedschaft in der „HJ" freiwillig. Trotz allgegenwärtiger Propaganda war bis zu diesem Zeitpunkt aber nur die Hälfte aller Jugendlichen zum
30 Eintritt bereit. Das „Gesetz über die Hitlerjugend" von 1936 fasste daher alle jungen Menschen zwischen 10 und 18 Jahren verpflichtend in der „Hitlerjugend" zusammen, die damit zur „Staatsjugend" wurde.

Jungen		Mädchen
Gliederungen und Verbände	NSDAP	
Wehrdienst Arbeitsdienst	18-21 Jahre	Arbeitsdienst
„Hitlerjugend"	14-18 Jahre	„Bund Deutscher Mädel"
„Jungvolk"	10-14 Jahre	„Jungmädel"
	6-10 Jahre	
	0-6 Jahre	

667GX_2
© Westermann

M 3 Jugendliche im NS-Staat

M 4 „BDM-Mädel" in einem Zeltlager
Foto, 1938

M 5   „BDM-Gruppen" beim „Reichssportfest"
Foto, 1935

Attraktivität für Kinder und Jugendliche

Dass die NS-Bewegung auf Kinder und Jugendliche attraktiv wirkte, hatte mehrere Gründe: Als „Garanten der Zukunft" sprach Hitler die jungen Menschen direkt 35 an, er vermittelte ihnen das Gefühl, ernst genommen und gebraucht zu werden. In der militärisch organisierten „HJ" übernahmen deshalb auch nicht Erwachsene, sondern die Jugendlichen selbst als „HJ-Führer" Verantwortung. Die „Hitlerjugend" bot Gemeinschaftserlebnisse mit Gleichaltrigen bei Fahrten und Zeltlagern, bei Sport und Geländespielen. Dabei handelte es sich um Aktivitäten, die sich 40 viele Familien in den wirtschaftlich schwierigen Zeiten nicht leisten konnten. Das Tragen der „HJ"-Uniform vermittelte zudem das Gefühl, einer Gemeinschaft anzugehören, in der die soziale Herkunft keine Rolle mehr spielte.

Kriegsvorbereitung
45

Von den Jugendlichen nicht immer bewusst wahrgenommen, zielte die „HJ" allerdings in erster Linie darauf, sie im Sinne der NS-Ideologie zu formen. Auf „Heimabenden" wurden die jungen Menschen politisch-ideologisch indoktriniert. Geländespiele und sportliche Angebote wie Schießen oder Segelfliegen hatten das Ziel einer vormilitärischen Ausbildung: Die Jungen lernten, mit Waffen umzuge- 50 hen, Karten zu lesen und Hügel zu verteidigen. Das Militärische spielte in der „HJ" eine tragende Rolle: Es gab der Armee nachempfundene Uniformen und Dienstgrade; die wöchentlichen Zusammenkünfte und die Ferienlager waren vom Marschieren und Exerzieren bestimmt. Eine eigene Meinung war unerwünscht, es herrschte auch hier das Prinzip von Befehl und Gehorsam.
55

M 6   „Hitlerjungen" bei der Schießausbildung
Foto, 1938

Ausgrenzung Andersdenkender

Der gezielt eingesetzte Gruppendruck veranlasste viele zum Mitmachen, da sie nicht abseits stehen wollten. Auch wenn sie selbst Bedenken hatten, schickten Eltern ihre Kinder oft trotzdem zur „HJ". Wer fernblieb, lief Gefahr, von Funktio- 60 nären der Partei unter Druck gesetzt und benachteiligt zu werden. Dennoch gab es Jugendliche, die eine Mitgliedschaft verweigerten oder allenfalls halbherzig mitmachten. Zudem mehrten sich Berichte über aufkommenden Unmut, weil die „HJ" mit den Jahren nichts Neues mehr bot. Die immer gleichen „HJ"-Abende mit ihren politischen Schulungen, die Dienste und Pflichten und auch das einförmige 65 Exerzieren wurden vielen jungen Leuten langweilig. Heute überwiegt die Meinung, dass die ideologische Beeinflussung der Jugend weitgehend erfolgreich war.

M 7 Zeitzeugenberichte

a) Hans und Sophie Scholl, die während des Krieges der studentischen Widerstandsgruppe „Weiße Rose" angehörten und wegen der Verbreitung von gegen das NS-Regime gerichteten Flugblättern 1943 in München hingerichtet wurden, waren ebenso wie ihre anderen Geschwister in den 1930er-Jahren Mitglieder der „Hitlerjugend" gewesen. Inge Aicher-Scholl, die älteste der Geschwister, erinnert sich 1952:

Zum ersten Mal trat [mit dem Machtantritt der Nationalsozialisten] die Politik in unser Leben. Hans war damals 15 Jahre alt, Sophie 12. Wir hörten viel vom Vaterland reden, von Kameradschaft, Volksgemeinschaft und Heimatliebe.
5 Das imponierte uns, und wir horchten begeistert auf, wenn wir in der Schule oder auf der Straße davon sprechen hörten. [...] Und Hitler, so hörten wir überall, Hitler wolle diesem Vaterland zu Größe, Glück und Wohlstand verhelfen; er wolle sorgen, dass jeder Brot und Arbeit habe; nicht ruhen
10 und rasten wolle er, bis jeder einzelnen Deutsche ein unabhängiger, freier und glücklicher Mensch in seinem Vaterland sei. Wir fanden das gut, und was immer wir dazu beitragen konnten, wollten wir tun. Aber noch etwas anderes kam dazu, was uns mit geheimnisvoller Macht anzog und
15 mitriss. Es waren die kompakten Kolonnen der Jugend mit wehenden Fahnen, den vorwärtsgerichteten Augen und dem Trommelschlag und Gesang. War das nicht etwas Überwältigendes, diese Gemeinschaft? So war es kein Wunder, dass wir alle, Hans und Sophie und wir anderen, uns in die
20 Hitlerjugend einreihten. [...] Wir trafen uns zu Heimatabenden, es wurde vorgelesen und gesungen, oder wir machten Spiele oder Bastelarbeiten. Wir hörten, dass wir für eine große Sache leben sollten. Wir wurden ernst genommen, in einer merkwürdigen Weise ernst genommen, und das gab
25 uns einen besonderen Auftrieb. [...] Manches, was uns anödete oder einen schalen Geschmack verursachte, würde sich schon geben – so glaubten wir.

Inge Scholl, Die Weiße Rose, Frankfurt a. M.: Fischer-Taschenbuch-Verlag 1993 (erw. Neuausg.), S. 13 ff.

b) Der in Berlin geborene Schriftsteller Günter Martin de Bruyn (1926–2020) schreibt in seinem autobiografischen Werk „Zwischenbilanz. Eine Jugend in Berlin" 1992 über seine Erfahrungen in der „Hitlerjugend":

Mit meinen Träumen vom Fahrtenleben hatte die Wochenendfahrt des Fähnleins mit dem friderizianischen Schlachtennamen überhaupt nichts zu tun. Es war keine Wanderung, sondern ein Marsch ins Manöver; nicht Vagantentum [hier: unbeschwertes Wandern] wurde gespielt, sondern
5 Kasernenhof und Gefecht. Durch die Dörfer musste im Gleichschritt marschiert werden; dauernd waren Kommandos zu hören; mal kamen imaginäre Panzer von vorn oder Flugzeuge von hinten, und man musste sich in die Chausseegräben werfen; mal wurde ein Hügel erstürmt oder eine
10 feindliche Stellung umgangen, und sogar nachts gab es Alarm.
Verblüfft und erschreckt war ich darüber, dass die Befehle der wenigen Führer von den vielen Jungen auch ausgeführt wurden und dass keiner die Schimpfworte, mit denen er
15 dauernd bedacht wurde, übelnahm.
Ich wurde schon bei der Ankunft gedemütigt, als die zivile Redefloskel: Entschuldige bitte! Anstoß erregte und ein Führer, der mich nach dem Namen fragte, mir seinen nicht sagte, sondern erklärte: Er sei nichts als der Jungenschafts-
20 führer für mich. Den Kochkessel musste ich stundenlang tragen, weil ich den Gleichschritt nicht halten konnte. Ich hüpfte angeblich, statt zu marschieren, musste vor der gesamten Mannschaft, die Lachen durfte, eine Sondervorführung meiner Unfähigkeit geben und kam dabei, obwohl ich
25 mir Mühe gab, es richtig zu machen, und der Führer immer lauter sein: Links, zwei drei! brüllte, doch aus dem Takt. Mir fehlte der Ehrgeiz, dieser Art Anforderung zu genügen, und ich sträubte mich auch dagegen, ihn in mir aufkommen zu lassen, um mir nicht fremd zu werden und mich meiner zu
30 schämen.

Günter Martin de Bruyn, Zwischenbilanz. Eine Jugend in Berlin, Frankfurt a. M.: Fischer-Taschenbuch-Verlag 1992, S. 90 f.

Aufgaben

1. **Die Jugend und der Nationalsozialismus**
   a) Erläutere, warum die Nationalsozialisten die Jugend für sich gewinnen und wie sie das erreichen wollten. Stelle dabei Bezüge zur NS-Ideologie her.
   b) Beschreibe – mit Blick auf die Fotos M4 bis M6 – die Gleichzeitigkeit von Attraktivität und Zwang der NS-Jugendpolitik.
   c) Vergleiche die Erinnerungen der Zeitzeugen an ihre Erfahrungen mit der „Hitlerjugend" (M7) miteinander. Beachte dabei die Entstehungszeit der Quellen und setze dich mit dem Begriff „Zeitzeuge" kritisch auseinander.
   d) Bewerte die NS-Strategie, die jungen Menschen mithilfe der „Hitlerjugend" in ihrem Sinne zu formen.

M1 – M7, Text auf den Seiten 171 – 172

Ausgrenzung und Entrechtung der jüdischen Bevölkerung

Rassismus und besonders Antisemitismus waren nach der Machtübernahme der Nationalsozialisten zentrale Bestandteile der Regierungspolitik. Dabei lassen sich verschiedene Phasen der Diskriminierung, Entrechtung und Verfolgung der jüdischen Bevölkerung unterscheiden.

M 1   „Nürnberger Gesetze"

„Gesetz zum Schutze des deutschen Blutes und der deutschen Ehre" (15.9.1935):

Durchdrungen von der Erkenntnis, dass die Reinheit des deutschen Blutes Voraussetzung für den Fortbestand des deutschen Volkes ist, und beseelt von dem unbeugsamen Willen, die deutsche Nation für alle Zukunft zu sichern, hat der Reichstag einstimmig das folgende Gesetz beschlossen, das hiermit ver-
5   kündet wird.

§ 1,1. Eheschließung zwischen Juden und Staatsangehörigen deutschen oder artverwandten Blutes sind verboten. Trotzdem geschlossene Ehen sind nichtig, auch wenn sie zur Umgehung dieses Gesetzes im Auslande geschlossen sind [...].

10   § 2 Außerehelicher Verkehr zwischen Juden und Staatsangehörigen deutschen oder artverwandten Blutes ist verboten.

§ 3 Juden dürfen weibliche Staatsangehörige deutschen oder artverwandten Blutes unter 45 Jahren nicht in ihrem Haushalt beschäftigen.

§ 4, 1. Juden ist das Hissen der Reichs- und Nationalflagge und das Zeigen der
15   Reichsfarben verboten. [...].

Zit. nach: Wolfgang Lautemann/Manfred Schlenke (Hg.), Günter Schönbrunn (Bearb.), Geschichte in Quellen Band 5: Weltkriege und Revolutionen 1914–1945, München: Bayerischer Schulbuch-Verlag 1975 (2. Aufl.), S. 332f.

1. **„Nürnberger Gesetze"**

   a) Erläutere die Auswirkungen, die die „Nürnberger Gesetze" (M1) für Jüdinnen und Juden hatten.

   b) Beschreibe die Gedanken und Gefühle, die jüdische deutsche Bürgerinnen und Bürger beim Lesen der „Nürnberger Gesetze" gehabt haben könnten.

   ⌒ M1

2. **Die Ausgrenzung und Entrechtung der jüdischen Bevölkerung**

   a) Die Ausgrenzung und Entrechtung der jüdischen Bürgerinnen und Bürger vollzog sich von 1933 bis 1938 in mehreren Etappen. Nutze alle Quellen auf den Seiten 174 – 177 sowie den Text auf den Seiten 175 – 176, um die Entwicklung der Entrechtung chronologisch darzustellen. Überlege dir hierzu ein passendes Schaubild und verwende in deiner Darstellung die entsprechenden Fachbegriffe.

   b) Arbeite das Menschenbild heraus, das die Grundlage dieser Maßnahmen bildete, und nimm dazu Stellung. Berücksichtige dabei Artikel 1 des Grundgesetzes.

   ⌒ Text auf den Seiten 175 – 176, M1 – M7, GG

Judenfeindliche Aktionen

Am 1. April 1933 organisierte die NSDAP einen „Boykott", der sich gegen jüdische Geschäfte, Ärztinnen und Ärzte sowie Rechtsanwälte richtete. Es kam zu gewalttätigen Übergriffen, Vandalismus und Diebstahl.

5 Das „Gesetz zur Wiederherstellung des Berufsbeamtentums" vom 7. April 1933 setzte die Diskriminierung fort und ermöglichte den neuen Machthabern die Entlassung jüdischer Beamter und politischer Gegner aus dem öffentlichen Dienst. Andere Bestimmungen schränkten die Tätigkeit jüdischer Ärztinnen und Ärzte sowie Rechtsanwälte ein. Dieser Druck verstärkte sich 1935. Neben Schän-
10 dungen von Synagogen und Zuzugsverboten erfolgten Boykottkampagnen gegen jüdische Geschäfte und andere Unternehmen, häufig auf Betreiben der nicht-jüdischen Konkurrenz.

Die „Nürnberger Gesetze"

15 Eine neue Stufe der Entrechtung jüdischer Bürgerinnen und Bürger bedeuteten die „Nürnberger Gesetze" von 1935, die dem rassischen Antisemitismus eine juristische Grundlage gaben. Sie schieden die Bevölkerung in „Reichsbürger deutschen oder artverwandten Blutes", die „alleinige Träger der vollen politischen Rechte" sein sollten, und übrige „Staatsangehörige". Sie deklassierten demnach
20 Juden zu Bürgern minderen Rechts auf Grundlage einer rassistischen Definition. Das „Gesetz zum Schutze des deutschen Blutes und der deutschen Ehre" verbot zudem geschlechtliche und eheliche Beziehungen zwischen jüdischen und nicht-jüdischen Menschen. Diese rechtlichen Diskriminierungen beschleunigten die gesellschaftliche Isolierung der Jüdinnen und Juden erheblich.

25

Verschärfung des Antisemitismus

Nachdem sich das NS-Regime aufgrund der internationalen Öffentlichkeit während der Olympischen Spiele 1936 mit weiteren Entrechtungen gegen die jüdische Bevölkerung zurückgehalten hatte, verschärfte es in den Jahren danach den juden-
30 feindlichen Kurs erneut. Es folgten Berufsverbote für jüdische Ärztinnen und Ärzte und Anwälte sowie Verbote, Einzelhandels- und Versandgeschäfte zu betreiben. Jüdische Vermögenswerte wurden eingefroren, d. h. der Zugriff auf die Konten wurde gesperrt. Ziel dieser Maßnahmen war es, die jüdische Bevölkerung aus Deutschland zu vertreiben. Viele Jüdinnen und Juden verließen Deutschland tatsächlich,
35 doch die meisten blieben in ihrem Heimatland – allen Demütigungen zum Trotz.

M 2 Der „Judenboykott" 1933

Ein SA-Mann vor einem jüdischen Kaufhaus in Berlin, 1. April 1933

🖵 WES-115460-402
Film über die Entrechtung und Verfolgung jüdischer Bürgerinnen und Bürger

M 3 „An den Pranger" wegen „Rassenschande"

Foto (Ausschnitt), Cuxhaven, 1935

M 4 **Antisemitismus in Deutschland**
Behringersdorf (Mittelfranken), Foto, 1933

🖥 WES-115460-403
Film über die November-pogrome

Von den etwa 500 000 deutschen Jüdinnen und Juden, die Anfang 1933 in Deutschland lebten, hatten bis Ende 1938 etwa 150 000 ihre Heimat verlassen. Die Emigration war wegen der Erhebung einer „Reichsfluchtsteuer" mit nahezu totalem Vermögensverlust verbunden. Doch auch das Ausland war nur zögernd bereit, Juden aufzunehmen. 40

Die Verschleppung polnischer Jüdinnen und Juden

1938 verwehrte Polen allenJüdinnen und Juden polnischer Nationalität, die mehr als fünf Jahre im Ausland gelebt hatten, die Rückkehr. Da das NS-Regime an ihrem Verbleib in Deutschland nicht interessiert war, schob es Ende Oktober 1938 12 000 45 von ihnen an die polnische Grenze ab, wo sie unter menschenunwürdigen Bedingungen interniert wurden. Unter den vertriebenen Jüdinnen und Juden befanden sich auch Angehörige von Herschel Grynszpan, der in Frankreich lebte. Als er vom Schicksal seiner Familie erfuhr, erschoss er in Paris einen deutschen Diplomaten.
50

Die Novemberpogrome 1938

Die Nationalsozialisten benutzten das Attentat als Vorwand für reichsweite Pogrome gegen die jüdische Bevölkerung, die unter dem beschönigenden Schlagwort „Reichskristallnacht" in die Geschichte eingegangen sind.

In der Nacht vom 9. auf den 10. November 1938 zerstörten nationalsozialisti- 55 sche Kolonnen etwa 7000 jüdische Geschäfte, setzten Synagogen in Brand und demolierten Wohnungen, Schulen und Betriebe. Im Verlauf des Pogroms wurden zahlreiche Jüdinnen und Juden misshandelt, mindestens 91 fanden den Tod, über 30 000 wurden ohne jede Rechtsgrundlage verhaftet, um ihre Auswanderung zu erpressen.
60

M 5 **Brennende Synagoge in Eberswalde (Brandenburg) während der Novemberpogrome 1938**
Die systematische Zerstörung fast aller Synagogen in Deutschland vollzog sich vor den Augen der deutschen Öffentlichkeit, Foto, 10.11.1938.

M 6 **Ein Bericht über die Novemberpogrome**

Ein Augenzeuge berichtet über die Pogrome am 10. November 1938 in Hamburg:

Ein böser, böser Tag. [...]. Die Leute unheimlich geschäftig, beschäftigt, Gruppen, Zusammenballungen, Sperrungen, all die großen jüdischen Geschäfte geschlossen, [bei] Robinsohn, Hirschfeld sämtliche Scheiben zertrümmert, ein
5 fortwährendes Scheppern und Klirren von prasselnden Scheiben, an denen die Glaser arbeiteten; nie hörte ich so etwas an Klirren. Schweigende, erstaunte und zustimmende Leute. Eine hässliche Atmosphäre. „Wenn sie drüben unsere Leute totschießen, dann muss man so handeln",
10 entschied eine ältere Frau. Um 18 Uhr im Rundfunk: Demonstrationen und Aktionen gegen die Juden seien sofort einzustellen. – Die Antwort auf den Mord an Herrn vom Rath werde der Führer auf dem Verordnungswege geben. – Goebbels lässt das sagen. D. h. unser Schicksal läuft lang-
15 sam dem Untergang zu. An der Synagoge waren fast alle Scheiben zertrümmert, auch das Innere war wohl zerstört. Die Leute sahen durch die Türöffnungen hinein. Polizei stand im Vorgarten. Unablässig zogen die Menschen vorüber. Abends brachten Gi. und ich einen kleinen Hund auf
20 unsere Polizeiwache; ein Jude wurde untersucht, in einer Ecke lag auf einem Stuhl ein totenbleicher Mensch. Der kleine Hund beschnupperte den Mann: „Pfui, lass", sagte der Polizeibeamte zu ihm, „das ist ein Jude".

Zit. nach: Hans-Jürgen Döscher, „Reichskristallnacht". Die Novemberpogrome 1938, München: Econ-Ullstein-List 2000 (3. Aufl.), S. 112.

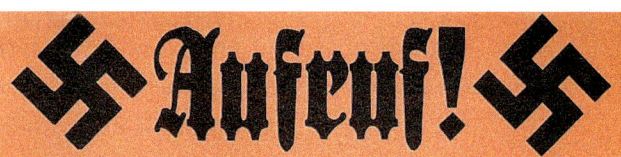

M 7 Goebbels-Aufruf vom 10.11.1938

Training

Erklärung des Operators „Bewerten"

Der Operator „Bewerten" fordert von dir ein **Werturteil**. Ein Werturteil baut auf einem historischen Sachurteil (vgl. Seite 65) auf. Wie du dich erinnerst, hast du beim historischen **Sachurteil** die Gründe, die Absichten und die Folgen eines historischen Sachverhaltes beurteilt. Beim Operator „Bewerten" wird nun zusätzlich noch ein Werturteil gefordert, d.h. unsere heutigen Werte und Normen werden als Maßstäbe der Bewertung zugrunde gelegt, z.B.: War eine Handlung demokratisch bzw. entsprach sie unseren heutigen Wertvorstellungen von Freiheit, Gleichheit, Gleichberechtigung oder Menschenwürde?

Aufgaben

1. Die Novemberpogrome 1938

a) Beschreibe die Reaktionen der Bevölkerung auf die Pogrome (M6).

b) Beurteile das Verhalten der Bevölkerung und bewerte die Motive. Verwende für die Bewertung den Trainingskasten auf dieser Seite.

c) Erläutere die Absichten, die Goebbels mit dem Aufruf vom 10.11.1938 (M7) verfolgte.

d) Überprüfe, inwieweit die Novemberpogrome durch die NS-Ideologie begründet wurden.

e) Informiere dich über die Geschichte einer Synagoge in deinem Heimatort oder in der Nähe.

M6–M7, Text auf den Seiten 175–176, Internet

Nationalsozialistische Außenpolitik 1933–1939

*Die nationalsozialistische Außenpolitik zwischen 1933 und dem Kriegsbeginn 1939
wird in der Forschung als Doppelstrategie bezeichnet. Was ist darunter zu verstehen? Wie gestalteten die Nationalsozialisten diese Strategie aus?*

M 1   Hitlers „Friedensrede"

US-Karikatur, 1933

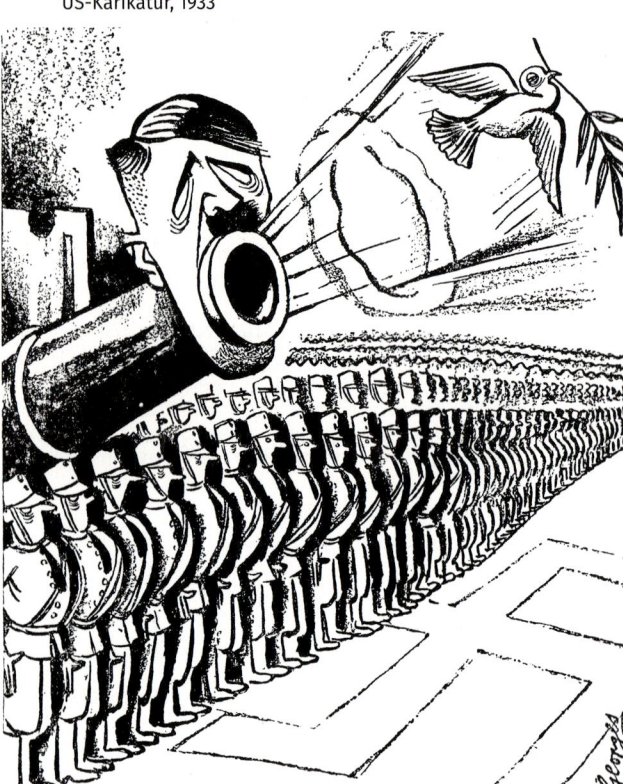

M 2   Erste außenpolitische Erklärung

Hitler vor dem Reichstag am 17. Mai 1933:

Wir haben aber keinen sehnlicheren Wunsch als den, beizutragen, dass die Wunden des Krieges und des Versailler Vertrages endgültig geheilt werden, und Deutschland will dabei keinen anderen Weg gehen als den, der durch die Verträge selbst als berechtigt anerkannt wird. Die deutsche 5 Regierung wünscht, sich über alle schwierigen Fragen politischer und wirtschaftlicher Natur mit den anderen Nationen friedlich und vertraglich auseinanderzusetzen.

Zit. nach: Wolfgang Lautemann/Manfred Schlenke (Hg.), Günter Schönbrunn (Bearb.), Geschichte in Quellen Band 5: Weltkriege und Revolutionen 1914–1945, München: Bayerischer Schulbuch-Verlag 1975 (2. Aufl.), S. 348 f.

M 3   „Mittel der Gewalt"

Hitler in einer Rede vor Chefredakteuren der Inlandspresse am 10. November 1938:

Die Umstände haben mich gezwungen, jahrzehntelang fast nur vom Frieden zu reden. Nur unter der fortgesetzten Betonung des deutschen Friedenswillens und der Friedensabsichten war es mir möglich, dem deutschen Volk Stück für Stück die Freiheit zu erringen und ihm die Rüstung zu 5 geben, die immer wieder für den nächsten Schritt als Voraussetzung nötig war. [...]

Zit. nach: Institut für Zeitgeschichte (Hg.), Vierteljahreshefte für Zeitgeschichte, Jg. 6, Heft 2/1958, München: Deutsche Verlags-Anstalt 1958, S. 175 ff.

Aufgaben

1. Die nationalsozialistische Außenpolitik

a) Fasse den Inhalt der ersten außenpolitischen Erklärung Hitlers von 1933 (M2) zusammen und belege anhand von Textpassagen, dass Hitler sich als friedliebender Politiker darstellte.

b) Vergleiche die Rede Hitlers vor den Redakteuren von 1938 (M3) mit seiner Erklärung von 1933 (M2).

c) Analysiere die Karikatur „Hitlers Friedensrede" von 1933 (M1) und vergleiche diese anschließend mit den Informationen des Textes auf den Seiten 179–180 zu Hitlers Außenpolitik.

d) Überprüfe, inwieweit die Karikatur „Hitlers Friedensrede" (M1) Hitlers Außenpolitik in den Jahren 1933 bis 1938 treffend widerspiegelt. Begründe deine Meinung.

M1–M3, Text auf den Seiten 179–180

Kriegsvorbereitung und Friedensbekundungen

Hitlers Außenpolitik diente der Kriegsvorbereitung. Diese Zielsetzung zeigte bereits das Programm der NSDAP von 1920, das ein „Großdeutschland" sowie die Aufhebung des Vertrages von Versailles verlangte. Punkt 3 des Programms lautete
5 zudem: „Wir fordern Land und Boden zur Ernährung unseres Volkes und Ansiedlung unseres Bevölkerungsüberschusses." Hitler konkretisierte diese Forderungen in seinem Buch „Mein Kampf": Nicht die Rückgabe der verlorenen Kolonien war sein Ziel, sondern „Lebensraum im Osten" zu gewinnen.

Diese Ziele konnte Hitler nach seiner Machtübernahme am 30. Januar 1933
10 nicht mehr öffentlich vertreten, weil Deutschland außenpolitisch isoliert und durch den Versailler Vertrag militärisch geschwächt war. Hitlers Expansionspläne wären auf den Widerstand der übrigen Großmächte gestoßen.

Revision des Versailler Vertrages, Propaganda und Kriegspläne

15 Die ersten außenpolitischen Maßnahmen des NS-Regimes sollten Deutschland aus den Verpflichtungen des Vertrages von Versailles lösen. Zunächst trat das Deutsche Reich im Oktober 1933 aus dem Völkerbund aus, da die diplomatische Völkerverständigung einer Expansionspolitik widersprach. Zugleich spiegelte das NS-Regime durch einen Nichtangriffspakt mit Polen (1934) und ein Flottenabkommen
20 mit Großbritannien (1935) die angebliche Friedfertigkeit seiner Politik vor.

Die europäischen Regierungen tolerierten diese Politik und nahmen sogar die Wiedereinführung der allgemeinen Wehrpflicht am 16. März 1935 und die Besetzung des entmilitarisierten Rheinlandes am 7. März 1936 unter nur schwachem Protest hin. Damit wollte man die Nationalsozialisten beschwichtigen und von
25 weiteren Expansionsplänen abhalten.

Vor der Weltöffentlichkeit nutzte Hitler die Olympischen Spiele in Berlin 1936 zur Steigerung seines Prestiges und erhob sie zum „Fest des Friedens". Viele Zeitgenossen im In- und Ausland ließen sich von der Propaganda blenden, doch kritische Beobachter durchschauten schon damals die Verschleierungstaktik des NS-
30 Regimes. Im August 1936 gab Hitler in einer internen Denkschrift die Anweisung, dass Wirtschaft und Armee innerhalb von vier Jahren kriegsbereit sein sollten.

Der „Anschluss" Österreichs

Am 13. März 1938 vollzog Hitler nach massivem Druck auf die Wiener Regierung
35 die Vereinigung Österreichs mit dem Deutschen Reich und präsentierte die Annexion (Besetzung) der Weltöffentlichkeit als „Befreiung" seiner Heimat, als „Anschluss" Österreichs. Die überschwängliche Begeisterung, mit der viele Österreicher die deutschen Truppen begrüßten, ließ alle Warnungen vor weiterer Expansion verstummen. Doch bereits im September des Jahres forderte Hitler in
40 einer öffentlichen Rede von der Tschechoslowakei die Abtretung ihrer nördlichen, westlichen und südlichen Grenzgebiete. Diese Gebiete, in denen etwa 3,2 Millionen Sudetendeutsche lebten, hatten die Alliierten nach dem Ersten Weltkrieg der Tschechoslowakei zugeschlagen. Hitler behauptete, dass dies seine letzte territoriale Forderung wäre.

45

Appeasement-Politik

Von Hitlers längst gefasstem Entschluss, die Tschechoslowakei „militärisch zu zerschlagen", ahnte der britische Premierminister Neville Chamberlain nichts, als er sich um eine friedliche Lösung der „Sudetenkrise" bemühte. Um einen Krieg zu

M 4   Olympische Spiele 1936

Den internationalen Gästen präsentierte sich das nationalsozialistische Deutschland als weltoffene, wirtschaftlich aufstrebende Nation, Propagandaplakat, 1936

💻 WES-115460-404
Film zu den Olympischen Spielen 1936

M 5   Empfang Hitlers in Wien
Nach dem Einmarsch deutscher Truppen in Österreich wurde Hitler in Wien jubelnd empfangen, Foto 15.03.1938.

M 6 **Premierminister Chamberlain**

Nach seiner Rückkehr von der Münchener Konferenz verkündete er am 30. September 1938 in London „Peace for our time".

vermeide, erzwangen Großbritannien, Frankreich, Italien und Deutschland am 29. September 1938 im „Münchener Abkommen" die Abtretung der sudetendeutschen Gebiete – die Prager Regierung wurde dazu nicht einmal angehört. Die Appeasement-Politik (Politik der Beschwichtigung) der westlichen Mächte Großbritannien und Frankreich, die auf Beschwichtigung und Zeitgewinn setzte, ist bis heute umstritten. War es vertretbar, dass sich die anderen Staaten auf Kosten der Tschechoslowakei auf Verhandlungen mit Hitler einließen, oder hätte eine harte Haltung Schlimmeres verhindern können? Diese Frage wird noch immer diskutiert.

Einmarsch in die Tschechoslowakei

Nach der Zusicherung der sudetendeutschen Gebiete im Münchner Abkommen marschierte die deutsche Wehrmacht am 15. März 1939 allerdings auch in die restlichen tschechoslowakischen Gebiete ein. Um auch diesen Schritt vor der Öffentlichkeit zu rechtfertigen, zwang Hitler den tschechoslowakischen Präsidenten Hacha unter Androhung einer Bombardierung Prags zur Abgabe der Erklärung, die Übergabe des Landes wäre freiwillig erfolgt.

Der tschechische Landesteil wurde als „Protektorat Böhmen und Mähren" Deutschland einverleibt, die Slowakei wurde ein „Schutzstaat" des „Großdeutschen Reiches". Damit war die Appeasement-Politik der Westmächte gescheitert. Um einer weiteren Expansion Deutschlands etwas entgegenzusetzen, gaben England und Frankreich nun „Garantieerklärungen" für Polen und Belgien ab.

Die Einverleibung des tschechischen Landesteils bildete einen Wendepunkt in der deutschen Außenpolitik, da nun erstmals ein Gebiet mit einer nicht-deutschen Bevölkerungsmehrheit annektiert wurde. Damit wurde offenkundig, dass das Selbstbestimmungsrecht der Deutschen, mit dem Hitler territoriale Veränderungen begründet hatte, nur zur Verschleierung seiner Absichten diente. Die Bezeichnung „Protektorat" („Schutzgebiet") werteten westliche Politiker als bewusste Irreführung.

M 7 **Das „Dritte Reich" und Europa 1935 – 1939**

Der Einmarsch in die Tschechoslowakei im Urteil von Botschaftern

M 8 „Absolut unmoralisch"

Der britische Botschafter in Berlin, Nevile Henderson, schrieb am 16. März 1939 an seinen Außenminister:

Ein Kommentar gegen das Vorgehen Deutschlands in der Tschechoslowakei erscheint überflüssig. Der äußerste Zynismus[1] und die Immoralität[2] des ganzen Vorgehens spottet jeglicher Beschreibung. [...] Es ist schwer zu glauben, dass
5 das Schicksal der Tschechen die übrigen slawischen Stämme nicht bewegen wird, sich untereinander zu verständigen. Wenn auch verwerflich in der Form und unwillkommen als Tatsache, so war die Eingliederung Österreichs und der Sudetendeutschen in das Reich im Prinzip keine unnatürli-
10 che Entwicklung, kein unedles Streben für die Deutschen und nicht einmal in einem ethischen Sinne[3] unmoralisch. Beide, die Ostmark[4] und das Sudetengebiet, sind von einer Bevölkerung bewohnt, die völlig deutsch ist und die an die Grenzen Deutschlands anstößt. Ihre Eingliederung in das
15 Reich geschah daher in Übereinstimmung mit dem Recht der Selbstbestimmung. Die Annexion[5] von Böhmen und Mähren liegt auf einer ganz anderen Ebene [...]. Sie widerspricht völlig dem Recht der Selbstbestimmung und ist absolut unmoralisch.

1 Zynismus, hier: mitleids- und schamlos spöttisch und beleidigend.
2 Immoralität, hier: Verletzung von Moral und Anstand.
3 im ethischen Sinne, hier: nach Maßgabe der philosophischen Sittenlehre nicht verwerflich.
4 Ostmark: Gebiet des vormaligen Staates Österreich nach dem „Anschluss" 1938.
5 Annexion: gewaltsame Aneignung.

Zit. nach: Kurt Zentner, Illustrierte Geschichte des Dritten Reiches, München: Südwest Verlag 1965, S. 441f.

M 9 „Gangstermoral"

Der französischen Botschafter in Berlin, Robert Coulondre, schreibt in einem Bericht am 16. März 1939 über das deutsche Vorgehen gegen die Tschechoslowakei:

Die Tschechoslowakei, die in München zur Aufrechterhaltung des Friedens so schwere Opfer gebracht hat, besteht nicht mehr [...] Die Ereignisse, die mit blitzartiger Geschwindigkeit zu dieser Lösung geführt haben, sind charakteristisch für die Geistesverfassung und die Methoden der nati-
5 onalsozialistischen Führung. Alle Staaten, die Wert auf ihre Unabhängigkeit und Sicherheit legen, müssen unverzüglich die sich [...] ergebenden Schlussfolgerungen gegenüber dem durch seine Erfolge berauschten Deutschland ziehen, das seine auf rassischen Grundsätzen aufgebauten Forde-
10 rungen mit einem Imperialismus reinsten Wassers vertauscht hat. [...] In München haben die Naziführer und der Führer selbst geltend gemacht, es sei unmöglich, dass Tschechen und Sudetendeutsche in ein und demselben Staat nebeneinander lebten [...] Heute ist nicht mehr von
15 der [...] unerlässlichen Trennung zwischen Deutschen und Tschechen die Rede. [...]
Deutschland hat also wieder einmal bewiesen, dass es jegliche schriftliche Vereinbarung missachtet [...]. Dies entspricht mit geringen Unterschieden der den Gangstern und
20 Dschungelbewohnern gemeinsamen Moral [...].

Zit. nach: Wolfgang Lautemann/Manfred Schlenke (Hg.), Günter Schönbrunn (Bearb.), Geschichte in Quellen Band 5: Weltkriege und Revolutionen 1914–1945, München: Bayerischer Schulbuch-Verlag 1975 (2. Aufl.), S. 418.

Aufgaben

1. **Der Einmarsch in die Tschechoslowakei und der Beginn des Zweiten Weltkrieges**
   a) Erkläre den Begriff „Appeasement-Politik".
   b) Trotz des Scheiterns der Appeasement-Politik griffen die Westmächte beim Einmarsch Deutschlands in die Tschechoslowakei nicht ein. Lege die Gründe dafür dar.
   c) Gib die Positionen der beiden Botschafter (M8–M9) wieder und nimm dazu Stellung.
   d) Beurteile den Einmarsch in die Tschechoslowakei unter den Kategorien „Bruch" oder „Kontinuität". Beziehe dabei die Überlegungen des britischen Botschafters (M8) mit ein.
   ⌐ M8–M9, Text auf den Seiten 179–180

2. **Die Außenpolitik in der zeitgenössischen Bewertung**
   a) Fertige einen Zeitstrahl mit den wichtigsten Ereignissen der NS-Außenpolitik von 1933 bis 1939 an.
   b) Prüfe die einzelnen Ereignisse in Hinblick auf mögliche Zustimmung oder Ablehnung durch die deutsche Bevölkerung und übertrage deine Ergebnisse in übersichtlicher Form in deinen Zeitstrahl.
   c) Beurteile abschließend die NS-Außenpolitik bis 1939 in Bezug auf Zustimmung oder Ablehnung.
   ⌐ M1–M9, Text auf den Seiten 179–180

Nationalsozialismus – Ideologie und Politik bis 1939

Hinweis: Die folgende Tabelle dient der Selbsteinschätzung deiner erworbenen Kenntnisse und Kompetenzen. Die Auflistung erhebt nicht den Anspruch, vollständig zu sein. Es handelt sich um eine Auswahl, die ggf. erweitert

Ich kann …	Ich bin sicher. ☺	Ich bin ziemlich sicher. 😐	Ich bin noch unsicher. ☹	Ich habe große Lücken. ☹
… den Prozess der Machtübergabe an Hitler darlegen..				
… Merkmale des totalen Staates und Stufen seiner Verwirklichung im Nationalsozialismus erläutern.				
… grundlegende Elemente der NS-Ideologie und deren Ursprünge erläutern.				
… gesellschaftliche und politische Auswirkungen der NS-Ideologie beschreiben.				
… Handlungsspielräume der Menschen unter den Bedingungen der NS-Diktatur erörtern.				
… die Rolle der Wirtschaftspolitik bis 1939 für Zustimmung zum oder Ablehnung des Nationalsozialismus beurteilen.				
… die Rolle der Außenpolitik bis 1939 für Zustimmung zum oder Ablehnung des Nationalsozialismus beurteilen.				
… den Begriff „Antisemitismus" erklären.				
… Maßnahmen von Seiten des NS-Staates gegenüber Deutschen jüdischen Glaubens und ihre Auswirkungen erläutern.				
… zielgerichtet Schritte der Interpretation einer politischen Rede anwenden.				
… den Unterschied zwischen einem Sach- und Werturteil erklären.				
…				

ACHTUNG:

bitte nicht beschreiben!

Du findest eine Kopie dieser Seite zur Bearbeitung unter dem Webcode

🖥 WES-115460-405

werden kann. In der rechten Spalte findest du Hinweise, wie du eventuell vorhandene Lücken oder auch Unsicherheiten beseitigen kannst.

Auf diesen Seiten kannst du in HORIZONTE nachlesen	Empfehlungen zur Übung, Wiederholung und Festigung
146 – 151	Formuliere einen Lexikonartikel zum Thema „Die Machtübergabe an Hitler".
146 – 151 152 – 155	Erkläre die Begriffe „totaler Staat" und „Gleichschaltung".
156 – 159	Erstelle zu zentralen Begriffen der NS-Ideologie eine Mind Map.
156 – 159 160 – 163	Nimm Stellung zu der Aussage: Die „Volksgemeinschaft" wirkte vor allem als Ausgrenzungsgemeinschaft.
160 – 163 168 – 169 170 – 173	Erläutere am Beispiel der Jugend die Handlungsspielräume gegenüber der NS-Diktatur.
164 – 167	Benenne die wesentlichen Ziele der nationalsozialistischen Wirtschaftspolitik.
178 – 181	Nimm Stellung zu der Aussage: Die nationalsozialistische Außenpolitik verfolgte ausschließlich kriegerische Ziele.
	Suche über das Register sämtliche Stellen in diesem Schulbuch, an denen der Antisemitismus thematisiert wird. Liste das Ergebnis der Suche in Form einer Tabelle auf und berichte darüber in der Klasse.
174 – 177	Beschreibe, wie die Nationalsozialisten Ausgrenzung und Entrechtung der Jüdinnen und Juden verschärften.
151	Erschließe die Rede M2 auf Seite 178. Verwende dafür den Trainingskasten auf Seite 151.
65, 177	Nenne jeweils ein Beispiel für ein Sachurteil und für ein Werturteil.

Der Beginn des Zweiten Weltkrieges

Die erste Phase des Zweiten Weltkrieges verlief für das nationalsozialistische Deutschland außerordentlich erfolgreich: Zwischen 1939 und 1941 stießen deutsche Truppen rasch nach Osten und Westen vor, ohne größere Verluste zu erleiden. Durch die schnellen Eroberungen erreichte Hitlers Ansehen in Deutschland in dieser Zeit seinen Höhepunkt.

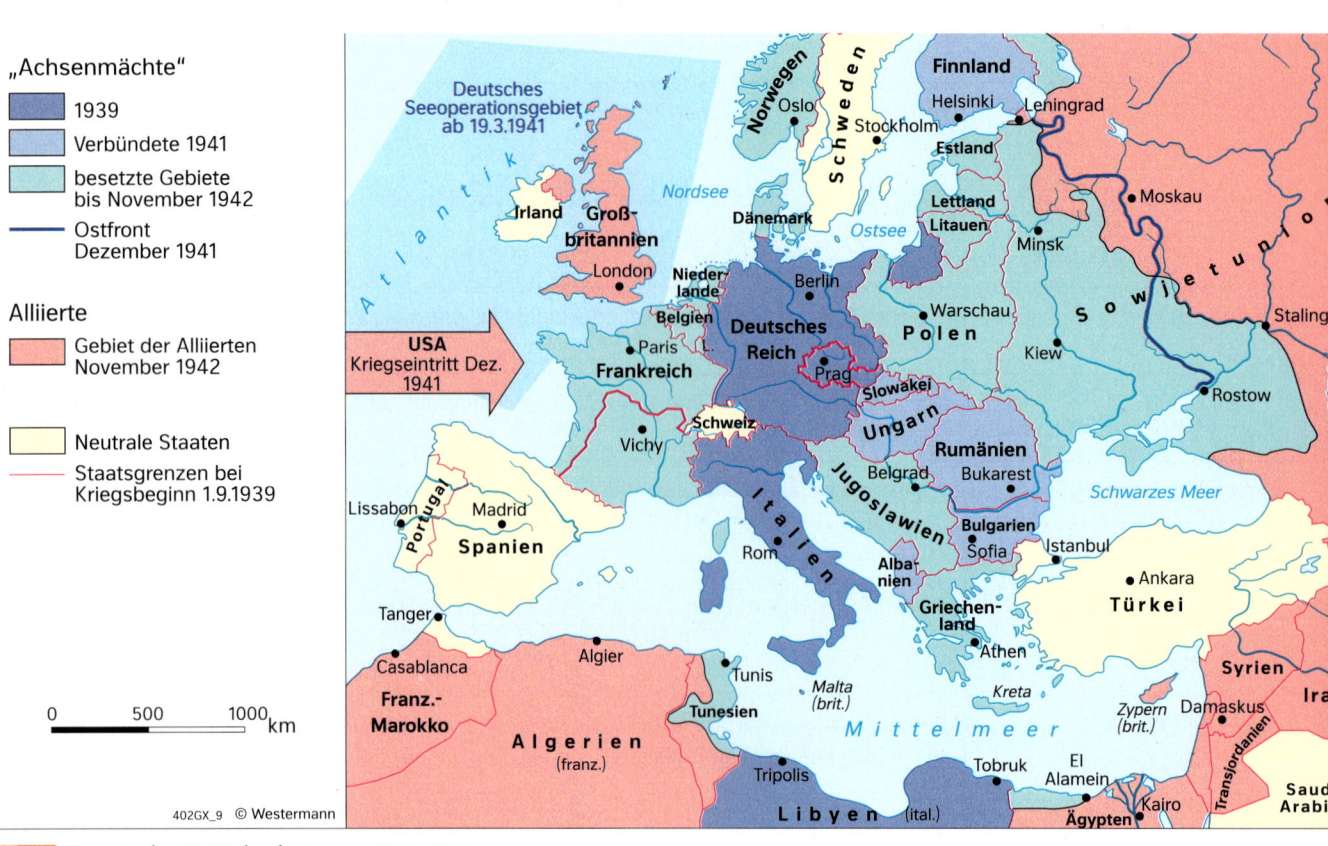

M 1 Der Zweite Weltkrieg in Europa 1939–1942

Aufgaben

1. Der Zweite Weltkrieg in Europa 1939–1942

Erschließe die Karte M1 mithilfe des Trainingskastens auf Seite 56. Beachte dabei besonders folgende Aspekte:

a) Benenne die Länder, die zu den Verbündeten der „Achsenmächte" Deutschland und Italien gehörten.

b) Benenne die Länder, die die Deutschen bis Ende 1942 besetzten.

c) Erarbeite aus der Karte, welche Mächte Hitler noch Widerstand leisten konnten.

d) Begründe anhand der Karte, dass Hitler einen systematischen Eroberungskrieg führte.

e) Erläutere die Folgen, die mit dieser Eroberungspolitik verbunden waren.

↷ M1, Trainingskasten auf Seite 56

2. „Blitzkriege" in Europa

a) Erkläre den Begriff „Blitzkrieg" und seine beabsichtigte Wirkung.

b) Erläutere die Gründe für die schnelle Eroberung Polens, Frankreichs und weiter Teile Europas durch die Wehrmacht zwischen 1939 und 1941.

c) Nimm Stellung zur NS-Eroberungspolitik.

↷ Text auf den Seiten 184–185

„Achse Berlin–Rom" und der deutsch-sowjetische Nichtangriffspakt

Nachdem Deutschland und das faschistische Italien 1936 eine „Achse Berlin–Rom" vereinbart hatten, schlossen sie am 22. Mai 1939 den „Stahlpakt", der eine gegenseitige Unterstützung im Angriffs- und Verteidigungsfall vorsah.

5　　Am 23. August 1939 schloss Deutschland mit der UdSSR den deutsch-sowjetischen Nichtangriffspakt, um ein Bündnis zwischen der Sowjetunion und den Westmächten zu verhindern. Darin sicherten sich beide Staaten gegenseitige Neutralität im Falle eines kriegerischen Konflikts zu. Ein geheimes Zusatzprotokoll sah zudem die Teilung Polens vor: Deutschland erhielt freie Hand in Westpolen und
10　Litauen, die Sowjetunion in Ostpolen und dem restlichen Baltikum. Damit hatte das NS-Regime die Gefahr eines Zweifrontenkrieges gebannt.

M 2　Krieg in Polen
Erschießung von polnischen Zivilisten durch deutsche Soldaten, September 1939

Angriff auf Polen – Beginn des „Blitzkrieges"

Am 1. September 1939 begann der Zweite Weltkrieg mit dem deutschen Angriff auf
15　Polen. Um den Angriff vor der Weltöffentlichkeit als „Verteidigungskrieg" darzustellen, hatten SS-Männer ein Täuschungsmanöver durchgeführt und als polnische Kämpfer getarnt einen „Überfall" auf den deutschen Rundfunksender Gleiwitz inszeniert. Da Großbritannien und Frankreich Polens Souveränität garantiert hatten, erklärten sie Deutschland den Krieg – es erfolgte jedoch kein Angriff auf
20　Deutschland, da beide Staaten noch nicht kriegsbereit waren. Mit ihrer modernen Luftwaffe und ihren mobilen Panzereinheiten überrannte die deutsche Wehrmacht förmlich die schlecht ausgerüstete polnische Armee. Die schnellen Erfolge bezeichnete die deutsche Propaganda als „Blitzkrieg".

　　Nach der Niederlage Polens besetzte wie vereinbart die Sowjetunion Ostpolen,
25　das Deutsche Reich die westpolnischen Gebiete. Während Stalin die polnische Führungsschicht aus Offizieren, Geistlichen, Politikern und Adligen ermorden ließ, setzten die deutschen Besatzer die rassistischen Überzeugungen Hitlers mit Massenverhaftungen, Erschießungen und Deportationen (Zwangsumsiedlung) um.

M 3

Feldzüge im Norden und Westen sowie im Mittelmeerraum

30　Im April 1940 marschierte die deutsche Wehrmacht in Dänemark und Norwegen ein. Mit der Besetzung Norwegens wollte Hitler die schwedischen Erzlieferungen an Deutschland vor einem englischen Zugriff schützen. Zudem konnten Militärstützpunkte für den geplanten Kampf gegen England in der Nordsee aufgebaut werden.

35　　Wenig später, im Mai 1940, erfolgte der deutsche Angriff auf Frankreich. Der Sieg über die Franzosen sollte Großbritannien zum Frieden zwingen, um Bewegungsfreiheit für den längst geplanten Krieg gegen die Sowjetunion zu erhalten. Bei ihrem Vorstoß besetzte die deutsche Wehrmacht auch die neutralen Benelux-Staaten. Der Waffenstillstand mit dem besiegten Frankreich wurde bewusst – wie
40　im Ersten Weltkrieg – in Compiègne (im selben Eisenbahnwaggon) unterzeichnet.

M 4　Hitler in Compiègne
Vor dem Eisenbahnwaggon, in dem am Ende des Ersten Weltkrieges der Waffenstillstand unterzeichnet worden war. Die Unterzeichnung am selben Ort war eine symbolische Demütigung und sollte zugleich die „Auslöschung" des Versailler Vertrags dokumentieren, Foto, 23. Juni 1940.

　　1940 begannen auch monatelange deutsche Luftangriffe auf England. Sie trafen die Rüstungsindustrie, später auch Wohnquartiere. In London und in Coventry wurden durch den deutschen Bombenkrieg 65 000 Menschen getötet.

　　Der italienische Diktator Benito Mussolini wollte den Mittelmeerraum unter
45　seine Kontrolle bringen. Da Italiens Überfall auf Griechenland am Widerstand der griechischen Armee scheiterte, bat Mussolini Hitler um Hilfe. Dieser entschloss sich im April 1941 zum „Balkanfeldzug", der zur Kapitulation Jugoslawiens und Griechenlands führte. Da die Engländer in Nordafrika die italienische Armee angriffen, wurde Hitler auch hier aktiv: Ab 1941 lieferten sich deutsche und britische
50　Truppen heftige Kämpfe in Nordafrika.

Der „Hitler-Stalin-Pakt" – Quellen analysieren

M 5   „Rendezvous"
Hitler und Stalin zollen sich gegenseitig Respekt, während zwischen ihnen das gemeuchelte Polen liegt, britische Karikatur von David Low, erschienen am 20.09.1939.

M 6   **Deutsch-sowjetischer Nichtangriffspakt**

a) Vertrag zwischen Deutschland und der UdSSR (auch Hitler-Stalin-Pakt genannt) über die wechselseitigen Beziehungen vom 23.8.1939:

Artikel 1
Die beiden vertragschließenden Teile verpflichten sich, sich jeden Gewaltaktes, jeder aggressiven Handlung und jeden Angriffs gegeneinander, und zwar sowohl einzeln als auch
5 gemeinsam mit anderen Mächten, zu enthalten.
Artikel 2
Falls einer der vertragschließenden Teile Gegenstand kriegerischer Handlungen seitens einer Macht werden sollte, wird der andere vertragschließende Teil in keiner Form die-
10 se dritte Macht unterstützen.
[...]
Artikel 4
Keiner der beiden vertragschließenden Teile wird sich an irgendeiner Mächtegruppierung beteiligen, die sich mittel-
15 bar oder unmittelbar gegen den anderen Teil richtet.
Artikel 5
Falls Streitigkeiten oder Konflikte zwischen den vertragschließenden Teilen über Fragen dieser oder jener Art entstehen sollten, würden beide Teile diese Streitigkeiten oder
20 Konflikte ausschließlich auf dem Wege freundschaftlichen Meinungsaustausches oder nötigenfalls durch Schlichtungskommissionen bereinigen.

b) Geheimprotokoll zur Abgrenzung der Interessensphären in Osteuropa vom 23.8.1939:

1. Für den Fall einer territorial-politischen Umgestaltung in den zu den baltischen Staaten (Finnland, Estland, Lettland, Litauen) gehörenden Gebieten bildet die nördliche Grenze Litauens zugleich die Grenze der Interessensphären Deutschlands und der UdSSR. [...]
5
2. Für den Fall einer territorial-politischen Umgestaltung der zum polnischen Staate gehörenden Gebiete werden die Interessensphären Deutschlands und der UdSSR ungefähr durch die Linie der Flüsse Narew, Weichsel und San abgegrenzt.
10
Die Frage, ob die beiderseitigen Interessen die Erhaltung eines unabhängigen polnischen Staates erwünscht erscheinen lassen und wie dieser Staat abzugrenzen wäre, kann endgültig erst im Laufe der weiteren politischen Entwicklung geklärt werden. In jedem Falle werden beide Re- 15
gierungen diese Frage im Wege einer freundschaftlichen Verständigung lösen.
[...]
4. Dieses Protokoll wird von beiden Seiten streng geheim behandelt werden.
20

Zit. nach: Wolfgang Lautemann/Manfred Schlenke (Hg.), Günter Schönbrunn (Bearb.), Geschichte in Quellen Band 5: Weltkriege und Revolutionen 1914–1945, München: Bayerischer Schulbuch-Verlag 1975 (2. Aufl.), S. 437 ff.

Besatzungsherrschaft in Polen – Mit einem Diensttagebuch als Quelle arbeiten

M 7 Grundsätze der Besatzungspolitik

Mittelpolen wurde nach der Niederlage Polens zum „Generalgouvernement" unter der Leitung des „Generalgouverneurs" Hans Frank erklärt. Dieser fasste in seinem Diensttagebuch eine Rede des Propagandaministers Joseph Goebbels zusammen (31. Oktober 1939 und 19. Januar 1940):

[31. Oktober 1939] Ganz klar müsse der Unterschied zwischen dem deutschen Herrenvolk und den Polen herausgestellt werden. [...]

Den Polen dürfen nur solche Bildungsmöglichkeiten zur
5 Verfügung gestellt werden, die ihnen die Aussichtslosigkeit ihres völkischen Schicksals zeigten. Es könnten daher höchstens schlechte Filme oder solche, die die Größe und Stärke des Deutschen Reiches vor Augen führen, in Frage kommen. Es werde notwendig sein, dass große Lautspre-
10 cheranlagen einen gewissen Nachrichtendienst für die Polen vermitteln.

Reichsminister Dr. Goebbels führt aus, dass das gesamte Nachrichtenvermittlungswesen der Polen zerschlagen werden müsse. Die Polen dürften keine Rundfunkapparate und
15 nur reine Nachrichtenzeitungen, keinesfalls eine Meinungspresse behalten. Grundsätzlich dürfen sie auch keine Theater, Kinos und Kabaretts bekommen, damit ihnen nicht immer wieder vor Augen geführt werden würde, was ihnen verloren gegangen sei. [...]

[19. Januar 1940] Am 15. September 1939 erhielt ich den 20 Antrag, die Verwaltung der eroberten Ostgebiete aufzunehmen, mit dem Sonderbefehl, diesen Bereich als Kriegsgebiet und Beuteland rücksichtslos auszupowern, es in seiner wirtschaftlichen, sozialen, kulturellen, politischen Struktur sozusagen zu einem Trümmerhaufen zu 25 machen.

[...] Entscheidend wichtig ist nunmehr auch der Neuaufbau der Produktion im Generalgouvernement. [...] Den Polen, die in die Betriebe eingestellt werden, muss Hören und Sehen vergehen, sodass sie vor lauter Arbeit – diszi- 30 plinierter Arbeit! – zu Sabotageakten gar nicht mehr kommen. [...] Mein Verhältnis zu den Polen ist dabei das Verhältnis zwischen Ameise und Blattlaus. Wenn ich den Polen förderlich behandele, ihn sozusagen freundlich kitzele, so tue ich das in der Erwartung, dass mir seine 35 Arbeitsleistung zugute kommt. Hier handelt es sich nicht um ein politisches, sondern um ein rein taktisch-technisches Problem.

Zit. nach: Imanuel Geiss, Die deutsche Politik im Generalgouvernement Polen 1939–1945. Aus dem Diensttagebuch des Generalgouverneurs Hans Frank, in: Bundeszentrale für politische Bildung (Hg.), ApuZ – Aus Politik und Zeitgeschichte. Beilage zur Wochenzeitung „Das Parlament" Nr. 34/1978, S. 16ff.

Aufgaben

1. **Der deutsch-sowjetische Nichtangriffspakt**
   a) Analysiere den Inhalt der beiden Teile des deutsch-sowjetischen Nichtangriffspaktes von 1939 (M6). Berücksichtige dabei die Kategorien Konflikt oder Konfliktlösung, die Adressaten der beiden Teile und die Perspektive Polens.
   b) Interpretiere die Karikatur von David Low (M5).
   c) Die Existenz des „Geheimprotokolls" des Hitler-Stalin-Paktes wurde bis in die 1980er-Jahre von der Sowjetunion geleugnet. Stelle Vermutungen über die Gründe dafür an. Informiere dich dafür im Internet über das russisch-polnische Verhältnis bis in die 1980er-Jahre.

   ⌢ M5 – M6, Text auf den Seiten 184 – 185, Internet

2. **Besatzungsherrschaft in Polen**
   a) Fasse die Ausführungen Hans Franks (M7) in eigenen Worten zusammen.
   b) Erläutere an drei ausgewählten Textstellen, welche Einstellung Frank zur Bevölkerung im besetzten Polen hatte.
   c) Stelle dar, welche Lebensbedingungen in den Bereichen Recht, Arbeit und Kultur sich für die unterdrückte polnische Bevölkerung aus den Ausführungen von Hans Frank ableiten lassen.
   d) Lege den Zusammenhang zwischen nationalsozialistischer Weltanschauung und Besatzungspolitik in Polen dar.

   ⌢ M7, Text auf den Seiten 184 – 185

Kriegswende und Vernichtungskrieg

Am 22. Juni 1941 begann die deutsche Wehrmacht den Krieg gegen die Sowjetunion. Mit dem Überfall wollte Hitler nicht nur Deutschlands Versorgung mit kriegswichtigen Rohstoffen sichern, sondern auch die NS-Ideologie der Eroberung von „Lebensraum im Osten" in die Tat umsetzen. Der Feldzug gegen die Sowjetunion – in der Militärplanung „Fall Barbarossa" genannt – bedeutete einen grundlegenden Einschnitt und führte schließlich zur Kriegswende.

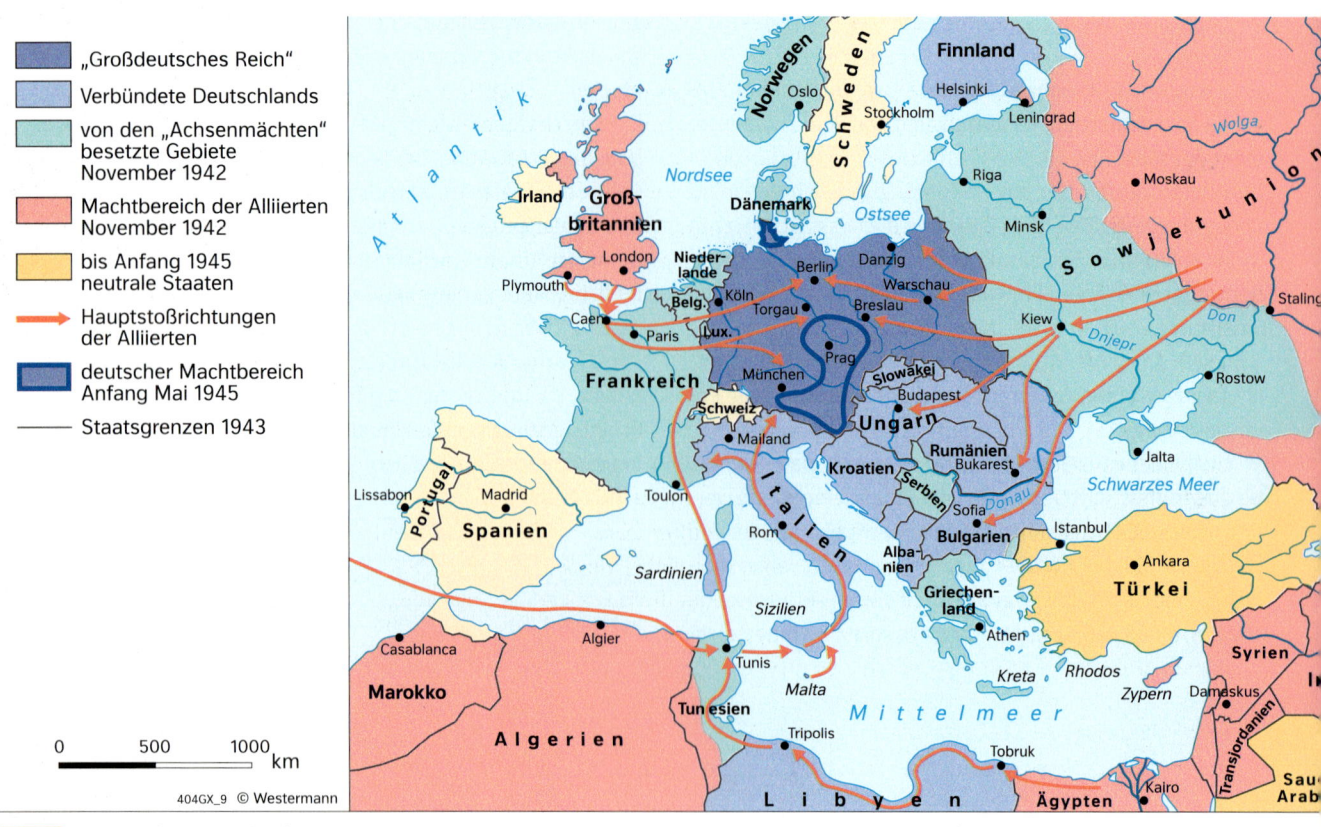

Legende:
- „Großdeutsches Reich"
- Verbündete Deutschlands
- von den „Achsenmächten" besetzte Gebiete November 1942
- Machtbereich der Alliierten November 1942
- bis Anfang 1945 neutrale Staaten
- Hauptstoßrichtungen der Alliierten
- deutscher Machtbereich Anfang Mai 1945
- Staatsgrenzen 1943

0   500   1000 km

404GX_9 © Westermann

M 1 Der Zweite Weltkrieg in Europa 1942–1945

Aufgaben

1. Der Zweite Weltkrieg in Europa 1942–1945
Erschließe die Karte M1 mithilfe des Trainingskastens auf Seite 56. Beachte dabei besonders folgende Aspekte:
a) Beschreibe die territoriale Ausgangslage vor der Kriegswende im November 1942.
b) Erarbeite anhand der Karte, mit welcher Strategie sich die alliierten Mächte der Eroberungspolitik Hitlers widersetzten.
c) Benenne die Länder, über die die Alliierten seit November 1942 auf das Deutsche Reich vorrückten.
d) Begründe anhand der Karte, weshalb Hitlers systematischer Eroberungskrieg trotz kurzfristiger Erfolge von Beginn an zum Scheitern verurteilt war.

e) Erläutere die Probleme, mit denen sich das deutsche Heer und die deutsche Bevölkerung mit der Kriegswende konfrontiert sahen.
⌒ M1, Trainingskasten auf Seite 56

2. Der Kriegsverlauf 1941–1945
a) Notiere die wichtigsten Stationen des Kriegsverlaufs zwischen 1941 und 1945 in einer Tabelle.
b) Nenne die Ursachen für den Kriegseintritt der USA.
c) Erläutere die Ereignisse, die zur Kriegswende führten.
⌒ Text auf den Seiten 188–190

Die Ausweitung zum Weltkrieg

Der Zweite Weltkrieg war zunächst ein europäischer Krieg. Durch Japans Überfall auf die amerikanische Pazifikflotte in Pearl Harbor (Hawaii) am 7. Dezember 1941 und den Kriegseintritt der USA erreichten die militärischen Aktionen jedoch ein
5 globales Ausmaß.

Japans Ziel war die Gründung eines Kolonialreiches, das seine Rohstoffarmut beseitigen und einen Absatzmarkt für seine Waren sichern sollte. Begründet wurden die Expansionspläne jedoch mit der Erklärung, Japan wolle Ostasien vor weißen Kolonialherren schützen und seinen Wohlstand sichern. Die USA und Groß-
10 britannien verhängten wegen dieser aggressiven Politik eine Wirtschaftsblockade gegen Japan.

Deutschland und Japan waren bereits seit 1936 durch den sogenannten „Antikominternpakt" miteinander verbunden, eine Vereinbarung, die sich gegen die sowjetisch dominierte Kommunistische Internationale richtete. Der Konflikt zwi-
15 schen Japan und den USA ließ Deutschland, Japan und Italien nun noch enger zusammenrücken, weil Japan das Militärpotenzial der USA im Pazifik band. Nach dem japanischen Luftangriff auf den US-Marinestützpunkt Pearl Harbor erklärten auch Hitler und Mussolini den USA den Krieg, der sich nun zum Weltkrieg ausweitete.
20

Die Kriegswende

Der deutsche Versuch, England als letzten verbliebenen Gegner durch Angriffe der Luftwaffe zu schlagen, scheiterte 1941. Nach dem Überfall auf die Sowjetunion befand sich Deutschland nun in einem Zweifrontenkrieg. Der Vormarsch in der
25 UdSSR blieb schon Ende 1941, auch infolge des einbrechenden Winters, stecken. Die Hoffnung auf einen schnellen Sieg erfüllte sich nicht; die deutschen Soldaten mussten den harten russischen Winter mit mangelhafter Ausrüstung überstehen. Die Rote Armee konnte hingegen frische Truppen heranführen, zudem entwickelte sich ein Partisanenkrieg gegen die deutschen Besatzer.
30

Die Schlacht um Stalingrad

Ab 1943 war Deutschlands Niederlage absehbar, da die Alliierten die Initiative übernahmen. Sichtbares Zeichen der Wende war die Kapitulation der 6. deutschen Armee Anfang Februar 1943 in Stalingrad: Etwa 150 000 eingekesselte deut-
35 sche Soldaten fielen den Kämpfen und der Kälte zum Opfer. 91 000 gerieten in sowjetische Kriegsgefangenschaft, aus der nur 6000 Überlebende zurückkehrten. Auf sowjetischer Seite kamen in Stalingrad sogar eine Million Soldaten und Zivilisten ums Leben. Nach diesem verlustreichen Sieg eröffnete sich für die Rote Armee die Möglichkeit, ihr Land zu befreien und nach Westen vorzudringen.
40

Der „totale Krieg"

Der gescheiterte Krieg gegen die Sowjetunion und der Kriegseintritt der USA veranlassten die deutsche Führung, den „totalen Krieg" auszurufen. Massenfertigung, der Einsatz von Tausenden Zwangsarbeiterinnen und -arbeitern und eine
45 stärkere Einbindung von Großkonzernen in die Kriegswirtschaft steigerten die Rüstungsproduktion um ein Vielfaches.

Angesichts der Überlegenheit der Alliierten bewirkten diese Anstrengungen jedoch nur eine Verlängerung des Krieges und eine steigende Zahl von Opfern. Die ausbleibenden Kriegserfolge schlugen sich auch auf die Mentalität der deutschen
50 Bevölkerung nieder.

M 2 **Angriff auf Pearl Harbor**
Zerstörte Schiffe der amerikanischen Pazifikflotte nach dem japanischen Bombenangriff am 7.12.1941

🖥 WES-115460-501
Film über die Schlacht um Stalingrad

M 3 **Vernichtungskrieg in der Sowjetunion**
Murmansk nach einem deutschen Luftangriff, Foto, 1942

Der Rassenvernichtungskrieg

Ziel der Nationalsozialisten war ein „Großgermanisches Reich" mit neuem „Lebensraum im Osten". Die angestammte Bevölkerung wollte man ermorden oder nach Sibirien vertreiben und dafür Deutsche ansiedeln. Zurückbleiben sollten lediglich slawische Arbeitssklaven, die der deutschen „Herrenrasse" zu dienen hätten. 55

Den Auftakt dieser Pläne hatte bereits der Polenfeldzug gebildet: Tausende Polen wurden erschossen oder vertrieben, um Platz zu machen für sogenannte „Volksdeutsche" aus dem Baltikum und aus anderen Regionen. Viele Polen wurden enteignet und ihr Besitz unter den Deutschen verteilt. 60

Der Krieg gegen die Sowjetunion war ein rassenideologisch-geprägter Vernichtungskrieg, dem etwa 27 Millionen Sowjetbürgerinnen und -bürger zum Opfer fielen. Allein bei der Blockade Leningrads durch deutsche Truppen von 1941 bis 1944 kamen geschätzt 1,1 Millionen Zivilisten ums Leben. Die meisten Opfer verhungerten. Zwangsarbeiterinnen und -arbeiter wurden nach Deutschland verschleppt, Kriegsgefangenen wurde die völkerrechtlich gebotene Behandlung verweigert. Von etwa 5,7 Millionen gefangenen Sowjetsoldaten starben 3,3 Millionen. 65

Die systematische Deportation und Ermordung der jüdischen Bevölkerung in den besetzten Gebieten wurde zunächst vor allem von mobilen Einsatzgruppen der SS und speziellen Polizeieinheiten durchgeführt. Doch auch reguläre Armee-Einheiten wirkten bei Verbrechen gegen die einheimische Bevölkerung und beim Völkermord an den Jüdinnen und Juden mit. 70

M 4 Häuserkampf

Sowjetische Infanteristen beim Kampf in den Ruinen von Stalingrad, Herbst 1942

M 5 Massenexekution 1942

Ein SS-Mann erschießt einen Zivilisten am Rand eines Massengrabs bei Winnitza (Ukraine), Foto von 1942.

Medienbildung: Eine Rede analysieren

M 6   „Wollt ihr den totalen Krieg?"

Rede von Propagandaminister Goebbels im Berliner Sportpalast am 18. Februar 1943. Sie wurde am nächsten Tag im NS-Parteiblatt „Völkischer Beobachter" veröffentlicht. Ein Auszug:

Ihr also, meine Zuhörer, repräsentiert in diesem Augenblick die Nation. Und an euch möchte ich zehn Fragen richten, die ihr mir mit dem deutschen Volke vor der ganzen Welt, insbesondere vor unseren Feinden, die uns auch an ihrem
5 Rundfunk hören, beantworten sollt: (nur mit Mühe kann sich der Minister für die nun folgenden Fragen Gehör verschaffen ... Mit letzter Anteilnahme und Begeisterung gibt die Masse auf jede einzelne Frage die Antwort. Der Sportpalast hallt wider von einem einzigen Schrei der Zustim-
10 mung.)

Die Engländer behaupten, das deutsche Volk habe den Glauben an den Sieg verloren.

Ich frage euch: Glaubt ihr mit dem Führer und mit uns an den endgültigen totalen Sieg des deutschen Volkes?

15 Ich frage euch: Seid ihr entschlossen, dem Führer in der Erkämpfung des Sieges durch dick und dünn und unter Aufnahme auch der schwersten persönlichen Belastungen zu folgen?

Zweitens: Die Engländer behaupten, das deutsche Volk ist
20 des Kampfes müde.

Ich frage euch: Seid ihr bereit, mit dem Führer als Phalanx der Heimat hinter der kämpfenden Wehrmacht stehend, diesen Kampf mit wilder Entschlossenheit und unbeirrt durch alle Schicksalsfügungen fortzusetzen, bis der Sieg in
25 unseren Händen ist? [...]

Viertens. Die Engländer behaupten, das deutsche Volk wehrt sich gegen die totalen Kriegsmaßnahmen der Regierung. Es will nicht den totalen Krieg, sondern die Kapitula-

M 7   „Totaler Krieg" – Zuhörer beim Hitlergruß
während der Rede von Joseph Goebbels im Berliner Sportpalast am 18. Februar 1943

tion (Zurufe: Niemals, niemals, niemals!). Ich frage euch: Wollt ihr den totalen Krieg? Wollt ihr ihn, wenn nötig, tota- 30 ler und radikaler, als wir ihn uns heute überhaupt noch vorstellen können?

Fünftens: Die Engländer behaupten, das deutsche Volk hat sein Vertrauen zum Führer verloren.

Ich frage euch: Ist euer Vertrauen zum Führer heute größer, 35 gläubiger und unerschütterlicher denn je? Ist eure Bereitschaft, ihm auf allen seinen Wegen zu folgen und alles zu tun, was nötig ist, um den Krieg zum siegreichen Ende zu führen, eine absolute und uneingeschränkte? (Die Menge erhebt sich wie ein Mann. Die Begeisterung der Masse ent- 40 lädt sich in eine Kundgebung nicht dagewesenen Ausmaßes. Vieltausendstimmige Sprechchöre brausen durch die Halle: „Führer befiehl, wir folgen", eine nicht abebbende Woge von Heilrufen auf den Führer braust auf ...)

Ich habe euch gefragt; ihr habt mir eure Antwort gegeben. 45 Ihr seid ein Stück Volk, durch euren Mund hat sich damit die Stellungnahme des deutschen Volkes manifestiert [...].

Zit. nach: Lothar Gruchmann, Totaler Krieg. Vom Blitzkrieg zur bedingungslosen Kapitulation, ©dtv Verlagsgesellschaft, München 1991, S. 247 ff.

Aufgaben

1. „Totaler Krieg" – Eine Rede analysieren
   a) Analysiere die Rede von Goebbels im Berliner Sportpalast (M6). Verwende dafür den Trainingskasten „Umgang mit politischen Reden" auf Seite 151.
   b) Untersuche die Reaktion des Publikums und suche nach Gründen dafür.
      ↱ M6 – M7, Text auf den Seiten 188 – 190, Trainingskasten auf Seite 151

2. Eine Rede analysieren – Medienbildung
   a) Mache dich mit dem Aufbau der Seiten und der Suchfunktion von „1000 Schlüsseldokumente zur deutschen Geschichte im 20. Jahrhundert" vertraut: http://www.1000dokumente.de
   b) Suche die Sportpalastrede (Stichwort „Sportpalast") und finde unter „Quellen" die aktuellste Literatur zu dieser Rede heraus.
      ↱ M6, Internet

Verbrechen der Wehrmacht

M 8 Eine Stimme aus der Sowjetunion

Der sowjetische Schriftsteller und Journalist Ilja Grigor-jewitsch Ehrenburg (1891–1967), der im Krieg zahlreiche sowjetische Propagandaflugblätter verfasst hatte, schreibt in seiner Autobiografie über den Krieg in der Sowjetunion 1965:

Zum ersten Mal erlebte ich den Hass auf die Feinde, als unsere Einheiten während ihrer Gegenoffensive im Raum Moskau einige von den Deutschen eingeäscherte Dörfer besetzten. Frauen und Kinder wärmten sich an den ausglü-
5 henden Holzscheiten. Die Rotarmisten fluchten oder schwiegen voller Wut. Einer von ihnen kam mit mir ins Ge-spräch. Er könne nichts begreifen, sagte er. Bisher sei er der Meinung gewesen, dass man Städte bombardiert, weil es dort Kasernen, Behörden und Zeitungen gibt. Weshalb aber
10 brennen die Deutschen Bauernhäuser nieder? Darin leben doch Frauen und Kinder. Und draußen ist schon Winter. […] Der von Nazideutschland vom Zaun gebrochene Krieg hatte wenig mit früheren Kriegen gemein. Er vernichtete und ver-stümmelte nicht nur die Leiber, er verwüstete auch die
15 Herzen der Völker und Menschen.

Ilja Grigorjewitsch Ehrenburg, Menschen – Jahre – Leben, Bd. 3, übersetzt von Alexander Kaempfe, München: Kindler 1965, S. 30 f.

M 9 Massenerschießungen

Viele deutsche Soldaten konnten die Massenmorde der SS- und Polizeieinheiten an Juden in der besetzten Sow-jetunion mit ansehen. Die Geheimhaltung war hier nur begrenzt. Hier ein Beispiel von Franz Josef Strauß (1978–1988 bayerischer Ministerpräsident), der als Offi-zier der Wehrmacht im Juli 1941 Augenzeuge bei einer Massenerschießung war. Aus seinen Memoiren von 1988:

Wenige Tage später – wir liegen noch in der gleichen Stel-lung, neben uns ein größeres Waldstück – krachen ununter-brochen Feuerstöße aus einer Maschinenpistole. Wir ma-chen uns auf, wollen sehen, was los ist im Wald. Hinter den
5 Bäumen eine Szene des Schreckens: Zusammengetriebene Juden, kommunistische Funktionäre, unschuldige Men-schen mussten mit dem Spaten eine Grube ausheben, viel-leicht 50 Meter in der Länge und zwei in der Breite. Die Gefangenen standen da zu vielen Hunderten, vielleicht
10 auch Tausenden – die Erschießungen erstreckten sich über mehrere Tage. Sie mussten sich hinknien vor der Grube, dann ging ein junger SS-Mann, vielleicht 18 Jahre und stern-hagelblau, mit der Maschinenpistole von Kopf zu Kopf,

drückte ab, die Toten fielen in die Grube. War eine Lage voll, wurde Erde darauf geworfen, das Morden ging weiter. 15

Franz Josef Strauß, Die Erinnerungen, Berlin: Siedler 1988, S. 48.

M 10 Rechtfertigung

Als die Massenmorde an Juden in der besetzten Sowjet-union im Sommer 1941 auf Frauen und Kinder ausgewei-tet wurden, regte sich unter den deutschen Soldaten vereinzelt Kritik. Deshalb erließen mehrere Oberbefehls-haber Anweisungen, die die Verbrechen rechtfertigen sollten, wie der Befehl des Oberbefehlshabers der 6. Ar-mee, Walter von Reichenau, vom 10. Oktober 1941. Rei-chenau war ein überzeugter Nationalsozialist:

Hinsichtlich des Verhaltens der Truppe gegenüber dem bol-schewistischen System bestehen vielfach noch unklare Vorstellungen. Das wesentlichste Ziel des Feldzuges gegen das jüdisch-bolschewistische System ist die völlige Zer-schlagung der Machtmittel und die Ausrottung des asiati- 5
schen Einflusses im europäischen Kulturkreis. Hierdurch entstehen auch für die Truppe Aufgaben, die über das her-gebrachte einseitige Soldatentum hinausgehen. Der Soldat ist im Ostraum nicht nur ein Kämpfer nach den Regeln der Kriegskunst, sondern auch Träger einer unerbittlichen völ- 10
kischen Idee und der Rächer für alle Bestialitäten, die deut-schem und artverwandtem Volkstum zugefügt wurden. Deshalb muss der Soldat für die Notwendigkeit der harten, aber gerechten Sühne am jüdischen Untermenschentum volles Verständnis haben. Sie hat den weiteren Zweck, Er- 15
hebungen im Rücken der Wehrmacht, die erfahrungsgemäß stets von Juden angezettelt wurden, im Keime zu ersticken.

Zit. nach: Gerd R. Ueberschär/Wolfram Wette (Hg.), Unternehmen Barba-rossa. Der deutsche Überfall auf die Sowjetunion 1941. Berichte, Analysen, Dokumente, Paderborn: Schöningh 1984, S. 339 f.

M 11 Zuschauer beim Massenmord

Die Originalbe-schriftung des Fotos lautete: „Juden beim Grabschaufeln." Die Massenmorde an Juden in der besetz-ten Sowjetunion fanden oft in aller Öffentlichkeit statt. Viele Soldaten der Wehrmacht fotogra-fierten die Verbre-chen sogar, Foto von 1941, vermutlich in der Ukraine.

Behandlung von Kriegsgefangenen

M 12 Behandlung von Kriegsgefangenen

Aus dem Genfer Abkommen über die Behandlung der Kriegsgefangenen vom 27.7.1929:

Artikel 2:

Die Kriegsgefangenen unterstehen der Gewalt der feindlichen Macht, aber nicht der Gewalt der Personen oder Truppenteile, die sie gefangen genommen haben. Sie müssen
5 jederzeit mit Menschlichkeit behandelt und insbesondere gegen Gewalttätigkeiten, Beleidigungen und öffentliche Neugier geschützt werden. Vergeltungsmaßnahmen an ihnen auszuüben ist verboten. [...]

Artikel 4:
10 Der Staat, in dessen Gewalt sich die Kriegsgefangenen befinden (Gewahrsamsstaat), ist verpflichtet, für ihren Unterhalt zu sorgen.

Zit. nach: https://www.ris.bka.gv.at/GeltendeFassung.wxe?Abfrage=Bundesnormen&Gesetzesnummer=10000191 [letzter Zugriff: 29.06.2021].

M 13 „Kommissarbefehl"

Befehl des Oberkommandos der Wehrmacht vom 6. Juni 1941. Der Befehl durfte nur bis zu den Oberbefehlshabern der Armeen bzw. Luftflottenchefs verteilt werden und musste den Befehlshabern mündlich bekannt gegeben werden. „Politische Kommissare" waren Offiziere in der Sowjetarmee, die den Auftrag hatten, die politische Erziehung der Soldaten im Sinne der Vorgaben der kommunistischen Partei zu gewährleisten:

Im Kampf gegen den Bolschewismus ist mit einem Verhalten des Feindes nach den Grundsätzen der Menschlichkeit oder des Völkerrechts nicht zu rechnen. Insbesondere ist von den politischen Kommissaren aller Art als den eigentlichen Trägern des Widerstandes eine hasserfüllte, grausa- 5 me und unmenschliche Behandlung unserer Gefangenen zu erwarten.

Die Truppe hat sich bewusst zu sein:

1. In diesem Kampfe ist Schonung und völkerrechtliche Rücksichtnahme diesen Elementen gegenüber falsch. Sie 10 sind eine Gefahr für die eigene Sicherheit und die schnelle Befriedung der eroberten Gebiete.

2. Die Urheber barbarisch asiatischer Kampfmethoden sind die politischen Kommissare. Gegen diese muss daher sofort und ohne weiteres mit aller Schärfe vorgegangen wer- 15 den.

Sie sind daher, wenn im Kampf oder bei Widerstand ergriffen, grundsätzlich sofort mit der Waffe zu erledigen [...]. Politische Kommissare als Organe der feindlichen Truppe [...] sind aus den Kriegsgefangenen sofort, d.h. noch auf 20 dem Gefechtsfelde, abzusondern. Dies ist notwendig, um ihnen jede Einflussnahme auf die gefangenen Soldaten zu nehmen. Diese Kommissare werden nicht als Soldaten anerkannt; der für Kriegsgefangene völkerrechtlich geltende Schutz findet auf sie keine Anwendung. Sie sind nach 25 durchgeführter Absonderung zu erledigen.

Zit. nach: Hans-Adolf Jacobsen, Der Zweite Weltkrieg in Chronik und Dokumenten, Darmstadt: Wehr und Wissen Verlagsgesellschaft 1961, S. 571ff.

Aufgaben

1. **Verbrechen der Wehrmacht – Dokumente analysieren**

   Der Vernichtungskrieg gegen die Sowjetunion ist in zahlreichen Dokumenten belegt. Um Rückschlüsse auf die Täterschaft bzw. Mitwisserschaft von deutschen Soldaten ziehen zu können, müssen diese Dokumente analysiert werden. Gehe wie folgt vor:
   a) Arbeite aus der sowjetischen Quelle M8 die enthaltenen Informationen über die Wehrmacht heraus.
   b) Analysiere M9 im Hinblick auf dargestellte Vorgänge und die Reaktion des Beobachters und der Beteiligten.
   c) Beurteile anhand des Befehls des Oberbefehlshabers der 6. Armee (M10) die Rolle der Wehrmacht beim Massenmord. Berücksichtige die verwendete Sprache und ihren menschenverachtenden Charakter.

   d) Analysiere das Foto M11 und arbeite die Informationen heraus, die das Foto über die Beteiligung von Wehrmachtssoldaten an den Kriegsverbrechen enthält.
   e) Nimm in Form eines Kommentares Stellung zur Ausgangsfrage: Welche Rückschlüsse erlauben die Quellen M8 bis M11 auf die Täterschaft bzw. Mitwisserschaft von Deutschen an Kriegsverbrechen?
   M8 – M11

2. **Behandlung von Kriegsgefangenen**
   a) Vergleiche das Genfer Abkommen (M12) mit dem „Kommissarbefehl" (M13).
   b) Bewerte den „Kommissarbefehl".
   M12 – M13

Gesellschaft im Krieg – Kriegsalltag in Deutschland

Der 1939 von Deutschland begonnene Krieg versetzte die deutsche Gesellschaft in einen neuen Zustand. Die Lebensbedingungen änderten sich spätestens 1941/42 dramatisch: Die militärische Mobilisierung, der Bombenkrieg, die Zerstörungen und Verluste prägten den Alltag der Menschen.

M 1 Bombardierung der Städte

Familie nach einem Bombenangriff auf Mannheim, 1943

M 2 Kinderlandverschickung

Kinder werden 1943 aus dem durch Bombenangriffe gefährdeten Berlin aufs Land gebracht. Um den Hals tragen sie ihre „Versandkarten".

M 3 Zwangsarbeiter

Sogenannte „Ostarbeiter" in einem Rüstungsbetrieb in Süddeutschland. Zur Kennzeichnung dienen numerierte Armbinden, Foto, 1943.

Aufgaben

1. Kriegsalltag in Deutschland

a) Beschreibe die Abbildungen auf dieser Seite und erläutere sie mithilfe der Bildunterschriften.

b) Formuliere Fragen, die sich aus den drei Bildquellen ergeben.

c) Beantworte deine Fragen mithilfe der Informationen im Text auf Seite 195.

M1 – M3, Text auf Seite 195

Schein der Normalität

Als 1914 der Erste Weltkrieg ausbrach, gab es in Teilen der Bevölkerung begeisterte Zustimmung. Das war zu Beginn des Zweiten Weltkrieges anders, denn viele sahen dem Krieg mit gemischten Gefühlen entgegen. Während der ersten Kriegsjahre
5 änderte sich zunächst das Alltagsleben kaum, da militärische Erfolge manches überdeckten. Auch verzichteten die Nationalsozialisten auf große Belastungen, da sie eine Revolution wie im November 1918 fürchteten. Daher waren die Lebensmittelrationen auf Bezugsschein anfangs recht hoch und auch ein Lohnstopp wurde wieder rückgängig gemacht. Das Regime erhöhte sogar die Renten.
10 Ermöglicht wurde diese Politik durch die brutale Ausbeutung der besetzten Länder sowie den Arbeitseinsatz von Kriegsgefangenen und Zwangsarbeiterinnen und -arbeitern aus den eroberten und besetzten Gebieten, insbesondere im Osten.

Flächenbombardements und „Kinderlandverschickung"

15 Nachdem Deutschland schon 1939 begonnen hatte, Luftangriffe auch auf zivile Ziele durchzuführen, z. B. auf Rotterdam oder auf Coventry und London, wurde es im Verlauf des Krieges selbst zum Ziel: 1942 begannen Flächenbombardements amerikanischer und britischer Bomberflotten, die Industrieanlagen und Verkehrswege zerstörten. Ferner wurden Wohngebiete gezielt vernichtet, um die
20 Kampfmoral der Zivilbevölkerung zu untergraben. Nach dem Verlust der Lufthoheit konnte die Flugabwehr die deutschen Städte nicht mehr vor alliierten Angriffen schützen. So verloren etwa 600 000 Menschen im Bombenhagel ihr Leben, fast vier Millionen Häuser wurden zerstört. Die Hoffnung der Alliierten, das deutsche Volk würde Hitler stürzen, erfüllte sich nicht.
25 Die Lebensverhältnisse in den Städten verschlechterten sich drastisch. Bei Fliegeralarm flohen die Menschen mit gepackten Koffern in die Luftschutzbunker und mussten dort die Nächte verbringen. Oft wurden diese Schutzbauten zur tödlichen Falle. Die Ausgebombten verloren ihren Besitz und wurden obdachlos.
Kinder wurden im Rahmen der „Kinderlandverschickung" („KLV") aus den
30 gefährdeten Städten evakuiert. Weil das auf Widerstand bei manchen Eltern stieß, die ihre Kinder nicht fortgeben wollten, war die „KLV" stets freiwillig. Wegen der zunehmenden Bombardierung übte die Regierung bald indirekten Druck aus: Schulen wurden bei gleichzeitiger Aufrechterhaltung der Schulpflicht geschlossen und in KLV-Lager verlegt, sodass die Eltern zustimmen mussten. Insgesamt waren
35 2,5 Millionen Kinder betroffen. Untergebracht wurden sie überwiegend in Lagern der „HJ" und des „BDM", kleine Kinder auch in Pflegefamilien. Sie erhielten vormittags Schulunterricht, nachmittags gab es Sport und Schulung bei der „HJ".

Reaktionen des NS-Regimes

40 Die immer aussichtslosere militärische Lage führte zu einschneidenden Maßnahmen. So verpflichtete das Regime etwa 900 000 Jugendliche im Alter von 15 – 16 Jahren als „Flakhelfer". Ferner bestand Arbeitspflicht für Männer und Frauen in der Rüstungsindustrie. Da sich Kritik an diesen unpopulären Maßnahmen entzündete, verzichtete das Regime auf eine konsequente Umsetzung der Dienstpflicht und
45 setzte stattdessen verstärkt Zwangsarbeiterinnen und Zwangsarbeiter ein.
Angesichts der sich zunehmend verschlechternden Situation verschärften die Machthaber den Druck. Unter dem Vorwurf der „Wehrkraftzersetzung" wurden Taten rücksichtslos verfolgt, die den propagierten „Endsieg" zu gefährden schienen. Oft verhängten Sondergerichte für harmlose Delikte die Todesstrafe.

M 4 **Russische Zwangsarbeiterin in einer Rüstungsfabrik**

Der Brustaufnäher trägt die Aufschrift „OST" und kennzeichnete sie als „Ostarbeiterin", Foto, um 1943.

M 5 **„Flakhelfer"**

Die drei Jugendlichen wurden für ihren Einsatz bei der Abwehr von Bombenangriffen mit dem Kriegsverdienstkreuz ausgezeichnet, Foto, München, 9. November 1943.

„Feuersturm" in Hamburg

M 6 „Operation Gomorrha" (1943)

Aus einer Publikation des Museums für Hamburgische Geschichte (1993):

Die folgenschweren Angriffe auf Hamburg vom 25. Juli bis zum 3. August 1943 zählen zu den massivsten Bombardements aus der Luft während des Zweiten Weltkrieges. 2500 Flugzeuge warfen während der vier nächtlichen Großangriffe der RAF [Royal Air Force, die britische Luftwaffe] und der zwei schwächeren Tagesangriffe der 8. USAAF [United States Army Air Forces, die amerikanischen Luftstreitkräfte] sowie einem Störangriff 8500 Tonnen Spreng- und Brandbomben ab. Die durch den erstmaligen Abwurf von Stanniolstreifen erfolgreich gestörte deutsche Flugabwehr vermochte den angreifenden Bombern lediglich ein unkoordiniertes Sperrfeuer entgegenzusetzen. Der schwerste Schlag in der Nacht vom 27. auf den 28. Juli führte zu einem Feuersturm mit Windgeschwindigkeiten bis zu 270 km/h. Der alles mit sich reißende Sog der aufwärts strömenden heißen Brandgase erzeugte so in den engen Straßenschluchten eine intensive, zum Zentrum des Brandes hin gerichtete Windströmung, ähnlich wie bei einem Kamin. In den Stadtteilen Hamm, Hammerbrook und Rothenburgsort verursachte der wirbelsturmartige Feuersturm die größten Schäden. Die baulichen Verhältnisse der Arbeitersiedlungen mit vielen Terrassen und engen Gassen sowie die klimatischen Bedingungen im Juli 1943 mit Tagestemperaturen von 30 Grad Celsius begünstigten den Feuersturm. Am 28. Juli war über Hamburg eine 7000 m hohe Qualmwolke zu sehen, die die Tageshelligkeit verbarg.

Die schreckliche Bilanz waren mindestens 31 647 ums Leben gekommene und ca. 125 000 verletzte Menschen und annähernd 1 Million Obdachlose. 80 % der Bombenopfer Hamburgs starben in der Zeit vom 25. Juli bis zum 3. August 1943; nur die Hälfte der im Feuersturm Getöteten konnte identifiziert werden. Die Menschen verbrannten auf der Straße, erstickten im Luftschutzraum oder wurden Opfer der hohen Temperaturen, die zu einer Überhitzung (Hyperthermie) des Körpers führten.

Jörgen Bracker/Museum für Hamburgische Geschichte (Hg.), Hamburgs Weg in den Feuersturm. Begleitpublikation zur Ausstellung (Memo Heft Nr. 1), Hamburg: Museum für Hamburgische Geschichte 1993, S. 124, 128.

M 7 Hamburg nach dem „Feuersturm", Blick von der Nikolaikirche (heute Mahnmal), Foto, August 1943

Bombenkrieg – Kontroverse Standpunkte

M 8　Terror aus der Luft

Der Historiker Wolfgang Benz schreibt (2000):

Seit Mai 1940 warfen die Maschinen der britischen Air Force Bomben aus großer Höhe auf deutsche Industriegebiete und Städte. Im Februar 1942 wurde Luftmarschall Arthur Harris Chef des Bomber Command. Er intensivierte den
5　Schrecken durch Flächenbombardements auf Großstädte [...] Die deutsche Luftabwehr hatte den Angriffen nur wenig entgegenzusetzen, spätestens ab Anfang 1944 war Görings Luftwaffe am Himmel über Deutschland kaum mehr zu sehen. Das deutsche Reich war dem Unheil schutzlos ausge-
10　liefert. Das Wüten der Goebbels-Propaganda blieb die einzig noch mögliche Reaktion. Dabei wurde freilich nicht erwähnt, dass Terror aus der Luft erstmals von den Deutschen angewandt worden war, im September 1939 gegen Warschau, im Mai 1940 gegen Rotterdam, im März 1941 ge-
15　gen Belgrad, monatelang 1940/41 gegen London.

Wolfgang Benz, Geschichte des Dritten Reiches, München: C. H. Beck 2000, S. 204 f.

M 9　„Vergleichen darf man"

Aus einem Gespräch der Zeitschrift Geo mit dem Soziologen Wolfgang Sofsky (2003):

GEO: Sie sagen, vor allem in den letzten Monaten des Krieges seien die Bombenangriffe auf deutsche Städte umso mehr purer Terror gewesen, als sie spätestens dann, wenn nicht schon zuvor, militärisch sinnlos waren. Aber ging es
5　nicht letztlich darum, ein verbrecherisches Regime mit allen Mitteln zu bekämpfen, egal um welchen Preis und mit welchen Mitteln?
Sofsky: Natürlich ging es darum, den Krieg zu gewinnen. Mit möglichst geringen eigenen Verlusten, aus der Perspek-
10　tive der Alliierten. Und die deutsche Zivilbevölkerung, so

war ja der Kalkül, sollte gegen das Nazi-Regime aufbegehren. Dass aber Dauerterror nicht zur Rebellion, sondern nur zur Apathie führen konnte – diese sozial-psychologische Binsenweisheit wollte oder konnte man offenbar nicht wahrnehmen. Außerdem gab es eine Art Autodynamik des
15　Krieges auf Seiten der West-Alliierten: Das Bomber Command war eine Einrichtung, die ihre Unersetzbarkeit durch permanente Erfolge beweisen musste. Ich zögere zu sagen, dass ein Krieg gegen ein verbrecherisches Regime notwendigerweise mit Verbrechen geführt werden muss.
20

Wolfgang Sofsky: „Die Dinge beim Namen nennen"; in: GEO 2/2003 „Verbrechen gegen die Deutschen?", www.geo.de/GEO/heftreihen/geo_epoche/bombenkrieg-die-dinge-beim-namen-nennen-14.html?p=1 [letzter Zugriff: 27.08.2021].

M 10　Die Trümmer der Kathedrale von Coventry
Nach den deutschen Luftangriffen 1940

Aufgaben

1. **„Feuersturm" und Bombenkrieg**
   a) Fasse die Darstellung der Bombardierung Hamburgs (M6) in eigenen Worten zusammen.
   b) Vergleiche die Auffassungen der beiden Wissenschaftler (M8, M9).
   c) Beurteile die These: „Handlungen kriegführender Mächte können miteinander verglichen werden."
   d) Diskutiere die Aussage: „Die Bombardierung deutscher Städte war ein Kriegsverbrechen."
   ↶ Text auf der Seite 195, M6 – M9

2. **Das Nagelkreuz von Coventry – Medienbildung**
   Recherchiere unter dem Stichwort „Nagelkreuz von Coventry", was sich hinter diesem Kreuz verbirgt, und erstelle einen kleinen, von Medien gestützten Vortrag zu diesem Thema. Verwende dafür auch den Trainingskasten auf Seite 45 „Eine Website erschließen und prüfen".
   ↶ M10, Internet, Trainingskasten auf Seite 45

Verfolgung und Massenmord

Zwar wissen wir heute, wie es zum millionenfachen Mord an den europäischen Jüdinnen und Juden sowie anderer Bevölkerungsgruppen kam; die Ungeheuerlichkeit des Geschehens macht ein Verstehen jedoch kaum möglich. Nicht nur fanatische Nationalsozialisten waren an diesem Verbrechen beteiligt, sondern auch eine Vielzahl von „normalen" Personen: vom Dienststellenleiter und seinem Verwaltungsangestellten über den Lokomotivführer bis hin zum KZ-Wächter. Gedenkstätten und Denkmäler wie das Denkmal für die ermordeten Juden Europas sollen die Erinnerung wach halten und die Opfer ehren.

M 1   **Berliner Denkmal für die während der NS-Zeit ermordeten Juden Europas**

Im Zentrum Berlins findet der Besucher ein großes Feld mit Betonpfeilern, die – wie antike Grabsteine – als „Stelen" bezeichnet werden. Da sie von ganz unterschiedlicher Höhe sind, erwecken sie den Eindruck eines wogenden Feldes. Dieses auch als Holocaust-Mahnmal bekannte Denkmal erinnert an die Ermordung der Juden während der Zeit des Nationalsozialismus. Daneben gibt es andere Gedenkstätten, die an weitere Opfergruppen erinnern: an Roma und Sinti, die von den Nationalsozialisten abwertend als „Zigeuner" bezeichnet wurden, an Homosexuelle, an Kranke und Behinderte, an die Zeugen Jehovas und viele mehr, Foto, 2010.

Aufgaben

1. Das Berliner „Holocaust-Mahnmal"

a) Überlege mögliche Gründe, die die Architekten dazu bewogen haben, ein Mahnmal aus 2711 quaderförmigen Beton-Stelen auf einer rund 19 000 m² großen Fläche südlich des Brandenburger Tors zu entwerfen.

b) Erkundige dich im Internet, welche Entwürfe für ein Holocaust-Mahnmal in Berlin damals noch zur Debatte standen.

c) Diskutiere, wie ein Holocaust-Mahnmal heutzutage außerdem noch aussehen könnte.

↗ M1, Internet

Holocaust bzw. Shoa

Für den Völkermord an den Juden hat sich der Name Holocaust eingebürgert. In Israel und in den USA wird auch oft der hebräische Begriff Shoah verwendet. Die Schwierigkeit, das Ereignis zutreffend zu benennen, zeigt zugleich seine Ungeheu-
5 erlichkeit: Der Mord an den europäischen Juden war zwar nicht das einzige Verbrechen der Nationalsozialisten, aber er war und bleibt aufgrund seiner systematischen und umfassenden Durchführung einzigartig. Das Ausmaß dieses Verbrechens führte immer wieder zu der Frage: Wie war das möglich? Die Unmenschlichkeit der Taten lässt es nahezu unmöglich erscheinen, eine nachvoll-
10 ziehbare, rationale Antwort zu finden.

Gab es einen Plan für den Massenmord?

Bei der Suche nach Gründen spielt die NS-Ideologie eine entscheidende Rolle, denn von Beginn an war die NSDAP eine antisemitische Partei. Hitler und seine
15 Anhänger propagierten ihre Judenfeindschaft schon in der Weimarer Republik und erst recht nach der Machtübernahme. Ab 1933 kam es zu immer offenerer Diskriminierung, Entrechtung und Verfolgung. Die rassische Verfolgung traf aber auch andere Gruppen, welche von den Nationalsozialisten als „minderwertig", ja als „lebensunwert" eingestuft wurden. Bereits zu Beginn des Zweiten Weltkrieges wur-
20 den Morde an Behinderten und Kranken begangen, welche die Nationalsozialisten als Tötung „unwerten Lebens" oder als „Euthanasie" (Sterbehilfe) bezeichneten.

Mit der Frage, wie die Verfolgung von Jüdinnen und Juden in einen Völkermord münden konnte, beschäftigen sich die Historikerinnen und Historiker noch immer. Diskutiert wurde in der Geschichtswissenschaft die Frage, ob dem Mas-
25 senmord schon früh ein bewusster Plan zugrunde lag. Für diese Annahme sprechen verschiedene öffentliche Bekundungen Hitlers sowie manche Einträge in den Tagebüchern von Propagandaminister Goebbels. Dagegen vertreten viele Forscherinnen und Forscher die Auffassung, dass erst die Ausnahmesituation des Zweiten Weltkrieges zu einer schrittweisen Radikalisierung der Judenfeindlichkeit
30 hin zum Völkermord führte.

Der Beginn des Massenmords

Zu ersten Massentötungen kam es bereits während der Kriegszüge gegen Polen, Frankreich und die UdSSR zwischen 1939 und 1941. Den militärischen Verbänden
35 der Wehrmacht folgten sogenannte „Einsatzgruppen" der Sicherheitspolizei und des Sicherheitsdienstes, die über eine Million Jüdinnen und Juden durch Exekutionen ermordeten, darunter auch Kinder. Parallel dazu wurden die antijüdischen Maßnahmen in den besetzten Gebieten verschärft. Diese Radikalisierung entsprang nicht nur Hitlers Rassenwahn, sondern auch einer Hochstimmung nach
40 den militärischen Erfolgen der „Blitzkriege". Der Völkermord an den Jüdinnen und Juden begann somit schon 1939 nach dem Einmarsch in Polen und nahm an Ausmaß und Brutalität nach dem Überfall auf die Sowjetunion 1941 schlagartig zu.

Der Übergang zur planmäßigen Ermordung

45 Auch wenn kein ausdrücklicher Befehl Hitlers belegt ist, zeigen die Quellen, dass im Spätherbst 1941 im Zusammenspiel verschiedener Personen und Dienststellen die entscheidenden Weichen gestellt wurden. Einerseits drängten Hitler und führende Nationalsozialisten auf eine Beschleunigung der Mordkampagne, andererseits verstärkten sich Forderungen der NS-Basis, radikale Maßnahmen zu ergrei-
50 fen. Aber auch ohne ausdrücklichen Befehl kam es immer wieder zu Mordtaten.

M 2 **Massaker an russischen Jüdinnen und Juden**

Unmittelbar nach Einnahme der Stadt Lemberg durch die Wehrmacht kam es zu Massenerschießung jüdischer Bürgerinnen und Bürger. Frauen und Männer suchen unter den Toten nach Angehörigen, Foto, 7. Juli 1941.

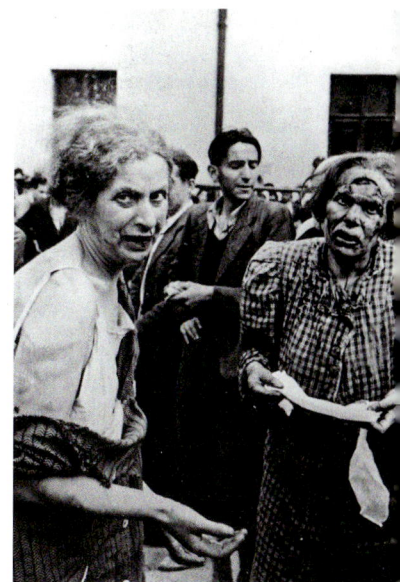

M 3 **Misshandelte Jüdinnen**

in einem Dorf in Südrussland zu Beginn der deutschen Besatzung, 1941

Am 20. Januar 1942 trafen sich Spitzenvertreter der Reichsministerien, der NSDAP und der SS zu einer Konferenz im Gästehaus der SS am Berliner Wannsee. Zweck war die Koordinierung aller Maßnahmen zur Vernichtung des europäischen Judentums unter Federführung der SS. Das Protokoll der „Wannseekonferenz" zeigt, dass die grundsätzliche Entscheidung zur planmäßigen Vernichtung 55 der Juden zu diesem Zeitpunkt bereits gefallen war. Es enthält noch keinen Hinweis auf die geplante Tötung durch Giftgas, zeigt aber unmissverständlich, dass die beschlossenen Maßnahmen millionenfachen Tod zur Folge haben sollten. Keines der beteiligten Ministerien und keine Behörde erhob Einspruch gegen diese Mordpläne. 60

Der Völkermord

Ab 1942 wurden Jüdinnen und Juden aus ganz Europa in die Vernichtungslager verschleppt, die das NS-Regime in Polen errichtet hatte, um die Untaten möglichst geheim zu halten. Bereits auf den Fahrten in den Güterzügen starben viele Men- 65 schen an Unterkühlung oder Erschöpfung.

Nach ihrer Ankunft wurden die Menschen „selektiert": Wer nicht arbeitsfähig schien, kam in Gaskammern, die man als Duschräume tarnte. Hier wurden die Opfer mit Giftgas getötet und ihre Leichen in eigens erbauten Krematorien verbrannt. Zuvor mussten die Menschen jeden persönlichen Besitz abgeben. An- 70 schließend wurde den Toten sogar das Zahngold herausgebrochen; Frauenhaar wurde abgeschnitten und zur Verwertung gesammelt. Die arbeitsfähigen Häftlinge mussten unter unmenschlichen Bedingungen arbeiten. Zahllose Menschen starben an Erschöpfung, Unterernährung, Krankheiten und Seuchen, viele auch an sadistischer Quälerei oder medizinischen Experimenten. Historikerinnen und His- 75 toriker schätzen, dass 5,7 bis 6,1 Millionen Jüdinnen und Juden getötet wurden.

Andere Opfer

Hinzu kamen weitere Gruppen, die verfolgt und ermordet wurden: politische und weltanschauliche Gegner in Deutschland und Österreich; die abwertend als „Zi- 80 geuner" bezeichneten Sinti und Roma; Kranke und Behinderte; soziale Randgruppen wie Obdachlose. Weiterhin wurden in den besetzten Ländern viele Menschen umgebracht oder zur Zwangsarbeit verpflichtet. Auch sind die vielfachen Kriegsverbrechen zu nennen, vor allem die Tötung von sowjetischen Kriegsgefangenen, sowie die brutale Ermordung von Partisanen und Mitgliedern von Widerstands- 85 gruppen. In der Endphase des Krieges kam es schließlich noch einmal zu exzessiven Gewalttaten: Der Rückzug der deutschen Armee war begleitet von Todesmärschen und Massakern an Häftlingen sowie der Ermordung von Menschen, die dem aussichtslosen Krieg ein Ende bereiten wollten.

M 4 **Verbrennungsöfen des Konzentrationslagers Majdanek**
Foto, Juli 1944

💻 WES-115460-502
Film über die Befreiung des Konzentrationslagers Buchenwald

M 5 **Deutsche jüdischen Glaubens in Würzburg auf dem Weg zur Deportation**
Die Deportation der deutschen Juden in die Vernichtungsstätten im besetzten Osteuropa fand oft am Tage statt, sodass die Bevölkerung dabei zusehen konnte, Foto vom 25. April 1942.

Der Massenmord aus Sicht der Täter – Eine Rede analysieren

M 6   Heinrich Himmler

*Der „Reichsführer SS" Heinrich Himmler zur „Endlösung"
in einer Rede auf der SS-Gruppenführertagung in Posen
am 4. Oktober 1943:*

Ich will hier vor Ihnen in aller Offenheit auch ein ganz
schweres Kapitel erwähnen. Unter uns soll es einmal ganz
offen ausgesprochen sein, und trotzdem werden wir in der
Öffentlichkeit nie darüber reden. Genauso wenig, wie wir
5 am 30. Juni 1934[1] gezögert haben, die befohlene Pflicht zu
tun und Kameraden, die sich verfehlt hatten, an die Wand
zu stellen und zu erschießen, genauso wenig haben wir
darüber jemals gesprochen und werden je darüber sprechen. Es war eine, Gottseidank in uns wohnende Selbstver-
10 ständlichkeit des Taktes, dass wir uns untereinander nie
darüber unterhalten haben, nie darüber sprachen. Es hat
jeden geschaudert und doch war sich jeder klar darüber,
dass er es das nächste Mal wieder tun würde, wenn es be-
fohlen wird und wenn es notwendig ist.

15

Ich meine jetzt die Judenevakuierung, die Ausrottung des
jüdischen Volkes. Es gehört zu den Dingen, die man leicht
ausspricht. – „Das jüdische Volk wird ausgerottet", sagt ein
jeder Parteigenosse, „ganz klar, steht in unserem Pro-
20 gramm, Ausschaltung der Juden, Ausrottung, machen wir."
Und dann kommen sie alle an, die braven 80 Millionen
Deutschen, und jeder hat seinen anständigen Juden. Es ist
ja klar, die anderen sind Schweine, aber dieser eine ist ein
prima Jude. Von allen, die so reden, hat keiner zugesehen,
25 keiner hat es durchgestanden. Von Euch werden die meisten wissen, was es heißt, wenn 100 Leichen beisammen
liegen, wenn 500 daliegen oder wenn 1000 daliegen. Dies

durchgehalten zu haben, und dabei – abgesehen von Aus-
nahmen menschlicher Schwächen – anständig geblieben zu
sein, das hat uns hart gemacht. Dies ist ein niemals ge- 30
schriebenes und niemals zu schreibendes Ruhmesblatt
unserer Geschichte, denn wir wissen, wie schwer wir uns
täten, wenn wir heute noch in jeder Stadt – bei den Bombenangriffen, bei den Lasten und bei den Entbehrungen
des Krieges – noch die Juden als Geheimsaboteure, 35
Agitatoren und Hetzer hätten. Wir würden wahrscheinlich
jetzt in das Stadium des Jahres 1916/17 gekommen sein,
wenn die Juden noch im deutschen Volkskörper säßen.

1 Der 30. Juni 1934: Gemeint ist der sogenannte „Röhm-Putsch", vgl. Seite
56f. in diesem Buch.

Zit. nach: Hermann Graml, Reichskristallnacht. Antisemitismus u. Juden-
verfolgung im Dritten Reich, ©dtv Verlagsgesellschaft, München 1988,
S. 262f.

M 7   Heinrich Himmler
„Reichsführer SS und Chef
der Deutschen Polizei",
Foto, 1935

Aufgaben

1. **Die planmäßige Ermordung der Jüdinnen und Juden**
   a) Erstelle ein Schaubild zu den Phasen der juden-
      feindlichen Politik des NS-Regimes von 1933–1945.
      Beziehe hierbei auch die Verfolgung und Ermordung
      weiterer Bevölkerungsgruppen mit ein.
   b) Bewerte die einzelnen Maßnahmen des Regimes.
   ↱ Text auf den Seiten 199–200, Teilkapitel „Ausgren-
      zung und Entrechtung der jüdischen Bevölkerung"
      (Seite 174ff.)

2. **Der Massenmord aus Sicht der Täter – Eine Rede
   analysieren**
   a) Analysiere die Rede Himmlers (M6). Verwende dafür
      den Trainingskasten „Umgang mit politischen Re-
      den" auf Seite 151.
   b) Erläutere, welche Elemente des NS-Menschenbildes
      in Himmlers Rede deutlich werden.
   c) Nimm Stellung zu den Aussagen Himmlers. Gehe da-
      bei auf seine Definition von „Pflicht" und „Anstand"
      ein.
   ↱ M6, Trainingskasten auf Seite 151

Verfolgung und Massenmord

M 8 **Bericht aus Auschwitz**

Der jüdische Auschwitz-Häftling Max Mannheimer (1920–2016) berichtet über seine Ankunft im Konzentrationslager Auschwitz 1943:

Osten – Arbeitseinsatz, sagt man. Wir sind alle zusammen: Meine Eltern, meine Frau, zwei Brüder, meine Schwester, Schwägerin. In acht Tagen werde ich dreiundzwanzig. Seit vier Jahren an Straßenbau und Steinbruch gewöhnt. Die
5 letzten Wochen ans Sägewerk. Der Gedanke beruhigt mich. Es wird schon nicht so schlimm sein. Vater meint es auch. Er zahlte pünktlich Steuern. Für König und Kaiser im Ersten Weltkrieg drei Jahre an der Front. Hat sich nie etwas zuschulden kommen lassen.
10 Transportnummern werden verteilt. Um den Hals gehängt. CU 210, 211, 212, 213, 214, 215, 216, 217. Tausend Frauen, Männer, Kinder. Schleppen sich. Nach Bauschowitz. Personenzug wartet. Werden einzeln aufgerufen. Steigen ein. Zehn im Abteil. Etwas gedrängt. Kann doch nicht so schlimm sein:
15 Personenzug.
Osten – Arbeitseinsatz. Einsatz? Warum nicht einfach Arbeit? Abfahrt. Es ist neun Uhr morgens. Sehen Trümmer. Hören sächsisch. Entdecken Notizen an der Wand des Wagens. Abfahrt Theresienstadt 9.00 Uhr, dann Dresden, Baut-
20 zen, Görlitz, Breslau, Brieg, Oppeln Hindenburg. Dann nichts. Tag und Nacht. Auf der Strecke entdecken wir Juden. In Zivilkleidung. Mit Stern. Mit Schaufeln. Werfen Brot aus dem Fenster. Sie stürzen sich darauf. Stoßen sich. Arbeitseinsatz? Werden wir auch so aussehen? Handeln? Stoßen?
25 Nochmals Tag. Und halbe Nacht. Der Zug hält kreischend an. Eintausend Männer, Frauen, Kinder. Die Begleitmann-

schaft umstellt den Zug. Wir haben im Zug zu bleiben. Nicht mehr lange. Eine Kolonne LKW's kommt. Starke Scheinwerfer erhellen plötzlich die Rampe. SS-Offiziere und Wachtposten stehen da. Wir sind an der Todesrampe von Ausch- 30 witz-Birkenau.
Auschwitz-Birkenau, Todesrampe, Mitternacht vom 1. zum 2. Februar 1943. Alles aussteigen! Alles liegenlassen! Eine Panik. Jeder versucht, so viel wie möglich in die Taschen zu stopfen. Die SS-Leute brüllen: Bewegung! Ein bisschen 35 dalli! Noch ein Hemd wird angezogen. Noch ein Pullover. Zigaretten. Vielleicht als Tauschobjekt. Männer auf diese Seite, Frauen auf die andere Seite, Frauen mit Kindern auf die LKW's. Männer und Frauen, die schlecht zu Fuß sind, können mit den LKW's mitfahren. Viele melden sich. 40
Der Rest wird in Fünferreihen aufgestellt. Eine Frau versucht, zu uns herüberzukommen. Sie will vermutlich ihren Mann oder Sohn sprechen. Ein SS-Mann reißt sie mit einem Spazierstock zu Boden. Am Hals. Sie bleibt liegen. Wird weggezerrt. Arbeitseinsatz? 45
Ein SS-Offizier steht vor uns. Obersturmführer. Wird von einem Posten so angesprochen. Vermutlich Arzt. Ohne weißen Kittel. Ohne Stethoskop. In grüner Uniform. Mit Totenkopf. Einzeln treten wir vor. Seine Stimme ist ruhig. Fast zu ruhig. Fragt nach Alter, Beruf, ob gesund. Lässt sich Hände 50 vorzeigen. Einige Antworten höre ich. Schlosser – links. Verwalter – rechts. Arzt – links. [...] Arbeiter – links. Schreiner – links. Dann ist mein Vater an der Reihe. Hilfsarbeiter. Er geht den Weg des Verwalters und Magazineurs. Er ist fünfundfünfzig. Dürfte der Grund sein. 55
Dann komme ich. Dreiundzwanzig Jahre, gesund, Straßenbauarbeiter. Die Schwielen an den Händen. Wie gut sind die

M 9 **Ankunft von ungarischen Juden an der Rampe von Auschwitz,** Foto, Juni 1944

Schwielen. Links. Mein Bruder Ernst: zwanzig, Installateur – links.

Mein Bruder Edgar: siebzehn. Schuhmacher – links. Versuche meine Mutter, Frau, Schwester, Schwägerin zu entdecken. Es ist unmöglich. Viele Autos sind abgefahren. Aufstellung in Dreierreihen. Ein SS-Posten fragt nach tschechischen Zigaretten. Ich gebe ihm welche. Er beantwortet meine Fragen. Die Kinder kommen in den Kindergarten. Männer können ihre Frauen sonntags besuchen. Nur sonntags? Das reicht doch! Es muss wohl reichen.

Wir marschieren. Auf einer schmäleren Straße. Wir sehen ein hell erleuchtetes Quadrat. Mitten im Krieg. Keine Verdunkelung. Wachtürme mit MGs. Doppelter Stacheldraht, Scheinwerfer, Baracken. SS-Wachen öffnen ein Tor. Wir marschieren durch. Wir sind in Birkenau.

Vor einer Baracke bleiben wir zehn Minuten stehen. Dann werden wir eingelassen. Aus dem Transport von eintausend Männern, Frauen, Kindern sind es jetzt 155 Männer. Mehrere Häftlinge sitzen an Tischen. Geld und Wertgegenstände sollen abgegeben werden. Auch Verstecktes. Sonst gibt es harte Strafen. Aus meinem Hemdkragen trenne ich ein Stück auf. Zehn-Dollar-Note. Von meinem Schwiegervater. Als Reserve für Notzeiten. Die Namen werden registriert. Ich frage, ob ich die Kennkarte behalten soll. Nein, heißt es. Wir bekämen neue. Wir kommen ins Freie. Dann eine andere Baracke. In einem Raum legen wir unsere Kleider ab. Nur Schuhe und Gürtel behalten wir. Sämtliche Haare werden abgeschnitten. Und abrasiert. Wegen der Läuse. Wir werden mit Cuprex eingesprüht. Kommen in einen sehr warmen Raum. Stufenartig angelegt. Wie eine Sauna. Wir sind nackt und freuen uns über die Wärme. Eigenartig sehen wir aus. Komisch. Glatzen, um den nackten Bauch einen Gürtel und wir haben Schuhe an. Ein Häftling in gestreifter Kleidung kommt herein. Stellt sich vor uns. Wir fragen nach den Frauen, Kindern. „Gehen durch den Kamin!" Wir verstehen ihn nicht. Wir halten ihn für einen Sadisten. Wir fragen nicht mehr.

Max Mannheimer, in: Wolfgang Benz/Barbara Distel (Red.), Dachauer Hefte 1: Die Befreiung, Dachau: Verlag Dachauer Hefte 1985.

M 10 Konzentrations- und Vernichtungslager im Deutschen Reich und in den besetzten Gebieten 1933–1943

---

1. Ein Bericht aus Auschwitz
 a) Lest den Bericht aus Auschwitz (M8) in der Klasse vor.
 b) Beschreibt die Wirkung, die die Aussagen des Zeitzeugen auf euch haben.
 M8

2. Verfolgung und Massenmord
 a) Informiere dich auf der Karte M10 über

– die Anzahl der Konzentrationslager,
– den Unterschied zwischen Konzentrations- und Vernichtungslager,
– die Lage der Vernichtungslager.
 b) Informiere dich über ehemalige Konzentrationslager bzw. deren sogenannte Außenlager in deiner Nähe.
 M10, Internet

Verfolgung und Massenmord im Spiegel von Quellen

M 11 **Ein Befehl**

Heinrich Himmler, Reichsführer-SS und Chefs der Deutschen Polizei, verschickte am 27.4.1940 aus Berlin folgenden sogenannten „Schnellbrief" an die Kreispolizeileitstellen im Deutschen Reich:

Betrifft: Umsiedlung von Zigeunern [...]
Der erste Transport von Zigeunern nach dem Generalgouvernement wird Mitte Mai in Stärke von 2500 Personen – in geschlossenen Sippen – in Marsch gesetzt werden. Zu die-
5 sem Zwecke werden [...] Personen an noch zu bestimmenden Sammelplätzen zusammengezogen und in vom Chef der Sicherheitspolizei und des SD zur Verfügung gestellte Eisenbahnzüge verladen werden. [...]
Die kriminalpolizeilichen Maßnahmen sind von der Ord-
10 nungspolizei zu unterstützen.

Schnellbrief Reichsführer-SS und Chefs der Deutschen Polizei, Berlin, an die Kreispolizei(leit)stellen vom 27.4.1940. Quelle: Institut für Zeitgeschichte, München, IfZArch Dc 017.002.

Info

Sinti und Roma

haben Vorfahren, die im Laufe des Mittelalters vermutlich den Nordwesten Indiens verlassen haben. Ihre Wanderung führte sie bis nach Westeuropa, im Deutschen Reich belegen Quellen ihre Anwesenheit seit dem frühen 15. Jahrhundert. Oft werden die fahrenden (nichtsesshaften) Gruppen in den Quellen als fremdartig geschildert. Bis ins Mittelalter reicht auch die Fremdbezeichnung „Zigeuner" zurück, die meist abwertend benutzt wurde und von der sich heute viele Menschen verletzt und beleidigt fühlen.

Als „Sinti" werden Angehörige der heute in Deutschland anerkannten Minderheit bezeichnet, die ihre kulturellen Wurzeln in West- und Mitteleuropa sehen, „Roma" stammen zumeist aus ost- und südosteuropäischen Ländern.

M 12 **Sinti und Roma bei ihrer Deportation vom Sammellager Hohenasperg bei Stuttgart in das Generalgouvernement**
Foto, 22. Mai 1940

M 13 **Bericht aus Auschwitz**

Der Sinto Walter Winter (1919–2012) überlebte den Holocaust und berichtet über das „Zigeunerfamilienlager" in Auschwitz-Birkenau, einem Bereich mit insgesamt 32 Baracken:

Jeden Morgen wurde der „Bestand" festgestellt, bevor diejenigen, die außerhalb arbeiten mussten, von der SS angetrieben, aus dem Bereich des „Zigeunerlagers" geführt wurden. Blockweise mussten alle auf den Appellplatz
5 marschieren. Wir hatten uns in Fünferreihen aufzustellen. Der Stubendienst war dafür verantwortlich, dass die Leute in Reih und Glied standen. Die Männer, die Frauen, die Kinder, selbst die Kranken mussten zum Appell. Und die Toten. Auch sie mussten als Leichen dabei sein. Dann warteten wir
10 auf die SS-Leute. Im Winter war es am schlimmsten. Und wenn es regnete. Vor Kälte zitternd oder vollkommen durchnässt stand man im Morgengrauen auf dem Appellplatz. [...]

Eine Stunde, oft länger, mussten Frauen, Kinder, Alte und Junge regungslos stehen. Manche Frauen und Kinder, aber 15 auch Männer wurden ohnmächtig, sie fielen um. Man durfte ihnen nicht zu Hilfe kommen, sondern musste sie einfach im Dreck liegen lassen, bis der Appell beendet war [...]. Wenn der Appell beendet war, mussten wir die Toten auf einer Trage in den Holzschuppen bringen, wo alle Leichen 20 aus dem „Zigeunerlager" gesammelt wurden. Jeden Abend holten Häftlinge mit Lastwagen die leblosen Körper von dort ab und fuhren mit ihrer Ladung zum Krematorium. Sie mussten oft mehrmals fahren, weil im Lager Hunderte in einer Nacht gestorben waren. Wenn es auch nur irgend- 25 möglich war, versuchten alle Männer um die Arbeit herumzukommen, die Leichen auf den Wagen zu werfen. Einmal hat es meinen Cousin und mich erwischt. [...] Was wir machen mussten, werde ich nie vergessen. Weil die zwei Lastwagen mit Hängern schon voll waren, musste man die Lei- 30 chen mit zwei Mann anfassen und nach oben schleudern.

Walter Winter, in: Karin Guth, Z 3105. Der Sinto Walter Winter überlebt den Holocaust, Hamburg: VSA-Verlag 2009, S. 66–80.

M 14 **Kinder im sogenannten „Zigeunerlager" von Auschwitz nach der Befreiung durch sowjetische Truppen**

Foto, 27. Januar 1945

Aufgaben

1. Verfolgung und Massenmord im Spiegel von Quellen

a) Analysiere die Quellen M11 bis M14 und stelle die Zusammenhänge zwischen diesen Quellen dar.

b) Arbeite Gemeinsamkeiten und Unterschiede bei der Verfolgung und Ermordung von Sinti und Roma sowie anderer Opfergruppen heraus.

c) Fertigt ein Informationsblatt über das Sinti und Roma Denkmal in Berlin an und diskutiert die Frage, wie ergänzend zum Denkmal an die Verfolgung und Ermodung der Sinti und Roma erinnert werden sollte.

⌒ M11–M14, Text auf den Seiten 199–200, Internet

Widerstand gegen den Nationalsozialismus

Keineswegs alle Deutschen waren mit dem NS-Regime einverstanden, aber nur wenige brachten den Mut auf, etwas gegen die Hitler-Diktatur zu unternehmen.
Was genau heißt „Widerstand"? Ist es schon eine widerständige Tat, nicht in die Partei einzutreten und so vielleicht die berufliche Karriere aufs Spiel zu setzen? Handelt es sich um Widerstand, wenn man jüdische Nachbarn auf der Straße grüßt? Oder ist erst der Versuch, Hitler mit einem Attentat auszuschalten, als Widerstand zu bezeichnen?

M 1 **Angestellte der Werft „Blohm und Voß" aus Hamburg**
sind zum Stapellauf des Schulschiffes „Horst Wessel" versammelt, Foto, 13.06.1936.

Aufgaben

**1. Widerstand gegen den Nationalsozialismus –
Ein Foto analysieren**

a) Auf dem Foto M1 siehst du Angestellte der Hamburger Werft Blohm & Voss beim Stapellauf des Marineschulschiffs „Horst Wessel" am 13. Juni 1936, bei dem Adolf Hitler zu Gast war. Finde auf dem Bild den Mann, der sich abweichend verhält.

b) Diskutiert, ob es sich bei dem Verhalten des Mannes um Widerstand gegen den Nationalsozialismus handelt.

c) Wer der Mann auf dem Bild ist, lässt sich nicht mehr eindeutig feststellen. Infrage kommen sowohl August Landmesser als auch Gustav Wegert: Angehörige glaubten, sie auf dem Foto zu identifizieren. Recherchiert zu den beiden Namen im Internet und erörtert, welche Gründe sie jeweils für ihr Verhalten gehabt haben könnten.

⌢ M1, Internet

M 2 **Was ist Widerstand? Eine Darstellung**

Der Historiker Wolfgang Benz schreibt 2014 über den Widerstand im Nationalsozialismus:

Aber was ist eigentlich Widerstand, wo beginnt er, wo hat er Grenzen? Ist nur der Tyrannenmord und dessen Vorbereitung wahrer Widerstand oder beginnt Widerstand schon mit dem Flüsterwitz, der „den Führer" oder seine Gesellen
5 lächerlich macht? Die Planung und Durchführung eines Attentats, das die Person des Befehlsgebers beseitigen sollte, wie es der Schreinergeselle Georg Elser 1939 unternahm, war eine Widerstandshandlung, daran ist kein Zweifel möglich. Beim Witz ist es schwieriger. Wer einem Bekannten,
10 dem er vertraute, dessen Gesinnung er kannte, eine Sottise [hier: abfällige Bemerkung] über Hitler, Göring oder Goebbels zuraunte, war gewiss kein Mann des Widerstands. Wer den gleichen Scherz auf öffentlicher Bühne vor Publikum riskierte, war sich jedoch bewusst, dass das gefährlich war
15 und nach dem Applaus böse Folgen haben konnte.
Widerstand gegen das Unrechtsregime ist also mehr als nur Verweigerung, als schweigende Ablehnung, mehr als das Einverständnis gegen die Nationalsozialisten im gleichgesinnten Milieu, mehr als die Verurteilung des Diktators und seiner Gehilfen im geschlossenen Kreis. Aus der Ablehnung 20 des Regimes wird Widerstand durch das Bekenntnis und die Bereitschaft, Konsequenzen der Haltung und Handlung zu tragen. Ein zentrales Element von Widerstand ist die Gefährdung dessen, der sich erkennbar auflehnt. Eine Voraussetzung ist die Bewahrung der eigenen Identität, das 25 Festhalten an Normen und Werten, die Verweigerung von Anpassung und Kompromiss, wie es des Vorteils, des Friedens, des Fortkommens wegen von der Mehrheit praktiziert wurde. [...]
Um der damaligen Wirklichkeit zu entsprechen und um den 30 verschiedenen Formen von Opposition gerecht zu werden, muss man Widerstand im eigentlichen Sinn nicht nur als Haltung definieren, sondern als Handeln, das auf grundsätzlicher Ablehnung des Nationalsozialismus beruhte, das aus ethischen, religiösen, sozialen oder individuellen Mo- 35 tiven darauf abzielte, zum Ende des Regimes beizutragen.

Wolfgang Benz, Der deutsche Widerstand gegen Hitler, München: C. H. Beck 2014, S. 7, 9 f.

Training

Umgang mit einer Darstellung

Quellen sind Hinterlassenschaften aus einer früheren Zeit, die Informationen über die damalige Zeit entnommen werden können. Die rückblickende Zusammenfassung und Deutung dieser Informationen aus der Perspektive der Gegenwart nennt man Darstellung. Es gibt verschiedene Formen: Die übliche Form ist ein Sachtext; es kann aber auch ein Schaubild, eine Karte oder ein Film sein.

Vorgehen zur Erschließung von Darstellungstexten:

1. Urheber und Leser des Textes bestimmen.
Informiere dich über den Autor, die Art der Veröffentlichung und die vermutlichen Leser des Textes.

2. Die Textart benennen.
Beschreibe, um welche Art von Text es sich handelt und welche besonderen Merkmale ihn kennzeichnen.

3. Den Inhalt erfassen.
Fasse die wesentlichen Aussagen des Textes knapp zusammen.

4. Die Bedeutung des Textes zusammenfassend erklären.
Verdeutliche, welche Frage im Text aufgeworfen und wie sie beantwortet wird.

5. Die Darstellung beurteilen.
Beurteile, ob der historische Sachverhalt in der Darstellung überzeugend dargestellt wird.

Aufgaben

1. **Was ist Widerstand? Einen Begriff definieren**
   a) Sammelt Beispiele und Möglichkeiten für oppositionelles Verhalten gegen das NS-Regime. Zieht dafür auch die Internetseite www.was-konnten-sie-tun.de zu Rate.
   b) Erschließe die Darstellung M2. Verwende dafür den Trainingskasten.
   c) Nimm zu der Auffassung des Historikers Wolfgang Benz Stellung. Beziehe die von euch gesammelten Beispiele für oppositionelles Verhalten in deine Überlegungen ein.
   d) Formuliert eine eigene Definition des Begriffs „Widerstand" und diskutiert sie in der Klasse.
   ⌒ M2, Trainingskasten auf dieser Seite

Formen des Widerstandes gegen die NS-Herrschaft

Widerstand gegen die nationalsozialistische Herrschaft gab es vom Beginn des Terrorregimes 1933 bis zu seinem Untergang 1945. Gemessen an der Bevölkerungszahl des Deutschen Reiches war die Zahl der Menschen, die sich aktiv gegen die nationalsozialistische Diktatur auflehnten, jedoch eher gering. Anfängliche Begeisterung über Hitlers vermeintliche Erfolge, vor allem aber die Angst vor Repressionen und Terror verhinderten bei vielen die kritische Auseinandersetzung mit dem Nationalsozialismus.

Wie gefährlich Widerstand gegen das NS-Regime war, zeigt das Beispiel der Geschwister Scholl, die zusammen mit Gleichgesinnten an der Münchner Universität Flugblätter verbreiteten und zum passiven Widerstand aufriefen. Sie wurden gefasst und in München hingerichtet.

💻 WES-115460-503
Film über die Weiße Rose

M 1 Flugblatt der „Weißen Rose"

Faksimile des letzten Flugblattes vom Februar 1943 (rechts, Ausschnitt)

Kommilitoninnen! Kommilitonen!
Erschüttert steht unser Volk vor den Untergang der Männer von Stalingrad. Dreihundertdreißigtausend deutsche Männer hat die geniale Strategie des Weltkriegsgefreiten

5 sinn- und verantwortungslos in Tod und Verderben gehetzt. Führer, wir danken dir!
Es gärt im deutschen Volk: Wollen wir weiter einem Dilettanten [hier: unfähiger Politiker] das Schicksal unserer Armeen anvertrauen? Wollen wir den niedrigen Machtinstink-

10 ten einer Parteiclique den Rest der deutschen Jugend opfern? Nimmermehr! Der Tag der Abrechnung ist gekommen, der Abrechnung unserer deutschen Jugend mit der verabscheuungswürdigsten Tyrannis, die unser Volk je erduldet hat. Im Namen der ganzen deutschen Jugend for-

15 dern wir von dem Staat Adolf Hitlers die persönliche Freiheit, das kostbarste Gut des Deutschen zurück, um das er uns in der erbärmlichsten Weise betrogen hat.
In einem Staat rücksichtsloser Knebelung jeder freien Meinungsäusserung sind wir aufgewachsen. HJ, SA, SS haben

20 uns in den fruchtbarsten Bildungsjahren unseres Lebens zu uniformieren, zu revolutionieren, zu narkotisieren versucht. „Weltanschauliche Schulung" hiess die verächtliche Methode, das aufkeimende Selbstdenken und Selbstwerten in einem Nebel leerer Phrasen zu ersticken. Eine Führerausle-

25 se, wie sie teuflischer und bornierter zugleich nicht gedacht werden kann, zieht ihre künftigen Parteibonzen auf Ordens-

burg [NS-Ausbildungsstätten] zu gottlosen, schamlosen und gewissenlosen Ausbeutern und Mordbuben heran, zur blinden, stupiden Führergefolgschaft. [...] Es gibt für uns nur eine Parole: Kampf gegen die Partei! Heraus aus den Partei- 30 gliederungen, in denen man uns politisch weiter mundtot halten will! [...] Es gilt den Kampf jedes einzelnen von uns um unsere Zukunft, unsere Freiheit und Ehre in einem seiner sittlichen Verantwortung bewussten Staatswesen.
Freiheit und Ehre! Zehn lange Jahre haben Hitler und seine 35 Genossen die beiden herrlichen deutschen Worte bis zum Ekel ausgequetscht, abgedroschen, verdreht, wie es nur Dilettanten vermögen, die die höchsten Werte einer Nation vor die Säue werfen. Was ihnen Freiheit und Ehre gilt, haben sie in zehn Jahren der Zerstörung aller materiellen und 40 geistigen Freiheit, aller sittlichen Substanz [hier: der vorhandene Anstand] im deutschen Volk genugsam gezeigt. Auch dem dümmsten Deutschen hat das furchtbare Blutbad die Augen geöffnet, das sie im Namen von Freiheit und Ehre der deutschen Nation in ganz Europa angerichtet ha- 45 ben und täglich neu anrichten. Der deutsche Name bleibt für immer geschändet, wenn nicht die deutsche Jugend endlich aufsteht, rächt und sühnt zugleich, seine Peiniger zerschmettert und ein neues, geistiges Europa aufrichtet.

6. Flugblatt der Weißen Rose, verfasst von Kurt Huber, Februar 1943, Bundesarchiv, R 3018/NJ 1704, Bd. 32, Redaktion: Ute Stiepani/Taina Sivonen; https://www.gdw-berlin.de/fileadmin/bilder/publikationen/begleitmaterialien/Faksimiles_PDFs_deutsch/FS_15.6_DE_2.Aufl-RZ-web.pdf [letzter Zugriff 20.05.2021].

Aufgaben

1. Ein Flugblatt analysieren
a) Informiere dich über die Mitglieder der Gruppe „Weiße Rose" und deren Schicksale.

b) Erarbeite mithilfe des Flugblattes M1 die Ziele der „Weißen Rose".

↱ M1, Text auf den Seiten 209–211

Widerstand gegen den Nationalsozialismus

Den meisten Widerstandsformen war gemeinsam, dass sie mit einer erheblichen Gefahr für die eigene Person, aber auch für Familie und Freunde einhergingen. Denn vom NS-Regime wurde letztlich jede kritische Haltung als Verrat angesehen und entsprechend brutal verfolgt.

Dennoch gab es immer wieder Einzelne und Gruppen, die dieses Risiko auf sich nahmen. Sie wollten ihrer Überzeugung und ihren Werten treu bleiben, verfolgten Mitmenschen helfen, einen Beitrag zum Sturz der als verbrecherisch erkannten nationalsozialistischen Herrschaft und später zur Beendigung des Krieges leisten. Einige, die zum Widerstand bereit waren, sahen in der Beseitigung Hitlers und seiner Schergen die einzige Möglichkeit für eine Ende des Krieges und des Mordens. Im Folgenden werden einige wichtige Beispiele vorgestellt.

Widerstand der Arbeiterbewegung

Da Kommunisten, Sozialdemokraten und Gewerkschaftler bereits vor 1933 in klarer Opposition zu den Nationalsozialisten gestanden hatten, gehörten sie zu den ersten Opfern. Gleich nach dem Reichstagsbrand im Februar 1933 wurden zahlreiche Mitglieder von KPD, SPD und Gewerkschaften verhaftet, in Konzentrationslager verschleppt, misshandelt oder ermordet. Nur mühsam gelang es den verbleibenden Mitgliedern, ihren politisch motivierten Widerstand in kleinen Gruppen im Untergrund zu organisieren. Aufgrund der unüberbrückbaren Gegensätze zwischen Kommunisten und Sozialdemokraten kam es jedoch nie zur Bildung einer gemeinsamen Abwehrfront der Arbeiterbewegung.

Tausende konnten ins Ausland fliehen und ihren Kampf gegen das NS-Regime aus dem Exil fortsetzen. Auch wenn umfassende Widerstandsaktionen unter diesen Bedingungen kaum möglich waren, gelang es dennoch, Netzwerke aus Gleichgesinnten aufzubauen, die für Informationsaustausch und Hilfeleistungen für Verfolgte sorgten. So wurden zum Beispiel Familienangehörige von Inhaftierten oder Ermordeten unterstützt, Kontakte zu anderen Widerstandsgruppen geknüpft oder Flugblätter verbreitet. Betriebliche Widerstandsgruppen in Deutschland unternahmen im Krieg Sabotageversuche in der Rüstungswirtschaft.

M 2   Julius Leber (1891–1945)

Der SPD-Politiker wurde am 5. Januar 1945 nach einem Schauprozess vor dem „Volksgerichtshof" in Berlin Plötzensee hingerichtet.

Widerstand aus dem christlichen Glauben heraus

Der christliche Widerstand wurde nicht von den kirchlichen Institutionen, sondern hauptsächlich von einzelnen Priestern, Pfarrern und Gläubigen getragen.

Die katholische Kirche missbilligte zwar die NS-Ideologie, jedoch einigte sie sich 1933 in einem Konkordat zwischen Hitler und dem Vatikan auf eine Abgrenzung der Interessensphären in der Hoffnung, so ihre Eigenständigkeit wahren zu können. Auch wenn viele Katholiken dem Nationalsozialismus distanziert gegenüberstanden, blieben Verweigerung und Widerstand gegen das Regime die Entscheidung von Einzelnen. Als die Nationalsozialisten damit begannen, behinderte und kranke Menschen zu ermorden, protestierten etliche Geistliche. Der Prominenteste war der Bischof von Münster, Clemens August Graf von Galen, der sich von der Kanzel herab energisch gegen das „Euthanasie"-Programm und den Terror der Gestapo wandte. Seine Predigten wurden auch im Ausland verbreitet. Aufgrund der Bekanntheit des Bischofs wagten die Nationalsozialisten nicht, ihn zu verhaften. Das galt aber nicht für zahllose andere Kleriker und engagierte Laien, die sich gegen das Regime auflehnten. Zu Hunderten wurden sie in Konzentrationslager verschleppt, mit Predigtverboten belegt oder unter Hausarrest gestellt.

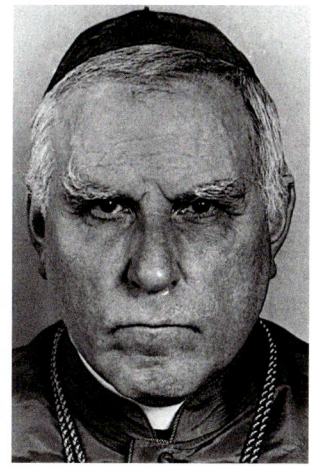

M 3   Bischof Graf von Galen (1878–1946)

Der Bischof von Münster predigte offen gegen die „Euthanasie".

M 4 Dietrich Bonhoeffer (1906–1945)

Der evangelische Theologe wurde am 9. April 1945 im Konzentrationslager Flossenbürg hingerichtet.

M 5 Walter Klingenbeck (1924–1943)

Der in München geborene Lehrling wurde im Alter von 19 Jahren in München hingerichtet.

M 6 Mitglieder der Weißen Rose

Sophie Scholl mit Hans Scholl (links) und Christoph Probst, ebenfalls Mitglied der Weißen Rose. Das Foto wurde in München vor Hans Scholls Abfahrt an die Ostfront aufgenommen, 23. Juli 1942.

⌨ WES-115460-504
Film über das Attentat vom 20. Juli 1944

In der evangelischen Kirche bildeten sich zwei Strömungen: Während die „Deutschen Christen" eng mit den Nationalsozialisten zusammenarbeiteten, vereinigten sich oppositionelle Geistliche im „Pfarrernotbund". Aus ihm ging die „Bekennende Kirche" hervor, die den christlichen Glauben über den Gehorsam gegenüber Hitler stellte. Zu ihr zählten der Theologe Dietrich Bonhoeffer, der Pläne zum Sturz Hitlers unterstützte und dafür 1945 im KZ Flossenbürg hingerichtet wurde, sowie der Berliner Pfarrer Martin Niemöller, der die KZ-Haft in Dachau überlebte. 55

Auch Angehörige kleiner Glaubensgemeinschaften wie die Zeugen Jehovas widersetzten sich dem NS-Regime und wurden dafür gnadenlos verfolgt. Sie verweigerten den Hitler-Gruß und den Wehrdienst, lehnten den Beitritt zu NS-Organisationen ab oder halfen Verfolgten. 60

Jugendwiderstand

Auch Jugendliche distanzierten sich vom Nationalsozialismus und leisteten Widerstand, indem sie sich dem Anspruch auf totale Vereinnahmung durch das NS-System widersetzten. Politische Jugendgruppen wie die Sozialistische Arbeiterjugend versuchten, ihre Unabhängigkeit in der Illegalität zu wahren. Die „Swing-Jugend" aus Hamburgs gutbürgerlichen Kreisen hörte den offiziell verbotenen Jazz und englische „Feindsender" und kleidete sich unangepasst. Die „Edelweiß-Piraten" und andere Gruppen im Rhein-Ruhr-Gebiet wandten sich gegen die „HJ" und den „BDM". Sie betrieben Sabotage und schreckten auch vor Gewalt nicht zurück. 70

Die Gestapo verfolgte auch die unangepassten Jugendliche mit Härte. Viele von ihnen wurden zur „Umerziehung" und Abschreckung in Jugendkonzentrationslager gebracht oder an die Front geschickt. Andere wurden wegen „Hochverrat" zum Tode verurteilt und hingerichtet wie der erst 19-jährige Walter Klingenbeck, ein Radiotechniker aus München, der zusammen mit Freunden in Flugblättern und eigenen Nachrichtensendungen zum Sturz Hitlers aufgerufen hatte. 75

Studentischer Widerstand: Die Weiße Rose

Zu den bekanntesten Widerstandsgruppen gegen den Nationalsozialismus zählt die Weiße Rose. Dieser studentische Freundeskreis an der Münchner Universität rief während des Krieges in Flugblättern und mit Wandparolen zum passiven Widerstand gegen das NS-Regime auf. Den Kern der Gruppe bildeten die Geschwister Hans und Sophie Scholl, Christoph Probst, Alexander Schmorell und Willi Graf sowie der Philosophieprofessor Kurt Huber. Sie knüpften auch Kontakte zu Oppositionsgruppen in anderen deutschen Städten. Am 18. Februar 1943 wurden die Geschwister Scholl beim Verteilen von Flugblättern im Münchner Universitätsgebäude verhaftet. Nur vier Tage später richtet man sie und Christoph Probst wegen „Hochverrats" in München hin, weitere vom Volksgerichtshof verhängte Todesurteile wurden in der Folge vollstreckt. 90

Der 20. Juli 1944

Hitlers außenpolitische Erfolge der ersten Kriegsjahre hatten die Oppositionsbewegung innerhalb des Militärs zunächst gelähmt. Als das Verbrecherische des NS-Regimes jedoch immer deutlicher zutage trat und sich die militärische Niederlage abzuzeichnen begann, formierte sich eine Gruppe aus Offizieren, die entschlossen war, Hitler zu töten. Mehrere Attentatsversuche unter Federführung

Oberst Henning von Tresckows scheiterten. Am 20. Juli 1944 deponierte Oberst
100 Graf von Stauffenberg während einer Lagebesprechung im „Führerhauptquartier", der „Wolfsschanze" in Ostpreußen, eine Bombe, die Hitler töten sollte. Die
Explosion verletzte ihn jedoch nur leicht. Der politische Umsturz, den Stauffenberg zeitgleich in Berlin zu koordinieren versuchte, schlug fehl. Noch in derselben
Nacht wurden Stauffenberg und vier seiner Mitverschwörer im Bendlerblock, dem
105 Sitz des Oberkommandos der Wehrmacht, erschossen. Die anschließende Verhaftungswelle forderte Hunderte weiterer Opfer, auch die Familien der Beteiligten
wurden verfolgt und in „Sippenhaft" genommen.

Deserteure, Kriegsdienstverweigerer und ungehorsame Soldaten

110 Seit Beginn des Krieges kam es immer wieder zu Fällen von Kriegsdienstverweigerung und Fahnenflucht. Je aussichtsloser der Krieg wurde, desto mehr Soldaten
entzogen sich dem Wehrdienst, verweigerten den Gehorsam oder desertierten. In
Forschung und Gesellschaft ist diese Form des Widerstands gegen den Nationalsozialismus bis heute umstritten. Das liegt vor allem daran, dass im Nachhinein
115 die unterschiedlichen und höchst individuellen Motive der einzelnen Menschen
kaum noch eindeutig nachzuvollziehen sind. Politische, moralische oder auch
religiöse Überzeugungen konnten den Ausschlag geben, aber auch Angst und der
Wunsch, das eigene Leben zu retten. In den Augen der Nationalsozialisten war
eine Ablehnung des Krieges aber immer eine verbrecherische Handlung, die ent-
120 sprechend schwer bestraft wurde. Das Regime richtete Tausende Kriegsdienstverweigerer und Deserteure hin.

Widerstand in den besetzten Gebieten

Trotz manch mutiger Versuche fand der deutsche Widerstand gegen Hitler kaum
125 Rückhalt bei der Bevölkerung. Anders sah es in den besetzten Gebieten aus, sei es
in Frankreich, in Polen, der Sowjetunion, in Dänemark und Norwegen oder auf
dem Balkan. Partisanen, also bewaffnete Einheimische, die gegen die Besatzungsmacht kämpften, zogen sich in unzugängliche Gebiete zurück und sprengten Ei-
senbahnlinien, Brücken und Waffenlager. Dabei wurden sie vielfach von der ein-
130 heimischen Bevölkerung unterstützt, die Kollaboration mit den Deutschen als
Verrat verurteilte.

Die deutsche Besatzungsmacht ging rücksichtslos gegen jede Form von Sabotage und Widerstand vor, sodass der Partisanenkrieg auf beiden Seiten mit scho-
nungsloser Grausamkeit geführt wurde.

M 7 **Das Deserteurdenkmal in Bernau (Ausschnitt)**

Bronzerelief (B: 97 cm, H: 146 cm, T: ca. 3 cm) von Friedrich Schötschel in der Stadtmauer von Bernau vom 15. Mai 1998, Inschrift am Relief: „Weil er nicht töten wollte".

Inschrift auf der Metallplatte vor dem Relief: „Gewidmet allen Deserteuren und Verweigerern, deren Heimat die Mutter Erde ist, die im Feind den Menschenbruder erkennen, die statt auf Generäle auf den Befehl ihres Gewissens hören, die nicht an Ideologen, sondern am Leben hängen, deren Angst kleiner als ihre Liebe ist. Bernau. 15. Mai 1998." Aktuelles Foto.

Aufgaben

1. Formen des Widerstands

a) Erstelle eine Grafik über die im Text auf den Seiten 209–211 genannten Widerstandsformen.

b) Informiert euch auf der Internetseite der Gedenkstätte Deutscher Widerstand in Berlin unter www.gdw-berlin.de unter „Themen" und „Biographien" über die in diesem Teilkapitel vorgestellten Personen und Gruppen näher. Geht dabei arbeitsteilig vor und stellt eure Ergebnisse in der Klasse vor.

c) Bewerte die Wirksamkeit der verschiedenen Formen des Widerstands.

↗ Text auf den Seiten 209–211, Internet

2. Tyrannenmord? – Medienbildung

a) Recherchiert im Internet zu Georg Elser und dem von ihm verübten Anschlag im Bürgerbräukeller in München am 8. November 1939 sowie zu seinem weiteren Schicksal (www.gdw-berlin.de oder https://www.georg-elser.de).

b) Bei der Detonation der Bombe im Bürgerbräukeller starben acht Menschen, darunter eine Kellnerin. Diskutiert vor diesem Hintergrund die Berechtigung eines Tyrannenmordes. Klärt im Vorfeld den Begriff „Tyrannenmord".

↗ Internet

Das Attentat vom 20. Juli 1944 – Textquellen zu einem Ereignis vergleichen

M 8 Henning von Tresckow über das Attentat

Nachdem er vom gescheiterten Umsturzversuch erfahren hatte, nahm sich Generalmajor Henning von Tresckow, der zum Verschwörerkreis gehörte, am 21. Juli 1944 an der Front das Leben, da er befürchtete, unter der Folter Namen weiterer Mittäter preiszugeben. Einem vertrauten und befreundeten Offizier gegenüber äußerte er sich folgendermaßen:

Jetzt wird die ganze Welt über uns herfallen und uns beschimpfen. Aber ich bin nach wie vor der felsenfesten Überzeugung, dass wir recht gehandelt haben. Ich halte Hitler nicht nur für den Erbfeind Deutschlands, sondern für den
5 Erzfeind der Welt. Wenn ich in wenigen Stunden vor den Richterstuhl Gottes treten werde, um Rechenschaft abzulegen über mein Tun und Unterlassen, so glaube ich mit gutem Gewissen vertreten zu können, was ich im Kampf gegen Hitler getan habe. [...] Niemand von uns kann über seinen
10 Tod Klage führen. Wer in unseren Kreis getreten ist, hat damit das Nessushemd[1] angezogen. Der sittliche Wert eines Menschen beginnt erst dort, wo er bereit ist, für seine Überzeugungen sein Leben hinzugeben.

1 Nessushemd: Nach der griechischen Mythologie zog Herakles das vergiftete Hemd des Centauren Nessos an, das er nicht mehr ablegen konnte.

Zitiert nach: Fabian v. Schlabrendorff, Offiziere gegen Hitler (neue, durchges. und erw. Ausg. v. Walter Bussmann), Berlin: Siedler 1984, S. 129.

M 9 Henning von Tresckow (1901–1944)

Der General war maßgeblich am militärischen Widerstand gegen Hitler und dem Attentatsversuch auf Hitler am 20. Juli 1944 beteiligt, undatiertes Foto

M 10 Aufruf an das deutsche Volk

Nach dem Attentat und erfolgreichem Staatsstreich wollten die Verschwörer des 20. Juli folgenden Aufruf verkünden:

[...] Unser Ziel ist die wahre, auf Achtung, Hilfsbereitschaft und soziale Gerechtigkeit gegründete Gemeinschaft des Volkes. Wir wollen Gottesfurcht anstelle von Selbstvergottung, Recht und Freiheit anstelle von Gewalt und Terror,
5 Wahrheit und Sauberkeit anstelle von Lüge und Eigennutz. Wir wollen unsere Ehre und damit unser Ansehen in der Gemeinschaft der Völker wiederherstellen. Wir wollen mit besten Kräften dazu beitragen, die Wunden zu heilen, die dieser Krieg allen Völkern geschlagen hat, und das Vertrau-
10 en zwischen ihnen wieder neu zu beleben. [...] Wir erstreben einen gerechten Frieden, der an die Stelle der Selbstzerfleischung und Vernichtung der Völker friedliche Zusammenarbeit setzt. Ein solcher Friede kann sich nur auf Achtung vor Freiheit und der Gleichberechtigung aller Völ-
15 ker gründen. [...]

Zitiert nach: Gerd R. Ueberschär, Für ein anderes Deutschland. Der deutsche Widerstand gegen den NS-Staat 1933–1945, Frankfurt a.M.: Fischer-Taschenbuch-Verlag 2006, S. 391f.

M 11 Claus von Stauffenberg (links) mit Adolf Hitler

Im „Führerhauptquartier Wolfsschanze" in Ostpreußen, Foto, 15. Juli 1944

M 12 „Eine ganz kleine Clique"

Am Tag nach dem gescheiterten Attentat sprach Hitler im Rundfunk zur Bevölkerung:

Eine ganze kleine Clique ehrgeiziger, gewissenloser und zugleich unvernünftiger, verbrecherisch-dummer Offiziere hat ein Komplott geschmiedet, um mich zu beseitigen und zugleich mit mir den Stab praktisch der deutschen Wehr-
5 machtführung auszurotten. Die Bombe, die von dem Obersten Graf von Stauffenberg gelegt wurde, krepierte zwei Meter an meiner rechten Seite. Sie hat eine Reihe von mir teurer Mitarbeiter sehr schwer verletzt, einer ist gestorben. Ich selbst bin völlig unverletzt bis auf ganz kleine Haut-
10 abschürfungen, Prellungen oder Verbrennungen. Ich fasse das als eine Bestätigung des Auftrages der Vorsehung auf, mein Lebensziel weiter zu verfolgen, so wie ich es bisher getan habe.
Der Kreis, den diese Usurpatoren darstellen, ist ein denk-
15 bar kleiner. Er hat mit der deutschen Wehrmacht und vor allem auch mit dem deutschen Heer gar nichts zu tun. Es ist ein ganz kleiner Klüngel verbrecherischer Elemente, die jetzt unbarmherzig ausgerottet werden.

https://www.1000dokumente.de/index.html?c=dokument_de&dokument=0083_ahr&object=translation&st=&l=de [letzter Zugriff: 29.06.2021]

M 13 „Soeben höre ich …"

Eine Frau schreibt am 20. Juli 1944 aus Wien an Goebbels:

Soeben höre ich die furchtbare Nachricht über den verbrecherischen Anschlag auf das Leben unseres geliebten Führers. Hass, tiefster unauslöschlicher Hass gegen unsere Feinde. Diese niedrigsten Kreaturen! Ist ihm wirklich nichts geschehen? Mein Führer! Er ist ja alles, was ich noch habe 5
auf der Welt. Ich hatte ein einziges Kind, mein Bub ist in Russland gefallen […].

Zit. nach: Beatrice und Helmut Heiber (Hg.), Die Rückseite des Hakenkreuzes. Absonderliches aus den Akten des Dritten Reiches, © dtv Verlagsgesellschaft, München 1995 (3. Auflage), S. 176.

M 14 Gedenkstätte 20. Juli
Bendlerblock in Berlin, aktuelles Foto

Aufgaben

1. Der 20. Juli 1944 – Textquellen zu einem Ereignis vergleichen
a) Recherchiere im Internet Ablauf und Beteiligte des Attentatsversuchs am 20. Juli 1944 und seine Folgen. (https://www.was-konnten-sie-tun.de/themen/th/den-tyrannen-stuerzen/; www.gdw-berlin.de)
b) Erschließe aus den Quellentexten M8 – M11 die Motive, die die Verschwörer zu ihrem Schritt bewogen haben.
c) Erörtert vor dem Hintergrund der Quellentexte M12 und M13 die Erfolgsaussichten des Umsturzversuches vom 20. Juli 1944. Bezieht die Befürchtungen einiger Verschwörer, ein gelungenes Attentat würde eine neue „Dolchstoßlegende" hervorbringen, in eure Überlegungen mit ein.
⌒ M8 – M13

2. Der 20. Juli 1944 – Ein Gedenktag
Alljährlich am 20. Juli wird in einer offiziellen Feierstunde unter Anwesenheit des Bundespräsidenten des gescheiterten Attentatsversuchs von Stauffenberg und seiner Mitverschwörer gedacht.
a) Informiere dich über Ablauf, Teilnehmer und Örtlichkeiten der jährlichen Gedenkveranstaltung.
b) Bei ihrer Ansprache am 20. Juli 2020 betonte die Verteidigungsministerin Annegret Kamp-Karrenbauer: „Das Gewissen und die Haltung der mutigen Männer und Frauen des 20. Juli sind für die Bundesrepublik Deutschland sinnstiftend geworden". Erläutere diese Aussage.
c) Jahres- und Gedenktage bringen es oft mit sich, dass historische Umstände und Entwicklungen allzu sehr auf ein Einzelereignis oder eine Einzelperson verkürzt werden. Erörtert in der Klasse Möglichkeiten, wie das Gedenken an die in diesem Kapitel vorgestellten ganz unterschiedlichen Widerstandsformen wachgehalten werden kann.
⌒ Text auf den Seiten 209 – 211, M14, Internet

Das Ende des Zweiten Weltkrieges

Wenn in Europa alljährlich am 8. Mai des Kriegsendes gedacht wird, ist nur wenigen bewusst, dass der Krieg im Pazifik und in Südostasien noch Monate nach dem 8. Mai 1945 andauerte. Hier endete der Zweite Weltkrieg erst mit der japanischen Kapitulation am 2. September 1945, die wesentlich unter dem Eindruck der amerikanischen Atombombenabwürfe auf die Städte Hiroshima und Nagasaki am 6. bzw. 9. August 1945 erfolgte.

M 1 **Atompilz über Hiroshima**

Der US-Bomber „Enola Gay" wirft um 8:15 Uhr Ortszeit die Atombombe ab. Sie explodiert in 570 m Höhe und kostet 240 000 Menschen das Leben, 6. August 1945.

Aufgaben

1. **Das Ende des Zweiten Weltkrieges**
   a) Überlege, welche Hoffnungen auf eine „bessere Welt" das Kriegsende bei den Menschen weckte.
   b) Diskutiere, inwieweit diese Hoffnungen realistisch waren.
   c) Erörtere die politischen und moralischen Auswirkungen der Atombombenabwürfe über Hiroshima und Nagasaki.
   Text auf den Seiten 214–215, M1

Kriegsziele der Alliierten und eine neue Weltordnung

Angesichts der Kriegswende 1942/43 verständigten sich die Alliierten in mehreren Konferenzen über ihre Kriegsziele und die Zeit danach. Hauptziel war Deutschlands bedingungslose Kapitulation. US-Präsident Franklin D. Roosevelt und der
5 britische Premierminister Winston Churchill forderten, dass Demokratie, nationale Selbstbestimmung und freier Handel die Grundlagen einer friedlichen Nachkriegsordnung sein sollten. Trotz unterschiedlicher Auffassung stimmte Josef Stalin diesen Zielen zu. Auf der Konferenz von Jalta im Februar 1945 einigten sich die USA, Großbritannien und die Sowjetunion über ihre Interessensphären in Europa,
10 eine Teilung Deutschlands in Besatzungszonen und die Gründung der Vereinten Nationen (UNO). Ergebnis dieser Konferenz war die Teilung der Welt zwischen den Supermächten USA und UdSSR.

Eine zweite Front – Die Landung in der Normandie

15 Am 6. Juni 1944 landeten die Alliierten nach gründlicher Vorbereitung mit einer gewaltigen Streitmacht in der Normandie (Nordfrankreich) und eröffneten so eine zweite Front. Die britischen und amerikanischen Verbände stießen rasch nach Süden und Osten vor, befreiten Frankreich und überschritten im Oktober 1944 die deutsche Grenze. Bei ihrem Vormarsch trafen die Soldaten auf erbitterten Wider-
20 stand, doch wurden sie vielfach auch von der kriegsmüden deutschen Bevölkerung begrüßt.
　　Die Rote Armee, die gleichzeitig im Osten vorrückte, löste hingegen eine gewaltige Fluchtwelle aus. Dabei kam es auch zu Plünderung, Vergewaltigung und Mord durch sowjetische Soldaten. Der systematische Terror, den die National-
25 sozialisten in der Sowjetunion entfesselt hatten, schlug nun zurück.

Kriegsende in Europa

Führende Nationalsozialisten flüchteten oder suchten ihre Position gewaltsam zu behaupten. Gerade in den letzten Kriegstagen kam es zu Hinrichtungen von Bür-
30 gern, die im Verdacht standen, mit dem Feind zu sympathisieren. Am 30. April 1945 beging Hitler in seinem Bunker unter der Berliner Reichskanzlei Selbstmord. Wenige Tage später, am 7. und 9. Mai 1945, unterzeichneten die Oberbefehlshaber der deutschen Wehrmacht die bedingungslose Kapitulation. Damit war der Krieg in Europa beendet.

35

Kriegsende in Asien

Japan strebte die Vorherrschaft im asiatischen Raum an und hatte seine Herrschaft nach der weitgehenden Zerstörung der US-Pazifikflotte 1941 beim Angriff auf Pearl Harbor rasch ausgedehnt. Die USA konnten ihre Flotte aber schnell wieder
40 ausbauen und ab 1942 den pazifischen Raum Insel für Insel zurückerobern. Zugleich bombardierten die USA japanische Städte, um eine Invasion der Hauptinseln Japans vorzubereiten.
　　Am 6. August 1945 setzten die USA erstmals die Atombombe ein und bewirkten ein abruptes Kriegsende. Diese Waffe von unvorstellbarer Zerstörungskraft ver-
45 nichtete die japanische Stadt Hiroshima und tötete eine Vielzahl von Menschen sofort. Bis heute hat sich diese Zahl durch Spätfolgen der atomaren Verstrahlung auf etwa 240 000 erhöht. Wenig später erlitt die Stadt Nagasaki das gleiche Schicksal. Am 2. September 1945 unterzeichnete Japan auf dem amerikanischen Schlachtschiff „Missouri" die bedingungslose Kapitulation.

🖥 WES-115460-505
Film über das Ende in Berlin

M 2　Eroberung Berlins

Ein sowjetischer Soldat hisst die Rote Fahne über dem Reichstag am 2. Mai 1945, nachgestellte Szene.

M 3　Bedingungslose Kapitulation Japans

Die japanische Delegation auf dem Weg zur Unterzeichnung, Foto, 2. September 1945

Fragebogen zum Thema: Der Nationalsozialismus – Zweiter Weltkrieg und Holocaust

Hinweis: Die folgende Tabelle dient der Selbsteinschätzung deiner erworbenen Kenntnisse und Kompetenzen. Die Auflistung erhebt nicht den Anspruch, voll-

Ich kann …	Ich bin sicher. ☺	Ich bin ziemlich sicher. 😐	Ich bin noch unsicher. 🙁	Ich habe große Lücken. ☹
… den Verlauf des Zweiten Weltkrieges beschreiben.				
… Verbrechen an der Zivilbevölkerung während des Zweiten Weltkrieges darstellen.				
… die Bedeutung des Begriffs „Holocaust" erläutern.				
… Maßnahmen, deren Zielsetzungen und ihre Auswirkungen auf Juden, Sinti und Roma, Homosexuelle, Andersdenkende, Euthanasieopfer und Zwangsarbeiterinnen und -arbeiter vonseiten des NS-Staates erläutern.				
… an Beispielen Handlungsspielräume der Menschen unter den Bedingungen der NS-Diktatur erörtern.				
… die Bedeutung des Datums 8./9. Mai 1945 erklären.				
… grundlegende Schritte der Interpretation von Darstellungen anwenden.				
… grundlegende Schritte der Interpretation von schriftlichen Quellen anwenden.				
… grundlegende Schritte der Interpretation von Geschichtskarten anwenden.				
… mit Begriffen der NS-Sprache kritisch umgehen.				
…				

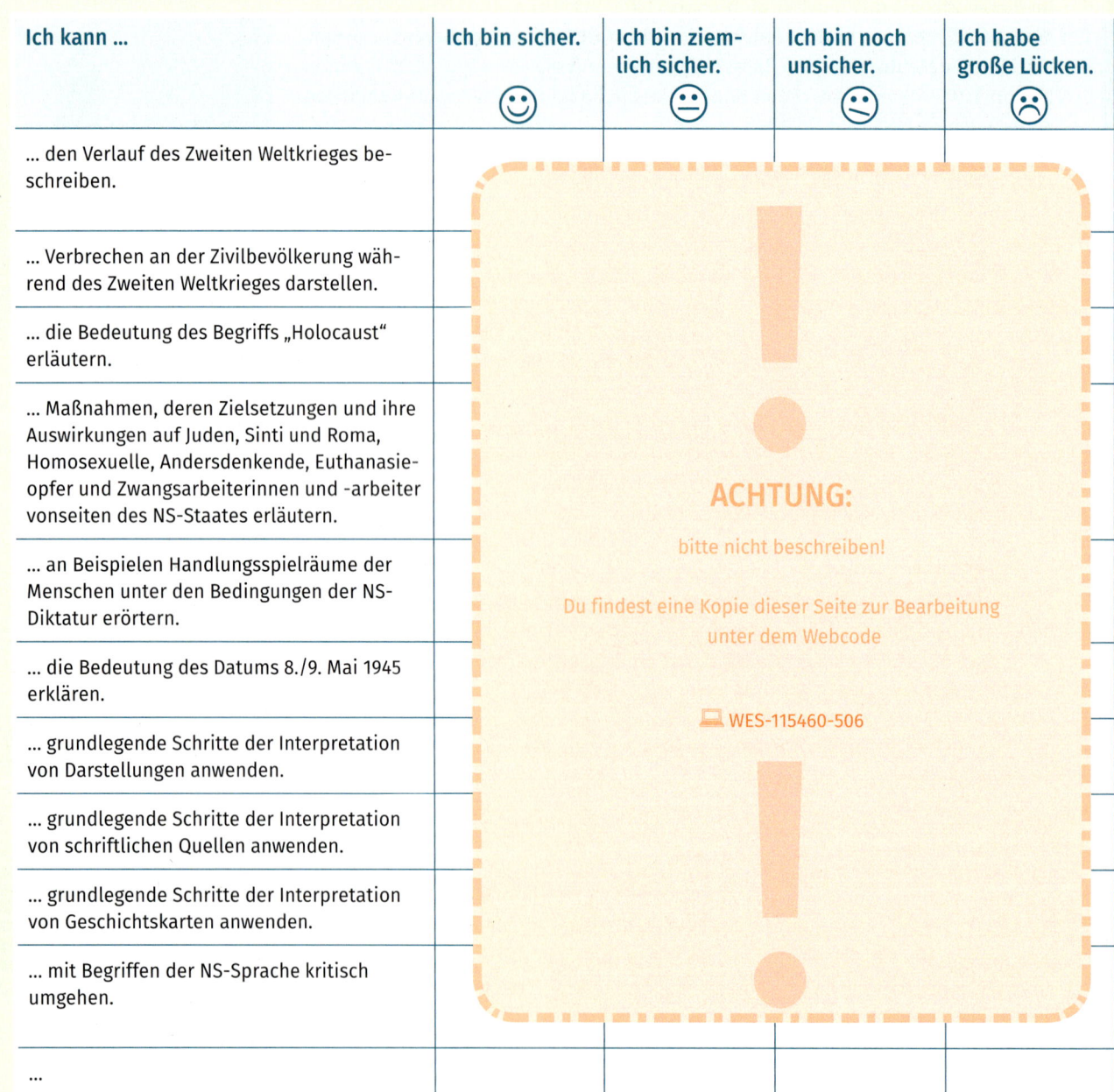

ACHTUNG:

bitte nicht beschreiben!

Du findest eine Kopie dieser Seite zur Bearbeitung unter dem Webcode

🖥 WES-115460-506

ständig zu sein. Es handelt sich um eine Auswahl, die ggf. erweitert werden kann.
In der rechten Spalte findest du Hinweise, wie du eventuell vorhandene Lücken
oder auch Unsicherheiten beseitigen kannst.

→ **Bitte kopiere die Seiten, bevor du mit ihnen arbeitest.**

Auf diesen Seiten kannst du in HORIZONTE nachlesen	Empfehlungen zur Übung, Wiederholung und Festigung
184 – 187 188 – 193 214 – 215	Erstelle einen Zeitstrahl zu wesentlichen Ereignissen des Zweiten Weltkrieges.
184 – 187 188 – 193	Erläutere, warum es wichtig ist, sich mit den Verbrechen an der Zivilbevölkerung auseinanderzusetzen.
	Suche im Register den Begriff „Holocaust" und trage sämtliche im Schulbuch enthaltenen Informationen zusammen.
198 – 205	Begründe die Aussage: Im Geschichtsunterricht müssen die Verbrechen und der Völkermord der Nationalsozialisten thematisiert werden.
206 – 207 208 – 213	Stelle in einer Mind Map Formen des Widerstandes gegen den Nationalsozialismus dar.
214 – 215	Erörtere folgende Frage: „Der 8./9. Mai 1945 – Sieg oder Niederlage?"
207	Analysiere die Darstellung M6 auf Seite 196. Verwende dafür den Trainingskasten „Umgang mit einer Darstellung" auf Seite 207.
93	Interpretiere die Quelle M10 Seite 212. Verwende dafür den Trainingskasten „Umgang mit schriftlichen Quellen" auf Seite 93.
56	Analysiere die Karte M1 auf Seite 188. Verwende dafür den Trainingskasten „Erschließung von Geschichtskarten" auf Seite 56.
144 – 183 184 – 217	Suche mindestens fünf Begriffe der NS-Sprache in den beiden Kapiteln zum Nationalsozialismus und erläutere, warum diese im Schulbuch mit An- und Abführungszeichen geschrieben sind.

Frankreich und Deutschland: „Erbfeindschaft" und Krieg: 1871–1945

Eine lange Beziehungsgeschichte

Die Geschichte Frankreichs und Deutschlands reicht bis ins frühe Mittelalter und besonders bis in die Zeit Karls des Großen zurück. Die geografische Nähe ermöglichte engen Austausch, gab aber auch immer wieder Anlass zu Konflikten. Heute ist das Verhältnis zwischen Frankreich und Deutschland nachbarschaftlich. Doch 5 dies war nicht immer so. Insbesondere seit der zweiten Hälfte des 19. Jahrhunderts war das Verhältnis durch eine vermeintliche „Erbfeindschaft" geprägt.

1871: Niederlage Frankreichs – Sieg Deutschlands

Der Krieg Preußens und der verbündeten süddeutschen Staaten gegen das fran- 10 zösische Kaiserreich hinterließ auf beiden Seiten tiefe Spuren. Auf der deutschen Seite gelang mit der Proklamation des Deutschen Kaiserreichs die Bildung eines deutschen Nationalstaates, die 1848/49 noch missglückt war. Das Hochgefühl der Sieger zeigte sich bei den jährlich in der Öffentlichkeit und in Höheren Schulen abgehaltenen Sedan-Feiern. Am 2. September 1870 hatte Kaiser Napoleon III. mit 15 einem Teil seiner Armee bei Sedan in Ostfrankreich kapitulieren müssen und war in Gefangenschaft geraten. Für die Franzosen bedeutete die militärische Niederlage bei Sedan das Ende des Kaiserreichs. Die Proklamation des Deutschen Reiches am 18. Januar 1871 im großen Spiegelsaal des Schlosses von Versailles, dem „Wohnzimmer" der französischen Nation, empfanden sie als ebenso demütigend 20 wie die Bedingungen, denen sie sich beim Friedensschluss unterwerfen mussten.

Der Friedensvertrag von Frankfurt

Frankreich musste auf das Elsass und das industriell hoch entwickelte und rohstoffreiche nördliche Lothringen verzichten; die Bevölkerung dieser Gebiete war 25 zwar teilweise deutschsprachig, fühlte sich aber politisch überwiegend Frankreich zugehörig. Die Annexion französischen Gebiets vertiefte das gegenseitige Misstrauen und blieb bis 1918 ein ständiger Stein des Anstoßes zwischen den beiden Staaten. Immer wieder gab es politische Proteste und Konflikte in dem vom deutschen Kaiser direkt verwalteten „Reichsland Elsass-Lothringen". 30

Mit der Verpflichtung, fünf Milliarden Goldfrancs an das Deutsche Reich als Kriegsentschädigung zu zahlen, belasteten die deutschen Sieger die französische Regierung schwer und sicherten zusätzlich Startkapital für einen kurzfristigen Aufschwung der deutschen Industrie.

35

Isolation und Revanchegedanken

Die französischen Regierungen waren nach 1871 bestrebt, die von Deutschland erzwungene außenpolitische Isolation zu überwinden. Eine aktive Kolonialpolitik Frankreichs – von Bismarck begünstigt – lenkte die Interessen der französischen Öffentlichkeit seit 1880 zeitweise vom deutsch-französischen Konflikt ab und stär- 40 ker nach Übersee. Die Überzeugung jedoch, Deutsche und Franzosen seien unversöhnliche „Erbfeinde" („ennemis héréditaires"), und der Wunsch vieler Franzosen, die Verluste von 1871 rückgängig zu machen und Revanche zu nehmen, prägten das Denken in Frankreich vor 1914.

M 1 Frankreich denkt an Revanche

aus der Sicht der französischen Zeitschrift „Charivari" (31.3.1871). Im Vordergrund der französische Kaiser Napoleon III. Untertitel: – „Adieu!" – „Nein, auf Wiedersehen. Besuche pflegt man zu erwidern."

Franzosen und Deutsche im Ersten Weltkrieg (1914–1918)

Die unerbittlichsten Kämpfe im Ersten Weltkrieg lieferten sich die französischen und die deutschen Heere. Die Kämpfe um Verdun in den Jahren 1916 und 1917 wurden zum Symbol menschenverachtender Kriegführung. Auf beiden Seiten griff die Propaganda zu den schlimmsten Übertreibungen, um den Hass auf die Gegner zu schüren. Dennoch kam es an der Front immer wieder zur Auflehnung gegen unsinnige Befehle, ja sogar zu Verbrüderungen zwischen deutschen, französischen und englischen Soldaten, die allerdings strengstens bestraft wurden. Im Gedächtnis der Franzosen blieb dieser Krieg bis heute als der „Große Krieg" („la Grande Guerre") lebendig. Die Kriegerdenkmäler in jeder französischen Gemeinde werden nach wie vor sorgfältig gepflegt.

Vom Versailler Vertrag zur Verständigung

Mit dem Ende des Ersten Weltkriegs wurde Elsass-Lothringen wieder französisch. Am 28. Juni 1919 mussten die Vertreter der deutschen Regierung im Schloss von Versailles den Friedensvertrag unterzeichnen, eben dort, wo 48 Jahre zuvor das Deutsche Kaiserreich ausgerufen worden war. Vor allem die französische Regierung hatte harte Bedingungen durchgesetzt und ließ 1923 sogar zeitweilig das Ruhrgebiet besetzen, um sie durchzusetzen. Dennoch kam es kurz danach zu einer Annäherung zwischen den Regierungen beider Länder, die vor allem den Außenministern Gustav Stresemann und Aristide Briand zu verdanken war. Deutschland erkannte in den Verträgen von Locarno (1925) die im Versailler Vertrag festgelegten Grenzen zu Frankreich und Belgien an und wurde mit der Aufnahme in den Völkerbund wieder ein geachtetes Mitglied der Völkergemeinschaft. Stresemann und Briand erhielten dafür den Friedensnobelpreis.

Krieg und Besatzung (1940–1944)

Eine neue Belastung für das deutsch-französische Verhältnis brachte der Zweite Weltkrieg. Die deutsche Besetzung Frankreichs 1940 stürzte unzählige Deutsche und Franzosen in große Konflikte: So mussten 130 000 junge Elsässer und Lothringer gegen ihren Willen für die Wehrmacht oder die Waffen-SS an der Ostfront kämpfen. Viele Deutsche führten sich als Besatzungssoldaten oder Gestapo-Beamte wie Herrenmenschen auf, beteiligten sich an der wirtschaftlichen Ausbeutung Frankreichs, der Deportation von Juden und der blutigen Unterdrückung der wachsenden Widerstandsbewegung. Willkürliche Geiselerschießungen und vor allem die Vernichtung des kleinen Städtchens Oradour in Südfrankreich und fast aller seiner Einwohner durch SS-Truppen zählen zu den unvergessenen Kriegsverbrechen. Andererseits kämpften auch Deutsche zusammen mit französischen Widerstandskämpfern. Aus Beziehungen zwischen Besatzungssoldaten und jungen Französinnen gingen schätzungsweise 200 000 Kinder hervor. Diese mussten nach der Befreiung des Landes als „verfluchte Kinder" („enfants maudits") oft versteckt werden. Ihre Mütter und andere Frauen, die der Kollaboration mit den Deutschen verdächtig waren, wurden in vielen Fällen z. B. durch das Abschneiden der Haare öffentlich geächtet und misshandelt.

M 2 „Germania am Marterpfahl"
Deutsche Postkarte, 1923

Eine literarische Quelle als politische Kritik untersuchen

M 3 „Stahlstadt" und „France-Ville"

Der Franzose Jules Verne, Autor zahlreicher Zukunfts-romane, veröffentlichte 1879 einen Roman mit dem Titel „Die fünfhundert Millionen der Begum". Er handelt von zwei Professoren, dem Franzosen Sarrasin und dem Deutschen Schultze, die als entfernte Verwandte das gewaltige Vermögen der kinderlos verstorbenen Begum, einer indischen Fürstin, zu gleichen Teilen erben. Jeder der beiden investiert das Vermögen in den Bau einer Musterstadt im Süden des amerikanischen Staates Oregon, nicht weit von der Pazifikküste. Aus der 1881 erschienenen deutschen Übersetzung des Romans ist folgende Beschreibung der beiden Städte entnommen:

a) Wenn der in diese Einöden verirrte Wanderer die Stimmen der Natur belauscht, so hört er nicht wie im Oberlande das harmonische Murmeln des Lebens neben dem tiefen Schweigen der Bergwelt. Von fern her vernimmt er die
5 schweren Schläge des Stampfhammers und unter seinen Füßen erstickte Detonationen von Pulver.
[…]
Längs der Seiten der Berge laufen hier mit Asche und Kohlenstückchen befestigte Straßen hin. Unter gelblichem
10 Buschwerk schillern kleine Schlackenhaufen.
[…]
Da und dort gähnt der von Regengüssen zerrissene, von Brombeersträuchern halbverdeckte Mund eines verlassenen Schachtes, wie der Krater eines erloschenen Vulkans.
15 Die Luft ist mit Rauch geschwängert und lastet wie ein schwerer Mantel auf der Erde. Keine Vögel flattern lustig dahin, kein Insekt schwärmt im Sonnenschein.
[…]
Auf der nackten steinigen Ebene sind binnen fünf Jahren
20 achtzehn Arbeiterdörfer mit kleinen, gleichmäßig grauen, aus Chicago fix und fertig hierher geschafften Häusern emporgewachsen, die eine Schar kräftiger Arbeiter bergen.
Im Mittelpunkt dieser Ansiedlungen, am Fuße […] jener unerschöpflichen Steinkohlen-Gebirge, erhebt sich eine An-
25 häufung regelmäßiger Gebäude mit symmetrisch angeordneten Fenstern, bedeckt mit roten Dächern und überragt von einem Wald zylindrischer Schornsteine, welche aus tausend Schlünden rußige Wolken aushauchen. Der Himmel erscheint nur wie hinter einem schwarzen Vorhang,
30 den manchmal rötliche Blitze durchzucken. Der Wind trägt von hier ein rollendes Geräusch weiter, das etwa mit ent-

ferntem Donner oder dem Rauschen der hohen See vergleichbar ist.
Alles dieses zusammen ist „Stahlstadt", die deutsche Stadt, das persönliche Besitztum des Herrn Schultze, des Ex-Pro- 35 fessors der Chemie von Jena, der durch die Millionen der Begum zum größten Eisen-Industriellen und speziell zum berühmtesten Kanonengießer der ganzen Erde geworden ist.
Er fertigt solche von jeder Form und jedem Kaliber, […] für 40 Russland und die Türkei, für Rumänien und Japan, vor allem aber für Deutschland. Dank der Macht eines enormen Kapitals erwuchs hier ein Riesen-Etablissement, eine wirkliche Stadt und gleichzeitig Musterwerkstatt wie durch Zauberschlag aus der Erde. Dreißigtausend Arbeiter, meist 45 geborene Deutsche, siedelten sich rings um dieselbe an und bildeten dadurch deren Vorstädte. Binnen wenigen Monaten schon eroberten sich die Erzeugnisse dieser Anstalt durch ihre allseitigen Vorzüge die ausgedehnteste Anerkennung. 50
Professor Schultze gräbt das Eisenerz und die Steinkohle aus seinen eigenen Bergwerken. An Ort und Stelle wandelt er das erstere in Gussstahl um. An Ort und Stelle macht er daraus Kanonen.
Man weiß nur, dass in Stahlstadt das Fabrikations-Verfah- 55 ren mit eifersüchtiger Strenge geheim gehalten wird.
In diesem von Wüsten umgebenen […] Winkel Nordamerikas würde man freilich vergeblich eine Spur jener Freiheit suchen, welche die Macht der Vereinigten Staaten begründet hat. 60
Wer etwa bis unter die Mauern von Stahlstadt kommt, der versuche ja nicht, eines der massiven Tore zu passieren, die […] die Linie von Gräben und Festungswerken unterbrechen. Der Wachposten würde jeden ohne Widerrede zurückweisen. 65

b) Diese wunderbare Stadt [France-Ville] ist wie durch Zauberkünste an der Küste des Pazifischen Ozeans emporgewachsen. Wir wollen hier nicht prüfen, ob der Plan und die erste Idee zu derselben, wie man allgemein behauptet, von einem Franzosen, einem Doktor Sarrasin, ausgegangen ist 70 oder nicht. […]
Ausschlaggebend für die endliche Entscheidung war ihre Lage in der gemäßigten Zone der nördlichen Halbkugel, […] wie in der Mitte […] eines noch neuen Staates, der ihr vorläufig eine gewisse Unabhängigkeit gewährleistete […]; 75

- die Nähe des Ozeans, der doch mehr und mehr zur Landstraße der Welt wird;
- die bergige fruchtbare und ungemein gesunde Natur des Erdbodens;
- die Nachbarschaft einer Bergkette, welche vor den Nord-, Süd- und Ostwinden schützte und es der vom Meere hereinwehenden Brise überließ, die Atmosphäre der Stadt zu erneuern;
- das Vorhandensein eines kleinen Flusses, dessen frisches, süßes, weiches [...] Wasser sich noch vollkommen klar ins Meer ergießt;
- endlich ein natürlicher Hafen [...].

Das Komitee sah davon ab, den Bauenden einen gewissen Typus der Häuser vorzuschreiben; es bekannte sich vielmehr als Gegner einer ermüdenden, geschmacklosen Gleichförmigkeit und begnügte sich, nur folgende Grundregeln aufzustellen, nach welchen die Architekten sich zu richten hätten:

1. Jedes Haus soll für sich isoliert mitten auf einem mit Bäumen, Rasenplätzen und Blumen ausgestatteten Platze stehen und für je eine einzige Familie eingerichtet werden.
2. Kein Haus darf mehr als zwei Stockwerke enthalten; Licht und Luft sollen von Niemand zum Nachteile eines Anderen abgesperrt werden. [...]
8. Die Anordnung der Zimmereinrichtung bleibt dem Gutdünken jedes Einzelnen überlassen.

Streng verpönt sind nur zwei gefährliche Krankheits-Erzeuger: [...] Teppiche und Tapeten!

[...]

Der Plan der ganzen Stadt zeichnet sich zunächst durch seine Einfachheit und Regelmäßigkeit aus, welche eine unbegrenzte Weiterentwickelung gestatten. Die sich rechtwinkelig kreuzenden Straßen folgen einander in gleichen Abständen und sind alle gleich breit, mit Bäumen bepflanzt und durch Nummern bezeichnet.

[...] zu einem halben Kilometer unterbricht diese Ordnung eine breitere, alleeartige Straße mit einer nicht bepflanzten Strecke an jeder Seite, welche für die städtischen Pferde- und Dampfeisenbahnen bestimmt ist.

Alle Beschäftigungsarten und jede Handelstätigkeit sind frei.

Zur Erlangung des Aufenthaltsrechtes in France-Ville genügt es, aber ist es auch unbedingt nötig, gute Empfehlungen beizubringen, sowie den Nachweis der Befähigung zu nützlicher Tätigkeit in einem Gewerbe, einer Wissenschaft oder einer Kunst, und sich endlich zur Einhaltung der städtischen Gesetze zu verpflichten. Eigentliche Müßiggänger bleiben von dem Gemeinwesen ausgeschlossen.

Öffentliche Gebäude wuchsen schon in großer Zahl empor. Die hervorragendsten derselben sind die Hauptkirche, eine Anzahl Kapellen, die Museen, Bibliotheken und die Volks- und Gelehrtenschulen.

[...]

Selbstverständlich unterliegen die Kinder einem weisen Schulzwange, der sie nötigt, an allen geistigen und körperlichen Übungen teilzunehmen, welche die gleichmäßige Gehirn- und Muskelausbildung derselben verbürgen. [...]

Die vollständige Zollfreiheit, die politische Unabhängigkeit des kleinen, isolierten Gebietes, der Reiz der Neuheit und die Milde des Klimas lenkten die Auswanderung hierher. Zur Zeit zählt France-Ville schon hunderttausend Einwohner.

Jules Verne, Die fünfhundert Millionen der Begum, Wien, Pest, Leipzig: A. Hartleben's Verlag 1881, S. 51 ff. und 115 ff.

Aufgaben

1. „Erbfeindschaft" und Krieg: 1871–1945
   a) Fertige einen Zeitstrahl an und trage dort die wichtigsten Etappen der deutsch-französischen Beziehungen zwischen 1870 und 1945 ein.
   b) Stelle die Merkmale der beiden von Jules Verne beschriebenen Städte (M3) in einer Tabelle gegenüber.
   c) Stelle eine oder beide Städte zeichnerisch dar.
   d) Stelle Vermutungen darüber an, warum Jules Verne 1879 in seinem Roman diese Form der Darstellung wählt, und formuliere dazu eine schriftliche Stellungnahme.
   e) Informiere dich im Internet über den Fortgang des Romans von Jules Vernes.

➦ Text auf den Seiten 218 – 219, M1 – M3, Internet

Frankreich und Deutschland: Aussöhnung und Kooperation nach 1945

Hinweis

Auf die Beziehung zwischen Frankreich und der DDR wird hier nicht näher eingegangen.

Schwieriger Neubeginn

Nach dem Tiefpunkt der Beziehungen zwischen Deutschen und Franzosen im Zweiten Weltkrieg war ein Neubeginn mit großen Schwierigkeiten verbunden. Die französische Regierung erreichte es, als eine der vier Siegermächte anerkannt zu werden und bekam im Südwesten Deutschlands eine Besatzungszone zugewie- 5 sen. Außerdem wurde das industriell entwickelte Saarland wirtschaftlich an Frankreich angeschlossen. Weitsichtige Politiker wie Jean Monnet und Robert Schuman erkannten jedoch früh, dass die alten Rezepte französischer Sicherheits- politik nicht mehr taugten, und 1948 stimmte schließlich auch die französische Regierung der Bildung eines westdeutschen Staates aus den drei westlichen Be- 10 satzungszonen zu.

Erste Schritte der Zusammenarbeit

Zunehmende Spannungen zwischen Ost und West verstärkten den Willen zur Zusammenarbeit der westeuropäischen Staaten. Der französische Außenminister 15 Robert Schuman schlug 1950 eine Behörde zur Kontrolle der deutschen und der französischen Kohle- und Stahlproduktion vor, um die kriegswichtige Produktion einer internationalen Aufsicht zu unterstellen. Sie wurde 1952 unter Beteiligung Italiens und der Benelux-Staaten verwirklicht und kann als Vorläufer der Europä- ischen Wirtschaftsgemeinschaft dieser sechs Länder gelten, die 1957 geschaffen 20 wurde. Dagegen scheiterte 1954 der Versuch, eine Europäische Verteidigungsge- meinschaft (EVG) zu schaffen, an der Ablehnung des französischen Parlaments. Das Saargebiet, um das es zwischen Deutschland und Frankreich lange Zeit tiefe Meinungsverschiedenheiten gab, konnte schließlich nach einer Volksabstimmung 1957 als zehntes Bundesland der Bundesrepublik beitreten. 25

Der Elysée-Vertrag von 1963 und seine Auswirkungen

Mit der Rückkehr General de Gaulles an die Macht im Mai 1958 bestimmten in beiden Länder Männer die Politik, die zwei deutsch-französische Kriege erlebt hatten. Schon wenige Monate später lud de Gaulle Bundeskanzler Adenauer zu 30 Gesprächen in sein Privathaus ein. Ihre durch Vertrauen und Respekt gekenn- zeichnete Beziehung und die gemeinsamen Interessen ermöglichten, nach Aufse- hen erregenden gegenseitigen Staatsbesuchen im Jahre 1962, am 22. Januar 1963 die feierliche Unterzeichnung eines Vertrages über die deutsch-französische Zusammenarbeit im Elysée-Palast, dem Amtssitz des französischen Präsidenten 35 in Paris.

Der Elysée-Vertrag verpflichtete die beiden Regierungen zu regelmäßigen politischen Beratungen. Symbolisch bedeutsame Begegnungen unterstrichen die enge Beziehung: Bundeskanzler Helmut Kohl und Präsident François Mitterrand gedachten 1984 gemeinsam der Kämpfe um Verdun; deutsche Solda- 40 ten wurden am 14. Juli des gleichen Jahres zur Militärparade anlässlich des fran- zösischen Nationalfeiertags eingeladen; am 40. Jahrestag des Elysée-Vertrags fand 2003 eine gemeinsame Tagung von Bundestag und französischer National- versammlung in Versailles statt.

M 1   Geste der Freund- schaft 1963

Konrad Adenauer und Charles de Gaulle am 22. Januar 1963

M 2 **Bekräftigung der Freundschaft 1984**
François Mitterrand und Helmut Kohl an den Gräbern von Verdun, Foto, 22. September 1984

Das Deutsch-Französische Jugendwerk kümmert sich bis heute sehr erfolgreich um die Förderung des gegenseitigen Verständnisses durch verstärkten
Fremdsprachenunterricht und Jugendaustausch. Es organisiert und fördert Begegnungen zwischen jungen Deutschen und Franzosen. Über 2000 deutsch-französische Städtepartnerschaften erfüllen darüber hinaus den Vertrag mit Leben.
Auch im wirtschaftlichen Bereich kam es zu intensiver deutsch-französischer
Kooperation, zum Beispiel bei der Entwicklung und Produktion des Airbus und
gemeinsamen europäischen Weltraumprojekten (Ariane). Im Bereich der Verteidigung näherten sich die Planungen einander an, und eine deutsch-französische
Initiative führte 1993 zur Gründung des Eurokorps, einer der NATO unterstellten
multinationalen Truppeneinheit mit Offizieren und Soldaten aus mehreren europäischen Ländern.

Frankreich und die deutsche Einheit

Auf den Prüfstand kam die deutsch-französische Freundschaft, als sich gegen
Ende des Jahres 1989 der Zusammenbruch der Ostblockstaaten und damit die
Möglichkeit einer Vereinigung der beiden deutschen Staaten abzeichnete. In Teilen der französischen Bevölkerung wurden Ängste vor einem politisch und wirtschaftlich übermächtigen deutschen Nachbarn wach. Eine große Mehrheit akzep-
tierte jedoch das Recht der Deutschen, sich staatlich zu vereinigen. François
Mitterrand hoffte auf den Einspruch der UdSSR gegen eine Vereinigung und war
verärgert über die Weigerung des Bundeskanzlers Helmut Kohl, vor einer Vereinigung feste Zusagen über die deutsch-polnische Grenze zu machen. Er versuchte
offenbar, den Prozess der Vereinigung zunächst zeitweise zu verzögern, gab aber
schließlich doch seine Zustimmung. Die vereinbarte enge Einbindung des vergrößerten deutschen Staates in die Europäische Union und sein Verzicht auf die D-
Mark zugunsten der europäischen Währung ließen die Befürchtungen gegen-
standslos werden. Heute gehört die jahrzehntelange „Erbfeindschaft" zwischen
Frankreich und Deutschland der Vergangenheit an.

M 3 **Bekräftigung der Freundschaft 2018**
Bundeskanzlerin Angela Merkel (CDU) und Frankreichs Präsident Emmanuel Macron erinnern nahe der nordfranzösischen Stadt Compiègne an das Ende des Ersten Weltkrieges 1918, Foto, Compiègne, 10. November 2018.

Deutsche und Franzosen – Die Sicht des anderen

M 4 „Worauf wartet man eigentlich noch?"

Alfred Grosser, ein bekannter französischer Politikwissenschaftler, blickt 1989/90 auf die Jahre kurz nach dem Zweiten Weltkrieg zurück:

Als ich von einer ersten längeren Besuchsreise im besiegten und zerstörten Deutschland zurückkehrte, veröffentlichte ich im Oktober 1947 im Combat eine Artikelserie mit dem Titel Jeunesse d'Allemagne [Deutsche Jugend]. Zum
5 Schluss hieß es:
„Der junge Deutsche betrachtet sich als nicht verantwortlich für die wahnsinnigen Verbrechen des Hitlerregimes. Damit hat er recht. Für die Kinder und die Jugendlichen gibt es keine kollektive Verantwortung. Die Politik gegenüber
10 der deutschen Jugend sollte deshalb klar und eindeutig sein. Sobald erst einmal öffentlich verlautbart ist, dass sie nicht für verantwortlich gehalten wird, sollten ihr Türen geöffnet, sollte sie informiert und mit der Jugend anderer Länder zusammengebracht werden. [...]
15 Es sei angeblich noch zu früh, junge Deutsche nach Frankreich kommen zu lassen. Worauf wartet man eigentlich noch? Darauf, dass die Franzosen die Besatzung, die Erschießungen, die Lager vergessen? Nein, im Gegenteil, es ist zu hoffen, dass sie das alles niemals vergessen! Sie sind
20 es sich sogar schuldig, diese jungen Leute eingedenk dessen zu empfangen, eben um die Wiederkehr ähnlicher Schrecknisse zu vermeiden.

Die deutsche Jugend ist verunsichert, sie sucht ihren Weg. Es besteht durchaus die Gefahr, dass, wenn sie sich isoliert und ausgeschlossen fühlen muss, sie sich vollkommen ent-
25 mutigt fühlt und sich dann auf die erste beste Ideologie stürzt, die ihr eine glänzende Zukunft verspricht – und sei es auf Kosten anderer Länder. [...]"
Diese Schlussbetrachtung veranlasste ein paar junge Deutsche [...] zu der „Aktion Oradour": Deutsche Jugendliche
30 sollten zum Zeichen kollektiver Reue über das in deutschem Namen verübte Verbrechen am Wiederaufbau des Dorfes teilnehmen, das einem besonders grausamen Kriegsverbrechen zum Opfer gefallen war. Dass die Gemeinde von Oradour das ablehnte, verstand ich nur zu gut: Zu
35 schwer lastete noch das Leiden auf den wenigen Überlebenden.

Alfred Grosser, Ermordung der Menschheit. Der Genozid im Gedächtnis der Völker. Aus dem Französischen von Ulrike Bokelmann, München, Wien: Carl Hanser Verlag 1990, S. 14 f.

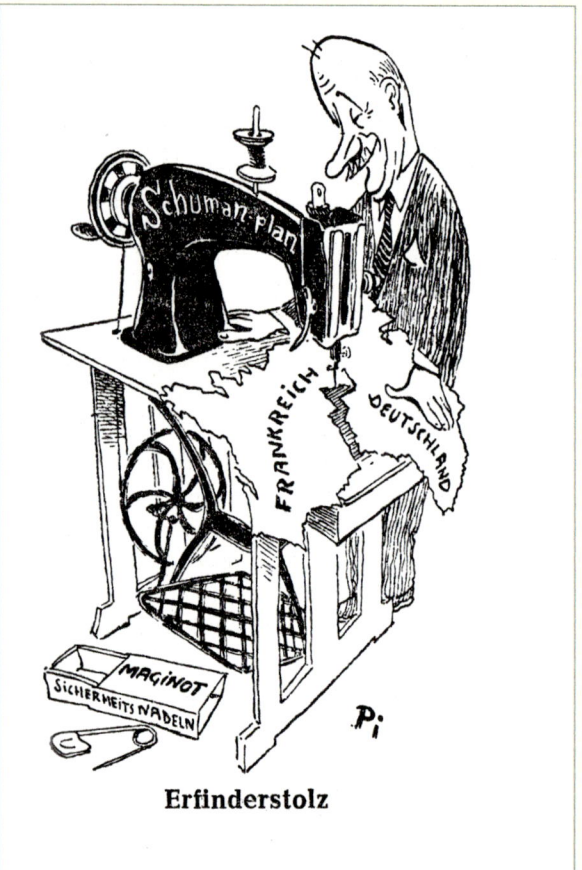

Erfinderstolz

M 5 „Erfinderstolz"
Text zur Karikatur: „Hoffentlich entwickelt sich das Ding besser als die Sicherheitsnadeln!", Karikatur von Klaus Pielert, 1950. Abgebildet ist der französische Außenminister Robert Schuman.

Deutsch-französische Freundschaft während der Corona-Pandemie

M 6 „Wir werden es nie vergessen."

An der deutsch-französischen Grenze, Foto, März 2020

Aufgaben

1. Aussöhnung und Kooperation nach 1945

a) Ergänze deinen Zeitstrahl und trage dort die wichtigsten Etappen der deutsch-französischen Beziehungen zwischen 1945 und 2021 ein.

b) Informiere dich über den Lebenslauf von Alfred Grosser.

c) Fasse die Forderungen Grossers aus dem Jahr 1947 (M4) zusammen.

d) Erläutere die Sorgen, die Grosser zu seiner Stellungnahme von 1947 veranlassten. Nimm Stellung zu der Frage, ob seine Vorschläge realistisch waren.

Text auf den Seiten 222 – 223, M1 – M4

2. Eine Karikatur interpretieren

a) Beschreibe die Karikatur M5 und recherchiere im Internet nach „Maginot-Linie".

b) Stelle eine Verbindung zur politischen Entwicklung im Jahr 1950 her. Fasse die Kernaussagen der Karikatur in eigenen Worten zusammen.

Text auf den Seiten 222 – 223, M5, Internet

3. Deutsch-französische Freundschaft während der Corona-Pandemie

a) Beschreibe das Foto M6 und übersetze den französischen Text ins Deutsche.

b) Recherchiere den historischen Hintergrund und berichte in der Klasse von deinen Ergebnissen.

M6, Internet

Antisemitismus: Abneigung oder Feindseligkeit gegenüber Jüdinnen und Juden. Bezeichnung für völkisch-rassistische Anschauungen, die sich auf soziale, religiöse und ethnische Vorurteile stützen. Derartige Vorstellungen spielten eine zentrale Rolle in der Ideologie der Nationalsozialisten und wurden mit ihrem Machtantritt 1933 in Deutschland politisch wirksam. Sie führten zur Ausgrenzung der jüdischen Bevölkerung aus dem politischen, wirtschaftlichen und gesellschaftlichen Leben („Nürnberger Gesetze", 1935), steigerten sich mit den Novemberpogromen 1938 („Reichskristallnacht") und mündeten schließlich in eine systematische Massenvernichtung. Mit dem Angriff auf die Sowjetunion im Juni 1941 begann der systematische Massenmord, der ab 1942 auch in Vernichtungslagern verübt wurde. Fast sechs Millionen Menschen wurden ermordet.

Bündnissysteme: auf gemeinsamen Interessen beruhende vertragliche Zusammenschlüsse von Staaten oder politischen Gruppen zur Erlangung gemeinsamer Ziele oder zur Abwendung von Nachteilen und Gefahren. Im deutschen Kaiserreich errichtete Bismarck ein komplexes System von Bündnissen, das einen Interessenausgleich der europäischen Großmächte garantieren sollte. Hauptziel war die Verhinderung von Kriegen.

Demokratie: Staatsform, in der die Staatsgewalt vom Volke ausgeht. Man unterscheidet allgemein die repräsentative und die plebiszitäre Form der Demokratie. Am Ende des 20. Jh. hat sich die Demokratie als globales Legitimationsprinzip durchgesetzt. Auch Diktaturen verzichten nur selten auf eine demokratische Fassade. Kommunistische Parteidiktaturen nannten sich „volksdemokratisch".

Diktatur: Der Begriff entstammt dem römischen Staatsleben und bezeichnete dort die (zeitlich begrenzte) unbeschränkte Gewalt im Zeichen eines Staatsnotstands. Daraus wurde im Laufe der Geschichte eine Herrschaftsform, die in sehr unterschiedlichen Zusammenhängen stehen kann (z. B. faschistische Diktatur, nationalsozialistische Diktatur, kommunistische Diktatur, Militärdiktatur).

Diskriminierung: Benachteiligung oder Herabwürdigung von Menschengruppen oder einzelnen Personen. Betroffen sind zumeist (aber nicht ausschließlich) Minderheiten. Diskriminierung tritt sowohl individuell (z. B. durch eine mit Vorurteilen behaftete Person) als auch strukturell bzw. institutionalisiert auf. Sie bezieht sich oft auf Religion, Behinderung, Hautfarbe, soziale oder geografische Herkunft, Geschlecht, sexuelle Orientierung oder politische Überzeugung (vgl. auch Rassismus).

Holocaust: Angelsächsische Bezeichnung für den Genozid an der jüdischen Bevölkerung (griech. „Ganzopfer", „Brandopfer"). In Deutschland ist die Leugnung des Holocausts eine Straftat (vgl. auch Shoa).

Inflation: Entwicklung der Geldentwertung und Preissteigerung, die zumeist durch eine Steigerung der Geldmenge ausgelöst wird. Von Hyperinflation (oder gallopierender) spricht man bei einer unkontrollierten Inflation mit extrem hohen monatlichen Steigerungsraten, in der Regel von über 50 %. Dies war 1922/23 der Fall.

Kolonien: Abhängige Gebiete in Übersee. Mit den Entdeckugnen und Eroberungen der Portugiesen und Spanier begann das Kolonooialzeitalter. Europäische Staaten besetzten dank ihrer überlegenen Waffen überseeische Gebiete, unterwarfen die dortige Bevölkerung, besiedelten das Gebiet und beuteten es wirtschaftlich aus. Je nach Schwerpunkt unterscheidet man Wirtschaftskolonien, Siedlungskolonien, Militärkolonien und Strafkolonien.

Kommunismus: Von Marx und Engels begründete Theorie, welche die Vorstellung einer klassenlosen Gesellschaft enthält, in der das Privateigentum an Produktionsmitteln (Fabriken, Maschinen) in Gemeineigentum überführt worden ist. Eingeleitet wird der Kommunismus durch die Proletarische Revolution. Die Arbeiterklasse errichtet die „Diktatur des Proletariats" und nach der Übergangsphase des Sozialismus entsteht allmählich die kommunistische Gesellschaft. Im 20. Jh. bezeichnete man als K. die Gesellschaftsform, die nach der Oktoberrevolution 1917 in der Sowjetunion errichtet wurde und durch die Diktatur der Kommunistischen Partei (KPdSU) gekennzeichnet war. Die Begriffe Kommunismus und Sozialismus werden häufig synonym gebraucht.

Militarisierung: die Ausstattung eines Landes mit Militär und Waffen sowie die gesellschaftliche Durchsetzung militärischer Prinzipien (Befehlsstrukturen, Hierarchien). Die Militarisierung eines Landes kann zum Militarismus führen, der durch eine Dominanz militärischer Wertvorstellungen und Ziele in Politik und gesellschaftlichem Leben gekennzeichnet ist.

Nationalsozialismus: Damit bezeichnet man gleichermaßen die Ideologie und das Herrschaftssystem des Nationalsozialismus. Der Nationalsozialismus deckt sich bedeutungsmäßig wesentlich mit dem Faschismus und ist wie dieser eine totalitäre Diktatur mit einem „Führer" an der Spitze. Im Unterschied zu anderen faschistischen Staaten akzentuierte der Nationalsozialismus den Rassismus und Antisemitismus. Der Genozid an der jüdischen Bevölkerung war ein speziell nationalsozialistisches Programm.

Obrigkeitsstaat: autoritäres Staatswesen, in dem ein Herrscher mithilfe einer kleinen (aristokratischen, bürokratischen oder militärischen) Führungsgruppe über ein Volk von „Untertanen" herrscht, die keine oder nur geringe politische Beteiligungsmöglichkeiten und Mitbestimmungsrechte besitzen. Ein Obrigkeitsstaat weist starre Hierarchien auf, seine Institutionen fordern von den als apolitisch gesehenen Untertanen Gehorsam und Respekt. Beispiele für Obrigkeitsstaaten stellen der Absolutismus und das Deutsche Kaiserreich unter Bismarck dar.

„Rassenlehre": Von den Nationalsozialisten verbreitete Rassentheorie, die wissenschaftlich unhaltbar und widerlegt ist. Im Zentrum stand die Behauptung, dass es eine hoch stehende „nordische Rasse" gäbe, welche zur Herrschaft über die „minderwertigen Rassen" berufen sei. Die zur „nordisch-germanischen Rasse" zählenden Menschen bezeichnete die Rassenlehre auch als Arier, ein aus dem indischen Sanskritwort arya = Edler abgeleiteter Begriff. Hierzu zählten besonders die Deutschen sowie alle Völker „arischer Abstammung". Den größten Gegensatz zum Arier stellten nach dieser zweifelhaften „Lehre" Jüdinnen und Juden dar. Die Nationalsozialisten schrieben diesen alle nur erdenklichen schlechten Eigenschaften zu, machten sie zum Symbol des

Bösen und unterstellten ihnen die Unterwanderung der nordischen „Eliterasse". Damit wurde die Rassenlehre zum Instrument der Entrechtung, Verfolgung und Ermordung jüdischer Menschen. Als minderwertig wurden neben den Jüdinnen und Juden auch Schwarze, Sinti und Roma und alle slawischen Völker angesehen.

Rassismus: Ist eine biologistische Ideologie, die die Qualität eines Menschen nach seiner rassischen Zugehörigkeit bewertet. Der Rassismus leugnet das Gleichheitspostulat und legitimiert Diskriminierung und aggressive Handlungen gegenüber fremden du andersartigen Menschen. Die Rassenideologie, auch in Form des Antisemitismus, wurde während der NS-Diktatur zum Rassenkampf gesteigert und zum Ausgangspunkt für den Völkermord (vgl. auch Diskriminierung).

Sendungsbewusstsein: Überzeugung einer Person oder einer Menschengruppe (z. B. Religionsgemeinschaft, politische Gemeinschaft, Staat), dass die eigenen Wertvorstellungen und Regeln die besten seien und folglich auch auf andere Menschengruppen oder sogar allumfassend ausgedehnt werden müssen. Sendungsbewusstsein ist ein Kennzeichen jeder missionierenden Religion (Christentum, Islam) sowie konstitutiver Bestandteil vieler Ideologien. Im politischen Bereich dient die Behauptung eines Sendungsauftrages vielfach zur Rechtfertigung von Expansionsbestrebungen. Beispiele von Sendungsbewusstsein sind die mit den Namen Cecil Rhodes und Benjamin Disraeli verbundene ideologische Begründung des britischen Imperialismus sowie das Manifest-Destiny-Konzept der USA im 19. Jahrhundert.

Shoa: hebräisch für „Untergang", „Verderben, „Katastrophe". Der Begriff Shoa steht für den von den Deutschen verübten systematischen Völkermord an der jüdischen Bevölkerung in der Zeit des Nationalsozialismus. Dem auch als Holocaust bezeichneten, singulären Menschheitsverbrechen fielen über sechs Millionen Jüdinnen und Juden zum Opfer. Ein Großteil der Menschen wurde in Gaskammern riesiger Vernichtungslager (Auschwitz) ermordet (vgl. auch Holocaust).

Sozialismus: Im 19. Jh. entstandene politische Bewegung, die bestehende gesellschaftliche Verhältnisse mit dem Ziel sozialer Gleichheit und Gerechtigkeit verändern will. Als Mittel hierzu dient die Überführung der Produktionsmittel in Gemeineigentum, die Einführung einer Planwirtschaft und die Beseitigung der Klassenunterschiede. Seit Ende des 19. Jh. bildeten sich gemäßigte und radikale sozialistische Richtungen, deren Ziele von einer Reform der kapitalistischen Wirtschaftsweise bis zum Umsturz der auf ihr beruhenden Gesellschaftsordnung reichten. Nach 1945 unterschied man den realen Sozialismus, wie ihn die Ostblockstaaten praktizierten, und den demokratischen Sozialismus, wie ihn die sozialdemokratischen und sozialistischen Parteien der westlichen Welt vertreten. In der marxistischen Theorie bildet der Sozialismus das Übergangsstadium vom Kapitalismus zum Kommunismus.

Totalitärer Staat: Ist ein Staat, der die lückenlose Erfassung des Individuums anstrebt. Der Begriff des totalitären Staates stammt aus den vierziger Jahren des 20. Jh. und diente der Politikwissenschaft zur Erfassung der Gemeinsamkeiten zwischen stalinistischen und faschistischen Diktaturen. Der totalitäre Staat macht systematischen Gebrauch von den technisch-operativen Herrschaftsinstrumenten des 20. Jh.

Weltkrieg: globaler militärischer Konflikt zwischen vielen Staaten, der sich über mehrere Kontinente bzw. Weltmeere erstreckt. Als erster Krieg dieser Art gilt der Siebenjährige Krieg (1756 – 63), allerdings werden erst die beiden großen Kriege des 20. Jahrhunderts explizit als Weltkriege bezeichnet (Erster Weltkrieg 1914 – 18, Zweiter Weltkrieg 1939 – 45). Beide Weltkriege waren durch Millionenheere, riesige Militärmaschinerien sowie die vollständige Kriegsausrichtung der beteiligten Volkswirtschaften gekennzeichnet. Sie führten zu Millionen von Todesopfern, immensen materiellen und kulturellen Zerstörungen sowie nachfolgenden grundlegenden Veränderungen im Staatensystem der Welt.

Widerstand: Sehr allgemeiner Begriff für alle Maßnahmen und Handlungen, die gegen die Regierung oder die Staatsgewalt gerichtet sind. W. muss auf seine Legitimität hin im Einzelnen geprüft werden. Als Folge der nationalsozialistischen Diktatur sieht das Grundgesetz ein Widerstandsrecht für den Fall vor, dass die freiheitlich demokratische Grundordnung beseitigt werden soll.

Wirtschaftsliberalismus: Wirtschaftsordnung, die von den Grundsätzen des Liberalismus geprägt ist. Er beruht auf den Vorstellungen des Philosophen Adam Smith (1723 – 1790), der seine liberale Wirtschaftslehre 1776 in einem fundamentalen Werk veröffentlichte. Smith war der Überzeugung, dass dem Gemeinwohl am besten gedient sei, wenn der Einzelne ohne staatliche Beschränkungen seine wirtschaftlichen Interessen verfolgen könne. Eine „unsichtbare Hand" lasse jeden das tun, was dem Wohl des Ganzen diene. Wesentliche Elemente dieser Lehre finden sich auch in der modernen Marktwirtschaft.

Wirtschaftslenkung: Gesamtheit politischer Maßnahmen, mit denen der Staat bestimmte Zustände oder Abläufe des Wirtschaftslebens herbeizuführen sucht, z. B. Import- / Exportzölle, Subventionen, Kredite, Steuern oder Preisfestsetzungen. Die Wirtschaftslenkung steht in Opposition zum radikalen Liberalismus, der jegliche staatliche Einmischung in das Marktgeschehen ablehnt („laissez faire"). Eine Wirtschaftslenkung kann in unterschiedlichen Graden erfolgen, Beispiele sind sowohl der Merkantilismus unter Ludwig XIV. als auch die Brüning'schen Notverordnungen der Weimarer Republik oder die New Deal-Politik der USA in den 1930er-Jahren. Die sozialistische Planwirtschaft stellt eine zentralisierte und umfassende Form der Wirtschaftslenkung dar.

14-Punkte-Programm (Wilson) 69, 77, 91

Abdankung 18, 84 f., 87
Absatzmärkte 33, 36, 189
Abschreckung 210
Absolutismus 71
Achsenmächte 180, 184 f., 188
Adel 12, 21 f., 115 f.
Adenauer, Konrad 165, 222
AEG, Allgemeine Elektricitäts-Gesell-
 schaft 118 f.
Aktien, Aktiengesellschaft (AG) 100,
 124 ff.
Alldeutscher Verband 20, 36
Alliierte (s. auch Siegermächte) 77, 92,
 128, 135, 145, 179 f., 184, 188 f., 195, 197,
 215
Alliierter Kontrollrat 145
Alltagsgeschichte, Alltagskultur 24, 56,
 60, 111, 123, 160 f., 171, 194 f.
Analphabetismus 75
Angebot und Nachfrage 124
Angestellte 22, 115, 119 ff., 198, 206
Annexion 49, 179 ff., 218
„Anschluss" Österreichs 179
Anti-Hitler-Koalition (s. auch Alliierte,
 Siegermächte) 144
Antike 86, 198
Antikominternpakt 189
Antikommunismus, Antibolschewismus
 145, 158 f., 192 f.
Antisemitismus 24, 28 f., 115, 131, 145,
 158 f., 174 ff., 199
Appeasement-Politik 179 f.
Arbeiter(klasse), Arbeiterbewegung 14,
 70, 87, 96, 105, 126, 150, 167, 209
Arbeiter- und Soldatenräte s. Räte
Arbeitslosigkeit 83, 101, 111, 122 f., 126,
 128 f., 132, 135 f., 141, 164 – 167
Armut (s. auch Hunger) 107, 128 f., 167
Atombombe, Atomwaffen 145, 214 f.
Attentat 16, 50 – 53, 97 ff., 103, 176, 206 f.,
 210 – 213
Aufrüstung 6 f., 36, 47, 52, 69, 86, 166,
 178, 189, 195
Aufstand 41, 86, 89, 98 f., 108
Ausbeutung 33, 70, 73, 107, 195, 208, 219
Auschwitz 202 f., 205
Ausgrenzung 123, 144, 160 ff., 172, 174
Auswanderung 34, 176, 221
Auto, Automobilindustrie 75, 115, 128, 165
Autobahn 165 f., 167
Autonomie s. Unabhängigkeit

Baden, Max von 77, 85, 87
Balance of Power s. Gleichgewichts-
 politik
Balkan(krise) 33, 46, 48 f., 51 ff., 62, 76,
 185, 211
Ballin, Albert 24, 29
Banken, Bankwesen 22, 68, 124, 126, 128
„Barbarossa"-Plan 188, 192
Bauern (s. auch Landwirtschaft) 23, 68,
 72 – 75, 115, 136

Baumwolle 35
BdM, „Bund deutscher Mädel" 170 ff.,
 195, 210
Beamte, Beamtentum 22, 39, 131, 135 f.,
 141, 153 f., 175, 177, 219
Bebel, August 14
Befreiung 162, 205, 219
Bekennende Kirche 210
Belagerungszustand 14, 65
Benedikt XV. (Papst) 77
Bergbau, Bergwerke 73 f., 220
„Berufsbeamtentums-Gesetz" 153, 175
Berufsverbote 175
Besatzung, Besatzungsmächte, Besat-
 zungszonen 101, 105, 107, 145, 185,
 187, 189, 211, 215, 219, 222, 224
Beschwichtigungspolitik s. Appease-
 ment-Politik
Besitzbürgertum 12, 22, 115 f.
Bethmann Hollweg, Theobald von 53,
 65
Bevölkerungsentwicklung 11, 22, 57, 68,
 75 f., 116, 130, 161, 165, 179
BGB, Bürgerliches Gesetzbuch 20, 23,
 93, 121
Bildungsbürgertum 22, 115 f.
Bildungsreform 43
Bischoff, Theodor von 25
Bismarck, Otto Eduard Leopold von 9,
 12, 14 ff., 19, 35 f., 47, 218
„Blankoscheck" 51 f.
„Blitzkrieg" 185, 199
Blockade 55 f., 67, 189 f.
„Blockwart" 162
Bodenreform 130
Bolschewiki, Bolschewismus 68, 70 f.,
 91, 105
Bombenkrieg 59, 145, 185, 189, 194 – 197,
 201, 214
Bonhoeffer, Dietrich 210
Börse, Börsenkrach 124 ff., 128
Boykott 175
Brandenburger Tor 99, 146
Braun, Otto 141
Brest-Litowsk s. Frieden
Briand, Aristide 106, 219
Brüning, Heinrich 135 f., 166
Buchenwald (KZ) 162, 200
Bülow, Bernhard von 36
Bund Deutscher Frauenvereine 24
Bundesstaat 10 ff.
Bündnispolitik, Bündnissystem 9, 11,
 35, 46 f., 51 f., 95, 147, 185
Bürger(tum) 12, 22 ff., 28, 86, 101, 115 f.,
 147, 149, 210
Bürgerkrieg 73, 96, 136
Bürgerrechte 12, 28
Burgfrieden 55, 63, 77, 86
BVP, Bayerische Volkspartei 95

Chamberlain, Neville 179 f.
Christen(tum) (s. auch Katholizismus,
 Protestantismus) 28, 97, 115, 171,
 209 f.

Churchill, Winston Leonard Spencer 215
Clemenceau, Georges Benjamin 90 f., 93
Compiègne 90, 185, 223
Coventry 185, 195, 197

Dachau (KZ) 7, 163, 210
DAF, „Deutsche Arbeitsfront" 153, 161,
 167, 169
Dänemark 56, 185, 211
Darwin, Charles 33, 158
Dawes, Charles G. (Dawes-Plan) 109, 128
DDP, Deutsche Demokratische Partei
 89, 95 f., 98 f., 101, 115 f., 123, 135
de Gaulle, Charles 222
Deflation, Deflationspolitik 135
Dekolonisation 44
Dekret über den Frieden/Grund und
 Boden 68
Demilitarisierung s. Entmilitarisierung
Demokratie 8 f., 12, 68, 82 f., 86, 88 f., 96,
 101, 131, 141 f., 149, 215
Demonstrationen 68, 92, 177
Denkmäler 7, 30, 38, 79 f., 198, 211, 219
Deportation 185, 190, 200, 204, 219
Desertion, Deserteure 167, 211
Despotie (s. auch Diktatur) 71
„Deutsche Christen" 210
Deutsch-Französischer Krieg s. Krieg
Deutsch-Ostafrika/Deutsch-Südwest-
 afrika 32 – 41, 44
Dienstleistungen, Dienstleistungsgesell-
 schaft 22, 24, 116
„Diktatfriede" 92
Diktatur, Diktator (s. auch Despotie) 63,
 83, 123, 144, 146, 148, 152 f., 160 f., 206,
 208
Diktatur des Proletariats 70, 96, 105
Diskriminierung 174 f., 199
DNVP, Deutschnationale Volkspartei 89,
 95 f., 98, 107, 116, 123, 147
Dohm, Hedwig 25
Dollar 125, 203
Dreibund 46
Dreieckshandel 35
Drei-Kaiser-Jahr 19
„Drittes Reich" 149
DVP, Deutsche Volkspartei 89, 94 ff., 101,
 106, 116, 123, 135 f.
Dzierzynski, Feliks 68

Ebert, Friedrich 85 ff., 89, 99, 109, 160
Edelweiß-Piraten 210
Ehrenburg, Ilja 192
Ehrhardt, Hermann 99
„Einsatzgruppen" 190, 199
Einstein, Albert 117
Eisenbahn(bau) 39, 73 f.
Eisner, Kurt 103
Elite (s. auch Adel) 141
Elsass-Lothringen 92, 218 f., 224
Elser, Georg 207
Élysée-Vertrag 222
Emanzipation s. Gleichberechtigung
Emigration 176

„Endlösung" (s. auch Holocaust)   201
„Endsieg"   195
Engels, Friedrich   12
Enteignung (s. auch Kollektivierung,
    Verstaatlichung)   68, 73 f., 86, 190
Entente   46 f., 57, 68, 98, 107
Entkoloni(ali)sierung s. Dekolonisation
Entmilitarisierung   92, 105, 179
Epoche   18 f., 28, 30, 66 f.
„Erbfeindschaft"   218, 223
„Erfüllungspolitik"   99
Erinnerungskultur   42, 78 ff.
„Ermächtigungsgesetz"   148 ff., 153
Erster Weltkrieg s. Krieg
Erzberger, Matthias   77, 99
Ethnologie   42, 44
EU, Europäische Union   223
Europäisierung   32
„Euthanasie"   199, 209
Evangelische Kirche (s. auch Protestan-
    tismus)   115, 210
EVG, Europäische Verteidigungsgemein-
    schaft   222
EWG, Europäische Wirtschaftsgemein-
    schaft   222
Exekutive   154
Exil, Exilanten (s. auch Emigration,
    Flucht)   9, 66, 68, 76, 209
Expansion, Expansionspolitik   35, 53,
    158, 179 f., 189
Export   33, 36, 91

Fahnenflucht   162, 211
Familie, Familienpolitik   14, 22 f., 100,
    115, 119 ff., 129, 161, 209, 221
Faschismus (s. auch NSDAP)   74, 185
Feldpost   59 ff.
Film   79 f., 111, 113, 146, 169, 187
Fließbandproduktion   115, 119, 125
Flotte, Flottenpolitik   20, 36, 46 f., 55 f.,
    77, 86, 189, 215
Flottenabkommen   179
Flottenverein   20, 36
Flucht, Flüchtlinge (s. auch Vertreibung)
    40 f., 99, 176, 215
Flugblätter   65, 142, 173, 192, 208 ff.
Folter   149, 212
Frank, Hans   187
Frankfurter Nationalversammlung s.
    Paulskirche
Franz Ferdinand von Österreich-Este
    (österr. Erzhzg.)   50
Franz Joseph I. (österr. Ks.)   51
Französische Revolution s. Revolution
Frauen, Frauenbewegung, Frauenrechte
    22–25, 63, 82, 86, 88 f., 95, 118–121,
    161, 165
Freikorps   86, 99, 103, 123
Fremdherrschaft (s. auch Kolonialismus)
    49
Frick, Wilhelm   147
Frieden
▪ von Brest-Litowsk   68 f., 85, 92
▪ von Bukarest   49

▪ von Versailles s. Versailler Vertrag
Friedensnobelpreis   106, 219
Friedensvertrag   69, 91, 99, 130, 218 f.
„Führer", Führerkult, Führerprinzip   102 f.,
    144, 154, 157, 159, 170 f., 191, 207, 213
Fünfjahrplan   73
Fürsten   11, 150

Galen, Clemens August Graf von   209
Garantieerklärung   180
Gaskammern (s. auch Holocaust)   200
Gaskrieg   9, 58 f., 79
„Generalgouvernement"   185, 187, 203 f.
Generalstreik   85, 99, 136, 147
Genfer Abkommen / Konvention   193
Genozid s. Völkermord
Geschwister Scholl s. Scholl
Gestapo, „Geheime Staatspolizei"   152,
    162, 209 f., 219
Gewaltenteilung, Gewaltentrennung   86,
    149, 154
Gewaltfrieden   92
Gewerkschaften   14, 86, 135 f., 153, 209
Gleichberechtigung   23 f., 28 f., 82, 88,
    118–121, 150, 212
Gleichgewichtspolitik   49, 91
„Gleichschaltung"   152 f.
Gleiwitz   185
Goebbels, Joseph   168, 177, 187, 191, 197,
    199, 207, 213
„Goldene Zwanziger"   110–113
Göring, Hermann   147, 153, 197, 207
Görlitzer Programm der SPD   97
Groener, Wilhelm   86
Großgrundbesitz   68, 136, 141
Grundrechte (s. auch Menschen- u. Bür-
    gerrechte)   28, 137, 149
Grynszpan, Herschel   176
GULag, Glawnoje Uprawlenije Lageri   75

Habsburger   50 f., 91
Hácha, Emil   180
„Heimatfront"   63 f.
Herero   34, 38–41
Himmler, Heinrich   153 f., 201, 204
Hindenburg, Paul von   55, 63, 109, 123,
    135 f., 141, 144, 146, 149, 154
Hiroshima   145, 214 f.
Hirschfeld, Magnus   117, 177
Hitlerputsch   102 f., 131
Hitler-Stalin-Pakt s. Nichtangriffsvertrag,
    Deutsch-Sowjetischer
HJ, „Hitlerjugend"   152, 169, 170–173,
    195, 208, 210
Hohenzollern   87
Holocaust   80, 144, 156, 184, 198–205
Honoratioren   12, 29
Hugenberg, Alfred   107, 146 f.
Humboldt-Forum   42 ff.
Hunger, Hungersnot (s. auch Armut)   9,
    40, 56, 62 f., 65, 72, 74, 76 f., 190
Hyperinflation s. Inflation

Imperialismus   32–37, 42, 48, 53, 181

Indigene Kulturen   39 f.
Industrialisierung   12, 21 ff., 33, 35, 71,
    73, 115 f.
Inflation   98, 100 f., 109, 126, 136, 141,
    166
Internationale (Arbeiterassoziation)   189
Invasion   215
Isolation   106, 218

Jalta-Konferenz s. Konferenz
Juden, Judentum   7, 24, 28 f., 115 ff.,
    144 f., 156–159, 161 f., 174–177, 190, 192,
    198–203, 219
Jugendbünde   123
Julikrise   51 ff.
Junkertum, Junker   12, 65

Kalender   68
Kanzelparagraf   15 f.
Kapital, Kapitalismus (s. auch Imperia-
    lismus)   33, 65, 70 f., 86 f., 101, 109, 124,
    128, 147, 158, 218, 220
Kapitulation   8, 40, 185, 189, 191, 214 f.,
    218
Kapp-Putsch   98 f., 187
Katholizismus, katholische Kirche   12,
    14 ff., 95, 115 f., 209
KdF, „Kraft durch Freude"   160 f., 169
Kiautschou   34 f.
Klasse, Klassengesellschaft, Klassen-
    kampf   22, 70, 74, 150
Kleinbürgertum   22
Klingenbeck, Walter   210
Kolchose   73
Kollektiv, Kollektivierung   72–75
kollektives Gedächtnis   30
Kolonialismus, Kolonien   32–45, 92, 130,
    159, 179, 189, 218
Kolonialwaren   33, 36
Komintern (Kommunistische Internatio-
    nale) s. Internationale
Kommissarbefehl   193
Kommunismus, Kommunisten (s. auch
    KPD)   8 f., 68, 70 f., 73 ff., 83, 85 f., 105,
    116, 132, 136, 141, 149, 156, 189, 209
Konferenz
▪ von Jalta (Krim-Konferenz)   215
▪ Kongokonferenz   36
▪ von Locarno   106 f., 219
▪ von Rapallo   105
▪ Wannseekonferenz   200
Kongo   36
Konkordat   209
Konservati(vi)smus, Konservative   8,
    12 f., 16, 28, 95, 116, 131, 141, 147, 149
konstitutionelle Monarchie s. Monarchie
Konsum, Konsumgesellschaft   26 f., 111,
    125, 166
Konzentrationslager s. KZ
KPD, Kommunistische Partei Deutsch-
    lands   86, 94 ff., 107, 116, 128, 141, 147,
    149, 153, 209
Krankenversicherung   14, 16 f.
Kredit   55, 86, 109, 128, 165

Krieg (s. auch Bürgerkrieg, Schlacht, Stellungskrieg, Vernichtungskrieg)
- Balkankriege   46, 49
- Deutsch-Französischer Krieg   218
- Erster Weltkrieg   9, 18, 36, 47–68, 76–80, 82 ff., 90 ff., 105, 109, 111, 115, 119, 123, 125, 219
- Zweiter Weltkrieg   141, 144 f., 156, 158, 179, 184–197, 199, 214 f., 219, 222 f.

Kriegsanleihen, Kriegskredite   55, 86, 100
Kriegsentschädigungen s. Reparationen
Kriegserklärung   51 f., 69
Kriegsgefangene, Kriegsgefangenschaft   144, 162, 189 f., 193, 195, 200
Kriegskommunismus   73
Kriegsschuldfrage   9, 51, 53, 55, 92, 105
Kriegsverbrechen, Kriegsverbrecher   76, 92, 200, 219, 224
Kriegswirtschaft   9, 82, 189
Krim-Konferenz s. Konferenz von Jalta
Kulaken   74
Kulturkampf   15 f.
Kyffhäuserbund   20
KZ, Konzentrationslager   7, 149, 152, 160, 162 f., 198, 200, 202 f., 209 f.

Landwirtschaft   (s. auch Bauern)   16, 39, 73 ff., 121, 165
„Lebensraum"-Ideologie/Politik   158, 179, 188, 190
Leber, Julius   146, 209
Lenin (Wladimir Iljitsch Uljanow)   7, 66, 68, 70, 73 f.
Leningrad-Blockade   190
Leopold II. (belg. Kg.)   36
Liberalismus, Liberale   8, 12 f., 15 f., 77, 86, 89, 95, 116, 141
Liebknecht, Karl   85 ff.
Lloyd George, David   72, 90 f.
Locarno-Verträge s. Konferenz
Ludendorff, Erich   55, 63, 103
Lüderitz, Adolf   35, 39
Lusitania   66 f.
Lüttwitz, Walther von   99
Luxemburg, Rosa   86

Mächtegleichgewicht s. Gleichgewichtspolitik
„Machtergreifung", „Machtübernahme", Machtübergabe   84, 136, 144, 146 f., 171, 174, 179, 199
Maharero, Samuel   40 f.
Marokko-Krise   48
„Marsch auf Berlin"   103
Marx, Karl (Marxismus, s. auch Kommunismus, Sozialismus)   12, 86
Materialschlachten   9, 56, 59
Max von Baden   77, 85, 87
Medien   111, 120, 132
Menschen- und Bürgerrechte   9, 12, 28
Militarismus   19 f.
Mission, Missionare   33, 39
Mittelmächte   55, 57, 67 ff., 85

Mitterrand, François   222 f.
Mobilmachung, Mobilisierung   51 f., 55, 66, 194
Monarchie
- absolut(istisch)e M. s. Absolutismus
- konstitutionelle M.   10, 85
- parlamentarische M.   77, 85 f., 89
Monnet, Jean   222
MSPD, Mehrheitssozialdemokratische Partei Deutschlands   85 f., 103
Müller, Hermann   135
Münchener Abkommen   180
Mussolini, Benito   185, 189

Nagasaki   145, 214 f.
Napoleon III. (franz. Ks.)   218
Nationalismus   20, 33
Nationalversammlung
- Deutschland   28, 85 f., 88 ff., 93, 95, 119
- Frankreich   28, 222
NEP, Neue Ökonomische Politik (Sowjetunion)   73
„Neue Frau"   119 f.
Neutralität   47, 53, 55, 57, 67, 184 f., 188
Nichtangriffsvertrag
- Deutsch-Polnischer N.   179
- Deutsch-Sowjetischer N.   180, 185 f.
Nikolaus II. (russ. Zar)   68
Norddeutscher Bund   11, 28
Novemberpogrome   176 f.
Novemberrevolution s. Revolution
„Novemberverbrecher"   158
NSDAP, „Nationalsozialistische Deutsche Arbeiterpartei"   102 f., 116, 128, 130–133, 136, 147, 149, 152 f., 168, 199 f.
„Nürnberger Gesetze"   174 f.

Obrigkeit, Obrigkeitsstaat   12, 82, 141
OHL, Oberste Heeresleitung   56, 63, 67, 77, 86, 92, 109
Oktoberrevolution s. Revolution
Olympische Spiele   175, 179
Organisation Consul   99
Orlando, Vittorio Emanuele   91
Osmanen, Osmanisches Reich   36, 49, 53

Panslawismus   49, 51, 53
Papen, Franz von   134, 136, 141, 146 f.
Parlament, Parlamentarismus   82, 84 ff., 89, 128, 130, 134 ff., 141, 159
Partisanen, Partisanenkrieg   189, 200, 211
passiver Widerstand   101, 208, 210
Paulskirche, Paulskirchenparlament   28
Pazifismus   98, 107
Pearl Harbor   189, 215
persönliches Regiment   9, 19
Peters, Carl   34
Pfarrernotbund   210
„Platz an der Sonne"   36
Plebiszit s. Volksentscheid
Pogrom   176 f.
Poincaré, Raymond   101

Polen   106, 144 f., 176, 179 f., 185 ff., 190, 199 f., 211
Potsdamer Abkommen/Konferenz   145
Präsidialkabinette   83, 135, 137, 165
Pressefreiheit   68
Princip, Gavrilo   50
Proletariat (s. auch Arbeiterklasse)   70, 87, 96, 105
„Protektorat" s. „Schutzgebiet"
Protestantismus, Protestanten (s. auch evangelische Kirche)   12, 115
Putsch   98 f., 102 f., 131, 154 f., 169

RAD, „Reichsarbeitsdienst"   166 f., 169, 171
Rapallo-Vertrag s. Konferenz
Rassenvernichtungskrieg   190
Rassismus   24, 37, 39, 153, 157 ff., 174 f., 181, 185, 199
Rat der Volksbeauftragten   85 f.
Räte, Rätesystem, Rätekongress   86
Rathenau, Walther   98 f., 115
Reformation   115
Reichsgründung   8 f., 11, 15, 29, 218
„Reichskristallnacht" s. Novemberpogrome
„Reichsparteitage"   6 f., 131, 144, 153, 168 f.
Reichstag   10–13, 15 f., 19, 95, 98 f., 108, 132, 134–138, 149 f., 153, 155, 215
Reichswehr   86, 88, 99, 149, 153 f.
Rente, Rentenversicherung   14, 195
Rentenmark   101
Reparationen   91 f., 99, 101, 105, 109, 128, 135, 218
Revanche, Revanchismus   218
Revision, Revisionismus   83, 104, 130, 179
Revolution   16, 96
- Französische Revolution   28
- Novemberrevolution   6 f., 77, 84–89, 114
- Oktoberrevolution/Russische R.   66 ff., 70 f., 73, 80, 105
- von 1848/49   10
- Weltrevolution   73, 85
Rezession   128
Röhm, Ernst („Röhmputsch")   153 ff., 201
Roma   144, 156, 161 f., 198, 200, 204
Roosevelt, Franklin Delano   215
Rote Armee (Sowjetunion)   68, 73, 215
Rückversicherungsvertrag   47
Ruhrgebiet   101, 210, 219
Russische Revolution s. Revolution

SA, „Sturmabteilung"   123, 132, 136, 149 f., 152 ff., 158, 168 f., 175, 208
Sabotage   162, 182, 209 ff.
Sarajewo-Attentat   50, 52 f.
Scheidemann, Philipp   85, 87, 89, 93, 99
Schlacht
- um Berlin   215
- an der Marne   55
- von Sedan   30, 218

- am Skagerrak 56 f.
- an der Somme 76
- von Stalingrad 189 f., 208
- von Tannenberg 55
- von Verdun 56, 62, 79, 219, 222 f.
- am Waterberg 40 f.
- von Ypern 58, 78 f.

Schleicher, Kurt von 136, 141, 154
Schlieffenplan 55
Scholl, Hans und Sophie (Geschwister Scholl) 173, 208, 210
Schuman, Robert (Schumanplan) 222
Schützengraben 55 f., 58–61, 79
„Schutzgebiet", „Schutzherrschaft" 83, 180, 203
Schwarzer Donnerstag 124 f.
Schwarzmarkt 63
SD, „Sicherheitsdienst" 199
Seeblockade 67
Shoah s. Holocaust
Siedler, Siedlungen 39 f.
Siegermächte (s. auch Alliierte, Anti-Hitler-Koalition) 83, 91 f., 99, 106, 222
Sinti 144, 156, 161 f., 198, 200, 204
Sippenhaft 211
Souveränität 51, 94, 185
Sowjetunion 68, 72–75, 80, 83, 92, 105, 144 f., 158, 185 f., 188 ff., 192 f., 199 f., 211, 215, 223
Sozialdarwinismus 33, 157 f.
Sozialismus, Sozialisten (s. auch Kommunismus) 7 ff., 68, 70 f., 73, 75, 80, 83, 85 ff., 96 f., 150, 210
Sozialistengesetz 14, 16, 20
Sozialpolitik, Sozialgesetzgebung, Sozialversicherung 16 f., 135
Spanische Grippe 9, 76
Spartakusbund, Spartakusaufstand 86, 96
SPD, Sozialdemokratische Partei Deutschlands 12, 20, 77, 85 f., 89, 95, 97, 99, 101, 116, 135 f., 147, 149 f., 153, 209
SS, „Schutzstaffel" 132, 152 ff., 162 f., 169, 185, 190, 192, 200–205, 208, 219
„Stahlpakt" 180, 185
Stalin (J. W. Dschugaschwili), Stalinismus 72–75, 185 f., 215
Stauffenberg, Claus Schenk Graf von 211 ff.
Steckrübenwinter 9
Stellungskrieg 9, 55 f., 58 f.
Stöcker, Helene 25
Strasser, Gregor 136
Stresemann, Gustav 101, 106 f., 219
Sudeten, Sudetendeutsche, Sudetenkrise 179 ff.
Swing-Jugend 210

„Tag von Potsdam" 149
Terror 74, 132, 144, 162 f., 197, 208 f., 212, 215
Tirpitz, Alfred von 47
„Totaler Krieg" 189, 191
Treskow, Henning von 211 f.

Trotha, Lothar von 40 f.
Tschechoslowakei 105 f., 145, 179 ff.
Tscheka 68

U-Boot-Krieg 66 f., 77,
UdSSR, Union der Sozialistischen Sowjetrepubliken s. Sowjetunion
Ultimatum 40, 51 f.
Ultramontanismus 15
Umsiedlung, Umsiedler (s. auch Flucht, Vertreibung) 185, 204
Umsturzdekrete (Lenin) s. Dekret
Unabhängigkeit, Unabhängigkeitsbewegung 49, 153, 181, 186, 221
„Unternehmen Barbarossa" 188
Urbanisierung 21, 23
Urkatastrophe 9, 18
USPD, Unabhängige Sozialdemokratische Partei Deutschlands 85 f., 89, 95

Vatikan 209
Verfassung 10 f., 15, 19 f., 28, 77, 85 f., 88 f., 95 ff., 99, 109, 119, 135, 137, 141, 147, 149 f.
Vernichtungskrieg 145, 156, 188 ff., 200
Vernichtungslager 200, 203
Versailler Vertrag 40, 90–93, 99, 101, 104 ff., 107, 130, 141, 145, 157, 178 f., 219
Verstaatlichung 68, 130
Verständigungsfrieden 77
Vertreibung, Vertriebene (s. auch Flucht) 176, 190
Völkerbund 91 f., 105 f., 179, 219
Völkermord (s. auch Holocaust) 38, 40 f., 65, 144, 190, 199 f.
Völkerrecht 10, 40, 67, 190, 193
Volksentscheid 88 f., 222
„Volksgemeinschaft" 133, 144, 157, 160 f., 171, 173
Vollbeschäftigung 165

Wachstum 164, 166
Waffenstillstand 77, 90, 92, 99, 185
Wahlrecht 10 f., 24, 82, 86, 88, 95, 118 f., 141
Währungsreform 100 f., 109
Wandervogel 54, 123
Wannseekonferenz s. Konferenz
„Wehrkraftzersetzung" 162, 195
Wehrmacht 152, 169, 180, 185, 188, 191 ff., 199, 211, 213, 215, 219
Wehrpflicht 10, 92, 166, 179
Weimarer Koalition 89, 95, 99, 135
Weiße Rose 173, 208, 210
Wels, Otto 150
Weltmacht 9, 67
Weltrevolution s. Revolution
Weltwirtschaftskrise 83, 120, 123, 125 f., 128 f., 132, 135, 141, 164
„Wettlauf um Afrika" (s. auch Kolonialismus) 33, 35, 47
Wettrüsten 36, 52
Widerstand 20, 41, 101, 153 f., 156, 173, 179, 195, 200, 206–213, 215, 219

Wiener Kongress 91
Wilhelm I. (preuß. Kg. u. dt. Ks.) 15 f., 19, 30
Wilhelm II. (dt. Ks.) 9, 16, 18 ff., 24, 36, 46 f., 51, 63, 76, 85, 92
Wilhelminismus 19
Wilson, Thomas Woodrow 68 f., 77, 90 f.
„Winterhilfswerk" 161
Witbooi, Hendrik 34, 40

Zar, Zarismus 48, 68
Zentrum (Partei) 12 f., 15 f., 77, 86, 89, 95, 97 ff., 101, 116, 123, 135
„Zuckerbrot und Peitsche" 15 f.
Zusammenbruch 77, 83, 99, 101, 107, 125, 128, 130, 223
Zwangsarbeit, Zwangsarbeiter 73 ff., 162, 189 f., 194 f., 200
Zweibund 46
Zweifrontenkrieg 185, 189
Zweiter Weltkrieg s. Krieg

akg-images GmbH, Berlin: 3.1, 3.2, 4.1, 4.3, 6.2, 9.1, 11.1, 19.1, 21.1, 23.1, 26.1, 34.1, 34.2, 39.1, 40.1, 41.2, 48.1, 50.1, 54.1, 58.2, 58.3, 63.2, 63.3, 66.2, 68.1, 74.2, 82.1, 85.2, 86.1, 86.2, 89.2, 94.1, 94.2, 101.2, 102.1, 103.1, 106.1, 109.1, 111.1, 111.3, 115.2, 117.5, 130.1, 131.1, 132.1, 135.1, 147.1, 148.1, 149.2, 149.3, 150.2, 160.2, 162.2, 165.2, 170.1, 170.2, 177.1, 179.1, 185.1, 190.2, 199.1, 199.2, 200.2, 202.1, 212.1, 215.2; Bildarchiv Pisarek 176.2; Gerasimov, Aleksander Michailowitsch © VG Bild-Kunst, Bonn 2021 7.1, 70.1; Hoffmann 102.2; Pictures From History 47.1; RIA Nowosti 74.1; Röhnert, Heinz 172.1; Voller Ernst/Jewgeni Chaldej 215.1; Wittenstein, Jürgen Georg 210.3; © VG Bild-Kunst, Bonn 2012/Gerasimov, Alexander Michailowitsch 73.1; © VG Bild-Kunst, Bonn 2021 110.1; © Viola Roehr von Alvensleben, München (Rudolf Schlichter) Titel. |Alamy Stock Photo, Abingdon/Oxfordshire: Artexplorer 66.1. |Alamy Stock Photo (RMB), Abingdon/ Oxfordshire: Balfore Archive Images 35.1; ellis, jackie 38.2; Gollop, John 78.1; Granger Historical Picture Archive 19.2; K. Sriskandan 80.1; Keystone Press 179.2; Pictorial Press Ltd 3.3, 89.1; public domain sourced/ access rights from Historic Collection 210.2; Science History Images 125.1; Shawshots 168.1; The Advertising Archives 113.1; The Print Collector 169.2. |Archiv der sozialen Demokratie, Bonn: Quelle: AdsD/FES 117.2. |bpk-Bildagentur, Berlin: 14.1, 16.1, 17.1, 22.1, 28.1, 46.1, 66.3, 91.1, 95.1, 101.1, 104.1, 109.2, 153.1, 158.2, 164.1, 175.1, 175.2, 197.2, 205.1, 208.1; Braun, Lutz 20.1; BSB/Heinrich Hoffmann 157.1; Deutsches Historisches Museum 63.1, 118.1, 157.2, 176.1; Deutsches Historisches Museum / Psille, Arne 51.1, 96.2; Dias, E.C. 33.2; Ethnologisches Museum, SMB/ Graf, Dietrich 44.1; H. Buresch/Eduard Thöny Nachlass München 12.2; Hoffmann, Heinrich

201.1; Hoffmann, Herbert 6.5, 129.1; Katz, Dietmar 12.1, 15.1, 142.1; Kunstbibliothek, SMB / Katz, Dietmar 90.1; Kunstbibliothek, SMB/ Petersen, Knud 112.4; Lala Aufsberg 171.1; SMB/Kunstbibliothek/K. Petersen 112.2; SMB/Kunstbibliothek/Katz, Dietmar 158.1; SMB/Kunstbibliothek/Knud Petersen 112.3; Steffenelli 36.1; Thomas Theodor Heine 140.1; © VG Bild-Kunst, Bonn 2019/ Arnold, Karl 137.1, 137.2. |Bridgeman Images, Berlin: 219.1; SZ Photo 144.1. |Cham (Amédée Charles Henri de Noé): 218.1. |Das Bundesarchiv, Koblenz: 98.1; Bild 152-21-05 7.4; Bild 183-J0908-0600-002 85.1; Bild 183-R12318 76.1; Plak 002-020-092 119.1; Plak 002-020-125 82.2; Plak 002-025-035 136.2; Plak 003-018-036 160.1; Plak 003-023-027 165.1; R 165 Bild-244-42 204.1. |Ellia, Linda, Paris: Artiste Linda Ellia. Livre „Notre combat" publié aux Éditions du Seuil 156.1, 156.2. |Güttler, Peter - Freier Redaktions-Dienst (GEO), Berlin: 203.1. |Haus der Geschichte der Bundesrepublik Deutschland, Bonn: Klaus Pielert 224.1. |Historisches Archiv MAN, Augsburg: Historisches Archiv MAN Augsburg 22.2. |Imago, Berlin: teutopress 161.1. |Interfoto, München: Friedrich 119.2; imagebroker/ Frohn, Simon 198.1; TV-Yesterday 36.2; © VG Bild-Kunst, Bonn 2021/Olaf Gulbransson 18.1. |Lagatz, Uwe Dr., Wernigerode: 59.1. |LIO Design GmbH, Braunschweig: LAYOUTELEMENT 45.1, 61.1, 87.1, 96.1, 117.1, 139.1, 191.2, 197.1. |Magnus-Hirschfeld-Gesellschaft e.V., Berlin: 117.4. |Max Ernst Museum Brühl des LVR, Brühl: 117.3. |Niggemann, Nils, Berlin: Titel. |Penguin Random House Verlagsgruppe GmbH, München: Coverartwork und Klappentext nach Christopher Clark, Die Schlafwandler, erschienen in der Deutschen Verlags-Anstalt, München, in der Penguin Random House Verlagsgruppe GmbH 53.1.

|Picture-Alliance GmbH, Frankfurt a.M.: akg-images 99.2, 138.1, 146.1, 150.1; akg-images/D.E.Hoppe 213.1; dpa/bifab 210.1; dpa/Dana 214.1; dpa/Laub, Maria 7.3; dpa/ Nietfeld, Kay 223.2; imageBROKER/Fotoatelier Berlin 42.1; ITAR-TASS/Sindeyev Vladimir 72.1; Kunstsammlung/VG Bild-Kunst, Bonn 2021/The Heartfield Community of Heirs 155.1. |Sammlung R. Sterz: Süpple 7.2, 192.1. |Schweppenstette, Frank Dr., Köln: 225.1. |Shutterstock.com, New York: Moviestore 113.2. |Stadt Bernau bei Berlin - Der Bürgermeister, Bernau bei Berlin: 211.1. |stock. adobe.com, Dublin: powell83 30.1; rdnzl 79.1; Tiburzy, Reinhard 38.1; wolfgangstaudt 33.1. |Süddeutsche Zeitung - Photo, München: 154.1; Rue des Archives 222.1; S.M. 212.2; Scherl 56.1, 111.2, 129.2, 153.2, 172.2, 180.1, 194.2, 195.2; Sven Simon 5.1, 223.1. |ullstein bild, Berlin: 4.2, 24.2, 40.2, 41.1, 69.1, 112.1, 120.1, 123.1, 135.2, 136.1, 144.2, 162.1, 166.1, 190.1, 191.1, 194.1; Archiv Gerstenberg 55.1, 84.1, 149.1, 178.1, 186.1, 195.1, 209.1; Archiv Gerstenberg/VG Bild-Kunst, Bonn 2021 66.4; Borgas 209.2; Foto Press Hamburg 196.1; Gircke 99.1; Granger Collection 6.1, 189.1; Haeckel Archiv 6.3; Nowosti 200.1; Photo 12 58.1; Roger-Viollet 106.2; Sennecke, Robert 105.1; Süddeutsche Zeitung Photo 6.6; Süddeutsche Zeitung Photo / Scherl 206.1; Süddeutsche Zeitung/Scherl 24.1; SV-Bilderdienst 185.2; Titzenthaler, W. 23.2; TopFoto 91.2; ullstein bild 6.4, 92.1, 115.1, 128.1, 169.1, 194.3; Viollet, Roger 67.1; Voller Ernst/Chaldej, J. 189.2. |VG BILD-KUNST, Bonn: Arnold, Karl/(c) VG Bild-Kunst 2021 114.1, 114.2; Heartfield, John © The Heartfield Community of Heirs/ VG Bild-Kunst, Bonn 2021 134.1. |Walter Ballhause-Archiv, Plauen: 126.1.